何怀文 著

专利法

PATENT LAW

ZHEJIANG UNIVERSITY PRESS
浙江大学出版社

图书在版编目(CIP)数据

专利法 / 何怀文著. —杭州：浙江大学出版社，
2016.9

ISBN 978-7-308-16086-5

Ⅰ.①专… Ⅱ.①何… Ⅲ.①专利权法—中国—教材
Ⅳ.①D923.42

中国版本图书馆 CIP 数据核字（2016）第 178475 号

专 利 法

何怀文　著

策划编辑	曾建林
责任编辑	傅百荣
责任校对	杨利军　陈　园　田程雨
出版发行	浙江大学出版社
	（杭州市天目山路 148 号　邮政编码 310007）
	（网址：http://www.zjupress.com）
排　　版	杭州林智广告有限公司
印　　刷	富阳市育才印刷有限公司
开　　本	710mm×1000mm　1/16
印　　张	23.5
字　　数	422 千
版 印 次	2016 年 9 月第 1 版　2016 年 9 月第 1 次印刷
书　　号	ISBN 978-7-308-16086-5
定　　价	58.00 元

目 录
CONTENTS

第三章　专利的申请条件

第四章　专利的本体条件

第五章　专利申请的审查和授权

第六章　专利申请审查和授权的行政救济

第七章　专利权的内容

第八章　专利权的利用

第九章　专利侵权

第十章　专利侵权的法律救济

第一章 绪 论

第一节 激励创新的制度发明

专利制度是人类最伟大的发明之一。我们享受着现代文明,西方现代科技发展之迅猛,取得成就之辉煌,并不是历史偶然。电脑、互联网、移动通信等激动人心的先进科技,其产生不仅依靠个人的聪明才智,更取决于制度对社会创新的组织和激励作用。法国沙特尔宗教学校的校长老伯纳德(Bernard of Chartres)曾经说过:"我们都是蹲坐在巨人肩膀上的侏儒。我们之所以可以见他们之所未见,望他们之所未及,并不因为我们自身的眼力,或者任何生理差异,而是因为他们是巨人,托举起我们。"对于人类科技发展而言,专利制度可谓"举起"和"托住"我们,让我们得以站在巨人肩上。"最重要的历史事件之一就是发明专利制度。在这一制度下,通过授予垄断权,让新知识可以为所有人自由获得。这种使用知识的方式对人类进步产生了难以估量的积极影响,而那种通过保密来保护知识的方式,却是一种灾难性的知识利用方式。"[1]

当今知识经济时代,知识和信息已经日益成为生产力和经济发展的引擎。[2] 专利制度一方面鼓励新知识及早公开和利用,另一方面,又恰如美国总统林肯所说,是"为天才之火浇上的利益之油"(patent system adds the fuel of interest to the fire of genius—Abraham Lincoln)。20 世纪后半叶以来,专利制度日益成为经济发展的助推器。伴随经济全球化,全球各国正在进行激烈的专利"竞赛",以取得日益重要的社会经济地位。与此同时,专利制度的内在矛盾开始彰显,正面临越来越多、越来越严峻的挑战。

一、专利制度的运行

虽然"专利"是一个大家都颇为熟悉的日常用词,但是,专利制度所谓之"专

---

[1] Dr. J. Staman, Director, Rathenau Institute, Netherlands (EPO Interview).

[2] 参见经济合作与发展组织(Organization for Economic Cooperation and Development,OECD),《知识经济》(The Knowledge-based Economy)。

利"有其特殊的法律含义。简单地说,专利是一种法定的财产权利,保护发明创造,而专利制度是一种激励创新,服务社会整体福利的法律制度。

举一个简单假设,可以更为清楚地说明"专利"和"专利制度":你在读书写字时,偶然发现黄色的纸张让眼睛不易疲劳。你带着这样一个伟大的猜想,通过试验证实黄色纸张可以帮助预防近视。你抑制不住心中的喜悦:如果以黄色纸张做练习簿,不仅可以造福社会,还可以赚钱。但是,你又转念一想,如果他人看到这样的练习本和你的广告宣传,必然会做同样的生意,而且很可能比你更擅长推销,你可能血本无归。此时,你想到专利保护,于是向国家专利局提出发明专利申请,要求保护"一种练习本,其特征在于,其制作采用黄色纸张,该黄色纸张的反射光波频谱为波长 550~610 纳米的色光"①。为此,你在发明专利申请书中充分公开你的发明。如果通过专利局的审查,你就可以获得专利授权。自授权登记之日,如果按期缴纳年费,你可以享受自申请日起至第 20 年届满期间之内的专利权。

虽然专利权常称为"合法垄断",但是,你想实施专利权的那一刻,你一定会明白,你并不因为获得专利而享有垄断经营权。假设你对黄色练习本获得专利权,但这并不等于你可以合法地制造和销售这种练习本。你需要使用的纸张或者制造工艺,可能正处于他人的专利保护之下。如果这样,你事先需要征得他们的许可。而且,即便你可以自由合法地制售此种练习本,你也不可能因此垄断"练习本"市场,因为他人可能生产不侵犯你的专利权的练习本,比如绿色或白色练习本。

然而,专利权并不因此而一无所用。专利权是一种"排他权"。假设他人没有经过你的许可而在中国制售你获得专利保护的练习本,你可以提起侵权诉讼,请求人民法院责令停止侵权,赔偿你遭受的损失,或者侵权所得。然而,自申请日起算 20 年届满之日,专利权就从人间蒸发掉,不复存在。或者,还不到保护期限届满,你已经发现你的发明没有市场价值。你既可以向国家知识产权局专利局声明放弃,也可以通过不缴纳年费而任其进入公有领域。无论是哪一种情况,专利权都将终止,所有人从此可以不再经过你的许可,自由使用你的发明。如果该发明被广泛使用,可以说,你为人类下一代的身体健康作出了重要"贡献"。

相比于个人,专利保护对于企业研发更为重要。当今时代,发明创造在很

---

① 此为陆乃炽于 1995 年 6 月 9 日向国家知识产权局专利局提出的专利申请,于 2000 年 1 月 5 日获得授权公告的专利,专利号为:ZL 95111654.1。

大程度上已经不再是个人的兴趣爱好,而是成为专业工作。它通常需要大量的资金投入,具有相当大的风险。不少研发活动,只有投入,没有产出。而且,即便有产出,研发产生的新产品可能也不为市场所接受,研发投入由此"沉没"。如果研发成果得不到法律保护,竞争者可以任意模仿,而不需要自己承担研发成本,研发就势必成为赔本的事情,使得有利于社会的创新不能有效地产生。诚然,商业秘密保护是一条法律途径。但是,商业秘密保护局限性很大。一方面,保密成本高昂;另一方面,一旦不慎为他人所知,或者为他人反向工程破解,即刻前功尽弃。所以,需要一种法律制度来保护发明创造,鼓励研发投资。

针对这一商事困境,专利制度试图实现私人利益和社会利益的平衡,形成鼓励创新,鼓励新知识传播的良性循环。一方面,通过给予发明创造以排他权保护,让发明人可以排他地享受该发明成果的商业利益,收回研发成本,获得合理的市场利润,从而可以再次投入新的研发;另一方面,通过强制专利申请人充分公开发明创造,让社会可以及早获得最新的技术知识,并可以利用这些知识,有效地开展进一步的研究开发活动。对于私人而言,专利制度可以帮助私人实现研发利益,促进对研发的再投资;对于社会而言,专利制度不仅可以让社会公众享受更多的新产品,而且可以获得更多的新知识,从而提升整个社会的福利。专利制度旨在形成这样一个良性循环的创新的机制。专利保护是这一机制的"引擎"(参见图1)。

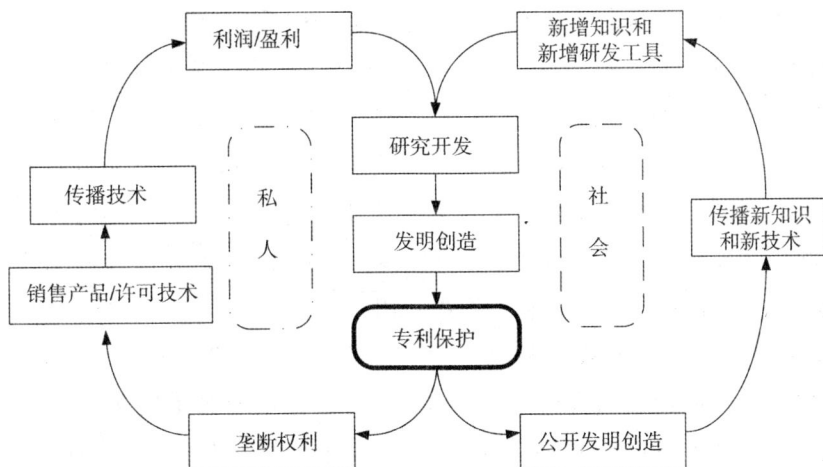

图 1　专利制度运行机制示意图①

---

① See EPO Scenarios for the Future, p. 17, available at: www. epo. org/topics/issues/scenarios. html.

二、专利权法定主义

专利制度的设计是为了实现技术创新的个人利益和社会利益之间的平衡和良性循环，并不是为了最大化专利权人的利益。专利权因此要受到法律限制，依照法律程序产生，并且应当具有且仅具有法律规定的权利内容，这样才能实现上述功利性的目的。这即是"专利权法定主义"。

专利权法定主义首先体现在《专利法》(2008)第一条，其规定"为了保护专利权人的合法权益，鼓励发明创造，推动发明创造的应用，提高创新能力，促进科学技术进步和经济社会发展，制定本法"。《专利法》并不保护专利权人的所有权益，而只限于"合法权益"。专利保护只是手段，用于"鼓励发明创造"。专利保护的最终目的是"推动发明创造的应用，提供创新能力，促进科学技术进步和社会经济发展"。

我国《专利法》自从 1984 年制定，就是出于"功利主义"。党和国家将之视为改革开放的必要手段。比如万里同志在《专利法》立法前关于该法立法目的阐述中，就提出制定专利法的目的有三："其一，便于发动大家搞发明创造；二是便于迅速推广应用技术发明；三是便于引进外国的先进技术。"[①]可见，专利法制定并不是为了保护发明人基于发明创造的"自然权利"。其实，中国立法保护智力成果，整体上就不是出于对所谓自然权学说的默认规则的尊重。[②]

而且，2008 年第三次《专利法》修订时，特别修改了原《专利法》第一条，其目的即是反映国家知识产权战略和国家社会经济发展的需要。《专利法》(2000)第一条规定："为了保护发明创造专利权，鼓励发明创造，有利于发明创造的推广应用，促进科学技术进步和创新，适应社会主义现代化建设的需要，特制定本法。"2008 年 6 月发布的《国家知识产权战略大纲》要求"大力提升知识产权创造、运用、保护和管理能力，有利于增强我国自主创新能力，建设创新型国家"。为此，第一条修订突出增强专利的激励作用，将"有利于发明创造的推广应用"修改为"推动发明创造的应用"，并同时修改原《专利法》第十四条，将"推广应用"的发明创造范围和条件进一步缩窄，突出专利的排他专有性。与此同时，第一条不再强调"保护发明创造专利权"，而改为彻底的法定主义，即"保护专利权

---

① 参见黄坤益：《贯彻国务院常务会议精神，建立专利工作体系——黄坤益同志在专利工作座谈会上的讲话》，《专利工作动态》1983 年第 64 期，第 1—18 页。
② 崔国斌：《知识产权法官造法》，《中国法学》2006 年第 1 期，第 151 页。

人的合法权益"。整个制度的基调从"适用社会主义现代化建设的需要",调整为"提高创新能力,促进科学技术进步和经济社会发展"。

专利权法定主义还体现在发明创造必须符合专利法规定的授权条件,才可以授予专利权。专利法并不保护智力和资本投入本身,而保护由此产生出的专利法意义下的创造性成果。新知识,除非符合法律规定而可以授予专利权,其默认规则是自由使用,造福广大公众。专利制度是以专利权为诱饵,激励创新。即使是斥巨资于研发,如果其成果未达到专利法所要求的创造性高度,除了商业秘密保护或特定知识产权保护外,也仍旧应该属于社会共同所有。这种情况下,法院不得以"劳动自然权说",根据巨额投入,认定他人"不当攫利"(misappropriation),以弥补专利制度不保护此类发明创造的"漏洞"。换言之,"抄袭"竞争者不受专利保护的产品的技术特征,并不违反《反不正当竞争法》(1993)第二条所谓"诚实信用原则"。法官不应以此"弥补"——或者说"减损"——专利制度给予公众的自由竞争空间。

专利权的限制,即便可以称为权利的"漏洞",也是法律特别设计的自由空间。例如,科学研究和实验性使用专利技术,构成专利权例外,这是为了鼓励利用专利授权的强制公开制度,促进科学技术的进步。

总之,专利权法定,专利制度自成体系。专利制度的目的不是最大化专利权人的利益,为其提供犹如"蚕茧之于春蚕"一般的全方位保护。如果行政机关或者法院根据"劳动自然权说"造法,势必破坏我国专利制度立法建立的利益平衡机制和良性循环机制。[①] 专利制度恰是裁剪别致的"旗袍"。诚如旗袍精致的"开襟"和"开衩"是为了让东方美人行动自如,尽显风采,专利制度为专利权设置的"漏洞",就是为了让科技创新在专利制度的保护之下,可以顺利应用和不断进步。

"专利权法定"不等于说专利制度具有高度的可预测性,制度僵化而欠缺灵活性。专利权远没有发展到剥夺法官自由裁量权的精细化程度。专利法规则——如同所有的法律规则——存在内在的不确定性。诸如创造性判断、权利要求解释、等同侵权判断,等等,常存在较大的灰色地带。据统计,美国地区法院对权利要求术语的解释34.5%为美国联邦巡回上诉法院所推翻。[②] 然而,这

① 崔国斌:《知识产权法官造法》,《中国法学》2006年第1期,第144页。
② Markman Moore, Eight Years Later: Is Claim Construction More Predictable?, 9 Lewis & Clark L. Rev. 231 (2005).

并不属于突破专利法定的不确定性,而只是专利权法定范畴之下,法律规则内部的不确定性。一方面,通过制度不断地发展,一些不确定性不断地被克服;另一方面,这些不确定性使得专利制度具有相当大的灵活性。

三、全球专利"竞赛"

现今,专利对企业的市场竞争日益具有举足轻重的影响。较为显著的标志之一是,专利申请和授权活动非常活跃。20世纪50年代《关贸总协定》实施以来,专利申请日趋活跃(参见图2)。自20世纪80年代中期,特别是世界贸易组织建立以来,主要国家的专利局每年授予专利的数量增长显著。以美国为例,1980年专利授权仅6万余件,而2010年专利授权量近22万件之多(参见图3)。

而且,1995年以来,伴随世界贸易组织的建立和经济全球化的快速发展,国际专利申请活动迅猛增长。例如,依照《专利合作条约》(Patent Cooperation Treaty, PCT)提出的专利国际申请,从1995年到现在,已经翻倍(参见图4)。

专利授权量激增的背后是更大规模的专利申请,支撑研发的大量资金投入。经济全球化使得全球卷入了创新竞争。发达国家不断增加研发投入资金量(参见图5),提升研发投资占国民生产总值(GNP)的比例(参见图6)。目前,

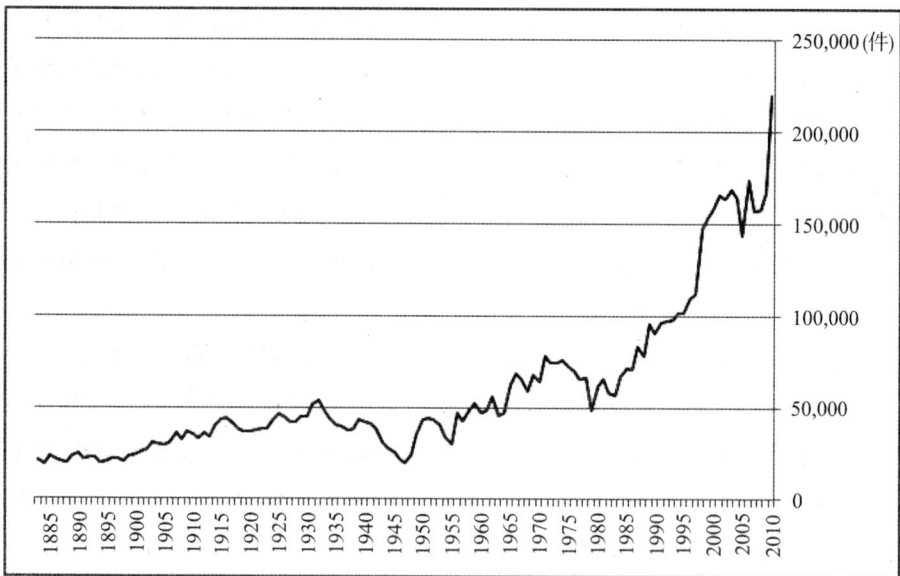

图2　美国专利授权趋势(1883—2010)①

---

① 数据来源于世界知识产权组织专利统计数据:http://www.wipo.int/ipstats/en/statistics/patents/。

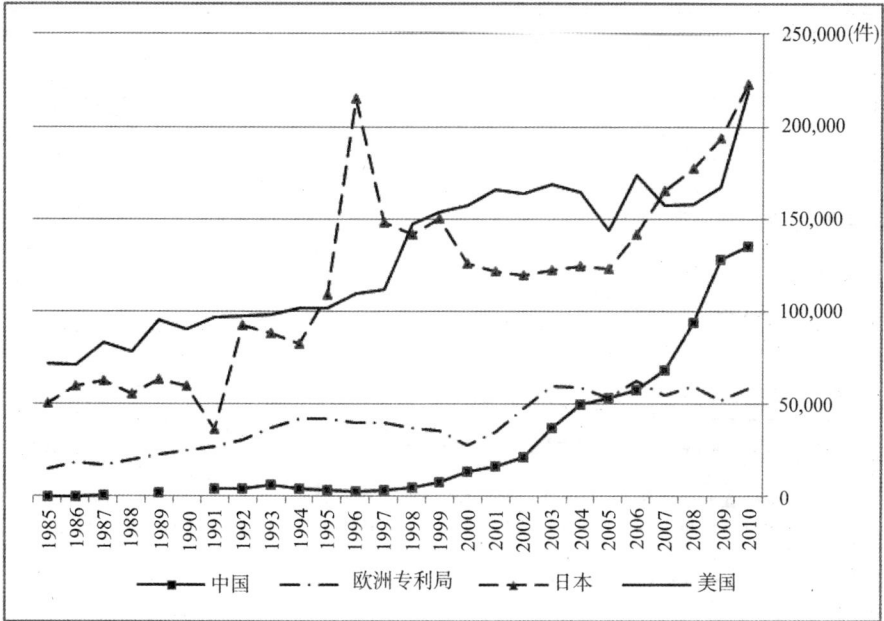

图3 美国专利局、日本特许厅、欧洲专利局和中国专利局的专利
授权(1985—2010)(按授权年计)①

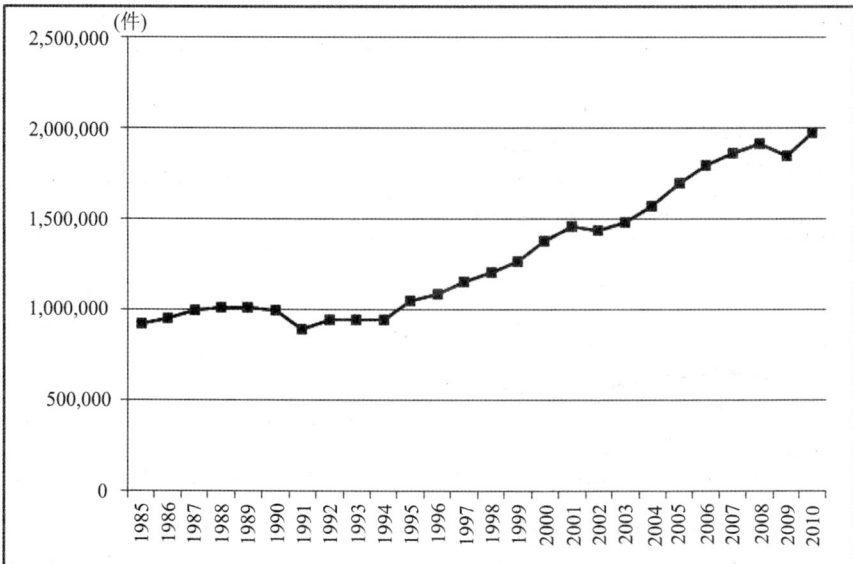

图4 PCT申请趋势图(1985—2010)②

---

① 数据来源于世界知识产权组织专利统计数据：http://www.wipo.int/ipstats/en/statistics/patents/。
② 数据来源于世界知识产权组织：http://www.wipo.int/ipstats/en/statistics/patents/。

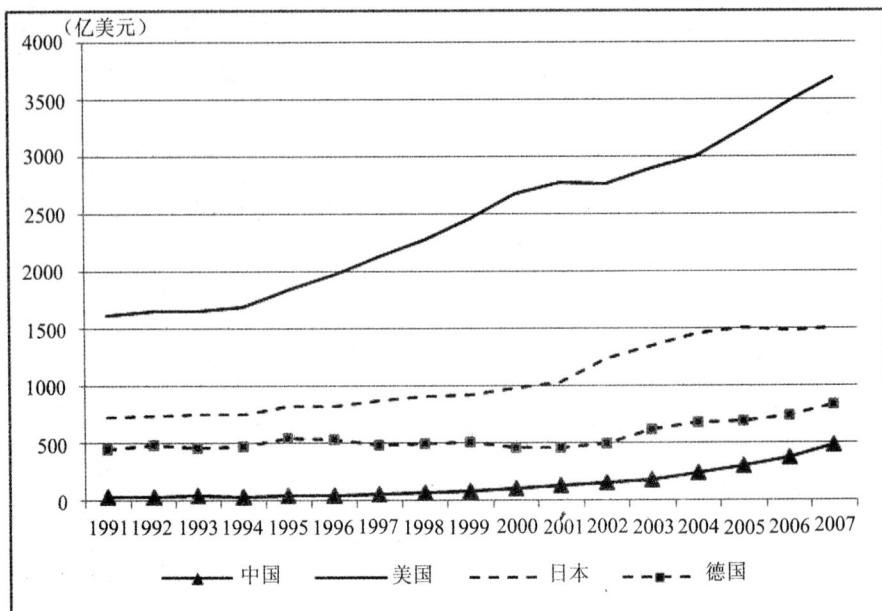

图5 1991—2007 年美国、日本、德国和中国研发投入比较①

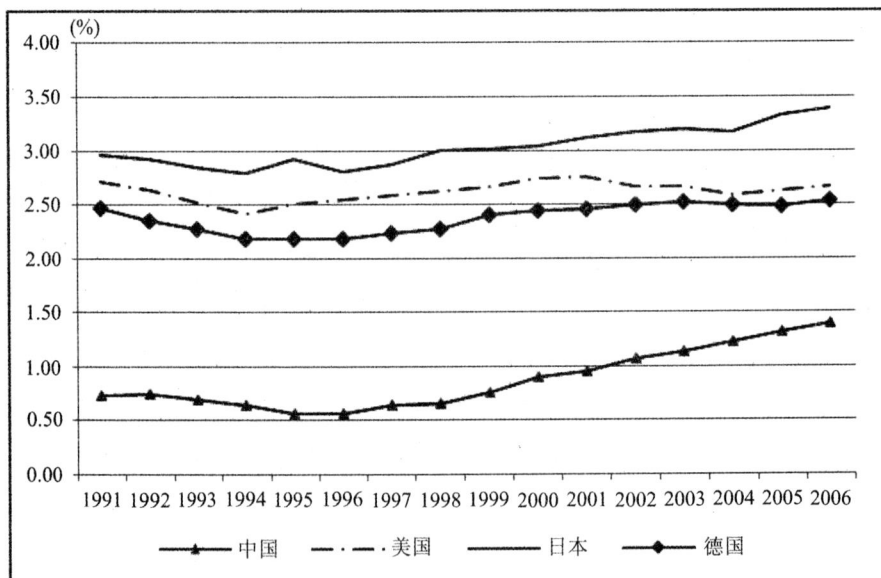

图6 1991—2006 年美、日、德和中四国研发投入占国民生产总值百分比②

① 数据来源于中国科技统计：http://www.sts.org.cn/。
② 数据来源于中国科技统计数据：http://www.sts.org.cn/。

美国的研发投入占全球总投入的 1/3 强,欧盟占全球总投入的 1/4 强,我国和日本所占比重相当,大抵为 12%。[1]

为保护如此庞大的研发投资,专利制度受到企业,特别是跨国公司的高度重视。在它们的推动下,国际专利保护水平不断加强。专利法的地位不断提升。

我国改革开放不久,为促进市场经济,1985 年就开始实行专利制度。2000 年加入世界贸易组织后,专利申请量和授权量逐年攀升(参见图 7)。自 2007 年以来,我国年专利授权量已经居于世界第三位。特别是 2006 年,国务院发布《国家中长期科学和技术发展规划纲要》(2006—2020),提出 2020 年将我国建设成为创新型国家;2008 年,国务院又发布《国家知识产权战略》。国家知识产权局《全国专利事业发展战略(2011—2020 年)》更是提出:到 2015 年,发明、实用新型、外观设计三种专利年申请量达到 200 万件,本国人发明专利年度授权量进入世界前两名。对处于经济转型升级过程中的中国而言,专利制度扮演着越来越重要的角色。

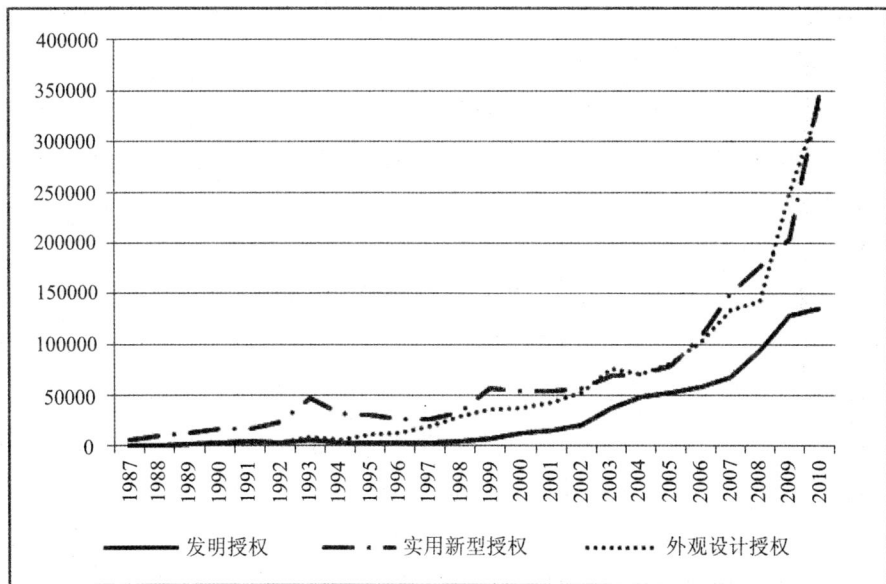

图 7　我国三种专利授权统计图(1987—2010)(授权年计)[2]

---

① See Global R&D Funding Forecast 2012, available at: http://www.battelle.org/aboutus/rd/2012.pdf.

② 数据来源于国家知识产权局专利统计:http://www.sipo.gov.cn.

四、专利制度的挑战

专利制度所力图实现的利益平衡和良性循环与专利制度的实际运行并非一致。随着专利保护的国际化和全球化、世界专利授权量的迅猛增长、专利权对社会经济生活持续而深入的影响,专利制度受到越来越多的批评,面临持续的挑战。

第一,技术的进步常常是循序渐进,而不是跨越式前进。一方面,对每一个非显而易见的进步授予专利权,可能导致专利授权量巨大,相互可以阻却,形成"专利灌丛"(patent thicket)。由于专利权分属于不同权利人,生产一个产品需要经过数目众多权利人的许可,不仅交易成本高昂,而且许可费累积(royalty stacking)。这导致专利技术难以商业化,此在信息通信技术领域(Information and Communication Technology,ICT)尤其严重。更有投机商人,本身不从事实业,而是有目地收购专利,针对市场上成功的商品,提出法律诉讼,借此牟取暴利,俗称"专利地痞"(Patent Troll)。

另一方面,对于社会而言,专利申请公开海量信息,致使处理信息,获取有用信息——包括确定不侵权——的成本激增。这导致研究人员和企业进行研究开发之时,不是积极地检索专利,而是刻意地不理会专利。[1]

第二,海量的专利申请也使得世界范围内的专利局疲于应付,专利审查期限不断延长,授权专利质量持续下降。经合组织 2011 年科技和产业报告指出,在 2000—2010 年,全球专利质量相对于 1990—2000 年具有显著的下降,美国、欧洲和日本也不例外。[2]

第三,由于人类生活日益依赖于科学技术,人们对专利制度寄望超过了专利制度的初衷——鼓励创新和新知识的传播,而要求专利制度解决——至少帮助解决——更为复杂的社会问题,例如,公共卫生危机,甚至全球气候变暖。为此,对于抗艾滋病药品的专利保护、促红细胞生成素专利、乳腺癌基因诊断方法专利等,引发了社会伦理争议。专利保护与技术转移成为《联合国气候变化框架公约》(United Nations Framework Convention on Climate Change,UNFCC)之中的重要问题。作为财产制度的专利制度,如何应对社会公平、社会福利和全球气候变暖等政治经济问题,已经受到广泛的关注。

---

[1]　Mark A. Lemley, Ignoring Patents, Michigan State Law Review, Vol. 2008, No. 19, 2008. Available at SSRN:http://ssrn.com/abstract=999961 or http://dx.doi.org/10.2139/ssrn.999961.

[2]　See OECD, The Science, Technology and Industry Scoreboard 2011.

第二节　世界专利制度简史

如今专利制度面临的挑战,从其诞生之日,就一直潜伏着。了解当下和未来的一种方式,就是回溯历史——历史并未死去,而是以另外的方式活在现在。黑格尔在《精神现象学》一书的序言中说过:"各个个体必须经历普遍精神所经历过的那些发展阶段,不过这些阶段是作为精神已经蜕下的外壳,作为一条已经开辟了的、铺平了的道路的各个段落来经历的。"每一个学习研究专利制度的人,无一例外,都必须以某种形式重新走过人类专利制度的历史。

然而,漫无目的地徜徉历史,很少能够带来实质性的进步意义。下文对专利制度的回顾,必然是挂一漏万。其目的并不是要全面展示专利制度的历史,而是有针对性地揭示其内部矛盾。为此,下文依照专利制度的历史进程,对其各个历史阶段,各有侧重地从下列五个方面进行考察:(1)私人垄断权与公共利益之间的矛盾;(2)专利行政审查机关的建立和审查授权模式(登记制和实质审查制);(3)专利说明书和权利要求书的不同法律作用;(4)创造性的法律标准;(5)专利地域性保护与国际贸易之间的冲突。

一、专利制度的缘起

"专利"的制度构想最早可以追溯到亚里士多德所作之《政治学》。该书曾提到希波丹姆斯提议建构一种制度,奖励那些发现了对国家社会有用事物的人。希波丹姆斯本人经受过良好的技术训练,是一个有名的建筑师,试图通过实用性的问题解决思路,构想理想国家的制度建构。他试图设立一种实用的制度,奖励有用事物的发明者,以让社会获得更多的有用事物。这已包含了专利制度的雏形。

这一创造性的构想并没有得到亚里士多德的支持。一方面,希波丹姆斯设想的鼓励制度不限于技术创新,还包括法律制度创新。亚里士多德认为,法律制度需要稳定。制度频繁变动,无益于民众养成守法的良好习惯。另一方面,亚里士多德认为,政治国家应该建构于"善法"之上,而制度是否良善,不应该以功利作为衡量标准。奖励个人的制度有可能削弱国家,不利于公共利益。他认为,一个良善国家的公民之所以遵守法律,并不是因为遵守法律可以满足个人利益,而是因为遵守法律的行为是善举。

亚里士多德所关注的个人利益与公共利益之间的冲突,仍旧是现代专利制度的重要问题,也是强制许可制度的正当理由。例如,当前艾滋病流行,而艾滋病治疗药物因为处于专利保护之下,价格昂贵,导致很多病人无法得到及时有效的救治。再例如,全球温室效应,气候变暖,威胁全人类,但是,绿色技术却因专利保护而价格昂贵,而且其专利权人众多,利益分歧,让绿色技术的有效应用困难重重。诸如此类的矛盾,已经成为广受关注的社会问题和政治问题。

二、威尼斯城邦共和国专利法

《政治学》后的漫长岁月,希波丹姆斯奖励创造的构想并没有能够发展出专利制度。只有当文艺复兴让个人价值重新得到尊重,专利权作为一种授予给私人的排他权才可能得到发展。直到 1474 年,世界第一部专利法才在威尼斯城邦共和国颁布实施。该法案规定:"任何人在威尼斯城邦共和国完成了新而奇巧的器物,如果此前未曾在本城制造过,并且已经足够完善而可以使用和操作,则应向公众福利委员会登记。本城邦所辖疆域和城镇的任何人,未经发明人同意和许可,不得制造与之相同或相似的器物。如果任何人违法制造,发明人可以有权使之受审于本城邦任何地方法官,让该侵权人偿付一百金币,并立即销毁所造器物。"

该法案虽然文字简短,但已具备专利制度的雏形。首先,该法案设立了正式的行政机构,由其常规性的登记授予专利。由于当时发明尚属于简单机械发明,登记过程起着事实上公开发明内容的作用。[①] 第二,该法案要求登记的发明创造是此前没有制造过的,类似于当代专利制度的新颖性要求。第三,该法案要求登记的发明创造需要"足够完善而可以使用和操作",这类似于当代专利制度的实用性要求。最后,该法案还规定了侵权发生时的救济方式。

威尼斯城邦专利制度伴随欧洲的贸易发展,意大利工匠的足迹,广播欧洲大陆,曾经一度发达。但是,威尼斯等城邦由于行会力量强大,税负繁重,高工资成本阻碍,又未能开发海外殖民地市场,欧洲工商业中心逐步由地中海转移到大西洋沿岸。威尼斯城邦专利制度也因此走向衰弱。

三、英国垄断经营权法

威尼斯专利法后,英国 1623 年的《垄断经营权法》(Statute of Monopolies)是专利制度史上的一个里程碑。

英国早期曾将专利特权作为一项吸引海外技术人才的贸易战略。16 世纪

---

① 吕炳斌:《专利披露制度起源初探》,载《专利法研究》,知识产权出版社 2009 年版,第 4 页。

中后期,英国已经发展成为大西洋航运中心,拥有良好的工商业基础,并形成了全国性的市场。1558 年,伊丽莎白女王继位,积极推行"重商主义"。王室很快便意识到,引入产业需要花费巨大的成本,而且面临相当大的商业风险。为此,私人企业常常畏首畏尾。国家需要给予企业某种形式的强大激励,使之能够获得实质性的经济回报,才可能吸引投资。王室发现,颁发垄断特权是最佳出路,因为国家不需要承担经济成本。

为此,英国这一时期授予专利不是为了鼓励创造发明,而是希望通过授予垄断经营权,吸引欧洲大陆的能工巧匠带着新技术到英国,并将新技术传授给本地工匠。早期英国的专利授权以技术在英国本土实施为前提。由于英国当时实行学徒制,学徒出师之日,专利期限即届满,学徒即可自由地利用掌握的新技术。[①] 在此阶段,专利制度并不强调新技术知识的充分公开和传播,[②]而更多作为英国王室给予技术专家的"护照",旨在促进和巩固英国在国际贸易中的优势地位。

然而,1603 年詹姆士一世继位后,专利沦为了皇室授予幸臣垄断经营特权的方式。食盐、淀粉等生活必需品都被纳入私人垄断经营范围之内,严重损害贸易和新兴资产阶级的利益。于是,围绕王室垄断授权的合法范围,在英国国会下议院和普通法院,发生了激烈的斗争。例如,1603 年,伦敦商人艾伦因销售扑克侵犯达西独家进口、制造和销售扑克的特权,被诉至法院。经过激烈的法庭辩论,法院判决认为,对非发明创造授予垄断特权,违反普通法。1606 年、1610 年、1614 年,国会也多次提出限制王室授予垄断经营权的议案。

1621 年,国王为征税而召集国会,国会借此要求限制王室授予垄断经营权。1623 年,国会最终通过《垄断经营权法》,宣告所有王室授予垄断经营权皆为非法,但是该规章第六条排除了对发明创造授予垄断经营特权。[③] 该条规定:"兹立法宣告,本规章以上条款不适用于自此以后授予真正最先发明新产品(new manufactures)的一个或若干个发明人的专利令状或特权,使之可以在国内独家制造或使用该新产品,为期不超过 14 载。在此期间,其他任何人等不得制造该产品。但是,授予此种专利特权,不得违反法律,不得高抬商品价格、损害贸易或造成普遍不便而有害于国家。"

《垄断经营权法》的主要意义是限制王权。相较于威尼斯城邦专利法,其并

---

① 董涛:《"专利权利要求"起源考》,载《专利法研究》,知识产权出版社 2008 年版,第 136 页。
② 同前注。
③ 就 1623 年英国《垄断经营权规章》的内容可以参见杨利华:《英国〈垄断法〉与现代专利法的关系探析》,《知识产权》2010 年第 4 期,第 79-80 页。

没有取得专利法意义上的实质性进步。该规章颁布后,英国并没有常设行政机构授予专利,也并没有实行专利授权行政审查制度。更为糟糕的是,获得专利的程序繁复,每一个程序步骤都要缴纳高昂的费用,专利制度因此备受社会批评。小说家狄更斯在 1850 年发表了短篇小说《一个可怜人的专利梦》(Poor Man's Tale of a Patent),引起社会广泛反响。故事中,老约翰花了近 20 年的光阴和所有积蓄,终于在一个圣诞的夜晚,完成了一项发明。他告别了老伴,不远千里到伦敦去申请专利。他在伦敦的朋友家寄宿两个来月,花了 96.78 英镑。然而,经过了 35 个法定的手续后,他只取得了在英格兰小岛的专利权。倘要取得在整个英国的专利,他至少还得付出 200 多英镑的代价……①

为此,英国在 19 世纪还曾发生过废除专利制度之争。② 1852 年,英国专利法不得不进行全方位的改革。首先,精简机构,成立中央专利局,集中负责专利授予事务,简化授权程序;第二,降低专利申请费用(启动费用从 300 英镑降至 25 英镑);第三,专利权的效力范围扩展到英伦三岛;第四,从申请日便开始保护专利;第五,印刷并公布权利申请。③ 但是,直到 1883 年英国专利法修订,英国专利局才对专利申请进行有限的形式审查。直到 1907 年专利法修订,英国专利法才实行实质审查,拒绝对缺乏新颖性的发明授予专利权。

尽管如此,英国专利制度开辟了普通法系专利制度的先河。法院因为《垄断经营权法》而可以审查垄断经营权授予的合法性。伴随工业革命,普通法院发展出诸多重要的专利法原则。例如,在 1778 年 Liardet v. Johnson 案中,法官 Mansfield 提出,申请人应该清晰而完整地描述自己的发明创造。这也就是当代专利制度要求充分公开发明创造的前身,强调只有发明人对技术进行全面披露后,才能够以此为"契约对价"(consideration),换取社会对发明的专利保护。1852 年《英国专利法修订案》(The Patent Law Act Amendment 1852)明确规定:发明人必须充分陈述其发明内容并予以公布,专利申请无论是否授权都要印刷出版。这项制度体现了现代专利制度的基本理念:专利授权以新技术方案公开为前提条件。

英国专利法还孕育了"权利要求书"的基本概念。当代专利制度之中,权利要求是专利制度的枢纽,专利的保护范围依照权利要求来确定。权利要求这一

---

① See Jeremy Philips, Charles Dickens and the 'Poor Man's Tale of a Patent', 3 LONDON J. ART & SCI. (1829).

② 张韬略:《19 世纪英国专利废除之争》,同济大学知识产权学院网站: http://web. tongji. edu. cn/~ipi/communion/ztl5. htm

③ Mark Janis, Patent Abolitionism, 17 Berkeley Technology Law Journal 899, note 30 (2002).

法律工具未建立之前,说明书肩负着两项矛盾的法律功能:既要足够的详细,以便全面充分地披露发明的有关信息;又要精练,以便清晰界定受到专利保护的发明范围。这使得法院确定专利保护范围时,具有很大的不确定性。一些专利申请人为了保护自己的利益,早在 1811 年,即主动在专利申请书后附加"我要求保护"(claim)的字样,说明自己申请保护的发明的范围。1883 年,英国《专利、外观设计与商标法》甚至规定:"专利说明书结尾之处应当有一段关于要求保护的发明内容的单独说明。"

然而,英国法院长期只将权利要求作为专利保护范围的参考,并未将其作为确定专利保护范围的依据。1939 年 Electric & Musical Industries v. Lissen 案,①英国法院才正式确立权利要求作为确定专利保护范围的唯一依据。在该案中,法官明确指出:"权利要求的作用是清楚而明确地界定要求保护的垄断权,让他人知道其准确的边界,一旦踏入即成为侵权人。权利要求的首要目的是限制,而不是扩张垄断。没有要求保护的内容,即视为放弃要求保护。权利要求无疑是应该作为整个专利文件的组成部分,而不是一个独立的法律文件;但是,受到专利保护的行为禁区应当由权利要求的语言来确立,舍此无他。"②

四、美国专利法

英国专利制度的基本思想伴随殖民主义登陆北美大陆。北美最早的殖民地各州都授予专利。但是,各州授予专利很快就导致州际贸易冲突。例如,正是因为专利权的问题,阻碍了汽轮在美国各州的运营。此种贸易障碍如此之严重,以至于美国 1789 年宪法第一条第 8 款授权国会"为促进科技进步,授予发明人和作者,对其发明和作品有限时间的排他权"③。于是,1790 年 5 月,第一届国会就通过了美国《促进技术进步法案》(An Act to Promote the Progress of the Useful Arts),即 1790 年《美国专利法》。美国联邦专利制度自开始即受到

---

① See Electric & Musical Industries v. Lissen,56 R. P. C 23,39 (1939).

② See Electric & Musical Industries v. Lissen,56 R. P. C 23,39 (1939)(The function of the claims is to define clearly and with precision the monopoly claimed,so that others may know the exact boundaries of the area within which they will be trespassers. Their primary object is to limit and not to extend the monopoly. What is not claimed is disclaimed. The claims must undoubtedly be read as part of the entire document,and not as a separate document;but the forbidden field must be found in the language of the claims and not elsewhere.)

③ See Article I,Section 8,Clause 8 of the United States Constitution:"To promote the Progress of Science and useful Arts,by securing for limited Times to Authors and Inventors the exclusive Right to their respective Writings and Discoveries".

相当重视。独立宣言的主要撰写人、美国第三届总统托马斯·杰斐逊时任第一届美国国务卿,主要由他负责实施该专利法。他的众多思想后来对美国联邦最高法院产生了深远的影响。1793 年,该专利法案被修订。根据这一法案,美国专利由三个高层政府官员审定是否应该授权,托马斯·杰斐逊就是其中之一。

美国专利法早期也实行登记主义,不进行实质审查。1790 年《美国专利法》即要求专利申请人提交"说明书"(specification)。类似同一时期英国专利制度,"说明书"具有双重功能。一方面,说明书用于传播新知,以便专利保护期届满,社会公众可以自由利用发明;另一方面,说明书用于区别专利发明与在先技术,确定专利保护范围。1793 年《美国专利法》第三条规定"任何人得到专利授权之前,应当制作文书,书面地描述自己的发明创造,发明创造的使用方法,化合物的合成工艺,用语应该完整、清晰并精确,以便将其发明创造与其之前已知技术区分,并使得发明创造所属或最接近科技领域的普通技术人员,制造、合成或使用其发明"。然而,说明书公开技术方案的作用相当有限。其一,国家并不日常性地出版和发行专利说明书。其二,由于当时技术整体比较简单,社会公众常常可以通过专利产品直接获得其包含的技术知识。此外,公众还可以提出申请,要求查阅说明书。相对而言,说明书更为常见的作用是作为专利权的有效证据。经国务卿证实的说明书,专利权人提起侵权之诉时,可以将之作为专利权的证据,向法院提出,法院依此确定专利的保护范围和是否发生侵权。

1836 年和 1870 年,《美国专利法》两度修订,使得美国的专利法走向成熟,特别表现在确立了说明书和权利要求书各自的法律功能。1836 年《美国专利法》建立了由专业审查员进行专利审查授权的行政制度。到 19 世纪末,美国专利局的行政官僚机构已经相当完善。并且,该法案第一次对权利要求作出强制性规定,要求发明人应当使用权利要求将界定其发明。1870 年《美国专利法》再次修订,进一步加强权利要求的法律地位,并最终使之成为专利保护范围界定的唯一依据。权利要求法律地位的确立,同时标志着法院和专利局分工形成:专利局检索现有技术,对专利申请是否应当授权进行实质审查;对于授权专利,法院推定有效,根据权利要求具体确定专利保护范围。[①] 最后,1870 年《美国专

[①] 1877—1910 年,德国曾经严格依照权利要求来确定专利的保护范围。然而,1909 年 Isay 教授指出,由权利要求确定专利保护范围,严重加重了专利局的工作负担,而且不利于法院对专利权人提供最佳的保护。为此,Isay 教授认为,法院应该根据发明的内容和现有技术来判断专利保护范围,而不应拘泥于权利要求的具体文字。德国专利制度因此走向了截然不同的道路,直到 1973 年加入《欧洲专利公约》。董涛:《"专利权利要求"起源考》,《专利法研究》,知识产权出版社 2008 年版,第 142 - 144 页。

利法》确立授权专利说明书出版制度,使得说明书公开新技术知识的作用得以有效发挥,充分实现以技术公开换取专利保护的现代专利制度思想。

美国专利制度发展并非一帆风顺。20 世纪前期,美国专利制度也经历过低谷。由于专利本身授予的排他经营权,众多大企业通过专利而获得了市场地位,人们很自然地把专利和大企业联系起来,认为专利是导致大企业主宰公共利益的工具。在反对托拉斯的社会风潮之下,美国也陷入了"反专利"的运动之中。

但是,1941 年珍珠港事件将美国拽入战争,让专利制度再次受到重视——战争需要技术支撑。1952 年,美国即修订专利法。自此之后,美国联邦最高法院通过一系列的判例,确立了创造性的客观判断标准"非显而易见性"(non-obviousness),使得专利审查授权不再看发明创造是否产生于"天才的灵光乍现"(flash of creative genius)。[①] 但是,20 世纪 60 年代到 70 年代早期,美国专利保护仍旧处于低谷。最为重要的原因在于,联邦法院经常宣告授权专利无效,并且各个巡回法院所采用的法律标准各异。

为统一专利法适用,美国国会最终于 1982 年通过法案,成立联邦巡回上诉法院(Court of Appeals for the Federal Circuit,CAFC),由其受理全美专利相关的上诉案件,统一法律适用,加强专利保护。美国联邦巡回上诉法院由此成为美国专利制度的灵魂,对美国专利制度,乃至于世界专利制度的发展,都产生了深远的影响。

五、欧洲专利公约

专利制度在欧洲的发展显得曲折。英国《垄断经营权法》后,18 世纪、19 世纪,欧洲众多国家相继颁布专利法,例如,1791 年法国、1809 年荷兰、1810 年奥地利、1815 年普鲁士、1819 年瑞典、1826 年西班牙。但是,19 世纪 50 年代开始,欧洲曾经一度认为专利和关税等是典型的贸易保护主义,其沦为公众舆论谴责的对象。欧洲主要国家曾兴起一股废除专利制度的运动。1868 年普鲁士决定反对北德意志联邦(North German Federation)的专利法;1869 年,古典经济学主导的荷兰议会认为不可能存在好的专利法,通过决议废止已经实行的专利制度;瑞士专利立法历次经全民公决被否;英国上议院一度通过法案要将专利保护期缩短至 7 年,对专利申请进行最严格的审查,两年不实施就没收专利,

---

① See Graham v. John Deere Co. of Kan. City, 383 U. S. 1, 15 (1966).

以及对所有专利发放强制许可等。① 到 19 世纪 60 年代末期,废除专利运动达到巅峰,欧洲的经济陷入严重衰退。1873 年之后,专利制度在欧洲又开始复苏。1877 年,德国通过了效力覆盖整个德国的统一专利法。瑞士 1887 年通过全民公决,准许制定专利法。而荷兰在 1910 年也制定了新专利法。

第二次世界大战以后,欧洲专利制度一体化比欧洲经济一体化更显曲折。1975 年,欧共体成员国曾经签订《共同体专利公约》(Community Patent Convention,CPC),②试图建立统一的专利申请审查授权程序,授予"欧共体专利"(Community Patent),使其在整个共同体范围内获得同等的保护。然而,这一方案最终无疾而终。1989 年,该提议整体被修订。③ 然而,由于批准该公约的共同体成员国没有达到公约规定的最少成员国数,该公约未能生效,欧洲再次错过统一专利制度的历史契机。2000 年,欧洲委员会(European Commission)以欧盟理事会条例草案的变通方式,再提欧共体专利公约,④还是无功而返。欧洲专利制度一体化面临诸多难题,不仅包括欧盟国家之间的语言政治问题,⑤还包括法院的管辖权。

《共同体专利公约》遭受挫折,而欧洲经济一体化又亟须专利制度的协调,欧洲国家不得不退而求其次。它们在 1973 年签订了《欧洲专利公约》(European Patent Convention,EPC)(1977 年 10 月 7 日生效),在欧洲共同体体系之外,建立了"欧洲专利局",授予"欧洲专利"。欧洲专利局有权根据《欧洲专利公约》审查欧洲专利申请,授予"欧洲专利",并且"欧洲专利"可根据申请时的指定,在满足一定的条件下,在其所指定的成员国内生效。然而,一旦进入国家阶段,"欧洲专利"就和欧洲专利公约成员国授予的专利等同,其权利行使和效力都受制于成员国的国内实体法和程序法。2000 年,《欧洲专利公约》总结历史经验,进行了修订。目前,该公约总共有 38 个成员国,两个延伸国,包含欧盟的 27 个成员国。但是,阿尔巴尼亚、瑞士、克罗地亚、冰岛、列支敦士登、拉脱维亚、摩纳哥、马其顿共和国、挪威、塞尔维亚、圣马力诺、土耳其等 12 个《欧洲专

① Fritz Machlup & Edith Penrose, The Patent Controversy in the Nineteenth Century, Journal of Economic History, X (1950), 1 – 29, at 3 – 5.

② Convention for the European Patent for the Common Market (Community Patent Convention), 15 December 1975, [1976] O. J. L. 17/43.

③ Agreement relating to Community Patent, 15 December 1989, [1989] O. J. L 40/01.

④ Eropean Commission, "Proposal for a Council Regulation on the Community Patent", COM (2000) 412, 20 November 2000.

⑤ 欧盟现有 23 种官方语言。

利公约》成员国并不是欧盟成员国。

《欧洲专利公约》是地区性专利制度协调的典范,对国际专利制度产生了深远的影响。例如,《与贸易相关的知识产权协议》(Agreement on Trade-Related Aspects of Intellectual Property Rights,TRIPS)(以下简称"TRIPS 协议")的专利部分,与《欧洲专利公约》非常近似。此外,《欧洲专利公约》还是我国专利法的原型。

《欧洲专利公约》在取得巨大成功的同时也彰显了其致命弱点。"欧洲专利"授权后到成员国阶段专利权人维权、执行和效力争议,存在非常大的法律不确定性,并让整个制度体系非常昂贵。为此,欧盟正试图以《欧洲专利公约》为基础,推进欧洲专利制度一体化。2009 年 12 月 4 日,在布鲁塞尔举行的欧盟竞争委员会会议上,成员国部长就《欧盟专利条例草案》[①]和"欧洲专利与欧盟专利法院体系"(European and EU Patents Court system,EEUPC)[②]达成一致。《欧盟专利条例草案》的基本思想是让"欧盟"加入《欧洲专利公约》成为其成员,而由欧洲专利局审查授权"欧盟专利",对欧盟国家发生统一的法律效力。为此,需要修订《欧洲专利公约》。特别地,《欧洲专利公约》需要具体规定欧盟在欧洲专利组织的投票权,并且允许欧盟申请人平行指定欧盟和欧盟成员国作为专利授权生效国。

为建立"欧洲专利与欧盟专利法院体系",则需要达成一个"混合性协议",即协议一方是欧盟和欧盟各个成员国,而另一方是《欧洲专利公约》的非欧盟成员国。由这一国际协议构建的专利法院体系对欧洲专利和欧盟专利的侵权诉讼和效力争议诉讼具有专有的管辖权。具体而言,它包括一个初审法院、一个上诉法院和一个注册备案办公室。其中,初审法院有一个中央部和多个位于成员国境内的地方部组成。对于大的成员国,其国内可以设一个地方部,而对于小的成员国,它们可以联合设立地区部。欧盟理事会(Council of the European Union)[③]在

---

① Proposal for a Council Regulation on the Community patent. General approach as submitted to the Council,at:http://register. consilium. europa. eu/pdf/en/09/st16/st16113-ad01. en09. pdf.

② Draft Agreement on the European and Community Patents Court and Draft Statute (March 2009),at:http://documents. epo. org/projects/babylon/eponet. nsf/0/3C42A8FB1B30CA1AC125770D0030AB65/ \$ File/draft_agreement_European_and_Community_Patents_Court_en. pdf.

③ 欧洲理事会,也被称为欧盟首脑会议、欧盟高峰会或欧洲高峰会,是由欧盟 27 个成员国的国家元首或政府首脑与欧盟委员会主席共同参加的首脑会议。它是欧盟事实上的最高决策机构,但不列入欧盟机构序列当中。各国的外长和欧盟委员也会出席欧洲理事会。最早的欧洲理事会由法国前总统德斯坦提议成立于 1974 年,当时被称为欧洲经济体首脑会议。欧洲理事会通常一年举行两次。在特殊情况下,欧洲理事会轮值主席国也能在其国家召开欧盟领导人非正式会议。

欧盟理事会由来自欧盟成员国各国政府部长所组成,是欧盟的主要决策机构之一。每一个国家在理事会中都有一名代表("理事"),通常称为"部长理事",与欧洲理事会的理事(即国家元首或政府首脑)区分。

2009年7月就《欧洲专利与欧盟专利法院体系草案》是否符合欧盟法律提请欧洲法院(the European Court of Justice)①给出法律意见。

这两大制度构想仍旧面临巨大挑战。2010年3月8日,欧洲法院裁决,"欧洲专利与欧盟专利法院体系"违反《欧洲联盟条约》和《欧洲联盟运行条约》(Treaty on the Functioning of the European Union,TFEU)。② 欧洲法院认为,拟建立的"欧洲专利与欧盟专利法院体系"是一个欧盟制度之外的国际法院,对诸多私人提起的欧盟专利诉讼案件具有唯一的管辖权,包括确认专利不侵权之诉、专利侵权之诉、专利侵权损害赔偿之诉、强制许可及补偿费之诉等等。这将剥夺欧盟成员国法院解释和适用相关法律的司法权,从而改变欧盟法律制度对欧盟机构和成员国的权力配置关系,动摇欧盟法律制度的根本。

六、国际专利保护

在欧洲大陆的反专利时期,国际专利保护反而取得了实质性的进步。1883年3月20日,比利时、巴西、法国、危地马拉、意大利、荷兰、葡萄牙、萨尔瓦多、塞尔维亚、西班牙和瑞士等国在巴黎签订了《保护工业产权的巴黎公约》(Paris Convention for the Protection of Industrial Property)(简称《巴黎公约》),组成保护工业产权的联盟。该公约1884年7月6日起生效。

《巴黎公约》的初衷非常简单,消除发明人参加国际展会的顾虑,使之不用担心他人从展会上偷窃其发明而到他国申请专利,从而鼓励发明人在国际展览会上公开自己的发明。为此,《巴黎公约》设立了优先权原则。根据优先权原则,成员国的国民向一缔约国提出专利申请或注册商标申请后,在一定期限内(发明和实用新型的优先权期间为12个月,外观设计为6个月)享有优先权,即

---

① 欧洲联盟法院(Court of Justice of the European Union)是欧洲联盟的司法机构。欧盟法院目前设置于卢森堡,其下有三个子法院:欧洲法院,1952年设立,目前英文的正式名称为"Court of Justice";普通法院,1988年设立,其前身是"初审法院"(Court of First Instance),目前英文的正式名称为"General Court";欧盟公务员法庭,2004年设立,目前英文的正式名称为"Civil Service Tribunal"。

欧盟法院的职责是确保基于欧洲联盟各个条约的欧盟法律可以在各国适用,同时负责相关的法律解释,它与各个欧盟成员国的国内法院一起,确保欧盟法律在欧盟各国间能够有统一的解释和适用。另外,欧盟法院也负责监督欧盟各机构的行为是否违反欧盟法律,并确保各国遵守欧盟法律。

② OPINION 1/09 OF THE COURT (Full Court), 8 March 2011, at: http://curia. europa. eu/jurisp/cgi-bin/form. pl? lang=EN&Submit=rechercher&numaff=Avis%201/09。

2009年12月1日生效的《里斯本条约》修订了欧盟两个核心条约,即《欧洲联盟条约》(Treaty on European Union)和《建立欧洲联盟的条约》(Treaty establishing the European Community)。后者被重新命名为《欧洲联盟运行条约》(Treaty on the Functioning of the European Union)。

当向其他缔约国又提出同样的申请,则后一申请视作在第一申请提出的日期提出。这不仅解决了抢先申请他人发明的国际专利保护问题,而且,还很大程度上协调了专利保护时间。

除此之外,《巴黎公约》还奠定了国际专利保护的诸多基本原则。例如,国民待遇原则,即成员的国民在保护工业产权方面享受与本国国民同样的待遇。如果非缔约国国民在一个缔约国领土内具有永久性住所或真实有效的工商营业所,也享受与成员国国民同样的待遇。再如,专利权独立的原则,即各成员国依照各自国内法律审查和授予专利权,并依照国内法给予保护。这一原则的直接结果是,同一专利申请人在不同国家的专利申请,其审查和授权彼此互不干涉。专利获得授权后,专利权人也只能根据"请求地"的法律要求专利保护。

《巴黎公约》之后,1970 年签订的《专利合作条约》(Patent Cooperation Treaty, PCT)是国际专利保护的又一里程碑。《巴黎公约》虽创设了国际优先权制度,但是,获得外国专利保护的成本仍旧沉重。从专利申请在《巴黎公约》成员国内第一次提出后的 12 个月以内,为获得他国专利保护,专利申请人必须一开始就承担沉重的申请费用,包括通信费、翻译费、申请费等,还包括代理费。通常,《巴黎公约》成员国要求外国人申请专利必须委托当地专利代理人。然而,对于发明人及其利益相关人而言,12 个月的时间常常过于短暂,不足以让其确定其发明在特定国家是否具有足够的商业价值,需要寻求专利保护。为了解决这一困境,PCT 建立了统一的专利国际申请程序,延迟了指定国家对专利申请的审查时间,缓解了专利申请人国际专利申请的压力。

具体来说,PCT 建立了统一的专利申请文件要求和统一的国际专利申请程序。根据 PCT,其成员国不得对专利申请的形式或内容,要求专利申请人符合 PCT 以及其实施细则之外的不同要求或附加要求。[①] 专利申请人根据 PCT 提出国际申请(international application),符合 PCT 规定的形式要求而获得国家申请日后,即具有在所有专利申请人指定国(designated state)专利局实际提出该项专利申请的法律效力。[②] 指定国的专利局在自优先权日 30 个月期限届满前,该专利申请未从"国际阶段"(international phase)进入"国家阶段"(national phase),不得处理或审查该专利申请。[③] 一旦 PCT 申请进入国家阶段,则完全

[①] See Art. 27 (1) PCT.

[②] See Art. 11 (3) PCT.

[③] See Art. 23 PCT.

遵守国内专利法——PCT 及其实施细则的法律效力不涉及成员国对专利申请的审查、授权和保护。①

世界专利制度的协调，远远落后于经济全球化，也落后于国际贸易制度发展。1983 年，世界知识产权组织（World Intellectual Property Organization，WIPO）就曾经启动《专利法条约》（Patent Law Treaty，PLT），旨在统一各国和地区专利局的形式要件及简化专利取得和维持的程序问题；1991 年又曾制定《实体专利法条约草案》（Substantive Patent Law Treaty，SPLT）（Draft），旨在协调专利实体问题，包括以下法律标准：新颖性、创造性、实用性、充分公开、权利要求解释等等。② 但是，都以失败告终。

1995 年，世界贸易组织成立，知识产权制度包括专利制度再次受到重视。TRIPS 协议成为一揽子协议中必须接受的国际义务。TRIPS 协议构建了国际知识产权保护的最低标准。对于国际专利保护而言，TRIPS 协议吸纳了《巴黎公约》（1967）第一条至第十二条和第十九条。更为重要的是，TRIPS 协议借鉴《美国专利法》和《欧洲专利公约》，推进了专利实体制度的协调。相比于《巴黎公约》，TRIPS 协议还规定了专利的客体、专利的保护期限、专利强制许可条件、专利维权和执法的最低标准等等重要内容。

TRIPS 协议签订之后，国际专利制度取得了阶段性发展。WIPO 于 1998 年成立专利法常务委员会（Standing Committee on Law of Patents，SCP），推进国际专利协调。2000 年 6 月 1 日，PLT 获得通过，2005 年 4 月 28 日开始生效。然而，SPLT 的谈判却一直不顺利。2001 年 5 月，专利法常委会第五次会议讨论后，虽然对一些问题取得了原则性的一致，但是 2006 年讨论却遭遇僵局。专利法常委会不得不宣布，SPLT 草案还不成熟，并自此转移工作重心。

第三节　中国专利制度简史

清政府闭关锁国，扼杀资本主义萌芽，使得拥有四大发明的中国没有能够建立促进发明创新的专利制度。当专利制度在英美日趋完善之时，在殖民主义的坚船利炮之下，专利制度才开始在中国古老的土地上被迫萌芽。自此，专利

---

① See Art. 27（5）PCT.

② See Draft of Substantive Law Treaty prepared by the International Bureau of WIPO（WIPO Document No. ，SCP/7/3http://www. wipo. org/scp/en/documents/session_7/pdf/scp7_3. pdf.

制度就背负着中华民族富国强兵的梦想。民国时期,我国专利制度一度初具规模。新中国建立后,由于社会制度的变迁,专利制度一度搁置,尊奉发明奖励制度。但是,改革开放以后,在党和国家的关注之下,专利制度迅速恢复,并取得长足发展。目前,专利制度已经成为我国建设创新国家、再度崛起的基础制度,发挥着日益重要的社会经济功能。

一、中国专利制度的萌芽

我国专利制度的萌芽可以追溯到 19 世纪中叶太平天国时期。中国学者认为,第一个将西方专利制度思想介绍到我国来的是太平天国天王洪秀全的堂弟洪仁玕。[①] 1859 年,他时任总理,在《资政新篇》中提出:"兴车马之利,以利便轻捷为妙。倘有能造如外邦火轮车,一日夜能行七八千里者,准自专其利,限满准他人仿做……兴舟楫之利,以坚固轻便捷巧为妙。或用火用气用力用风,任乎智者自创。首创至巧者,赏以自专其利,限满准他人仿做……"[②]然而,伴随太平天国的覆灭,他的设想并没有能够转化为现实的制度。[③]

中国历史上第一个专利是王权授予的垄断经营权。1881 年,资产阶级改良派实业家郑观应筹建上海机器织布局,向清朝北洋大臣李鸿章上书,要求给予上海机器织布局的机器织布工艺以 10 年专利。光绪皇帝予以批准,这是我国近代史上第一件"专利"。自此之后,清政府批准过造纸、酿酒、纺纱等新工业的垄断权。[④]

1898 年 7 月 12 日,光绪皇帝颁布了中国第一个鼓励技术、工艺发明创造的专利法规——《振兴工艺给奖章程》,不仅给予专利特权,还授予官职。该章程规定:"对能采用新法制造船械枪炮等器,并超出西方各国者,或采用新法,兴大工程,有利于国计民生者,均颁特赏,并许其集资设立公司开办,专利五十年;如能造新器切于人生日用之需,其法为西人所无者,给工部郎中实职,许其专利三十年;如能仿西人之法,造成各器者,给工部主事职衔,许其专利十年……"然而,伴随"百日维新"的流产,此专利法也淹没于历史尘埃之下。

---

① 汤宗舜:《专利法教程》(第三版),法律出版社 2009 年版,第 17 页。
② 洪仁玕:《资政新篇》,载《太平天国史料》,中华书局 1955 年版,第 29 页。
③ 孙羽、宋子良:《从洪仁玕到〈振兴工艺给状章程〉——中国曲折发展的专利制度》,《科技与法律》1998 年第 2 期,第 44 页。
④ 汤宗舜:《专利法教程》(第三版),法律出版社 2009 年版,第 17 页。

二、民国时期的专利制度

辛亥革命后,1912年民国政府工商部制定《奖励工艺品暂行章程》,这是民国政府颁布的第一部专利性质的法规,曾经多次制定或修改,但收效不大。在1912—1944年的32年期间共有692件专利被批准,年均20余件。[1] 1944年5月29日,国民党政府公布了《中华民国专利法》。这是我国历史上第一部比较完整的、正式的现代专利法。"它对发明、新型和新式样三种专利的性质、呈请方式、审查程序、实施、纳费、损害赔偿及诉讼作了详细的规定,基本形成了专利申请、审查、实施、保护及侵权制裁较为完备的专利制度。专利法明确规定在经济部下设立专利局,对专利进行实质性审查,并依据专利的种类区分适用新颖性、创造性和实用性要求。"[2]然而,因为国内战争,此专利法并没有得到有效实施。

三、新中国的发明奖励制度

新中国成立后,我国经历了从注重"发明奖励制度",到注重"专利保护制度"的曲折历程。为贯彻《政务院关于奖励有关生产的发明、技术改进及合理化建议的决定》,1957年8月11日,政务院财政经济委员会公布了《保障发明权与专利权暂行条例》。此条例规定简单,仅22条,采用"发明权"和"专利权"并行,与"苏联当时实行的发明人证书和专利证书的双轨制相似"。[3] "发明权"实际是一种国家奖励制度,完全不同于以排他专有为核心特征的专利权。后者以市场机制和市场回报鼓励发明创造,而前者以国家社会的补贴鼓励发明创造。具体而言,该条例规定:"凡中华人民共和国国民,无论集体或个人,在生产上有所发明者"均可申请发明权或专利权。除其发明的采用与处理权属于国家外,可享有下述权利:(1)根据国家规定之奖励办法,接受奖金、奖章、奖状、勋章或其他荣誉奖励;(2)得奖发明权作为遗产,继承此项遗产者,得领取奖金;(3)根据发明人之要求,经过中央主管机关批准后,得于发明物上冠以本人姓名或其他特殊名称。发明权的有效期限为3~15年,年限的长短,由中央主管机关在发给证书中确定。对于发明的奖励办法,1958年8月27日公布的《有关生产的发

---

[1] 赵元果:《中国专利法的孕育与诞生》,知识产权出版社2003年版,第7页。

[2] 徐海燕:《1944年〈中华民国专利法〉的立法思路》,《知识产权》2010年第5期,第26-33页。

[3] 汤宗舜:《专利法教程》(第三版),法律出版社2009年版,第20页。

明、技术改进及合理化建议的奖励暂行条例》规定："凡依据《保障发明权与专利权暂行条例》之规定取得发明证书者,按本条例发给发明奖金",并按其对生产作用的大小"给予通报表扬,发给奖章、奖状或其他荣誉奖励"。具体的奖励标准和期限,奖金标准的计算方法,是以发明被采用后 12 个月内所节约的价值提成。奖励期限为 3～5 年,每年计算一次,奖金由采用企业或经济主管部门发给。该条例自公布之日起施行,至 1963 年 11 月国务院明令废止,历时共 13 年,先后批准了 4 项专利权和 6 项发明权。①

伴随社会主义公有制的探索和实践,我国曾一度全面实行发明奖励制度。1963 年 10 月 23 日,国务院全体会议第 136 次会议通过《发明奖励条例》和《技术改进奖励条例》,同时废止《有关生产的发明、技术改进及合理化建议的奖励暂行条例》和《保障发明权与专利权暂行条例》,"这是我国发明保护制度的一大转变"。② 根据《发明奖励条例》,"发明"要求满足下列三个条件:(1)前人所没有的;(2)先进的;(3)经过实践证明可以应用的。由国家科学技术委员会统一领导全国发明奖励工作。国务院各部门和各省、市、自治区科学技术委员会负责领导本部门、本地区发明的申报、审查工作。要申报发明奖励,发明人需要按照行政隶属关系,层层上报和审批,而后才能获得奖金、奖章和发明证书。对发明的奖励,"坚持无产阶级政治挂帅,实行精神鼓励和物质鼓励相结合而以精神鼓励为主的原则"。③ 而发明的所有权归属国家,全国各单位(包括集体所有制单位)都可利用它所必需的发明,④无须向发明人及发明人所在单位支付任何费用。发明奖励制度取代发明私权保护制度是我国计划经济制度使然,伴随社会主义市场经济的发展和完善,不断地被修订和扬弃。《发明奖励条例》于 1978 年 12 月 28 日经由国务院修订后重新发布,1984 年 4 月 25 日和 1993 年 6 月 28 日历经国务院两次修订,终于由 1999 年 5 月 23 日《国家科学技术奖励条例》替代,不再实行。《国家科学技术奖励条例》不再规定发明的所有权,而只是作为专利制度的补充,给予科学技术进步活动中做出突出贡献的公民和组织以荣誉和奖励。

四、改革开放后的专利制度

"文化大革命"后,为适应社会主义现代化建设和实行对外开放政策的需

---

① 汤宗舜:《专利法教程》(第三版),法律出版社 2009 年版,第 20 页。
② 汤宗舜:《专利法教程》(第三版),法律出版社 2009 年版,第 20 页。
③ 参见《中华人民共和国发明奖励条例》(国务院国发〔1978〕279 号)第六条。
④ 参见《中华人民共和国发明奖励条例》(国务院国发〔1978〕279 号)第九条。

要,我国从 1978 年起开始筹建专利制度。1979 年 3 月着手草拟专利法。并且,在 1979 年 7 月 7 日签订的《中美贸易关系协定》上,我国首次对外承诺要保护专利、版权和商标。1980 年 1 月,国务院正式批准了国家科委《关于我国建立专利制度的请示报告》,成立了中国专利局,由其负责起草专利法。由于改革开放不久,专利法制订遇到相当大的阻力,进行得相当审慎。中国专利局曾考察了各种类型国家的专利制度,参考了几十个国家的专利法资料,广泛征求了国内有关单位的意见。国务院于 1982 年 9 月再次作出决定,要求在我国实行专利制度。并且,在第五届全国人民代表大会第五次会议上的《关于第六个五年计划的报告》中,赵紫阳总理提出要"制定和施行专利法"。

于是,1983 年 8 月国务院常务会议终于讨论并原则通过了《中华人民共和国专利法(草案)》。1984 年,第六届全国人民代表大会常务委员会第四次会议通过《中华人民共和国专利法》(以下简称《专利法》)。这是一件了不起的事情。时值改革开放的初期,计划经济体制已开始松动。确立民事基本制度的《民法通则》都尚未通过,我国政府当时就已经敏锐地认识到,"专利制度是国际上通行的一种利用法律的和经济的手段推动技术进步的管理制度",它"对申请专利的发明,经过审查和批准授予专利权,同时把申请专利的发明内容公之于世,以便进行发明创造信息交流和有偿技术转让……为了保护和鼓励发明创造,促进技术发明成果的推广,便利从国外引进新技术,加速我国的现代化建设,需要及早公布专利法,尽快把专利制度建立起来。"[1]可见,党和国家技术强国、贸易强国之心切。当年 3 月 12 日,《专利法(草案)》第二十五稿在全国人大审议通过,新中国的第一部《专利法》诞生,订于 1985 年 4 月 1 日正式生效。

其实,对于专利制度,国民期盼之心更切。中国第一个专利人胡国华回忆时曾说:"我自带被褥,等了三天三夜后,迎来 1985 年 4 月 1 日。我顺利申请了中国专利第一号。"[2](参见图 8)

然而,受制于所有制结构,《专利法》(1984)带有计划经济的烙印,实行"计划许可"和"推广应用"。其第十四条规定:"国务院有关主管部门和省、自治区、直辖市人民政府根据国家计划,有权决定本系统内或者所管辖的全民所有制单位持有的重要发明创造专利允许指定的单位实施,由实施单位按照国家规定向

---

[1] 中国专利局局长黄坤益:《关于〈中华人民共和国专利法(草案)〉的说明》,1983 年 12 月 2 日于第六届全国人民代表大会常务委员会第三次会议。

[2] 李立、胡国华:《我拿到了中国专利第一号》,《法制日报》2008 年 12 月 13 日,来源于 http://www.legaldaily.com.cn/bm/2008-12/13/content_1001083.htm.

⑤中华人民共和国专利局

⑫发明专利申请审定说明书

⑪CN 85 1 00001 B

⑪Int.Cl⁴
G 02 B 27 / 46
G 03 B 33 / 06
G 02 B 5 / 18

CN 85 1 00001 B

㊹审定公告日 1985年9月10日

㉑申请号 85 1 00001
㉒申请日 85.4.1
㉗申请人 航天工业部第二研究院二〇七所   地址 北京市永定路4号
㉒发明人 胡国华 杨冶贵
㉗专利代理机构 航天工业部第二研究院专
利代理事务所
代理人 马文良

242 / 8500001 / 20

㊴发明名称 可变光学滤波实时假彩色显示
装置

㊺摘要
可变光学滤波实时假彩色显示装置是
种现代光学图象处理技术，为实现实时显示
按空间频率特征增强的假彩色图象，在标准
的或变形的白光付立叶光学系统中，周期地
连续改变照明光的颜色和空间滤波方式。一
种实现方法是在滤波平面上加上旋转滤波器。
旋转滤波器上制有不同张角的红、绿、蓝
色滤色片和低通、高通、全通滤波器。
本发明应用于图象处理仪和显微镜等投
影式光学仪器中，可取得增辐图象的效果。

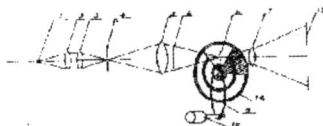

图8　中国第一件专利"可变光学滤波实时假彩色显示装置"（CN85100001.0）

持有专利权的单位支付使用费。"同条第2款还规定："中国集体所有制单位和个人的专利，对国家利益或者公共利益具有重大意义，需要推广应用的，由国务院有关主管部门报国务院批准后，参照上款规定办理。"

自《专利法》(1984)实行以来，我国专利申请数量和质量都取得了十分显著的进步。《专利法》已经经过三次修订。1992年和2000年两次修订时，主要目的是将我国专利制度进一步和国际知识产权接轨，服务于我国促进国际贸易以及加入世界贸易组织的需要。特别地，为加入世界贸易组织，我国2000年不得不专门修订《专利法》，以符合TRIPS协议的要求。然而，2008年第三次修订时，更多出于我国本身制度发展完善的需要，也更加充分地利用了TRIPS协议允许的灵活性。整体上看，我国专利制度不断完善，跟随国际潮流，顺应我国社会主义市场经济和国际贸易发展的需要。

第四节　中国专利制度体系

大体来说,专利制度主要由相互作用、相互影响的两部分法律规范组成:第Ⅰ部分,专利申请的审查授权及其行政救济;第Ⅱ部分,专利权的行使和侵权救济。第Ⅰ部分的法律规范主要调整专利权利人(包括专利申请人和专利权人)与国务院专利行政主管部门之间的法律事务。这主要包括《专利法》第一到六章的相关规定,以及《专利法实施细则》、《专利审查指南》和《国家知识产权局行政复议规程》(国家知识产权局第 24 号令)等。

第Ⅱ部分法律规范主要调整专利授权后,专利权人与第三人之间的关系。具体而言,专利权的行使包括专利权的内容,专利权的许可(包括强制许可)和利用(包括出质、转让);专利侵权救济包括司法救济和行政救济,其中司法救济是主要的救济形式。相对而言,这部分法律规范更为分散,不仅包括《专利法》的相关部分,还包括众多司法解释和行政法规及行政规章。在《专利法》之外,对于专利权行使而言,重要的法律文件还包括:《最高人民法院关于审理技术合同纠纷案件适用法律若干问题的解释》(法释〔2004〕20 号),国家知识产权局颁布的《专利权质押登记办法》(国家知识产权局第 56 号令),[①]《专利实施许可合同备案办法》(国家知识产权局第 62 号令),《专利实施强制许可办法》(国家知识产权局第 64 号令)[②]。

在《专利法》之外,对于专利侵权救济而言,重要的法律文件包括两大部分:最高人民法院公布的关于审理专利侵权纠纷的司法解释,国务院或部委颁布实施的行政法规和行政规章。其中,最高人民法院颁布的专利方面的司法解释主要包括:《最高人民法院关于对诉前停止侵犯专利权行为适用法律问题的若干规定》(法释〔2001〕20 号)、《最高人民法院关于审理专利纠纷案件适用法律问题的若干规定》(法释〔2001〕21 号)、《最高人民法院关于审理侵犯专利权纠纷案件应用法律若干问题的解释》(法释〔2009〕21 号)。此外,北京高级人民法院作为我国专利审判的代表性法院,也出台有司法意见,对我国专利司法保护具有重大的影响和作用,例如《专利侵权判定若干问题的意见(试行)》(京高法发〔2001〕229 号)、《北京市高级人民法院关于审理外观设计专利案件的若干指导

---

① 自 2010 年 10 月 1 日起实施。
② 自 2012 年 5 月 1 日起实施。

意见(试行)》(京高法发〔2008〕316号)。在司法救济之外,我国还提供专利侵权纠纷的行政处理和调解制度,以及海关边境保护措施。它们是专利侵权司法救济的补充。为此,国家知识产权局颁布实施有《专利行政执法办法》(国家知识产权局第60号令),国务院颁布实施有《知识产权海关保护条例》①,而海关总署颁布有《知识产权海关保护条例的实施办法》。

除开这些专门性的法律规范,我国专利制度还来源于其他部门法。其中的法律规范,也可以纳入到上述专利规范的分类之中。例如,《科技进步法》规定有财政资助科技项目的权利归属,属于第Ⅰ部分法律规范;《反垄断法》对专利权许可具有规制,属于专利权的行使,《侵权责任法》规定有"共同侵权",则属于专利侵权救济,两者都属于第Ⅱ部分法律规范。

本书的目的就是系统地阐释中国专利制度。本书共分十章,主体依照我国专利制度的结构来展开。本书前半部分围绕专利申请的审查和授权及其行政救济展开,共分五章。具体而言,第二章"申请专利的权利";第三章"专利的申请条件";第四章"专利的本体条件";第五章"专利申请的审查和授权";第六章"专利申请审查和授权的行政救济"。本书后半部分围绕专利权的行使和专利侵权救济来讨论,共分四章。具体而言,第七章讨论"专利权的内容";第八章"专利权的利用";第九章"专利侵权";最后,第十章"专利侵权的法律救济"。

---

① 2003年12月2日中华人民共和国国务院令第395号公布,根据2010年3月24日《国务院关于修改〈中华人民共和国知识产权海关保护条例〉的决定》修订。

第二章　申请专利的权利

"申请专利的权利"是指对已经完成的发明创造所享有的申请专利并获得专利授权的民事权利。发明创造从无到有，从专利申请到最终专利授权，有三个重要的时间节点：发明创造完成之日、专利申请提出之日和专利授权登记之日。依据这三个时间节点，专利法承认三种不同的权利：专利授权登记之日后的"专利权"；从专利申请提出日到专利授权登记日的"专利申请权"；从发明创造完成日到专利申请提出日的"申请专利的权利"。发明创造完成日之前，未产生可申请并授予专利权的完整的技术方案，不属于专利法的范畴。当事人只可依据"商业秘密"对发明创造完成之前的技术构想和研发工作成果要求保护。所以，申请专利的权利就是专利权的"原始权利"。

我国专利制度下，申请专利的权利并不必然属于发明人。在专利法上，"发明人"是依据发明创造的事实行为而产生的身份性的资格权利，而申请专利的权利本质上是财产性权利。现代社会，发明创造已经不再是爱迪生似的发明家在试验室独自完成。发明创造过程常常不是单打独斗，而是一种风险事业，依赖于人与人之间的协作，需要一定的物质技术条件和资金的投入。申请专利的权利也因为发明创造产生的社会协作关系不同，而分配给不同的主体。

第一节　发明人的资格和权利

一、发明人资格

发明人资格（inventorship）是自然人基于发明创造活动的事实行为而所完成的发明创造所享有的人身性权益。根据《专利法实施细则》（2010）第十三条，专利法所称发明人或者设计人，是指对发明创造的实质性特点作出创造性贡献的人。在完成发明创造过程中，只负责组织工作的人、为物质技术条件的利用提供方便的人或者从事其他辅助性工作的人，包括提供资金、设备、材料、试验条件,进行组织管理,协助绘制图纸、整理资料、翻译文献等等的人员,都不是发明人或者设计人。①

为确定"对发明创造的实质性特点作出创造性贡献的人",就得确定专利法意义上的发明创造的完成时间。一方面,发明创造完成以后,对其技术方案进行常规性测试和验证,不再涉及创造性劳动和贡献,参与人员不可能成为发明人。另一方面,如果所谓的发明创造还仅仅是一个研究目标,或者研究计划,还不够专利保护的资格,也就还只有"研究人",而没有专利法意义上的"发明人"。《美国专利法》认为,对发明构思(conception)有显著贡献之人,才应享有发明人资格。② 也就是说,发明人的头脑中已经形成一个完整而可以实施的发明构想,它明确而持久,之后将付诸实践。③ 只有当一个构想在发明人头脑中足够明晰,以至于本领域普通技术人就可以将其付诸实施,而无须过多试验或研究,一个发明构思才可以说已经完成。④ 为证明已经形成发明构思,法院要求提供其形成时的外在表现形式(例如实验记录、设计图纸等等)加以证明,并要求其外在表现形式足以让"本领域普通技术人员"(person of ordinary skill in the art)实现发明构思的技术方案。⑤ 换言之,发明构思完成意味着发明人已经形成解决特定技术问题的技术方案,而不是仍然构想出一个研究方案,或者实验方法。可见,以"发明构思"作为判断发明人资格的法律标准,与我国所采用的法律标准异曲同工,但是更加明确和具有操作性。

发明构思是否形成是一个客观状态,并不要求发明人证明其主观上知道其发明构思的技术方案一定能解决既定的技术问题,也不要求发明人将其构思实际付诸实践(reduction to practice)。原因很简单,发明构思一旦形成,将其付诸实践就不再需要创造性劳动。当然,付诸实践是证明发明构思已经形成的最佳证明方式。但是,这并不是唯一的证明方式。⑥

两人以上可以对一项完成的发明创造共同享有发明人资格,而法律并不要

---

① 《最高人民法院关于审理技术合同纠纷案件适用法律若干问题的解释》(法释〔2004〕20号)第六条;《中华人民共和国专利法实施细则》(2010)第十三条。

② See Fina Oil & Chem. Co. v. Ewen, 123 F. 3d 1466, 1473 (Fed. Cir. 1997). 2011年,美国联邦最高院指出,虽然专利制度建立220年,但是,专利的古老法谚语没变:发明之上的权利属于发明人。See Board of Trustees of the Leland Stanford Junior Univ. v. Roche Molecular Sys. , 2011 WL 2175210, at ＊4 (June 6, 2011)

③ See Hybritech Inc. v. Monoclonal Antibodies, Inc. , 802 F. 2d 1367, 1376 (Fed. Cir. 1986).

④ See Sewall v. Walters, 21 F. 3d 411, 415 (Fed. Cir. 1994).

⑤ See Coleman v. Dines, 754 F. 2d 353, 359 (Fed. Cir. 1985).

⑥ See Burroughs Wellcome Co. v. Barr Lab. , Inc. , 40 F. 3d 1223, 1227 - 1228 (Fed. Cir. 1994).

求他们之间达成协议。例如,Falana v. Kent State Univ. 案中,[1]F 博士作为博士后受雇于肯特州州立大学和 KDI 公司,研发一种温度稳定型手性高分子化合物,用于移动液晶显示屏。F 博士研发出一种新的合成方法,可以合成一类新的化合物。他成功地合成 7 号化合物(左旋性)。此化合物拥有项目要求的技术特征,具有显著的进步,但是其温度稳定范围过窄,不能达到项目要求。F 博士随后辞职。几个月后,F 博士的同事使用 F 博士开发的合成方法,合成了 9 号化合物(右旋性)。9 号化合物与 7 号化合物属于同一大类。随后,肯特州州立大学和 KDI 公司联合申请专利,但是,F 博士没有被列为发明人。

美国联邦巡回上诉法院认为,发明人应当对发明构思具有创造性贡献。对于一种化合物而言,其发明构思既包括化合物的结构,也包括其制备方法。F 博士对 9 号化合物的构思具有创造性的贡献,因为其贡献了本领域普通技术人员不知道的合成方法,使得 9 号化合物的发明成为可能。所以,法院认为,F 博士应该作为共同发明人,享有有关专利权。

共同发明人资格取决于发明创造的产生过程。专利法并不要求所有的发明人同一时间、同一地点进行研发,也不要求每一个发明人对完成的发明创造具有相同的贡献,还不要求每一个发明人都对一项专利的各个权利要求都有贡献。[2]

二、发明人权利

发明人依据其发明人资格,享有表明自己是发明人的身份性权利。根据《专利法》第十七条规定"发明人或者设计人有权在专利文件中写明自己是发明人或者设计人"。但是,并不意味着发明人有权根据对发明创造的贡献,要求在多个发明人中享有优先的署名顺序。我国《专利法》和《专利法实施细则》并未规定专利发明人署名顺序按照创造性贡献大小排名,法律并不禁止发明人按照其他方式例如年龄或资历等确定署名顺序。[3]

---

[1] See Falana v. Kent State Univ., No. 2011-1198, 2012 WL 171550 (Fed. Cir. Jan. 23, 2012).

[2] See 35 U.S.C. 116 (When an invention is made by two or more persons jointly, they shall apply for patent jointly and each make the required oath, except as otherwise provided in this title. Inventors may apply for a patent jointly even though (1) they did not physically work together or at the same time, (2) each did not make the same type or amount of contribution, or (3) each did not make a contribution to the subject matter of every claim of the patent.).

[3] 张深根诉北京有色稀土研究总院等技术成果完成人署名权、荣誉权、奖励权纠纷案,北京市第一中级人民法院民事判决书〔2011〕一中民初字第 6986 号。

在我国专利制度下，自然人具有发明人资格并不必然拥有申请专利的权利，更不必说获得专利授权。发明人的资格具有人身属性，不可以转让；但是，申请专利的权利却不具有这一法律性质。因为发明人与他人协议的约定（例如下文讨论的"委托发明"），或者法律的规定（例如下文讨论的"职务发明"），申请专利的权利可为他人享有。发明人因为让渡申请专利的权利而获得附随的利益。比如，"委托发明"因为当事人约定而由委托方享有申请专利的权利，作为受托方的发明人可以因此在合同签订之日要求更高的对价；职务发明因为法律规定而由发明人的工作单位享有申请专利的权利，发明人因此享有获得奖励和报酬的权利。

多个发明人得对其完成的发明创造"整体"享有专利法下不可分割的权利。从形式上看，特定的发明人可能只对其中某一项权利要求有创造性贡献。但是，这并不影响该发明人对整个专利行使不可分割的权利。如果他们之间存在协议，则应按协议的份额享有利益；如果没有，则应平均享受利益。[①]原因在于，基于单一性的法律要求，一项专利只能授予一项发明。如果专利存在多项权利要求，它们须得属于一个总的发明构思。[②] 承认某人对一项专利享有发明人资格，也就是承认他对专利的发明构思——而不是特定权利要求的特定技术特征——具有显著性的贡献。因此，他得以对整个专利享受不可分割的权利。

三、发明人资格纠纷

专利文书表明的发明人，如果没有相反证明，法律上即承认其具有发明人资格。如果就特定专利申请或授权专利的发明人/设计人资格发生争议，当事人可以请求"管理专利工作的部门"调解，[③]或者向人民法院提起诉讼。[④] 如果因为发明人/设计人资格纠纷，进而引起专利申请权或专利权的权属纠纷，也可以通过这两种途径予以解决。本章第五节将对此详细阐述。

---

① See Ethicon, Inc. v. U. S. Surgical Corp. , 135 F. 3d 1456, 1460 (Fed. Cir. 1998) ("In the context of joint inventorship, each co-inventor presumptively FN5 owns a pro rata undivided interest in the entire patent, no matter what their respective contributions").

② 《中华人民共和国专利法》(2008)第三十一条。

③ 《中华人民共和国专利法实施细则》(2010)第八十五条。"管理专利工作的部门"是指"由省、自治区、直辖市人民政府以及专利管理工作量大又有实际处理能力的设区的市人民政府设立的管理专利工作的部门"。其在行政上不隶属于国家知识产权局。

④ 《最高人民法院关于审理专利纠纷案件适用法律问题的若干规定》(法释〔2001〕21号)第一条。

如果已经提起专利申请,或者专利已经授权,发明人/设计人资格纠纷解决后,可能需要变更专利文件上的发明人/设计人。例如,增加、删除或者改换原专利文件指明的发明人。为此,当事人需要依照《专利审查指南》办理"著录项目变更"。[①] 具体说来,如果纠纷是由地方知识产权管理部门调解解决的,当事人应当提交该部门出具的调解书;如果纠纷是由人民法院调解或者判决确定的,应当提交生效的人民法院调解书或者判决书;如果纠纷是由仲裁机构调解或者裁决确定的,应当提交仲裁调解书或者仲裁裁决书。

第二节　合作发明的原始权利

"合作发明"是指当事人通过协议的方式,协作性开展研发所要完成的发明创造。根据我国《合同法》,合作研发应当签订书面的合作开发合同。[②] 合作开发合同应当写明下列各项:项目名称;标的技术的内容、形式和要求;研究开发计划;研究开发经费或者项目投资的数额及其支付、结算方式;利用研究开发经费购置的设备、器材、资料的财产权属;履行的期限、地点和方式;技术情报和资料的保密和风险责任的承担等。

"合作开发合同"不同于"委托开发合同"。委托开发合同中,当事人一方仅提供资金、设备、材料等物质条件或者承担辅助协作事项,另一方进行研究开发工作。[③] 合作开发合同的当事人应当"分工参与研究开发工作、协作配合研究开发工作"[④],即"当事人按照约定的计划和分工,共同或者分别承担设计、工艺、试验、试制等工作"。[⑤]

合作开发合同应该对未来发明创造申请专利的权利以及权利行使的方式进行协商和约定。如果没有协议约定,根据《专利法》(2008)第八条规定,两个以上单位或者个人合作完成的发明创造,申请专利的权利属于完成或者共同完成发明创造的单位或者个人。换言之,具有发明人资格的当事人对完成的发明创造应享有申请专利的权利。虽然合作开发合同事先约定当事人"分工参与研

---

① 《专利审查指南》(2010)第一部分第一章,第41页。

② 《中华人民共和国合同法》(1999)第三百三十条。

③ 《最高人民法院关于审理技术合同纠纷案件适用法律若干问题的解释》(法释〔2004〕20号)第十九条。

④ 《中华人民共和国合同法》(1999)第三百三十五条。

⑤ 《最高人民法院关于审理技术合同纠纷案件适用法律若干问题的解释》(法释〔2004〕20号)第十九条。

究开发工作、协作配合研究开发工作",但无法"事先"确定各方当事人必然对完成的发明创造的实质性特点具有创造性的贡献。所以,如果合作开发合同未对申请专利的权利进行"事前"约定,此项财产权就只能"事后"依据实际发明人来确定。

但是,我国《合同法》第三百四十条的规定和《专利法》(2008)第八条规定不尽一致。该条明文说:"如果当事人没有约定专利申请权归属,合作开发完成的发明创造的申请专利权属于合作开发的当事人共有。"换言之,如果一方当事人——而非双方当事人——对发明构思具有创造性贡献,根据《专利法》,应由具有发明人资格的当事人独享申请专利的权利;而根据合同法,则应由双方当事人共同享有申请专利的权利。

相比之下,《专利法》(2008)第八条的法律规则更为合理,更可以激励发明人及早申请专利并公开发明创造,同时减少权利行使的交易成本。按照合同法的规定,如果合作开发合同当事人没有约定申请专利的权利,则由当事人各方共有。换言之,双方当事人都可能懈怠,不积极投入研发,希望搭便车。而且,如果当事人连申请专利的权利尚且没有约定,对其行使更不可能有约定。权利共有要求双方当事人协商一致,共同办理法律手续,方能行使权利(包括申请专利的权利、专利申请权以及专利权)。换言之,权利行使的成本可能相当高。最后,《合同法》第三百四十条的默认规则很可能超出当事人的预期。当事人的真实意思表示"分工合作,进行研发",而并没有表示约定财产权利归属。社会普遍接受的观念是:发明人应该享有专利权。

对于合作发明,如果申请专利的权利为当事人共有,则意味着他们须要共同提出专利申请,共同享有专利申请权,共同行使专利权。如果各方对其行使有约定,则应当依照约定行使权利。[1] 如果没有约定,行使共有的专利申请权应当取得全体共有人的同意。[2] 凡办理涉及共有权利的手续(如:提出专利申请、委托专利代理、转让专利申请权或专利权、撤回专利申请和放弃专利权等),均应当由全体共有人在文件上签字和盖章,并由全体共有人的代表或者共同委托的专利代理机构办理。[3]

当事人之间可能无法达成协商一致。根据专利申请是否提出,法律保护的

---

[1]　《中华人民共和国专利法》(2008)第十五条第1款。
[2]　《中华人民共和国专利法》(2008)第十五条第2款。
[3]　《关于办理涉及共有权利的手续的规定》(专利局公告第28号)(1990年1月16日)。

利益有所侧重。在专利申请提出之前,为保护商业秘密,如果当事人一方不同意申请专利,另一方或者其他各方不得申请专利;①如果当事人一方转让其共有的专利申请权的,其他各方享有以同等条件优先受让的权利;②如果当事人一方声明放弃其共有的专利申请权,可以由另一方单独申请或者由其他各方共同申请;申请人取得专利权的,放弃专利申请权的一方可以免费实施该专利。③

一旦专利申请提出,专利法即以"推动发明创造的应用"为导向。④ 根据《专利法》(2008)第十五条,当事人没有约定共有专利申请权和专利权行使的,共有人可以单独实施或者以普通许可方式许可他人实施该专利;许可他人实施该专利后,收取的使用费应当在共有人之间分配。⑤ 但是,如果共有人之一自己单独实施专利,其收益为个人劳动所得,不需与其他共有人分享。⑥

第三节　委托发明的原始权利

研发是企业保有持久竞争力的核心。但是,这并不意味着企业需要通过内部研发机构开发所有自身需要的技术。企业或是自身没有研发能力,或是为了分担风险、节约成本、缩短研发周期,让产品快速上市占得先机,越来越倾向于从外部寻求技术来源。它们往往只研究开发关键技术,而将其他所需技术委托给经过挑选的高等院校、研究院,成为先进技术的"猎手和采摘人"。我国也迎来了委托研发的时代。2006 年《国家中长期科学和技术发展规划纲要(2006—2020)》明确要求加强产学研结合,科技部、财政部、教育部、国务院国资委、全国总工会、国家开发银行等六部委已经开始采取积极措施,积极推动产学研结合。

依照我国《合同法》,委托开发合同中,委托方的主要义务是支付研究开发经费和报酬,提供技术资料、原始数据并完成协作事项;受委托方的主要义务是制定和实施研究开发计划,合理使用研究开发经费,按期完成研究开发任务,交付研究开发成果等。可见,受委托方主要从事研制开发工作,是对发明创造作出创造性贡献的一方,即完成发明创造的一方。

---

① 《中华人民共和国合同法》(1999)第三百四十条。
② 《中华人民共和国合同法》(1999)第三百四十条。
③ 《中华人民共和国合同法》(1999)第三百四十条。
④ 《中华人民共和国专利法》(2008)第一条。
⑤ 《中华人民共和国专利法》(1999)第十五条第 1 款。
⑥ 参见国家知识产权局条法司编:《〈专利法〉第三次修订导读》,知识产权出版社 2011 年版,第44 页。

由于委托发明的完成人确定,委托开发合同的当事人可以"事前"就技术成果申请专利的权利进行讨价还价。为此,《专利法》(2008)第八条规定:"……一个单位或者个人接受其他单位或者个人委托所完成的发明创造,除另有协议的以外,申请专利的权利属于完成……的单位或者个人。"《合同法》第三百三十九条规定的与这一致:"委托开发完成的发明创造,除当事人另有约定的以外,申请专利的权利属于研究开发人。"此外,《合同法》进一步明确了委托人根据委托开发合同的目的所享有的权利:如果研究开发人转让专利申请权的,委托人享有以同等条件优先受让的权利;[1]如果研究开发人取得专利权的,委托人可以免费实施该专利。[2]

国家财政经费资助的科研项目是一类特殊的委托开发合同。由其形成的发明创造的专利申请权归属问题曾经是一个专利法上的争议难题。一方面,国家机关不是市场主体,由其享有专利申请权和控制授权专利,并不利于发明创造的商业化。另一方面,如果专利申请权归属完成发明创造的私人,值得争议的问题是公共资金被转化为了私人财产。为此,美国国会参议员 Birch Bayh 和 Robert Dole 提出了著名的《拜杜法案》,[3]1980 年由国会通过,特别规范"联邦资助所完成发明的专利权",并纳入《美国专利法》。《拜杜法案》的核心是通过赋予大学和非营利研究机构对于联邦政府资助的发明创造的专利申请权和专利权,鼓励大学展开学术研究并积极转移专利技术,促进小企业的发展,推动产业创新。联邦政府只保留特定情况下的有限"介入权"(March-in Right)。由于这将给公众带来新技术、工作机会,给国家增加税收收入,社会公众福利也由此而增进。《拜杜法案》取得了巨大的成功。[4] 这一法案被英国《经济学家》杂志评价为"美国国会在过去半个世纪中通过的最具鼓舞力的法案"。

我国 2007 年修订《中华人民共和国科技进步法》(以下简称《科技进步法》)时引入了类似的机制。就利用财政性资金设立的科学技术基金项目或者科学技术计划项目所形成的知识产权(包括但不限于专利),除涉及国家安全、国家利益和重大社会公共利益的外,由项目承担者依法取得。[5] 然而,项目承担者因此而承担实施义务。该法第十二条规定:"项目承担者应当依法实施前款规定

---

①　《中华人民共和国合同法》(1999)第三百三十九条。
②　《中华人民共和国合同法》(1999)第三百三十九条。
③　See 35 U. S. C. § § 200 - 212.
④　关于《拜杜法案》的实证研究,可以参见李晓秋:《美国〈拜杜法案〉的重思与变革》,《知识产权》2009 年第 3 期,第 91 - 92 页。
⑤　《中华人民共和国科技进步法》(2007)第二十条第 1 款。

的知识产权,同时采取保护措施,并就实施和保护情况向项目管理机构提交年度报告;在合理期限内没有实施的,国家可以无偿实施,也可以许可他人有偿实施或者无偿实施。"国家鼓励优先在本国境内实施。[①] 但是,对于重大专项产生的知识产权,应当首先在境内实施。许可他人实施的,一般应当采取非独占许可的方式。[②] 国家为了国家安全、国家利益和重大社会公共利益的需要,可以无偿实施,也可以许可他人有偿实施或者无偿实施利用财政性资金设立的科学技术基金项目或者科学技术计划项目所形成的知识产权。[③] 然而,值得注意的是,我国大学绝大部分都属公立大学,其资产(包括无形资产)均属于国有。这与美国体制不同,在相当大程度上限制了大学对财政性资金科技项目所形成的技术成果进行商业化。[④]

第四节　职务发明的原始权利

现在市场竞争使得发明创造活动已经职业化和专业化,企业往往雇用专门的人员,有组织地投入和开展研究开发活动(research and development)。研发人员与企业之间签有雇佣合同。对于研发人员完成的发明创造,其申请专利的权利应该归属于企业(资方)还是发明人,是专利制度的重要问题,直接影响研发投资和研发活动的激励机制。

对此,《专利法》(2008)第六条第1款规定:"执行本单位的任务或者主要是利用本单位的物质技术条件所完成的发明创造为职务发明创造。职务发明创造申请专利的权利属于该单位;申请被批准后,该单位为专利权人。"据此,"职务发明"可以大致分为两类:(1)执行本单位任务所生职务发明;(2)主要利用本单位的物质技术条件所生职务发明。以下分别讨论。

一、发明人与"本单位"存在工作关系

构成职务发明的前提条件是发明创造的发明人是本单位的职工。只有当本

---

①　《中华人民共和国科技进步法》(2007)第二十一条。

②　2010年科技部、国家发改委、财政部以及知识产权局联合发布的《国家科技重大专项知识产权管理暂行规定》第三十三条。

③　《中华人民共和国科技进步法》(2007)第二十条第3款。

④　参见例如,2009年《中央级事业单位国有资产使用管理暂行办法》(财教〔2009〕192号),《国有资产评估管理办法》(国务院令第91号)。

单位职工对已完成的发明创造具有发明人资格,其工作单位才能主张职务发明。

我国专利法并没有规定"发明人"和"本单位"之间的法律关系。"单位"一词保留有计划经济时代的烙印,实质上是指"法人或其他组织"。《专利法实施细则》自 2001 年修订后,即对"本单位"采取扩张性解释,"本单位"包括"临时工作单位"。依据此规定,从其他单位借调、聘请来的人员,亦属于"本单位"的工作人员。通说认为,虽然这些人员的编制和工资关系在其他单位,但借调单位、聘用单位实际上把他们纳入本单位的工作计划,所以在完成该单位所分配工作的情况下,应当视为本单位的工作人员。[1] 换言之,职务发明并不要求发明人和本单位之间签订"劳动合同",而只要求存在事实上的工作关系。

然而,基于事实上的工作关系所生的职务发明与基于委托合同所生的委托发明,又如何进行区别呢? 无论是工作人员还是受托人,常常都是接受任务,为"单位"工作,都可以认作"受雇"(hire)。然而,不同的法律认定,意味着权利归属的天壤之别:除非委托合同明确约定由委托方享有申请专利的权利,作为受托人的发明人将享有这一权利;而职务发明的情况下,则无条件地由单位享有申请专利的权利。必须注意到,作为工作人员与作为受托人,是两种不同的状态。概括地说,作为工作人员(employee),必须听从指挥和调遣,实现单位的意志;而作为受托人(independent contractor),则享有更多的意志自由。然而两者之间很多时候没有截然的界限。在 1989 年 Community for Creative Non-Violence v. Reid 案中,美国联邦最高法院认为,可以通过考虑以下因素,综合权衡:(1) 完成任务所需的技能;(2) 完成任务的工具来源;(3) 工作的地点;(4) 双方关系的持续时间;(5) 雇用方是否有权指派新任务给受雇方;(6) 受雇方工作时间和长度的自由程度;(7) 报酬的支付方式;(8) 雇用方是否负责雇用工作助手及支付薪资;(9) 雇用方是否从事持续的商事活动;(10) 雇用方是否支付受雇人的社会福利金;(11) 受雇方的税收支付方式。[2]

二、发明人执行本单位任务而完成发明创造

根据《专利法实施细则》(2010)第十二条,执行本单位任务可以分为三种情况:(1) 在本职工作中作出的发明创造;(2) 履行本单位交付的本职工作之外的任务所做的发明创造;(3) 退休、调离原单位后或者劳动、人事关系终止后一

---

[1]　国家知识产权局条法司:《新专利法详解》,知识产权出版社 2001 年版,第 32 页。

[2]　Community for Creative Non-Violence v. Reid, 490 U. S. 730 (1989).

年内作出的,与其在原单位承担的本职工作或者原单位分配的任务有关的发明创造。其中,"本职工作"应当是研究、开发或设计性质的工作,而不是泛指一切工作。"本职工作之外的任务"也是指具有与"本职工作"同样工作性质的任务,即技术研究开发。

前两项是最为典型的职务发明。这两种情况下,申请专利的权利应归属于单位,基本的理由在于,发明人与工作单位之间存在雇佣关系,其为履行单位的本职工作或者单位分配的任务而完成发明创造。虽然发明创造的最终完成得益于发明人的创造性贡献,但是,雇佣方统筹安排了整个研发过程,为完成发明创造提供了物质技术条件和辅助人员及工作条件。更为重要的是,雇佣方为研发提供了资金支持,并且承担研发失败的风险。如果申请专利的权利归属于受雇人,可能挫伤研发投资的热情。虽然时值知识经济,但是,不得不承认,知识和信息并不是少有的,缺少的常常是组织知识和信息来进行有效生产的资本。所以,即便美国专利法将发明人作为专利权唯一的原始权利人,雇员仍有义务转让其权利给雇佣方。

但是,发明人毕竟对发明创造的完成作出了关键的贡献,超出了雇佣方对普通受雇人应有的期待。如果发明人不能因为其完成的发明创造享有适当的收益,其研发的热情将受到损害,有违专利制度激励创新的宗旨。为此,专利法要求雇佣方为发明人提供奖励和报酬,作为取得申请专利的权利的代价。

工作关系终止后一年内完成的发明创造,并非都属于职务发明。首先,如果工作单位和工作人员之间有协议,则申请专利的权利依照协议确定。[①] 其次,如果双方没有协议,根据我国目前的法律,限于"原单位承担的本职工作或者原单位分配的任务有关的发明创造"。通说认为,离职或退休的雇员因任职的时间很长,在原单位积累了很多知识和经验,他们在离职、退休后一段时间内作出发明创造往往与原单位的工作有密切的关联,因此,这一段时间内完成的发明创造应该归属于原工作单位。[②]

然而,这一法律规定颇值得商榷。既然允许当事人协议,即意味着原单位需要付出对价,方才可以就工作关系终止后一年内完成的发明创造(以下简称"后续发明")享有申请专利的权利。如果没有付出对价,原则上该申请专利的

---

① 《最高人民法院关于审理技术合同纠纷案件适用法律若干问题的解释》(法释〔2004〕20号)第二条第3款:"法人或者其他组织与其职工就职工在职期间或者离职以后所完成的技术成果的权益有约定,专利申请权也应当依照约定确定。"

② 国家知识产权局条法司:《新专利法详解》,知识产权出版社2001年版,第32页。

权利应属于发明人本人。其次,原单位不能基于工作人员通过工作获得的知识和经验主张权利。它们已经属于工作人员人格的组成部分,应由其自由支配。退一步讲,知识和经验的积累不仅取决于单位的投资,而且,取决于个人的天赋和努力。原单位最多可以要求发明人返还职业培训的费用。再有,后续发明与发明人在原单位的工作是否密切相关,似乎同样关涉发明人在原单位积累的知识和经验。当然,发明人一年内完成的后续发明,可能利用了原单位的技术秘密。如果专利申请会披露该技术秘密,则原单位应该有权禁止发明人提出专利申请。如果专利申请不必披露该技术秘密,则原单位应有权要求共同提出专利申请(即作为共同专利申请人),假如该技术秘密对专利申请的技术方案具有创造性的贡献。最后,也是非常重要的是,这一规定只会压制新技术的产生,延迟新技术的及早公开。为规避这一法律规定,发明人可能推迟研发创新活动,或者推迟申请专利的时间。客观来讲,原单位对发明人后续发明的过程缺乏监控能力,只能依据后续发明提出专利申请的时间,推算其完成的时间。无论是哪一种情况,都不是专利法所希望的结果。

三、发明人主要利用本单位物质技术条件而完成发明创造

根据《专利法》(2008)第六条,利用本单位物质技术条件完成的发明创造,其申请专利的权利依照约定确定。"本单位物质技术条件"并不是泛指任何物质和技术,而是"指本单位的资金、设备、零部件、原材料或者不对外公开的技术资料等"。[①] 它是一个统称,只要利用了上述任何一种要素,即是利用了单位的物质技术条件。这一法律概念不能进一步拆分为物质条件和技术条件,法律并不要求同时利用了物质条件和技术条件才构成利用本单位的物质技术条件。[②] 如果发明人和单位就利用单位物质技术条件进行研发签订有协议,事先约定了申请专利的权利,此种约定具有法律效力。此种情况下,单位已经就自身的物质技术条件实现回报,无论发明人是否"主要利用了本单位的物质技术条件",都不再构成"职务发明"。[③] 而且,对发明人或者设计人的非职务发明创造专利申请,任何单位或者个人不得压制。[④]

---

① 《中华人民共和国专利法实施细则》(2010)第十二条第2款。

② 参见王正权与南京臣功节能材料有限责任公司专利申请权纠纷一案,江苏省高级人民法院民事判决书〔2007〕苏民三终字第0074号。

③ 国家知识产权局条法司:《新专利法详解》,知识产权出版社2001年版,第32页。

④ 《中华人民共和国专利法》(2008)第七条。

　　然而,如果当事人没有约定,根据我国目前的专利法,只有当发明人"主要"利用了本单位物质技术条件所完成的发明创造,才可以构成"职务发明"。所谓"主要"是指发明创造完成与单位物质技术条件有紧密的联系。《最高人民法院关于审理技术合同纠纷案件适用法律若干问题的解释》(法释〔2004〕20 号)①第四条规定,"主要利用法人或者其他组织的物质技术条件"是指职工在技术成果的研究开发过程中,全部或大部分利用了法人或者其他组织的资金、设备、器材或者原材料等物质技术条件,并且这些物质技术条件对形成该技术成果具有"实质性"的影响;还包括该技术成果实质性内容是在法人或者其他组织尚未公开的技术成果、阶段性成果基础上完成的情形。如果单位职工参与了与本职工作和单位工作任务无关的发明创造工作并利用了单位的某些物质条件(例如,某单位的司机的本职工作是驾驶汽车,研究开发汽车的节油装置),但来自单位的物质条件在完成该发明创造所需的全部物质条件中仅占一小部分,对于该发明创造能否完成没有决定性的影响,与该发明创造也没有密不可分的关系,这种情况不能视为主要是利用了单位的物质条件。②

　　而且,法律要求主要是利用本单位的物质技术条件"完成"的发明创造才构成职务发明。在"技术成果完成后"利用法人或者其他组织的物质技术条件对技术方案进行验证、测试,则不属于"主要利用法人或其他组织的物质技术条件"完成发明创造。③ 即使发明人没有向单位缴费,也是如此。④ 此种情况下,单位只享有债权,而不享有申请专利的权利。

　　"主要利用本单位物质技术条件"形成的发明创造,本质上是工作任务之外的发明创造。将其划归于职务发明,不具有与执行本单位任务的职务发明同样的正当性基础。发明人在工作任务之外,根据个人意志,从事研发活动,自担风险地完成发明创造,其申请专利的权利,按道理应该属于发明人本人。其工作单位既未施加意志影响,也未承担风险和责任,更不曾对发明创造的实质性技术构成作出"创造性贡献",由其工作单位独享申请专利的权利,表现出"重物轻人"的历史痕迹。直接结果是,抑制工作人员的创造热情,违背专利法鼓励创新

---

　　① 2004 年 11 月 30 日由最高人民法院审判委员会第 1335 次会议通过,自 2005 年 1 月 1 日起施行。
　　② 中国专利局专利复审委员会无效宣告请求审查决定 WX 6 号——"汽油车用节油阀"(1988 年 4 月 29 日)。
　　③ 《最高人民法院关于审理技术合同纠纷案件适用法律若干问题的解释》(法释〔2004〕20 号)第四条。
　　④ 参见桂希衡与徐孝蓉、贵州省兴义公路管理局专利权权属纠纷一案,贵州省高级人民法院民事判决书〔2009〕黔高民三终字第 3 号。

的目的。

利用本单位一般性的物质技术条件——即可以从市场自由获得的物质技术条件——所完成的发明创造,其申请专利的权利应该依照约定确定;如果没有约定,则应归属发明人,[①]并由其给予工作单位适当补偿。利用本单位专有物质技术条件——特别是技术秘密——所完成的发明创造,其申请专利的权利依照情况不同而不同。如果专利申请要求公开此技术秘密,本单位应该有权禁止申请专利。如果专利申请不会公开此技术秘密,本单位应有权要求共同提出专利申请(即作为共同专利申请人),倘若该技术秘密对形成发明创造具有创造性的贡献的话。

四、职务发明人有权获得奖励和报酬

发明人完成职务发明,虽然不享有申请专利的权利,不能获得专利,但是享有获得奖励和报酬的权利。《专利法》(2008)第十六条规定:"专利权的所有单位或者持有单位应当对职务发明创造的发明人或者设计人给予奖励;发明创造专利实施后,根据其推广应用的范围和取得的经济效益,对发明人或者设计人给予奖励。"

虽然1984年《专利法》就已经确定了发明人奖励制度,但是实施效果一直不佳。《国家中长期科学和技术发展规划纲要(2006—2020年)》提出要建设创新型国家,国家希望提升发明人的地位。第三次《专利法》修订后,《专利法实施细则》(2010)对发明人奖励和报酬办法进行了细化。

虽然原则上《专利实施细则》承认奖励和报酬办法属于企业自治的内部事务,被授予专利权的单位可以与发明人、设计人约定或者在其依法制定的规章制度中规定《专利法》第十六条规定的奖励、报酬的方式和数额。[②] 但是,如果被授予专利的单位与发明人之间没有约定,也没有相关的规章制度,根据第七十七条规定,被授予专利权的单位应当自专利权公告之日起3个月内发给发明人或者设计人奖金。一项发明专利的奖金最低不少于3000元;一项实用新型专利或者外观设计专利的奖金最低不少于1000元;而根据第七十八条,在专利权有效期限内,实施发明创造专利后,每年应当从实施该项发明或者实用新型专利的营业利润中提取不低于2%或者从实施该项外观设计专利的营业利润中提

---

① 张小玲:《职务发明专利归属模式比较研究》,《研究与发展管理》2007年第12期,第122页。
② 《中华人民共和国专利法实施细则》(2010)第七十四条。

取不低于 0.2%,作为报酬给予发明人或者设计人,或者参照上述比例给予发明人或者设计人一次性报酬;被授予专利权的单位许可其他单位或者个人实施其专利的,应当从收取的使用费中提取不低于 10%作为报酬给予发明人或者设计人。

然而,不得不承认,这些补充性的规定很可能只是国家的一厢情愿。其实,它们本身也不尽合理,比如,它们并没有考虑到企业实际运行状况、创新产品商业化过程的实际成本。例如,一个产品可能包括很多项专利,《专利法实施细则》规定的报酬标准可能导致企业商业化创新产品成本过高,而可能导致企业放弃实施专利。

此外,发明人还对职务发明享有同等条件下的优先受让权。《合同法》第三百二十六条规定:"法人或者其他组织订立技术合同转让职务技术成果时,职务技术成果的完成人享有以同等条件优先受让的权利。"因此,如果单位转让专利申请权或者授权专利,职务发明的完成人享有此种优先权。

第五节　申请专利的权利纠纷

专利申请提出以后,如果因为申请专利的权利产生纠纷,当事人可以通过专利管理部门调解,[①]对调解不服的,可以向人民法院提起诉讼,或者直接通过人民法院诉讼解决。[②] 专利局和专利复审委员会不对专利的原始权利归属作实质性审查。1985 年《专利法实施细则》曾规定,"无权申请专利"可以作为专利申请驳回、授权前异议[③]和授权后宣告无效的理由。[④] 1992 年《专利法》修订后,专利局和专利复审委员会不再具有此项权力。

当事人就专利原始权利归属纠纷提起调解请求或者已经提起诉讼后,可以要求国家知识产权局专利局或者专利复审委员会中止有关程序,以便有机会取代原申请人行使权利。"有关程序"包括但不限于专利审查程序,例如,可以要求暂停专利申请的初步审查、实质审查、复审程序以及授予专利权程序和专利

---

① 《中华人民共和国专利法实施细则》(2010)第八十五条。
② 《最高人民法院关于审理专利纠纷案件适用法律问题的若干规定》(法释〔2001〕21 号)第一条。
③ 《中华人民共和国专利法》(1984)第四十一条和第四十二条。此种专利授权前异议程序于 1992 年《专利法》修订废止。
④ 《中华人民共和国专利法实施细则》(1985)第五十四条、第五十五条和第六十六条。目前,专利复审委员会只有一个决定涉及专利申请权,即专利复审委员会决定无效宣告请求审查决定 WX 6 号——"汽油车用节油阀"(1988 年 4 月 29 日)。

权无效宣告程序,还可以要求暂停办理放弃、变更、转移专利权或者专利申请权手续,以及暂停专利权质押手续和专利权期限届满前的终止手续等。

为此,根据《专利法实施细则》(2010)第八十六条,当事人应当向国务院专利行政部门提交请求书,并附具管理专利工作的部门作者人民法院出具的载明申请号或者专利号的受理文件副本。自请求中止之日起一年内,有关专利申请权或者专利权归属的纠纷未能结案,需要继续中止有关程序的,请求人应当在该期限内请求延长中止。如果期满而未请求延长,国务院专利行政部门将自行恢复有关程序。管理专利工作的部门做出的调解书或者人民法院做出的判决生效后,当事人应当向国务院专利行政部门提出请求,要求恢复有关程序。

第三章　专利的申请条件

一项发明创造完成以后，只是产生了申请专利的权利，而未自动产生专利权。专利权须要国家授予。专利常被理解为发明人与国家之间的"契约"，发明人以充分公开发明创造为对价换取国家授予一定期限的专有排他权，以便于社会公众可以在专利保护期届满后，无须借助发明人就可以自由地实现发明创造的技术方案。为此，发明人自己（有专利申请权的人），或委托专业人士，须要起草这样一个"契约"——专利申请文件。而后，向国家知识产权局提出书面申请，[①]经其统一受理和审查，审核认定符合法律条件，才会被批准授权而取得专利，并因此在全国范围内有效。专利权是否有效、专利保护范围多大、具体保护期间等等关键问题，法律上都依照批准的专利申请，即授权专利文书来确定。

"专利的申请条件"区别于"专利的本体条件"。"专利的本体条件"涉及发明创造获得专利保护的"先天条件"，主要是指相对于现有技术而言，技术方案是否具有新颖性和创造性。此外，技术方案是否具有实用性，是否属于可以授予专利的客体，也属于本体条件。而"专利的申请条件"不同，涉及发明创造获得专利保护的"后天条件"，包括专利申请书撰写是否满足法律要求；申请提出的时间；申请过程中是否修改、是否符合法律规定等等。这些条件与现有技术和发明创造本身无关，而与申请活动相关。本章针对专利的申请条件，而下一章将针对专利的本体条件。

第一节　专利申请文件的法律要求

专利申请文件是一种充满着技术术语的法律文件。专利申请文书既要充分公开发明创造，又要表明所要求的专利保护范围，须要遵循特定的法律规范，执行特定的法律功能。

不同类型的专利，专利申请文件有所不同。我国专利制度包括三种类型的专利，即发明专利、实用新型专利和外观设计专利。"发明"是指对产品、方法或

---

① 《中华人民共和国专利法实施细则》（2010）第二条。

者其改进所提出的新的技术方案。"实用新型"只针对产品,它是指对产品的形状、构造或者其结合所提出的适于实用的新的技术方案。不同于前两者,"外观设计"不保护产品的结构性能,而只保护产品的外观(appearance)。它是指对产品的形状、图案或者其结合以及色彩与形状、图案的结合所作出的富有美感并适于工业应用的新设计。发明专利和实用新型专利的申请文件一致,包括请求书、说明书及其摘要和权利要求书等文件。① 而外观设计专利申请文件包括请求书、该外观设计的图片或者照片以及对该外观设计的简要说明等文件。以下首先阐释发明和实用新型专利申请文件,而后讨论外观设计专利申请文件。

一、请求书

所有类型的专利申请都需要提交请求书。请求书原本的目的是申请人向国家提出授予专利的愿望。在我国,只要申请人填写国家知识产权局制定的表格,②即默认为提出此种请求。

请求书主要载明专利申请的基本信息,包括发明创造的名称(外观设计专利申请应指明"外观设计产品"的名称)、发明人和申请人的身份,专利申请工作的实际执行人和联系方式等内容。③ 发明创造的名称应当简短、准确地表明发明专利申请要求保护的主题和类型,一般不应该超过 25 个字。发明创造的名称是专利分类的重要依据。但是,它的主要作用是"指代",满足形式要求即可。法律上,发明创造的名称不可用于确定专利的保护范围,也不影响专利申请的实质审查。

专利申请以申请人——而不是发明人——为中心。请求书只需要提供发明人或设计人的姓名即可,专利局也不对此进行实质审查。但是,请求书须要包括详细的申请人信息。申请人是中国单位或者个人的,应提供其名称或者姓名、地址、邮政编码、组织机构代码或者居民身份证件号码;申请人是外国人、外国企业或者外国其他组织的,应提供其姓名或者名称、国籍或者注册的国家或者地区。如果申请人委托专利代理机构的,还需要提供受托机构的名称、机构代码以及该机构指定的专利代理人的姓名、执业证号码、联系电话。当然,请求书应当有申请人或者专利代理机构的签字或者盖章。

---

① 《中华人民共和国专利法》(2008)第二十六条第 1 款。

② 专利申请所需表格可以从国家知识产权局的官方网站直接下载:http://www.sipo.gov.cn/bgxz/。

③ 《中华人民共和国专利法实施细则》(2010)第十六条。

特别地,如果就依赖遗传资源完成的发明创造申请专利,申请人应当在请求书中予以说明,填写规定的表格。我国《专利法》(2008)第五条第2款规定,对违反法律、行政法规的规定获取或者利用遗传资源,并依赖该遗传资源完成的发明创造,不授予专利权。所谓"遗传资源",是指取自人体、动物、植物或者微生物等含有遗传功能单位并具有实际或者潜在价值的材料;而所谓"依赖遗传资源完成的发明创造"是指利用了遗传资源的遗传功能完成的发明创造。① 就此类发明创造申请专利,申请人应当在专利申请文件中说明该遗传资源的直接来源和原始来源;申请人无法说明原始来源的,应当陈述理由。②

请求书的所有内容,专利局不作实质审查,而只作"初步审查"。③《专利法》(2008)所谓"初步审查"是指审查专利申请是否具备《专利法》第二十六条或者第二十七条规定的文件和其他必要的文件,以及这些文件是否符合规定的格式。④ 各种类型专利申请的请求书都属于初步审查的范围。例如,如果发生专利申请权纠纷,如前上一节所述,当事人可以通过专利管理部门调解,不服调解的,可以向人民法院提起诉讼,或者直接通过人民法院诉讼解决。专利局并不牵涉于纠纷的实质性解决过程中。

二、说明书

《专利法》第二十六条规定,说明书应当对发明或者实用新型作出清楚、完整的说明,以所属技术领域的技术人员能够实现为准;必要的时候,应当有附图。说明书是专利审查的基础,是专利申请文件的主体。"说明书"需要说明、阐释申请专利保护的发明创造,说服专利审查员该发明创造具有授予专利权所需的新颖性、创造性和实用性,并且能为本领域普通技术人员实施。

为满足这一法律功能,说明书应当用词规范、语句清楚。所谓"用词规范",即应该使用本领域的技术术语和表达规范。对于自然科学名词,国家有规定的,应当采用统一的术语;国家没有规定的,可以采用所属技术领域约定俗成的术语。对于特定领域的发明创造,国家知识产权局有特殊的规定。例如,如果发明专利申请包含一个或者多个核苷酸或者氨基酸序列,国家知识产权局要求说明书应当包括符合规定的序列表。申请人应当将该序列表作为说明书的一

---

① 《中华人民共和国专利法实施细则》(2010)第二十六条。
② 《中华人民共和国专利法》(2008)第二十六条第5款。
③ 《中华人民共和国专利法》(2008)第三十四条和第四十条规定有"初步审查"。
④ 《中华人民共和国专利法实施细则》(2010)第四十四条。

个单独部分提交,并按照国务院专利行政部门的规定提交该序列表的计算机可读形式的副本。

然而,发明创造毕竟是发明创造,它是新事物,既有的语词系统常不足以清楚、完整地表述。因此,专利法承认每一个发明人都可以是"造词家"(lexicographer),造新的词语来描述自己的发明创造。实际上,许许多多的新词来源于专利文件。例如,Xerox(影印)就曾经是一个专利机器的名称,用于影印文件。然而,需要注意的是,一旦专利申请人采用"自定义词",界定了特定语词的内涵和外延,在确定专利保护范围时,法律上将以该定义为依据。

说明书撰写应当考虑申请专利保护范围(即"权利要求"),所需要满足的新颖性、创造性和实用性等实质性授权条件,以及本领域普通技术人员的知识和能力。通常而言,它需要包括以下内容:技术领域;背景技术;发明内容;附图及附图说明;具体实施方式。[①] 以下对它们分别予以介绍。

"技术领域"是指要求保护的技术方案所属或者直接应用的具体技术领域,而不是它的上位或者相邻的技术领域,更不是它本身。发明创造的具体技术领域常常与它可能被分入的国际专利分类表中的最低位置有关。在说明书中,写完发明创造的名称,首先出现的就是它的技术领域,比如,"本发明涉及一种挖掘机,特别是涉及一种挖掘机悬臂"。技术领域与专利分类和检索相关。

"背景技术"与"发明内容"两者紧密相关,遵循"现有技术—技术问题—解决方案"的范式结构。"背景技术"部分其实就是交代发明创造产生以前既有技术的发展状况,发明创造所希望解决的技术问题。为加快审查和授权,最好写明对发明或者实用新型的理解、检索、审查有用的背景技术。有可能的情况是引证相关的背景技术文件,例如专利文件、期刊论文等等。但是,相关法律法规并没有规定背景技术应记载的必须是申请日以前已经公开的现有技术。在背景技术没有给出引证文件的情况下,司法实践认为,不能确认背景技术部分记载的技术方案已经处于能够为公众获得的状况,也不能仅仅因为专利权人将该技术方案记载在说明书背景技术部分即认定该技术为现有技术,[②]将之用于否定申请保护的技术方案的新颖性和创造性。

---

① 《中华人民共和国专利法实施细则》(2010)第十七条。

② 参见薛连钦诉国家知识产权局专利复审委员会"肉脂渣及其制造方法"发明专利权无效纠纷案,北京市高级人民法院行政判决书〔2005〕高行终字第28号。

"发明内容"是说明书的主体和关键,需要结合现有技术,说明发明创造解决技术问题的技术方案,以便本领域普通技术人员可以实现。为此,说明书常常需要举例说明,提供具体的实施方式(简称"实施例"),提供附图。尽管《专利法实施细则》要求申请人提供实现发明或者实用新型的"优选方式",但是这并不是强行的法律要求,不关乎专利审查与是否能够授权。我国《专利法》并没有如《美国专利法》最佳实施例(best mode)的法定要求,迫使专利申请人提供最大限度的公开,甚至对实施例也没有明文要求。需要注意的是,最佳实施例的法律要求并不是专利制度的发展主流。实际上,《美国专利法》正在进行的改革要求废除这一不实用的法律要求。一方面,说明书公开的技术范围与所申请的专利保护范围相关。对于不请求保护的技术方案,申请人有权不公开。另一方面,"最佳"实施例难以于申请日确定,法律认定标准模糊。对同一技术方案的效果,同一个人前后的认识都可能不一致。

附图也是说明书的重要组成部分,它常常可以快捷而清晰、准确地传递技术方案,常可能胜于文字表述的说明力。对于机械、电学领域的发明创造尤其如此。正因为如此,《专利法实施细则》要求实用新型专利申请说明书应当有表示要求保护的产品的形状、构造或者其结合的附图。

值得一提的是,《专利法》(2008)第二十六条规定"说明书"的同款还规定"摘要应当简要说明发明或者实用新型的技术要点",而且《专利法实施细则》(2010)第二十三条规定:"说明书摘要应当写明发明或者实用新型专利申请所公开内容的概要,即写明发明或者实用新型的名称和所属技术领域,并清楚地反映所要解决的技术问题、解决该问题的技术方案的要点以及主要用途。"然而,严格来说,"摘要"不是说明书的组成部分。我国是《专利合作条约》的缔约国。《专利合作条约实施细则》第8.1条(a)款规定,"摘要"应包括说明书、权利要求书和任何附图中所包含的公开内容的概要。概要应写明发明所属的技术领域,并应撰写得使人能清楚地理解要解决的技术问题,通过发明解决该问题的方案的要点以及发明的主要用途。可见,"摘要"乃是整个专利申请书的概要。然而,根据《专利法》第二十六条第4款,权利要求书应当以说明书为依据,所以,权利要求通常不包含说明书未公开的技术内容。"说明书摘要"与《专利合作条约》所谓的"摘要"实质上等同。

"摘要"只是提供技术信息,方便利用专利技术信息,并不具有任何法律效力。它的内容不属于发明创造原始记载的内容,不能作为以后修改说明书或者权利要求书的根据,也不能用来解释专利权的保护范围。[1] 总之,"摘要"不具有法律效力。

三、权利要求书

权利要求是专利保护的关键,其所限定的专利保护范围是专利审查、专利效力争议以及专利侵权诉讼的核心。专利申请是否具有新颖性、创造性和实用性,说明书是否充分公开要求保护的技术方案,以及特定争议专利是否应该维持有效,都需要根据权利要求所限定的技术方案予以审查。被诉侵权技术是否落入专利保护范围,也需要根据权利要求来确定。《专利法》(2008)第五十九条规定,发明或者实用新型专利权的保护范围以其权利要求的内容为准,说明书及附图可以用于解释权利要求的内容。可见,对于专利局来说,权利要求是审查专利申请、授予专利权的依据;对于专利权人来说,权利要求界定了专利保护的范围,明确了专利排他权的范围;对于社会公众来说,权利要求"公示"(public notice)了专利保护范围,为其社会经济活动提供了指引,比如,怎么采用绕开设计(design around),避免侵犯专利权。因此,权利要求是掌握专利制度的钥匙。

权利要求是专利制度发展成熟的产物,并不是专利制度起始时就有。20世纪70年代以前,许多欧洲国家并不要求权利要求。由于缺乏法律技术手段界定专利的保护范围,被诉侵权产品是否落入专利保护范围只能依据说明书。例如,德国专利法曾经一直根据发明人对现有技术的贡献来确定专利保护范围。法官不得不通过阅读说明书,根据所披露的信息,事后概括抽象出"发明创造的整体思想"(general inventive concept),将之与现有技术比较,确定出"贡献"。显然,法官事后确定专利保护范围,因人而异,因案而异,具有相当大的主观性,难以给公众提供商事活动所需的法律确定性。美国专利法发展成熟得早,1836年专利法案就开始要求专利申请中包括权利要求。这一先进的法律制度被广为接受。《欧洲专利公约》(1973)第六十九条也正式确立权利要求的统治地位,规定欧洲专利或者欧洲专利申请的保护范围(extent of protection conferred by a European patent)[2]

---

① 《专利审查指南》(2010)第二部分第二章,第140页。同时参见《欧洲专利公约》第84条。该条规定,摘要的目的只应当是提供技术信息,不得为其他任何目的考虑摘要,特别是不得为解释权利专利保护范围使用摘要,也不得为"抵触申请"适用第54条第3款而使用摘要。

② 《欧洲专利公约》第69条规定的是"专利保护范围",不同于EPC第64条第1款所规定的"专利权"(right of conferred by a European patent)。前者只是涉及专利客体(subject matter)受保护的范围,而后者则是由于客体受保护,权利人所享有的排他权,即禁止他人未经许可的行为的权利。

依照权利要求确定,说明书和附图应当被用于解释权利要求。

权利要求的法律功能是"事前客观地"公示专利的保护范围,权利要求采用的语言因此须要"明确"。即本领域普通技术人员能够从权利要求中了解所要求保护的专利的"确切范围",以便提示社会公众专利的保护范围,为其安排经济生活提供必要的法律确定性。我国《专利法》(2008)第二十六条规定,权利要求应当清楚、简要地限定要求专利保护的范围。所谓"清楚",也就是"明确"。为此,申请人在权利要求中用词应当避免使用熟练技术人员看来模糊不清的术语,比如"大约"、"接近"、"等"、"或类似物"、"最好是"、"必要时"、"高温"、"高压"等。[①]而且,还应该避免使用可能导致歧义的表达。例如,在精工爱普生株式会社诉广州麦普科技有限公司、北京市朝阳商业大楼有限责任公司"墨盒"发明专利侵权案中,[②]原告专利的权利要求 1 如下:"一种装于喷墨打印设备的托架上的墨盒,用于通过供墨针向打印头供应墨水,该托架具有其上形成有突起的杠杆,该墨盒包括:墨水容器……;供墨口……;电路板……;以及……悬垂件……。"据此,原告认为被告侵犯了"墨盒"专利,而被告主张权利要求 1 所要求保护的不是"墨盒",而是"托架上的墨盒",而且"该托架具有其上形成有突起的杠杆"。被告认为,自己不生产托架,托架是打印机的一个部件,因此自己没有侵犯原告的专利权。法院阅读说明书和附图,根据本领域普通技术人员的理解,解释这一权利要求后认为,"托架"是权利要求 1 所要求保护的墨盒的必要技术特征,不可以忽略。因此,人民法院最终支持了被告的上述主张,判定不构成侵犯专利权。

依据权利要求界定的客体不同,它有两种基本类型。一种是要求保护某一实体(physical entity)的权利要求。所谓实体包括产品(product)、仪器(apparatus)、机器(machine)、组合物(composition)、化合物(compound)。这一类型的权利要求通常被称为"产品权利要求"(product claim)(简称"产品专利")。另外一种是要求保护某一实践活动(physical activity)。所谓实践活动包括生产方法、生产工艺、检验方法等等。这一类型的权利要求通常被称为"方法权利要求"(process claim)(简称"方法专利")。

权利要求由"技术特征"(technical features)组成。所谓"技术特征"是对发明具有本质性作用的实在特征,具有客观确定性。对于产品权利要求而言,技

---

① 《专利审查指南》(2010)第二部分第二章。
② 北京市第二中级人民法院民事判决书〔2007〕二中民初字第 527 号。

术特征就是该实体的各项参数。例如,上述的"托架上墨盒"专利,其技术特征包括具有特定结构的托架、墨水容器、供墨口、电路板、悬垂件,以及它们之间特定的结构连接方式。对于方法权利要求而言,技术特征就是界定此方法或者活动的特定顺序连接的各个步骤。① 例如,一种把大象装入冰箱的方式,包括打开冰箱门、放入大象、关上冰箱门三个步骤(此处不考虑这一方法是否可以实现,也不考虑是否符合专利法授予专利的条件)。如果产品权利要求中的一个或多个技术特征无法用结构特征并且也不能用参数特征予以清楚地表征时,我国专利制度允许借助于方法特征表征它们。② 但是,以方法特征表征的产品权利要求,其本质仍旧是产品,保护范围不限于制造产品的特定方法。

功能性特征是一类特殊的技术特征。常识告诉我们,一个功能可以通过多种结构实现,或者多种方法实现。根据《专利审查指南》(2010),权利要求中所包含的功能性限定的技术特征,应当理解为覆盖了"所有"能够实现所述功能的实施方式。③ 换言之,功能性技术特征将覆盖现在和将来所有实现此功能的结构和方法。但是,说明书却只可能公开它们之中的一部分。为此,专利审查员常以高度怀疑的眼光看待权利要求的功能性特征,因为它保护范围过宽。权利要求中应当尽量避免使用功能或者效果特征来限定发明创造,特征部分不得单纯描述发明创造的功能。④ 只有在某一技术特征无法用结构特征来限定,或者技术特征用结构特征限定不如用功能或者效果特征来限定更为恰当,而且该功能或者效果能通过说明书中规定的实验或者操作或者所属技术领域的惯用手段直接和肯定地验证的情况下,才可使用功能或者效果特征来限定发明创造。⑤

① 如果权利要求对方法的各个步骤采取明确的限定,法院将结合说明书和附图、审查档案、权利要求记载的整体技术方案以及各个步骤之间的逻辑关系,从本领域普通技术人员的角度出发确定是否应当按照特定的顺序进行。参见,OBE-工厂·翁玛赫特与鲍姆盖特纳有限公司与浙江康华眼镜有限公司侵犯发明专利权纠纷案,最高人民法院民事裁定书〔2008〕民申字第980号。

② 《专利审查指南》(2010)第二部分第二章,第141页。《北京市高级人民法院关于审理专利复审和无效行政纠纷案件若干问题的解答(试行)》(京高法发〔1999〕388号)规定,只有无法采用产品结构特征来限定产品,或者采用结构特征反而不能清楚地予以限定时,方允许用方法特征来限定产品权利要求。

③ 《专利审查指南》(2010)第二部分第二章,第144页。

④ 需要注意的是,此处所指功能性特征不同于只为进一步描述结构特征的功能性描述。在权利要求已经清楚地记载了所要求保护的产品的结构特征的情况下,如果只是用"功能性特征"来进一步说明其具体结构特征的用途,那么权利要求的保护范围根据结构特征是清楚的,功能性的用语不作为专利保护范围的限定特征。参见,专利复审委员会决定无效宣告请求审查决定 WX7823 号——"热传介质保护盖"(2005年12月12日)。

⑤ 参见《专利审查指南》(2010)第一部分第二章,第60页;第二部分第二章,第145页。参见专利复审委员会专利复审请求审查决定 FS8534 号——"直接驱动的洗衣机"(2006年5月8日)。

　　然而,《专利审查指南》(2010)的上述观点将来可能需要修正。《最高人民法院关于审理侵犯专利权纠纷案件应用法律若干问题的解释》(法释〔2009〕21号)第四条规定:"对于权利要求中以功能或者效果表述的技术特征,人民法院应当结合说明书和附图描述的该功能或者效果的具体实施方式及其等同的实施方式,确定该技术特征的内容。"换言之,最高人民法院认为,"权利要求中以功能或者效果表述的技术特征"并不应当理解为"所有"能够实现所述功能的实施方式。由此,对于功能性技术特征,专利局应该"结合说明书和附图描述的该功能或者效果的具体实施方式及其等同的实施方式,确定该技术特征的内容",并以此为基础审查专利申请。①

　　权利要求的类型和技术特征共同限定了专利保护范围,专利权人的排他权范围因而不同。概括地说,产品专利赋予专利权人禁止他人未经许可为生产经营目的制造、使用、许诺销售、销售、进口其专利产品;而方法专利赋予权利人禁止他人未经许可为生产经营目的使用专利方法以及使用、许诺销售、销售、进口依照该专利方法直接获得的产品。在专利侵权一章将具体阐述这一问题。

　　权利要求还可以分为独立权利要求和从属权利要求。独立权利要求是从整体上反映发明或者实用新型的技术方案,记载解决技术问题的必要技术特征。从属权利要求是用附加的技术特征,对引用的权利要求作进一步限定。二者相比,独立权利要求的保护范围大于从属权利要求,更难被专利局批准,也更容易被宣告无效。一项专利申请的权利要求书一般只有一项独立权利要求,②可能包括一个或多个从属权利要求。独立权利要求和从属权利要求彼此独立,专利局依照专利法的要求逐一审查。独立权利要求即便不被批准,或者授权后被宣告无效,也不影响从属权利要求。恰当地运用从属权利要求,可以有效地保护发明创造。

　　独立权利要求一般包括前序部分和特征部分。如果因为发明创造的性质而不适于如上方式,也可以采用其他方式。前序部分一般写明要求保护的技术方案的主题名称和与该技术方案最接近的现有技术共有的必要技术特征;特征部分使用"其特征是……"或者类似的用语,写明要求保护的技术方案区别于最

---

　　① 北京蓝元高科信息技术有限公司诉国家知识产权局专利复审委员会、凌子龙,北京市高级人民法院行政判决书〔2007〕高行终字第262号。在该案中,北京市高级人民法院认为:"专利权利要求是采用功能性限定的技术特征进行表述的,其保护范围应该理解为仅仅覆盖了说明书记载的具体实现方式及其等同方式,不应当解释为覆盖了能够实现该功能的任何方式。"

　　② 一项专利申请可以包括多项独立权利要求,但是需要满足单一性原则。后文将讨论单一性原则。

· 54 ·

接近的现有技术的技术特征。① 然而,法律上并不认为写入前序部分的特征就属于现有技术,而写入特征部分的才属于发明创造。相反,在我国专利制度下,应当将专利独立权利要求中记载的全部技术特征所表达的技术内容作为一个整体看待,记载在前序部分的技术特征和记载在特征部分的技术特征,对于限定专利保护范围具有相同作用。②

从属权利要求应当包括引用部分和限定部分。引用部分写明引用的权利要求的编号及其主题名称;限定部分写明发明或者实用新型附加的技术特征。从属权利要求只能引用在前的权利要求。引用两项以上权利要求的多项从属权利要求,只能以择一方式引用在前的权利要求,并不得作为另一项多项从属权利要求的基础。③ 例如,权利要求 1(独立权利要求)为:"包括特征 X 的机床。"权利要求 2(从属权利要求)可以为:"根据权利要求 1 所述的机床,其特征在于用特征 Y 代替特征 X。"权利要求 3(从属权利要求)可以为:"根据权利要求 1 所述的机床,其特征在于增加特征 Z。"

四、外观设计的图片或者照片

外观设计专利制度中没有权利要求的位置。发明和使用新型专利保护新的技术方案,而外观设计专利保护"富有美感的新设计"。文字语言可以准确地表述技术方案,但是却难以确切地再现"富有美感的新设计"。因此,外观设计专利申请除要求提交请求书外,还要求提交外观设计的图片或者照片以及对该外观设计的简要说明,④而没有要求提交说明书和权利要求书。所提交图片或者照片起着和权利要求类似的作用,"清楚地显示要求专利保护的产品的外观设计"。外观设计专利的保护范围因此由外观设计专利文件中图片或者照片确定。《专利法》(2008)第五十九条第 2 款规定:"外观设计专利权的保护范围以表示在图片或者照片中的该产品的外观设计为准,简要说明可以用于解释图片或者照片所表示的该产品的外观设计。"

外观设计专利申请时,提交的产品外观设计的图片或者照片与申请保护的外观设计的设计要点在产品上的位置有关。所谓"设计要点"是指"与现有设计相区别的产品的形状、图案及其结合,或者色彩与形状、图案的结合,或

---

① 《中华人民共和国专利法实施细则》(2010)第二十条。
② 《北京市高级人民法院关于专利侵权判定若干问题的意见(试行)》(2001)第 6 条。
③ 《中华人民共和国专利法实施细则》(2010)第二十二条。
④ 《中华人民共和国专利法》(2008)第二十六条。

者部位"。① 对于立体产品的外观设计,产品设计要点涉及六个面的,应当提交六面正投影视图;产品设计要点仅涉及一个或几个面的,应当至少提交所涉及面的正投影视图和立体图,并需要在简要说明中写明省略视图的原因。对于平面产品的外观设计而言,产品设计要点涉及一个面的,可以仅提交该面正投影视图;产品设计要点涉及两个面的,需要提交两面正投影视图。必要时,申请人还应当提交该外观设计产品的展开图、剖视图、剖面图、放大图以及变化状态图。如果要求保护色彩,应当提交彩色图片或照片。② 此外,申请人可以提交参考图,参考图通常用于表明使用外观设计的产品的用途、使用方法或者使用场所等。例如,"多功能榨汁机"(专利号 98333604.0)的外观设计包括主视图、仰视图、俯视图、左视图、右视图、后视图、使用状态图(参见图 9)和其他参考图。

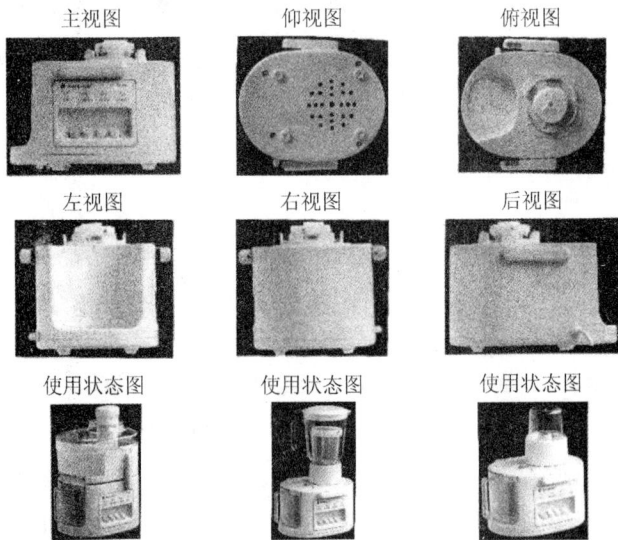

主视图	仰视图	俯视图

左视图	右视图	后视图

使用状态图	使用状态图	使用状态图

图 9 "多功能榨汁机"(专利号 98333604.0)的外观设计

简要说明类似于说明书,主要是为了对图片或者照片所不能准确表达的内容进行补充说明。③ 外观设计的简要说明需要写明外观设计产品的名称、用途,外观设计的设计要点,并指定一幅最能表明设计要点的图片或者照片。④ 如果

---

① 国家知识产权局外观设计审查部:《新修改的专利法实施后外观设计专利申请应注意的问题》(2009 年 11 月)。

② 《中华人民共和国专利法实施细则》(2010)第二十七条。

③ 国家知识产权局外观设计审查部:《新修改的专利法实施后外观设计专利申请应注意的问题》(2009 年 11 月)。

④ 《中华人民共和国专利法实施细则》(2010)第二十八条。

申请省略视图或者请求保护色彩,也应当在简要说明中写明。由于外观设计必须以产品为载体,而我国外观设计专利保护制度保护"产品外观设计",因此,请求书和简要说明都要求写明外观设计所适用的产品,并且两者应当一致。而产品用途主要用来确定产品的分类号,特别是具有多种用途的产品。外观设计分类是依靠申请人提交的图片或者照片来确定。有时依靠图片或者照片无法给出正确的产品分类。例如对于桌椅等日常用品,仅仅依靠图片或者照片可能无法确定是小摆设还是家具。为此,《专利法实施细则》要求申请人在简要说明中写明产品的用途。

设计要点是申请保护的外观设计与现有设计相区别的产品的形状、图案及其结合,或者产品的色彩与形状、图案的结合,或者产品的部位。它不能是对外观设计专利申请本身的形状、图案或者色彩等进行文字描述[①]——产品的外观设计必须通过图片或者照片来体现。简要说明中的设计要点只是一种概括性的补充说明。如果产品的形状是一种新的设计,则可以写为"设计要点在于产品的形状";又如,一种纺织品的图案是新的,则可以写为"设计要点在于主视图上的图案";如果产品的某个部位的设计是新的,则可以写为"设计要点在于该部位(的形状或者图案等)"。[②]

最后,值得注意的是,"指定一幅最能表明设计要点的图片或者照片"仅仅为用于专利公报的出版,与专利保护范围的确定没有任何关系。[③]

第二节 专利权授予先申请人原则

一、先申请原则

我国专利法实行先申请原则,也就是说"两个以上的申请人分别就同样的发明创造申请专利的,专利权授予最先申请的人"。[④]

与"先申请制"相对的是"先发明制"。在实行先发明原则的国家,典型的比

---

① 国家知识产权局外观设计审查部:《新修改的专利法实施后外观设计专利申请应注意的问题》(2009年11月)。

② 国家知识产权局外观设计审查部:《新修改的专利法实施后外观设计专利申请应注意的问题》(2009年11月)。

③ 国家知识产权局外观设计审查部:《新修改的专利法实施后外观设计专利申请应注意的问题》(2009年11月)。

④ 《中华人民共和国专利法》(2008)第九条第2款。

如美国,如果两个以上的人就同样的发明创造申请专利,专利权授予最先发明的人,而不是先申请的人。如果专利被授予给了先申请的人,先发明人可以通过异议程序,①要求确认自己是在先发明人,从而破坏已经授权的美国专利的新颖性。新颖性判断的时间标准因此就是"发明日"。

从理论上来说,先发明制度说更为正当合理。但是,其制度运行成本过高,往往难以证明谁是最先发明人。而且先发明原则鼓励发明人隐秘自己的发明,延迟披露新技术,不利于科技进步。因此,美国专利法通过一系列的法律规则,使得先发明原则的实际运行非常接近先申请原则。近年来,美国专利法进行改革,一大举措就是正式采用先申请原则。目前,先申请制已经成为世界主流。

所谓"先申请",并不是绝对的时间先后。专利法只考虑"申请日"的先后。对于同日不同申请人就同样的发明创造提出专利申请的巧合,专利法采取让当事人协商的方式来解决。②

对于如何确定"申请日",《专利法》(2008)第二十八条规定,国务院专利行政部门收到专利申请文件之日为申请日;如果申请文件是邮寄的,以寄出的邮戳日为申请日。尽管第二十八条并没有规定专利申请文件被赋予"申请日"所需要满足的条件,但是并不是说只要提交一份专利申请文件,就可以无条件地获得一个申请日。如果专利申请文件不满足《专利法》、《专利法实施细则》及《专利审查指南》的形式要求,存在实质性缺陷,无法补正,该专利申请将被驳回而丧失"申请日"。

二、外国优先权

理论上,先申请原则有利于新技术及早公开。然而,由于国际通信和国际贸易的发展,先申请原则也表现出很强的负面效果:申请人在第一次提出专利申请之后,公开之前,将惮于实施新技术,也不敢轻易将新技术公之于众。原因很简单,他人可能将其新技术抢先到别国申请专利。为此,如果他希望获得他国专利保护,他必须在其专利申请公之于众之前,到各国去申请专利。这不利于国际技术交流,也不利于国际贸易。

为协调跨国专利保护,《巴黎公约》特别规定了"优先权"(right of priority)。

---

① See 35 U. S. C. 102 g.
② 《中华人民共和国专利法实施细则》(2010)第四十一条。

如果专利申请人享有优先权,在法律上,"优先权日"就等同于"申请日"。我国是《巴黎公约》的成员国,《专利法》(2008)第二十九条规定:"申请人自发明或者实用新型在外国第一次提出专利申请之日起十二个月内,或者自外观设计在外国第一次提出专利申请之日起六个月内,又在中国就相同主题提出专利申请的,依照该外国同中国签订的协议或者共同参加的国际条约,或者依照相互承认优先权的原则,可以享有优先权。"本条规定的"国际条约"是指《巴黎公约》、《专利合作条约》和《与贸易相关的知识产权协定》。其中,《巴黎公约》(斯德哥尔摩修订本)第四条详细规定了优先权制度。

优先权制度极大地缓解了先申请制度对国际专利保护的负面影响。其法律效力在于,如果专利申请人在《巴黎公约》成员国第一次提出专利申请,而后在优先权期间之内到另外一个《巴黎公约》的成员国再次提出专利申请,这两次专利申请期间发生的任何行为都不产生有害于该再次专利申请的法律效力,包括但不限于其他专利申请,公开或利用专利申请所涉及的发明创造。[1] 而且,任何第三人不得因为此期间的行为获得任何权利或者个人权所有权。[2] 这意味着,即便第三人在第一次申请和后一专利申请之间独立研发出相同技术方案,并将之实际使用,也不得享有"在先权利"。[3] 换言之,后一专利申请视为与第一次专利申请同日提出。

专利申请人请求优先权,需要同时满足一系列的法律条件。第一,申请人提出在先专利申请和在后申请的国家都必须属于《巴黎公约》成员国。第二,其在先申请必须根据该国的国内法律,属于正式的专利申请(regular filing)。所谓"正式申请"是指符合形式要求,足以获得"申请日"。[4] 至于在先申请随后命运如何,无论怎样,都不影响其作为优先权基础的法律资格。特别地,一个获得国际申请日的 PCT 申请,等同于"正式申请",可以作为请求优先权的基础。[5]

第三,在后申请与在先申请的主题必须相同(identity of subject)。所谓主题相同,对于发明专利而言,并不是指权利要求相同。即便某些技术要素没有出现于在先申请的权利要求之中,只要在申请文件整体上具体地披露了这些技

---

[1]　See Art. 4 B of Paris Convention for the Protection of Industrial Property.

[2]　See Art. 4 B of Paris Convention for the Protection of Industrial Property.

[3]　See Georg Hendrik Christiaan Bodenhausen, Guide to the application of the Paris Convention for the protection of industrial property, as revised at Stockholm in 1967, United International Bureaux for the Protection of Intellectual Property, p. 224.

[4]　See Art. 4 A (3) of Paris Convention.

[5]　See Art. 11 (4) PCT.

术要素,仍应当允许申请人的优先权要求。^① 之所以如此,原因在于,《巴黎公约》成员国的专利实体法差别很大,申请人往往需要根据要求专利保护的国家不同而调整专利申请书。例如,一些国家允许授予医疗方法以专利权,而另一些国家不允许授予;一些国家对权利要求严格,而另一些对说明书更为看重。如果优先权以权利要求定义的技术主题相同为必要条件,专利申请人将被置于两难处境。此外,值得注意的是,只要满足技术主题相同的条件,专利申请人可以跨越保护形式,要求享有优先权。例如,专利申请人可以依照在先实用新型的专利申请,要求给予在后的发明专利申请以优先权。^②

第四,申请人应当在第一次申请提出之日起算的优先权期间内提出在后申请,方可以享有优先权。对于发明和实用新型而言,优先权期间为 12 个月;对于外观设计而言,优先权期间为 6 个月。所谓"第一次"是指技术主题相同的若干专利申请之中的第一次申请。换言之,如果申请人在一件专利申请时,基于多项技术主题相同的在先申请要求多项优先权,该申请的优先权期限从最早的优先权日起计算。^③ 但是,这并不绝对,而是存在一个特殊例外。如果一个在后专利申请与在先第一次专利申请技术主题相同,并在同一个《巴黎公约》成员国提出,在满足以下条件的情况下,这一个在后专利申请可视为"第一次申请",并以其申请日作为优先权日的起算日:这一在后专利申请提出之日,该在先专利申请已经撤回、放弃或者被驳回,但是其没有公开供公众查阅,其上也不存在任何权利,并且没有作为优先权的请求基础。^④ 在此之后,该在先专利申请也不得作为要求优先权的基础。

第五,申请人可以同时要求多项优先权(multiple priorities),也可以要求部分优先权(partial priority)。^⑤ 第一次提出专利申请之后,发明可能并不完善,申请人可能不断地对其进行改进(improvement)或添附(addition),并将形成的新技术主题纳入随后提出的多个专利申请之中。如果申请人在首次提出专利申请后,又在多个《巴黎公约》成员国提出以上专利申请,它们都可以作为"第一次申请"。只要满足后文即将讨论的"单一性"要求,《巴黎公约》允许申请人提出在后专利申请时,基于这些第一次申请,对发明的不同部分,主张多个分离的

① See Art. 4 H of Paris Convention.
② See Art. 4 I (2) of Paris Convention.
③ 《中华人民共和国专利法实施细则》(2010)第三十二条第 1 款。
④ See Art. 4 C (4) of Paris Convention.
⑤ See Art. 4 F of Paris Convention. 同时参见《专利审查指南》(2010)第 163-164 页。

优先权，即便这些优先权基于不同国家的第一次申请。① 假设国家甲、乙、丙、丁都是《巴黎公约》成员国。申请人首先在甲国对技术方案 A 申请专利 P1，而后在乙国对技术方案 A 的改进方案 A＋B 申请专利 P2，在丙国对技术方案 A 的改进方案 A＋B＋C 申请专利 P3。如果申请人在国家丁提出专利申请 P4 时，其可以对该申请所载技术方案 A 要求 P1 的优先权日，对该申请所载技术方案 A＋B 要求 P2 的优先权日，对该申请所载技术方案 A＋B＋C 要求 P3 的优先权日，只要这三个技术方案满足单一性的要求。于此，P1，P2，P3 因为技术主题不同，都可以作为"第一次申请"。② 这即所谓"请求多项优先权"。

假设其他条件不变，上述例子之中，申请人没有到丙国提出专利申请 P3（可能因为技术特征 C 不具有创造性），③而直接到丁国提出专利申请 P4。在这种情况下，《巴黎公约》第四条 F 项规定，即便专利申请之中包含一个或多个在先申请未包括的技术要素，而申请人基于这些在先申请要求优先权，只要满足单一性的要求，成员国不得拒绝申请人的优先权请求。《专利审查指南》也明确指出，这种情况下，审查员不得以中国在后申请的权利要求书中增加的技术方案未在外国首次申请中记载为理由，拒绝给予优先权，或者将其驳回，而应当对于该中国在后申请中所要求的与外国首次申请中相同主题的发明创造给予优先权，有效日期为外国首次申请的申请日，即优先权日，其余的则以中国在后申请之日为申请日。④ 所以，申请人提出专利申请 P4 时，仍可以对该申请所载技术方案 A 要求 P1 的优先权日，对该申请所载技术方案 A＋B 要求 P2 的优先权日，但不得对该申请所载技术方案 A＋B＋C 要求 P3 的优先权日。这即所谓的"部分优先权"。

第六，优先权可以独立于在先申请，单独转让。要求优先权的在后申请的申请人与在先申请文件副本中记载的申请人应当一致，或者是在先申请文件副本中记载的申请人之一。如果申请人完全不一致，且在先申请的申请人将优先

---

① See Art. 4 F of Paris Convention.

② 但是，如果中国在后申请记载的一项技术方案是由两件或者两件以上外国首次申请中分别记载的不同技术特征组合成的，则不能享有优先权。例如，中国在后申请中记载的一项技术方案是由一件外国首次申请中记载的特征 C 和另一件外国首次申请中记载的特征 D 组合而成，则含特征 C 和 D 的技术方案未在上述两件外国首次申请中记载，则中国在后申请就不能享有以此两件外国首次申请为基础的外国优先权。《专利审查指南》(2010) 第 163－164 页。

③ See Georg Hendrik Christiaan Bodenhausen, Guide to the application of the Paris Convention for the protection of industrial property, as revised at Stockholm in 1967, United International Bureaux for the Protection of Intellectual Property, p. 236.

④ 《专利审查指南》(2010) 第 164 页。

权转让给在后申请的申请人,应当在提出在后申请之日起三个月内提交由在先申请的全体申请人签字或者盖章的优先权转让证明文件。[①]

最后,优先权并非自动产生,而需要办理手续。要求优先权的申请人应当在申请时在请求书中书面声明,并且在三个月内提交第一次提出的专利申请文件的副本;未提出书面声明或者逾期未提交专利申请文件副本的,视为没有要求优先权。[②] 申请人在要求优先权声明中应当写明作为优先权基础的在先申请的申请日、申请号和原受理机构名称。作为优先权基础的在先申请文件的副本应当由该在先申请的原受理机构证明。根据国际惯例,在先申请文件副本的格式至少应当表明原受理机构、申请人、申请日、申请号。特别地,如果依照国家知识产权局与原受理机构签订的协议,国家知识产权局通过电子交换等途径获得了在先申请文件副本,视为申请人提交了经该受理机构证明的在先申请文件副本。[③]

三、本国优先权

本国优先权直接根据本国法律产生。我国 1984 年《专利法》并未规定本国优先权。1992 年修订《专利法》时才设置本国优先权。之所以如此,原因在于,1994 年 1 月 1 日我国加入《专利合作条约》(Patent Cooperation Treaty,PCT)。根据 PCT,专利申请人第一次向专利局提出专利申请后,就同一技术主题根据条约向专利局提出国际申请并指定中国,则他可以享受中国第一次提出申请的优先权。如果不承认本国优先权,本国申请人将因此处于法律劣势。我国《专利法》第二十九条第 2 款规定:"申请人自发明或者实用新型在中国第一次提出专利申请之日起十二个月内,又向国务院专利行政部门就相同主题提出专利申请的,可以享有优先权。"

申请人要求本国优先权,整体上与要求国外优先权类似。虽然我国区分发明专利和实用新型专利,但是,这并不限制申请人跨类要求优先权,只要前后两个专利申请的主题内容相同即可。[④] 也就是说,如果在先申请是发明专利申请,申请人可以就相同主题提出发明或者实用新型专利申请;如果在先申请是实用新型专利申请,申请人也可以就相同主题提出实用新型或者发明专利申请。而且,对于要求本国优先权而言,申请人在请求书中写明在先申请的申请日和申

---

① 《专利审查指南》(2010)第 31 页。

② 《中华人民共和国专利法》(2008)第三十条。

③ 《中华人民共和国专利法实施细则》(2010)第三十一条。

④ 《中华人民共和国专利法实施细则》(2010)第三十二条第 2 款。

请号的,视为提交了在先申请文件副本。[①]

　　然而,不同于外国优先权,在先申请的法律状态可以影响本国优先权的效力。特别地,申请人要求本国优先权,其在先申请自在后申请提出之日起即视为撤回。[②] 而且,如果在先申请之上存续任何权利,其都不得作为本国优先权的基础。具体包括以下三种情况:(1)已经要求外国优先权或者本国优先权的;(2)已经被授予专利权的;(3)属于按照规定提出的分案申请的。[③]

四、申请日与优先权日的法律关系

　　最后,值得注意的是,我国专利法上所谓的"申请日",有优先权日的,申请日通常就是指"优先权日"。[④] 但是,有两个重要的例外。《专利法》第二十八条规定的"申请日"不是优先权日,而是专利申请人实际向专利局提出专利申请的日期。《专利法》第四十二条规定的专利保护期限起算的"申请日"也是指第二十八条规定的专利申请实际提出日期,也不是指"优先权日"。

第三节　禁止重复授予专利权原则

　　《专利法》(2008)第九条第 1 款规定:"同样的发明创造只能授予一项专利权。"[⑤]此即所谓的"禁止重复授权原则"(double patenting)。对同样的发明创造授予两项专利权,既可能导致权利行使的冲突,[⑥]还可能导致专利保护期间延长,对专利制度的健康运行危害甚大。为此,实用新型和外观设计的初步审查,[⑦]发明专利的实质审查,[⑧]以及各种专利无效程序,[⑨]都将"禁止重复授权"作为审查的重要内容。

　　"同样的发明创造"是指两件或两件以上申请(或专利)中存在的保护范围相同的权利要求。[⑩] 最高人民法院在"舒学章提审案"中指出:"禁止重复授权的

① 《中华人民共和国专利法实施细则》(2010)第三十一条。
② 《中华人民共和国专利法实施细则》(2010)第三十二条第 3 款。
③ 《中华人民共和国专利法实施细则》(2010)第三十二条第 2 款。
④ 《中华人民共和国专利法实施细则》(2010)第二十一条。
⑤ 《中华人民共和国专利法》(2008)第九条第 1 款。
⑥ 《专利审查指南》(2010)第 167 页。
⑦ 《中华人民共和国专利法实施细则》(2010)第四十四条(二)和(三)。
⑧ 《中华人民共和国专利法实施细则》(2010)第五十三条(一)。
⑨ 《中华人民共和国专利法实施细则》(2010)第六十五条第 2 款。
⑩ 《专利审查指南》(2010)第 167 页。

目的在于防止对于同样的发明创造有两项或者两项以上的专利权同时存在而导致专利权之间的冲突或者不必要的重叠,只要两项专利申请或者专利要求保护的内容不同,即可以达到防止重复授权的目的。"[①]为判断是否构成"同样的发明创造","对于发明和实用新型而言,应当将两件发明或者实用新型专利申请或专利的权利要求书的内容进行比较,而不是将权利要求书与专利申请或专利文件的全部内容进行比较"[②]。如果一件专利申请或专利的一项权利要求与另一件专利申请或专利的某一项权利要求"保护范围相同",应当认为它们是同样的发明创造。[③]

我国《专利法》所谓"同样的发明创造只能授予一项专利权",并不以已经授予一项专利权为前提条件。相同或不同申请人对同样的发明创造"寻求专利保护"(patenting),提出专利申请,即可依据《专利法》(2008)第九条驳回申请,以"防止重复授权"。所以,禁止重复授权原则可以适用于以下三种情景:(1)专利申请与专利申请冲突;(2)专利申请与授权专利冲突;(3)授权专利与授权专利冲突。以下分别讨论。

一、专利申请与专利申请冲突

对于"禁止重复授权"而言,专利申请与专利申请冲突是指同一申请人或者不同申请人就同样的发明创造"同日"申请专利。如果两个专利申请时间有先后,则属于"新颖性"问题。这将在"专利的本体条件"之中阐释。以下就"同一申请人"和"不同申请人"两种情况,分别讨论。

(一)申请人相同

同一申请人同日(指申请日,有优先权的指优先权日)就同样的发明创造提出两件专利申请,如果两件申请符合授予专利权的其他条件,专利局将通知申请人进行选择或者修改。[④] 申请人期满不答复,相应的申请被视为撤回;经申请人陈述意见或者进行修改后仍不符合《专利法》第9条第1款规定,两件申请将均被驳回。[⑤]

因为专利申请类型不同,专利局发现专利申请之间冲突的时机不同。为方

---

① 最高人民法院行政判决书〔2007〕行提字第 4 号。
② 最高人民法院行政判决书〔2007〕行提字第 4 号。《专利审查指南》(2010)第 167 页。
③ 《专利审查指南》(2010)第 167 页。同时参见专利复审委员会专利无效宣告决定 WX9385(2006 年)。
④ 《专利审查指南》(2010)第 168 页。
⑤ 《专利审查指南》(2010)第 168 页。

便讨论,可以分成三种情况:实用新型专利申请之间的冲突;实用新型专利申请与发明专利申请之间的冲突;发明专利申请之间的冲突。

专利申请与专利申请之间的冲突,最常见于发明专利申请之间。每一件发明专利申请在被授予专利权前都应当进行检索。而且,《专利审查指南》要求,在对申请发出授予专利权的通知前,"防止重复授权的检索应当完成到尽可能完善的程度,即应当将在中国专利文献中已经有的涉及同样的发明创造的专利申请或者专利文件检索出来"①。所以,发明专利申请授权之前,通常可以发现是否存在重复授权的法律问题。

类似地,实用新型专利申请与发明专利申请之间冲突,通常经发明专利实质审查而发现。

但是,实用新型专利申请之间的冲突,通常在授权后才能发现。实用新型专利申请经过初步审查,即予以授权。初步审查依据审查员既有的知识和已知信息进行审查,而不要求审查员进行信息检索。两个申请可能因为提出方式和途径不同,可能由时空上没有接近关系的两个审查员来处理。比如,其一直接向国家知识产权局专利局提出,另一个则通过 PCT 申请,延迟到自优先权日起30 个月才进入中国国家阶段。实用新型专利申请之间的冲突,经初步审查阶段难以发现,而更可能出现实用新型专利实际重复授权的问题。下文将进行讨论。

最后,值得注意的是,专利局可以基于同一申请人同一日就同样的发明创造提出多项"专利申请"而驳回。避免重复授权并不要求其中一个专利申请必须已经公布。由此可见一斑,抵触申请破坏新颖性与避免重复授权原则,不是同一法律概念,审查标准截然不同。② 对此,本书将在"专利的本体条件"章节详细讨论。

(二) 申请人不同

《专利法实施细则》(2010)第四十一条规定,两个以上的申请人同日(同一申请日;有优先权的,指优先权日)分别就同样的发明创造申请专利的,应当在收到国务院专利行政部门的通知后自行协商确定申请人。如果申请人收到专利局通知后,在规定的期间不答复,申请将被视为撤回。

---

① 《专利审查指南》(2010)第 214 页。
② 不同意见参见国家知识产权局条法司:《新专利法详解》,知识产权出版社 2002 年版,第 49 页("'抵触申请'的规定也是为了防止重复授权而制定的。")。

然而,此处的"协商确定申请人",其实不限于确定申请人。当事人也可以协商修改权利要求,瓜分可能获得的专利的保护范围,以免违反重复授予专利权的禁止性规定。为此,《专利审查指南》规定,如果协商不成,或者经申请人陈述意见或进行修改后仍不符合《专利法》关于禁止重复授权的规定,则两件申请都将被驳回。[①]

但是,何谓"两个以上的申请人"(即"不同申请人"),尚无法律定义。由此产生的法律问题是,如果两个专利申请分别由多个民事主体作为共同申请人而提出,两组共同申请人之间只有部分或者一个民事主体重合,则这两个专利申请的"申请人"相同还是不同? 就"抵触申请",我国《专利法》(2000)第二十二条曾经规定,同样的发明或者实用新型"由他人"在先向专利局提出专利申请,才可以构成"抵触申请",用于否定在后申请的新颖性。此处的"他人"就是指"不同申请人"。在当时的法律制度下,对于"他人"应该作出扩展性解释。换言之,只要一个民事主体不同,则构成"不同申请人"。这样,有利于扩张抵触申请的范围,避免授予专利权的发明创造之间没有实质性的技术差别。

然而,对于"避免重复授权"而言,《专利审查指南》(2010)对"不同申请人"和"同一申请人"所采取的程序和法律标准,并无实质性差别。以下两种解释,并不会导致实质性差别:从严解释"同一申请人",即一个民事主体相同就构成"同一申请人";还是从宽解释"不同申请人",即一个民事主体不同就构成"不同申请人"。只要保持法律适用一致,法律上都可以接受。

二、专利申请与授权专利冲突

类似于专利申请之间冲突,专利申请与授权专利冲突是指同一申请人或者不同申请人就同样的发明创造"同日"申请专利而发生的冲突。在审查专利申请的过程中,专利局如果发现同一申请人同一日(指申请日,有优先权的指优先权日)就同样的发明创造提出的另一件专利申请已经被授予专利权,在尚未授权的专利申请符合授予专利权的其他条件的情况下,其将通知申请人进行修改。如果申请人期满不答复,其申请被视为撤回。如果经申请人陈述意见或者进行修改后仍不符合"避免重复授权"的规定,专利局就将驳回该专利申请。

对于专利申请与授权专利之间的冲突而言,通常在发明专利申请实质审查

---

① 《专利审查指南》(2010)第二部分第三章,第168页。

阶段,发现其与授权实用新型专利之间存在冲突。原因在于,同一日就同样的发明创造提出实用新型专利和发明专利申请,实用新型专利先获得授权后,发明专利申请或者将进入实质审查,或者处于实质审查阶段。

但是,对于同样的发明创造,先授予实用新型专利,而后再次授予发明专利,《专利法》(2008)第九条第 1 款不认为必定构成"重复授权"。根据该条规定,如果同一申请人同日对同样的发明创造既申请实用新型专利又申请发明专利,先获得的实用新型专利权尚未终止,且申请人声明放弃该实用新型专利权的,可以授予发明专利权。① 为此,申请人须要在申请时分别说明对同样的发明创造已申请了另一专利。② 如果专利申请人申请时未作说明,专利局将依照《专利法》第九条第 1 款,认为违反禁止重复授权的规定。③ 如果作了说明,专利局公告授予实用新型专利权时,将公告说明申请人已依照规定同时申请了发明专利的说明,以便提示公众。④ 如果发明专利申请经审查没有发现驳回理由,专利局将通知申请人在规定期限内声明放弃实用新型专利权。申请人声明放弃的,专利局将作出授予发明专利权的决定,并在公告授予发明专利权时一并公告申请人放弃实用新型专利权声明。⑤ 实用新型专利权自公告授予发明专利权之日起终止。如果申请人不同意放弃,专利局将驳回发明专利申请;申请人期满未答复,该发明专利申请将被视为撤回。⑥

然而,《专利法》(2008)第九条第 1 款是否真可达到防止"重复授权"的目的呢? 这值得商榷。虽然发明专利授权以实用新型专利"放弃"为条件,然而,"放弃"只以实用新型专利权"尚未终止"为条件,并不导致该专利"自始无效"。而且,"放弃"也不同于"撤回"实用新型专利。专利申请人可以先提出实用新型专利申请,然后在本国优先权期间之内,就相同主题(包括相同权利要求内容)提出发明专利申请。为此,其在先申请自在后申请提出之日起即视为"撤回",⑦并且在先专利申请之上自此不再存续任何权利。但是,"放弃"意味着权利人仍旧可以就"放弃"生效之前的侵权行为,主张侵权赔偿责任。

根据我国现行的《专利法》,"放弃"实用新型专利与授予发明专利授权同

---

① 《中华人民共和国专利法》(2008)第九条第 1 款。
② 《中华人民共和国专利法实施细则》(2010)第四十一条。
③ 《中华人民共和国专利法实施细则》(2010)第四十一条。
④ 《中华人民共和国专利法实施细则》(2010)第四十一条。
⑤ 《中华人民共和国专利法实施细则》(2010)第四十一条。
⑥ 《中华人民共和国专利法实施细则》(2010)第四十一条。
⑦ 《中华人民共和国专利法实施细则》(2010)第三十二条第 3 款。

步,两者之间是"无缝"联结,这可导致实用新型专利保护期间与发明专利的临时保护期间重叠。对发明专利申请,我国实行先强制公开,而后实质审查的制度。为弥补专利权人在发明专利申请公开到专利授权期间的利益损失,《专利法》(2008)第十三条规定,"发明专利申请公布后,申请人可以要求实施其发明的单位或者个人支付适当的费用",此即所谓的"临时保护"。发明专利授权后,专利权人可以提起诉讼。[①]

临时保护期间起于发明专利申请公布以后,止于发明专利授权。在此期间内,实用新型专利可能已经公布授权,而且仍旧没有被放弃。一般而言,实用新型公告授权的时间往往自申请日不到一年,而发明专利申请自申请日(优先权日的,即优先权日)满18个月自动公开(专利申请人可以申请提前公开),并还需要经过漫长的实质审查方可授权。由此可能导致两种专利权效力在时间上重叠(参见图10)。如果申请人对发明专利申请要求优先权日,而实用新型专利申请不要求优先权日,重叠的时间期间可更长。[②] 由此,基于同样的发明创造(权利要求相同),专利权人可以在"临时保护期内"行使实用新型专利权;而发

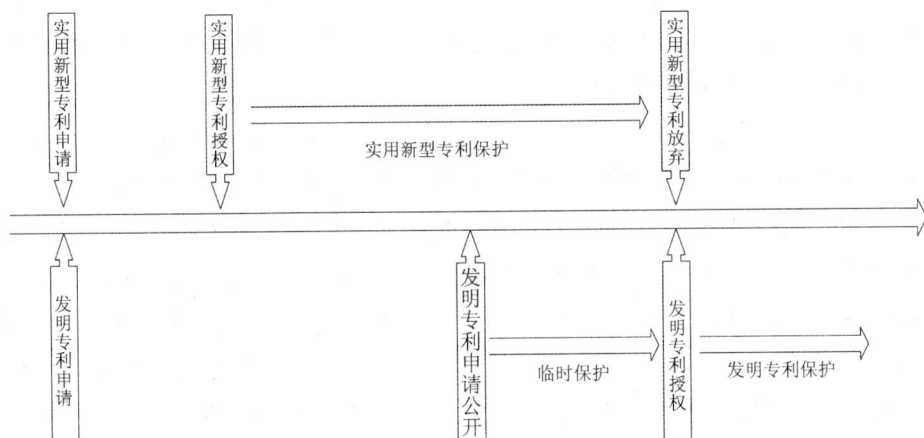

图 10　同一人同一日就"同样的发明创造"申请实用新型专利和发明专利

---

① 浙江杭州鑫富药业股份有限公司诉山东新发药业有限公司、上海爱兮缇国际贸易有限公司发明专利临时保护期使用费纠纷及侵犯发明专利权纠纷管辖权异议再审案,最高人民法院〔2008〕民申字第81号民事裁定("除了权利人只能就使用费问题主张损害赔偿的民事责任而不能请求实施人承担停止侵权等民事责任外,在其他问题上与一般意义的侵犯专利权纠纷并无本质不同")。

② 需要注意的是,此期间有限制。《专利法》第六十八条第2款规定:"发明专利申请公布后至专利权授予前使用该发明未支付适当使用费的,专利权人要求支付使用费的诉讼时效为二年,自专利权人得知或者应当得知他人使用其发明之日起计算,但是,专利权人于专利权授予之日前即已得知或者应当得知的,自专利权授予之日起计算。"

明专利授权后,该权利人还可以基于发明专利的临时保护要求支付"临时保护期间"的适当费用,从而发生双重保护的法律问题。

此外,《专利法》(2008)第九条第 1 款实际延长了保护期间。从发明专利的角度来看,其正常保护期间从授权登记开始,至申请日起算的第二十年届满。然而,由于实用新型专利授权常比发明专利授权早,第九条第 1 款使得同一个发明创造的保护期间从实用新型专利授权登记之日开始,到共同申请日起算的第二十年届满,这一期间比通常的保护期间要长。

但是,实用新型专利申请并不一定早于发明专利申请。例如,实用新型专利申请可能被专利局以形式不服规范而驳回,专利申请人被迫申请专利复审,并进而进入行政诉讼程序。这一程序可能使得实用新型专利申请获得授权的时间晚于发明专利申请。如果发生这一种情况,专利局将依据禁止重复授权的规则,拒绝授予实用新型专利。《专利法》(2008)第九条不允许放弃"发明专利"而保留"实用新型专利"。

三、授权专利与授权专利冲突

对同样的发明创造可能发生重复授权。特别地,由于实用新型专利授权不需要经过实质审查,实用新型专利授权可能与在先实用新型专利或发明专利重复。如果重复授权的专利为同一个民事主体所有,通常还不至于导致权利行使冲突。否则,可能导致权利行使——例如侵权诉讼之中——发生冲突。

由于我国法院无权宣告专利无效,如果发生冲突,法院只能保护申请在先的权利。2004 年,《最高人民法院关于在专利侵权诉讼中能否直接裁判涉案专利属于从属专利或者重复授权专利问题的复函》指出:"人民法院审理专利侵权纠纷案件时……也不宜认定是否属于重复授权专利。但是,根据专利法规定的先申请原则,应当依法保护申请在先的专利。"《专利法》第三次修订后,如果在后申请而获得重复授权的权利人主张专利侵权,被告可以根据《专利法》(2008)第六十二条主张"现有技术抗辩"。当然,被告也可以提起专利无效请求,要求专利复审委员会宣告后申请专利无效。

然而,如果重复授权的两项专利(实用新型)为不同申请人同日提出,两人同时向被告主张侵权,又该怎么办呢?构成重复授权,并不意味着两项专利都应无效。其中之一的效力仍旧可以维持。法院并不适合支持其中的任何一方当事人。法院应该中止诉讼程序,由被告以重复授权为由,向专利复审委员会提出无效宣告请求,由后者宣告其中之一无效。

第四节　专利申请文件的修改限制

专利申请文件提交时，可能准备不够周详。专利法允许申请人提出申请文件后，修改(amendment)专利申请文件。《欧洲专利公约》第 123 条甚至明文规定："无论如何，应当至少给予欧洲专利申请人一次自主要求修改专利申请书的机会。"我国《专利法》(2008)第三十三条也规定，"申请人可以对其专利申请文件进行修改"。

尽管修改是一项权利，但是其行使受到严格的限制。之所以如此，根本的原因在于实行先申请原则。如果允许申请人在申请日后随意修改专利申请文件，他就可以把申请日(优先权日)以后研发或得知的技术知识放入到专利申请文件里。由于新颖性、创造性评价都以申请日(优先权日)以前的既有技术为参照，此种修改使得新增内容获得了其产生之前的"申请日"，同时掠夺了新增内容实际贡献人寻求专利保护的机会。允许自由修改专利申请文件等于颠覆先申请原则。

另外，允许自由修改专利申请文件不利于专利审查和授权工作。如果对修改的次数不加限制，专利申请人就可能不当利用公共资源，以审查员为"师"，依照或积极寻求审查意见，不断修改完善专利申请文件。对于海量专利申请和审查而言，这显然极为不现实。

修改专利申请文件，修改的范围受到严格的限制，不能在申请日后增加"新的技术内容"(new matter)。"对发明和实用新型专利申请文件的修改不得超出原说明书和权利要求书记载的范围，对外观设计专利申请文件的修改不得超出原图片或者照片表示的范围。"[1]"原说明书和权利要求书记载的范围"包括明示内容和隐含内容。明示内容即原说明书和权利要求书文字记载的内容，而隐含内容限制为"根据原说明书和权利要求书文字记载的内容以及说明书附图能直接地、毫无疑义地(directly and unambiguously derivable)确定的内容"[2]。一般情况下，如果原申请文件使用的是下位概念(例如氢气)，而修改后的文件使用上位概念(例如惰性气体)，则不能认为后者可以从前者直接地、毫无疑义地得出。"原"说明书和"原"权利要求是指专利申请人实际提交专利申请给专利

---

① 《中华人民共和国专利法》(2008)第三十三条。

② 《专利审查指南》(2010)第二部分第八章，第 243 页。

局的专利申请文件，不包括只提供信息功能的摘要，也不包括申请人向专利局提交的申请文件的外文文本和优先权文件的内容（进入国家阶段的国际申请的原始提交的外文文本除外）。任何修改都需要满足这些条件。

专利申请文件的修改可以分为主动和被动两种，修改的时间和范围限制因此而有所不同。所谓"主动修改"是指专利申请人主动提出请求，经专利局同意而进行的修改。主动修改的时间有严格的限制。对于发明专利申请，主动修改与实质审查相关联。申请人"在提出实质审查请求时以及在收到国务院专利行政部门发出的发明专利申请进入实质审查阶段通知书之日起的三个月内，可以对发明专利申请主动提出修改"①。对于实用新型和外观设计，由于没有实质审查这一环节，所以主动修改只有一个时间限制——"自申请日起两个月内"②。然而，相对于下述的被动修改，主动修改相对自由，不受制于专利局的意见。

主动的修改之外，申请人可能被要求修改专利申请文件，去除瑕疵，以符合专利法规定的专利授权条件。首先，申请人在收到专利局的实质审查意见后，例如第一次审查意见通知书和再次审查意见通知书，可以根据该审查意见对申请进行修改，但须要针对通知书指出的缺陷进行修改。③ 原则上，申请人不能修改审查意见中未指出的内容。但是，如果修改范围和内容符合《专利法》(2008)第三十三条规定，修改没有删除或改变独立权利要求的技术特征，没有新增权利要求，而是为符合专利法、消除申请文件缺陷，专利局可将之"视为"是针对通知书缺陷进行的修改。④ 其次，申请人还可以在复审环节针对审查员的驳回决定或复审通知书的意见对申请进行修改。⑤ 专利复审是专利审查程序的延伸。专利申请人于此申诉程序中的修改，受到比专利申请程序更严格的限制："修改应当仅限于消除驳回决定或者复审通知书指出的缺陷。"⑥

最后，专利授权后，第三人认为授权不符合专利法规定而提出专利无效宣告程序时，专利权人也可在此程序中修改专利文件，但是修改限制非常严格。发明或者实用新型专利的专利权人不得修改专利说明书和附图，外观设计专利

---

① 《中华人民共和国专利法实施细则》(2010)第五十一条第 1 款。
② 《中华人民共和国专利法实施细则》(2010)第五十一条第 2 款。
③ 《中华人民共和国专利法实施细则》(2008)第五十一条第 3 款。
④ 《专利审查指南》(2010)第二部分第八章，第 243 页。
⑤ 《中华人民共和国专利法实施细则》(2010)第六十一条。
⑥ 《中华人民共和国专利法实施细则》(2010)第六十一条。

的专利权人不得修改图片、照片和简要说明。① 发明或者实用新型专利的专利权人只可以有限地修改权利要求书,比如删除、合并权利要求等,并且不得扩大原专利的保护范围。② 之所以如此严格地限制专利权人修改权利要求,原因在于,专利授权后,权利要求具有公示公信力。如果允许扩大权利要求的保护范围,则可能损害第三人的信赖利益。

如果专利申请人或专利权人"修改超范围",专利申请将不得授权;如果错误地被授权,任何人可以以此为理由,要求宣告此专利无效。

第五节　专利申请的单一性和分案

所谓专利申请的"单一性"是指一件专利申请应当限于一项发明、实用新型或产品外观设计。③ 据此,一件发明或实用新型专利申请应该只有一项独立权利要求。但是,属于一个总的发明构思的两项以上的发明或者实用新型,可以作为一件申请提出。此种情况下,专利申请可以有两个或多个相互关联的独立权利要求。此外,同一产品两项以上的相似外观设计,或者用于同一类别并且成套出售或者使用的产品的两项以上外观设计,可以作为一件申请提出。

专利法之所以要求单一性,主要出于行政管理的原因。一是防止申请人只支付一件专利的费用(包括申请费、检索费和维持费)而获得几项不同发明或者实用新型专利的保护;二是为了便于专利申请的分类、检索和审查。④ 为此,"单一性"也是国际专利申请的一项重要条件。例如,《专利合作条约》对此有专门的细致规定。总之,"单一性"不是专利授权的实质性条件,缺乏单一性不应当作为专利无效的理由。

对于发明和实用新型专利申请而言,"一个总的发明构思"是指申请保护的技术方案(即各个独立权利要求)"在技术上相互关联,包含一个或者多个相同或者相应的特定技术特征"。所谓"特定技术特征"是指每一个独立权利要求作为整体,对现有技术作出贡献的技术特征。⑤ 一般认为,以下情况满足"单一性"的法律要求:(1)不能包括在一项权利要求内的两项以上产品或者方法的同类

① 《中华人民共和国专利法实施细则》(2010)第六十九条。
② 《中华人民共和国专利法实施细则》(2010)第六十九条。
③ 《中华人民共和国专利法》(2008)第三十一条。
④ 《专利审查指南》(2010)第二部分第六章,第189页。
⑤ 《中华人民共和国专利法实施细则》(2010)第三十四条;《专利合作条约实施细则》第十三条。

独立权利要求;(2)产品和专用于制造该产品的方法的独立权利要求;(3)产品和该产品的用途的独立权利要求;(4)产品、专用于制造该产品的方法和该产品的用途的独立权利要求;(5)产品、专用于制造该产品的方法和为实施该方法而专门设计的设备的独立权利要求;(6)方法和为实施该方法而专门设计的设备的独立权利要求。[1]

对于外观设计专利申请而言,"同一产品两项以上的相似外观设计"(简称"相似产品外观设计")或者"用于同一类别并且成套出售或者使用的产品的两项以上外观设计"(简称"成套产品外观设计")可以满足单一性的要求。由于我国保护"产品外观设计",外观设计专利申请的单一判断结合了产品和外观设计两个维度的考虑。相似外观设计强调"同一产品",而成套外观设计强调"各产品属于分类表中同一大类,习惯上同时出售或者同时使用,而且各产品的外观设计具有相同的设计构思"[2]。这两者之间并没有截然的界限。相似外观设计可能同时构成成套外观设计,而成套外观设计中的某一组成部分又可能构成相似外观设计(参见图 11)。二者共同的特征在于,都统一于"一个总的设计构思"下,各个产品设计具有相同或者相似的设计特征。

调味品瓶	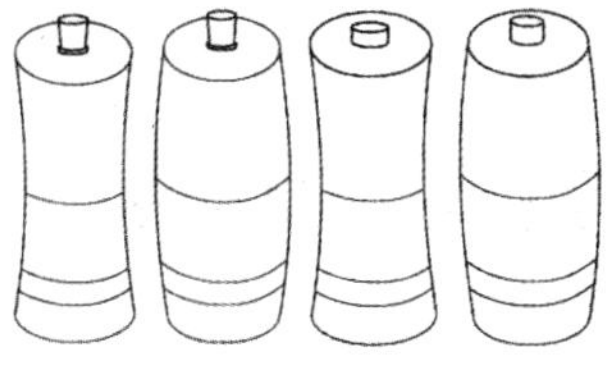 全部产品设计构成"成套产品外观设计"
	两个以上调味瓶设计可构成"相似产品外观设计"
茶几套件	 全部产品设计构成"成套产品外观设计"
	两个以上座墩设计可构成"相似产品外观设计"

图 11　相似产品外观设计和成套产品外观设计之间的交叠关系

如果一件专利申请涉及多项发明创造,权利要求所要求保护的技术方案不属于一个总的发明构思或设计构思,专利申请人可以主动提出分案申请的要求,

---

[1] 《专利审查指南》第二部分第六章,第 191 页。
[2] 《中华人民共和国专利法实施细则》第三十五条。

或者应专利局不符合单一性的审查意见,被动地修改专利申请文件,请求分案。

分案申请本质上等同于修改专利申请文件,分案提出的时机和分案内容须遵循的法律要求都和修改专利申请文件类似。主动提出分案申请的时间也是"在提出实质审查请求时以及在收到国务院专利行政部门发出的发明专利申请进入实质审查阶段通知书之日起的三个月内",或者实用新型和外观设计申请日起两个月内。① 但是,专利申请已经被驳回、撤回或者视为撤回的,不能提出分案申请。如果专利局认为申请不符合单一性要求,发出通知要求申请人在指定期限内修改,申请人期满未答复,该申请将被视为撤回。分案申请如果涉及修改,修改须要遵守前一节有关专利申请修改的法律要求,范围不得超出原申请记载的范围。②

分案申请是一个独立的专利申请,将被独立地审查。专利申请人需要依照专利法和实施细则办理有关的手续。分案申请可以保留原申请日,享有优先权的,可以保留优先权日。③ 分案申请的请求书中应当写明原申请的申请号和申请日。提交分案申请时,申请人应当提交原申请文件副本;原申请享有优先权的,还应当提交原申请的优先权文件副本。分案以后的原申请与分案申请的权利要求书应当分别要求保护不同的发明创造;而它们的说明书可以相同,也可以修改得不同,但内容不得超出原申请记载的内容范围。

第六节　权利要求与说明书的法律关系

一、说明书应当充分公开原则

《专利法》(2008)第二十六条要求说明书清楚、完整地说明发明创造,以所属技术领域的技术人员能够实现为准。此即所谓说明书充分公开原则(简称"充分公开")。④ 这是专利制度最重要的法律原则之一。通过要求专利申请人充分公开发明创造的技术信息达到本领域普通技术人员能够实现的程度,新技术知识从发明人的个体知识转化为可为公众自由获得的社会知识,便于激发产生新的知识,而且让社会公众可以在专利保护期届满后,无须发明人帮助就可

---

① 《中华人民共和国专利法实施细则》(2010)第五十一条第 2 款。
② 《中华人民共和国专利法实施细则》(2010)第四十三条第 1 款。
③ 《中华人民共和国专利法实施细则》(2010)第四十三条第 1 款。
④ 《专利审查指南》(2010)第二部分第二章,第 130 页。

以自由实施该发明创造。

同时,充分公开的法律要求可以抑制过早提出专利申请,限制过宽要求专利保护。先申请原则刺激下,人们常常及早(甚至于过早)地提出专利申请,要求尽可能宽的专利保护。由于专利局依照书面申请文件审查专利申请,而并不实验性地验证申请专利保护的发明创造,思想家可以依照现有理论和技术,进行逻辑推理,或者类比推理,得出似是而非的发明创造。并不是说这样的智力成果没有任何社会价值,而是说它们还很可能处于理论试验阶段,没有达到实际应用的阶段。如果授予它们专利权,等于在法律上保留一片尚未开发的试验领地,而剥夺他人诚实研发获得专利保护和充分投资回报的可能。充分公开原则要求专利申请人在"申请日"就将发明创造充分地描述和说明,达到本领域普通技术人员可以实现的程度,可以控制过早提出不成熟、过宽保护要求的专利申请。

《专利法》(2008)第二十六条所谓的"所属技术领域的技术人员",其实际是指"本领域普通技术人员"(person having ordinary skill in the art)。他是一种抽象假设的"人",一个拟制的存在,类似于侵权责任法中的"理性人"。在专利法上,"本领域普通技术人员"不具有创造能力,但是假定他知晓申请日或者优先权日之前申请专利保护的发明创造所属技术领域所有的普通技术知识,能够获知该领域中所有"相关"的现有技术,并且具有应用该日期之前常规实验手段的能力。如果所要解决的技术问题能够促使本领域的技术人员在其他技术领域寻找技术手段,他也应具有从其他技术领域中获知该申请日或优先权日之前的相关现有技术、普通技术知识和常规实验手段的能力。

"本领域普通技术人员"是一个客观标准,是专利法中的一个关键概念。它不仅用于认定说明书是否公开充分,还用于评价发明创造是否具有创造性、解释权利要求、判定是否构成侵犯专利权等等重大专利法问题。

"本领域普通技术人员"的知识和能力水平,根据发明创造所属的技术领域发展水平和申请日(优先权日)的不同而不同。专利法设置此拟制人的目的是控制有关评判的主观性,以便可以平等对待所有技术领域的每一个发明创造。例如,在具体的专利案件中,专利申请人或者专利权权利人总是试图压低熟练技术人员的技术水平,使得自己的申请更容易被认定为具有创造性或被维持有效,而侵权者总是设法抬高此水平,企图让专利权被宣告无效。而法院需要综合考察原被告提出的证据,具体确定适合于特定专利的"本领域普通技术人员"。为此,法院需要的因素包括但是不限于以下:发明人的教育水平,技术方案所要解决的问题,现有技术提供的解决该问题的方案,发明完成的速度,技术的复杂程度,相同领域活跃分子的教育水平,等等。①

　　理论上来说,"充分公开"(sufficiency of disclosure)与本领域普通技术人员"能够实现"(enablement)具有等同的法律意义。② "能够实现"意味着熟练技术人员能够在说明书的教导下,无须创造性劳动,无须进行过度的试验、过长的探索就能够实现申请专利保护的技术方案。《美国专利法》和《欧洲专利公约》都认为充分公开、能够实现的法律标准都是本领域普通技术人员获得说明书的技术信息后,不需要经过过度实验检验(undue experimentation,undue burden),就可以实现申请保护的技术方案。③ "能够实现"并不排除本领域普通技术人员可能需要经过合理的试错后才能实现。④ 只要本领域普通技术人员可以根据说明书的记载、公知知识评估试错过程中的错误,调整具体的实施方式,而后可以必然而直接实现申请专利保护的技术方案,就可以满足"能够实现"的法律要求。⑤ 换言之,说明书需要说明发明创造相对于现有技术而言,对本领域普通技术人员来说不是显而易见的知识,以让他们无须在黑暗中通过盲目地试错就可以获得解决技术问题的技术方案。

　　因此,说明书是否充分公开请求保护的技术方案,使之能够为本领域普通技术人员所实现,需要根据个案具体情况予以认定。一般情况而言,以下的因素需要考虑:(1)需要的试验量;(2)需要的提示、指导量;(3)实施例的有或

---

　　①　See Environmental Designs, Ltd. v. Union Oil Co., 713 F. 2d 693, 696 (Fed. Cir. 1984).

　　②　See Moelnlycke Health Care AB v Brightwake Ltd,［2011］EWHC 376 (Pat) (25 February 2011)。我国专利法渊源于《欧洲专利公约》。英国专利法院的这一判决表明,充分公开(sufficiency of disclosure)能够实现(enablement)的法律标准一致。

　　③　See In re Wands, 858 F. 2d 731, 737(Fed. Cir. 1988); Case Law of the Boards of Appeal of the European Patent Office (2010).

　　④　参见,陕西金枝科工贸有限公司诉国家知识产权局专利复审委员会,北京市高级人民法院行政判决书〔2003〕高行终字第156号。在该案中,法院认为,本案专利说明书中虽然未对齿轮系的结构和组合进行具体的描述,但是齿轮系的结构是机械领域的常识技术,齿轮组的数量可以根据传动比等方面的要求而具体设定。本案专利说明书以及权利要求书中虽然只披露了"齿轮系的最后一个齿轮与微动开关相连",而未公开"齿轮系的最后一个齿轮通过凸轮与微动开关相连"这一特征,但由于齿轮各处的半径相等,同时考虑到微动开关在本案专利中起产生阀门启闭信号的作用,故根据本领域的常识技术可知,仅靠微动开关和齿轮相连,微动开关的状态不会发生任何改变,无法进行信号传输。因此,在微动开关和齿轮之间必然存在一个推动机构。本案专利说明书及权利要求书中所述的上述内容是本领域普通技术人员可以明显识别的错误。至于该推动机构的具体形式,本领域的普通技术人员根据所掌握的常识技术即可实施,该推动机构与相连部件的配合关系也是本领域的普通技术人员根据实际需求通过计算和实验即可决定的。

　　⑤　参见欧洲专利局上诉委员会决定 T226/85,T 326/04。

无；(4) 发明的性质；(5) 现有技术的状况；(6) 该领域技术人员的相对技能；(7) 该技术的可预见性高低；以及(8) 权利要求的覆盖范围。①

然而，我国目前专利制度实践中，说明书充分公开与否，不仅取决于本领域普通技术人员能否"实现"请求保护的发明创造，还取决于说明书是否"清楚、完整"地说明发明创造。② 这后一法律要求和《美国专利法》第112条第1款的"书面描述"(written description) 要求③有相当程度的类似，使得"充分公开"实际上要求说明书须让本领域普通技术人员相信发明人在申请日的确完成和拥有了申请保护的发明创造。也就是说，即使发明人通过理论推测或演绎得出了发明创造可为本领域普通技术人员实现，但是该发明创造没有"清楚、完整地被描述"，仍旧不满足"充分公开"的法律要求。

具体说来，《专利审查指南》(2010)提供的总体原则相对宽泛，认为："所属技术领域的技术人员能够实现，是指所属技术领域的技术人员按照说明书记载的内容，就能够实现该发明或者实用新型的技术方案，解决其技术问题，并且产生预期的技术效果。"④然而，该审查指南实际要求申请人详细写明技术问题和解决技术问题的手段或者验证发明创造的试验数据，才认为"清楚而完整"地说明了申请保护的技术方案，而不只是以本领域普通技术人员是否能够实现为唯一的判断标准。《专利审查指南》(2010)举出了五种典型缺乏解决技术问题的技术手段而"无法实现"的例子，⑤充分说明了这一点。这五种情况是：(1) 说明书中只给出任务和/或设想，或者只表明一种愿望和/或结果，而未给出任何使所属技术领域的技术人员能够实施的技术手段；⑥(2) 说明书中给出了技术手段，但对所属技术领域的技术人员来说，该手段是含糊不清的，根据说明书记载的内容无法具体实施；⑦(3) 说明书中给出了技术手段，但所属技术领域的技术人员

---

① See In re Wands, 858 F. 2d 731 (Fed. Cir. 1988).

② 国家知识产权局专利复审委员会有决定认为，"所属技术领域的技术人员能够实现"是判断说明书是否"清楚完整"的标准，只要满足了"所属技术领域的技术人员能够实现"的条件，说明书便达到了充分公开的要求。参见专利复审委员会专利复审请求审查决定 FS12503 号——"倍频和调制的组合"(2007年12月17日)；专利复审委员会无效宣告请求审查决定 WX13999 号——"一种便于折叠的窗帘"(2009年10月12日)。

③ See Ariad Pharms. , Inc. v. Eli Lilly & Co. , 529 F. 3d 1336 (Fed. Cir. 2010)(en banc).

④ 《专利审查指南》(2010)第二部分第二章，第132页。

⑤ 《专利审查指南》(2010)第二部分第二章，第132页。

⑥ 参见专利复审委员会专利复审请求审查决定 FS20167 号——"具有无线局域网基站或无线局域网客户机功能的通信终端"(2009年11月9日)。

⑦ 参见专利复审委员会专利复审请求审查决定 FS20562 号——"隐藏图像识别系统、制品、识别装置及制作方法"(2009年12月21日)。

采用该手段并不能解决发明或者实用新型所要解决的技术问题;[①](4)申请的主题为由多个技术手段构成的技术方案,对于其中一个技术手段,所属技术领域的技术人员按照说明书记载的内容并不能实现;[②](5)说明书中给出了具体的技术方案,但未给出实验证据,而该方案又必须依赖实验结果加以证实才能成立。[③]例如,对于已知化合物的新用途发明,通常情况下,需要在说明书中给出实验证据来证实其所述的用途以及效果,否则将无法达到"能够实现"的要求。[④]

最后,并不是所有的发明创造都可以通过文字说明和附图实现充分公开,使得本领域普通技术人员能够实施。例如,申请专利的发明可能涉及新的生物材料[⑤],比如说是通过不能再现的筛选、突变等手段新创制的某一微生物菌种。此生物材料公众通过正当程序不可获得,而通过文字说明或者附图,也都不足以使所属领域的技术人员实施其发明。对于此种情况,专利法有特殊的生物材料第三方保藏制度。为此,专利申请人需要向第三方公共机构提交特殊生物材料,以便公众可以不受专利申请人制约而获得此种生物材料,实施申请专利保护的发明创造,符合"充分公开"的法律要求。具体而言,申请人还应当在申请日前或者最迟在申请日(有优先权的,指优先权日),将该生物材料的样品提交国家知识产权局认可的保藏单位保藏,[⑥]并在申请时或者最迟自申请日起四个月内提交保藏单位出具的保藏证明和存活证明。而且,申请人须在专利申请的请求书和说明书中写明该生物材料的分类命名、生物保藏情况,并且提供有关该生物材料特征的资料。[⑦]如果不满足这些条件,专利局将因此认为没有按照规定进行生物材料保藏,专利申请很可能因此被认定为公开不充分而被驳回。

生物材料保藏期限必须足够长,以便专利保护期届满后,公众可以自由获得并实施发明。我国是《国际承认用于专利程序的微生物保存布达佩斯条约》

---

① 参见专利复审委员会专利复审请求审查决定 FS 13519 号——"用于找出图像分割的最佳阈值的方法"(2008 年 5 月 29 日)。

② 参见专利复审委员会专利复审请求审查决定 FS16723 号——"交易方法和对此适用的装置"(2009 年 4 月 28 日)。

③ 参见专利复审委员会专利复审请求审查决定 FS12107 号——"吡啶并吲哚酮类衍生物用于制备药物的用途"(2007 年 12 月 14 日)。

④ 参见辉瑞爱尔兰药品公司诉国家知识产权局专利复审委员会,北京市第一中级人民法院行政判决书〔2004〕一中行初字第 884 号;北京市高级人民法院行政判决书〔2006〕高行终字第 519 号。

⑤ 此处的"生物材料"特指"任何带有遗传信息并能够自我复制或者能够在生物系统中被复制的材料"。

⑥ 国家知识产权局专利局指定的保藏单位分别为中国微生物菌种保藏管理委员会普通微生物中心和中国典型培养物保藏中心,保藏的范围涉及微生物、细胞系、病毒、质粒等。

⑦ 《中华人民共和国专利法实施细则》(2010)第二十四条。

(Budapest Treaty on the International Recognition of the Deposit of Microorganisms for the Purposes of Patent Procedure，简称"布达佩斯条约")的缔约国。根据此条约规定,生物材料保藏期必须满足以下两个条件:从保藏日期起算至少 30 年,并且延续到最近受理样本使用请求后的至少 5 年。

对于专利申请人向第三方公共机构提供的生物材料,在专利保护期间内(包括专利申请公布后、专利授权前的临时保护期),公众可以为非侵权目的使用所保藏的生物材料。特别地,我国《专利法》(2008)第六十二条规定"专为科学研究和实验而使用有关专利"不构成侵权。因此,《专利法实施细则》(2010)第二十五条规定,发明专利申请公布后,公众如果需要为实验目的使用保藏的生物材料,可以向国家知识产权局请求。国家知识产权局要求请求人承诺不向其他任何人提供该生物材料,并且在授予专利权前只作为实验目的的使用。[1] 基于以上的分析,这一规定也应该适用于专利保护的整个期间。

二、权利要求依据说明书原则

《专利法》(2008)第二十六条第 4 款规定,权利要求书应当以说明书为依据。根据这一要求,"权利要求所要求保护的技术方案应当是所属技术领域的技术人员能够从说明书充分公开的内容中得到或概括得出的技术方案,并且不得超出说明书公开的范围"[2]。从法理来说,这一法律要求和"充分公开"要求一致,是同一件事情的两种不同说法。它们两者调整的对象完全一样,都是指向权利要求与说明书之间的关系。显然,如果说明书充分公开了申请保护的技术方案,权利要求也自然得到了说明书的支持是依据的说明书。

新近的司法实践已经对此予以明确肯定。在 (美国)伊莱利利公司"立体选择性糖基化方法"发明专利权无效行政案中,[3]最高人民法院肯定了北京市高级人民法院和专利复审委员会的法律意见,认为权利要求允许概括的范围是本领域技术人员能够"合理预测"或者按照"常规试验容易确定"的范围。[4] "合理预

---

① 《中华人民共和国专利法实施细则》(2010)第二十五条。

② 《专利审查指南》(2010)第二部分第二章,第 143 页。同时参见,方益民诉国家知识产权局专利复审委员会、慈溪市顺达实业有限公司、金羚电气有限公司"双桶洗衣机"发明专利无效行政纠纷案,北京市高级人民法院行政判决书〔2008〕高行终字第 335 号。

③ (美国)伊莱利利公司"立体选择性糖基化方法"发明专利权无效行政纠纷案,最高人民法院行政判决书〔2009〕知行字第 3 号。

④ 国家知识产权局专利复审委员会等与伊莱利利公司专利权无效行政纠纷一案,北京市高级人民法院行政判决书〔2008〕高行终字第 451 号;专利复审委员会无效宣告请求审查决定 WX 9525 号。

测"的范围应当理解为本领域技术人员根据说明书的记载,结合其所具有的普通技术知识,能够预见权利要求所保护的技术方案都能够实现;"常规试验容易确定"的范围应当理解为本领域技术人员根据说明书公开的实施方案,通过简单的常规试验即可实现权利要求的技术方案。而超出此种"合理预测"或者"常规试验容易确定"的范围,即需要大量反复试验或者过度劳动才能实现技术方案,由于专利权人并未给出明确的、毫无疑义的指引,其效果难以预先合理判断,应当认为该权利要求没有得到说明书的支持。①

涉及数值范围的权利要求,可以很好地说明"充分公开"和权利要求书应当依据说明书的法律要求。在方益民诉国家知识产权局专利复审委员会、慈溪市顺达实业有限公司、金羚电气有限公司发明专利无效行政纠纷案中,争议焦点是权利要求1中的斜度范围。该权利要求关键部分如下:"一种双桶洗衣机,包括上框、波轮、减速部件、机座等,其特征在于所述双桶洗衣机的外壳、洗涤桶和脱水桶为一体化注塑的整体式桶体……桶体的直边(面)采用1:100~1:500的斜度。"然而,本专利说明书中记载的相关内容为主要直边(面)采用1:100~1:150的斜度。北京市第一中级人民法院认为,虽然1:500的斜度在《塑料工业实用手册》中已经公开,但只能说明它是塑料工业中"一般"的脱模斜度,本领域的普通技术人员并不能确定它是否适用于"本专利的双桶洗衣机桶体"的脱模斜度,本领域的普通技术人员也难以确定将斜度比例的范围扩大到1:100~1:500时是否仍能解决桶体的脱模问题。本领域的普通技术人员从本专利说明书公开的内容中无法得到或概括得出斜度比例为1:100~1:500的技术方案,因此本专利权利要求1得不到说明书的支持。当事人不服而上诉,北京市高级人民法院维持原判。②

其实,我们也完全可以说,涉案专利的说明书没有充分公开斜度为1:100~1:500的技术方案。从说明书充分公开申请保护的技术方案的角度来说,"实施例的数量应当根据发明或者实用新型的性质、所属技术领域、现有技术状况以及要求保护的范围来确定"③,"当一个实施例足以支持权利要求所概括的技

---

① (美国)伊莱利利公司"立体选择性糖基化方法"发明专利权无效行政纠纷案,最高人民法院行政判决书〔2009〕知行字第3号。
② 方益民诉国家知识产权局专利复审委员会、慈溪市顺达实业有限公司、金羚电气有限公司"双桶洗衣机"发明专利无效行政纠纷案,北京市第一中级人民法院行政判决书〔2008〕一中行初字第295号;北京市高级人民法院行政判决书〔2008〕高行终字第335号。
③.《专利审查指南》(2010)第二部分第二章,第137页。

术方案时,说明书中可以只给出一个实施例。当权利要求(尤其是独立权利要求)覆盖的保护范围较宽,其概括不能从一个实施例中找到依据时,应当给出至少两个不同实施例,以支持要求保护的范围。当权利要求相对于背景技术的改进涉及数值范围时,通常应给出两端值附近(最好是两端值)的实施例,当数值范围较宽时,还应当给出至少一个中间值的实施例"[1]。因此,本专利说明书应当至少给出三个实施例,即斜度为1:100,1:500及它们两者之间某一斜度的三个实施例。

　　然而,权利要求书应当依据说明书这一要求比说明书"充分公开"、"能够实现"的法律要求还显得苛刻。在我国专利制度下,如果权利要求的概括使所属技术领域的技术人员有理由怀疑该上位概括(例如惰性气体)或并列概括所包含的一种或多种下位概念(例如氦气)或选择方式不能解决发明所要解决的技术问题,并达到相同的技术效果,则认为该权利要求没有得到说明书的支持。[2]例如,在(美国)伊莱利利公司"立体选择性糖基化方法"发明专利权无效行政纠纷案中,争议权利要求1要求保护的是"制备β异头物富集的核苷的方法"。专利说明书公开的实施例中具体公开了制备β异头物富集的二氟核苷的58个实施例和三个表格实施例共计104个实施例数据,其中三个表格实施例中有11个得不到β异头物富集的二氟核苷。最高人民法院认为,权利要求1概括的制备方法的各因素(离去基团、核碱种类、核碱当量、反应温度、反应溶剂等)的范围十分宽泛。本领域普通技术人员有合理的理由认为,除了11个不能实施的情况外,该权利要求1的概括还包括了众多其他不能解决发明所需解决的技术问题的技术方案,所属技术领域的技术人员不容易从各种反应条件的排列组合中通过常规实验或者合理推测得出能够解决技术问题的技术方案,而是需要通过大量重复实验或过度劳动才能确定权利要求1的范围,因此,权利要求1得不到说明书的支持。

第七节　专利申请的保密审查制度

　　我国对专利申请实行保密审查。当今世界的国际竞争中,技术信息是重要的资源。自1984年以来,我国《专利法》即规定"申请专利的发明创造涉及国家

---

　　[1]　《专利审查指南》(2010)第二部分第二章,第137页。

　　[2]　(美国)伊莱利利公司"立体选择性糖基化方法"发明专利权无效行政纠纷案,最高人民法院行政判决书〔2009〕知行字第3号;《专利审查指南》(2010)第二部分第二章,第144页。

安全或者重大利益需要保密的,按照国家有关规定办理"。具体来说,专利申请(包括拟向国外申请专利的文件)所载发明创造,如果涉及国家安全和利益的事项,公开或者泄露后可能损害国家在政治、经济、国防、外交等领域的安全和利益的,根据《中华人民共和国保守国家秘密法》第九条,①有权机关应依法确定为"国家秘密"。由此,相关专利申请将转化为"国防专利申请"或"保密专利申请",或者禁止向外国提出申请。国防专利申请和保密专利申请,经过审查后没有发现驳回理由,也可以获得授权。但是,因此而授予的专利,保密期不对外公开,是作为国家秘密保护,而不是作为私人专利权给予保护。解密前,申请人(授权人)只有非常有限的财产性权利,甚至没有任何财产性权利。一旦解密,国防专利和保密专利即转为普通专利,专利权人得享受一般的专利权。对于确定为国家秘密的发明创造还授予专利权,其目的是确保国家秘密安全的同时,便利信息资源合理利用,给予发明人适当的补偿,并为其保留享受名副其实的专利保护的资格。

一、国防专利制度

根据《国防专利保护条例》,"国防专利"是指涉及国防利益以及对国防建设有潜在作用需要保密的发明专利。授予国防专利的目的是"确保国防秘密又便利发明的推广应用,促进国防科学技术的发展"。绝密级涉及国防利益的发明不得申请国防专利。

国防科学技术工业委员会(简称"国防科工委")设立国防专利局。国防专利申请统一由国防科工委国防专利局(简称"国防专利局")受理和审查;经国防专利局审查认为符合《国防专利保护条例》的,由国家知识产权局专利局授予国防专利权。

除直接向国防专利局提出国防专利申请外,普通专利申请可能"被"转化为国防专利申请。国防专利局定期会派人到中国专利局查看普通专利申请,发现其中有涉及国防利益或者对国防建设有潜在作用需要保密的,在取得专利局同意后抽出转为国防专利申请,并通知申请人。② 国家知识产权局专利局发现受理的专利申请涉及国防利益需要保密的,也需要移交国防专利局审查。③ 国防

---

① 1988年9月5日第七届全国人民代表大会常务委员会第三次会议通过,2010年4月29日第十一届全国人民代表大会常务委员会第十四次会议修订。
② 《国防专利保护条例》(2005)第十二条。
③ 《中华人民共和国专利法实施细则》(2010)第七条。

专利申请的受理、审查、复审、授权、转让、实施、调处纠纷和诉讼,在未解密前,都按照《保守国家秘密法》和有关主管部门的规定进行管理。[①] 国防专利申请经审查没有发现驳回理由或者驳回后经过复审认为不应驳回的,仍由专利局作出授予专利权的决定,并委托国防专利局颁发国防专利证书。[②] 同时,国防专利将在专利局出版的专利公报上公布,但是仅限于专利的申请日、授权日和专利号。[③]

国防专利权人对于国防专利并不享有普通专利权人对其专利的排他权。国防专利作为国家秘密,其实施受到国家管控,不以专利权人的意志为转移。专利权人也不得擅自实施。具体来说,国防专利权人如果不承担国防科研、生产、试验任务,则不得实施其国防专利;即便其承担国防科研、生产、试验任务,也必须经上级主管部门批准,才可以实施其国防专利。[④] 除此之外,国防专利权人可以向承担国防科研、生产、试验任务的单位推荐其国防专利;而承担国防科研、生产、试验任务的单位可以向上级主管部门请求实施他人的国防专利。但是,都得经过上级主管部门报请国务院主管部委或者中国人民解放军主管部门决定,方可实施。

但是,国防专利权人有获得国防专利使用费的权利。具体来说,实施他人的国防专利,如果专利技术属于用国家拨付的国防科研试制费完成的发明,则应当向国防专利权人支付必要的国防专利实施费,即国防专利实施中发生的为提供技术资料、培训人员以及进一步开发技术等所需的费用。[⑤] 实施他人的国防专利,如果专利技术属于用其他资金完成的发明,则应当向国防专利权人支付国防专利使用费。[⑥] 虽然原则上实施国防专利的单位必须与国防专利权人订立书面实施合同,[⑦]然而,被剥夺排他权的国防专利权人,其实并没有谈判地位。所谓的"合同",并没有生存在公开的市场之中。国防专利的使用费必然低于市场价值。

为鼓励技术创新,我国实行国防专利补偿费制度。具体来说,国防专利局设立国防专利补偿费。在颁发国防专利证书时和在该专利首次实施后,由国防

---

① 《国防专利保护条例》(2005)第四条。
② 《国防专利保护条例》(2005)第十九条。
③ 《国防专利保护条例》(2005)第十九条。
④ 《国防专利保护条例》(2005)第二十五条。
⑤ 《国防专利保护条例》(2005)第二十八条。
⑥ 《国防专利保护条例》(2005)第二十八条。
⑦ 《国防专利保护条例》(2005)第二十四条。

专利局向国防专利权人发补偿费。属于职务发明的,国防专利权人应当将不少于 20％ 的补偿费发给发明人。①

国防专利可能因为保密期限届满,或者解密条件满足而解密,从而复归于普通专利。

二、保密专利制度

发明或实用新型专利申请如果涉及国防利益以外的国家安全或者重大利益,也要进行保密审查。2010 年《专利法实施细则》修订之前,国家知识产权局专利局没有权力对专利申请的技术进行保密审查。专利局受理发明专利申请后,应当将需要进行保密审查的申请转送国务院有关主管部门审查;有关主管部门应当自收到该申请之日起四个月内,将审查结果通知国务院专利行政部门;需要保密的,由专利局按照保密专利申请处理,并通知申请人。然而,“有关主管部门”时常难以确定,特别是由于我国改革开放的不断深入,国务院部门的职能正处于转变和机构调整之中。为此,2010 年《专利法实施细则》赋予国家知识产权局专利局保密审查的权力。2010 年《专利审查指南》第五部分第五章特设“保密申请与向外国申请专利的保密审查”。

如果专利申请人对于已经确定为国家秘密的技术提出专利申请,必须采用纸件,并提供相关部门确定密级的文件。如果专利申请覆盖的发明创造尚未确定为国家秘密,当事人可以申请保密审查,专利局也可依照职权启动保密审查。专利局应当依照国家有关规定,确定是否构成国家秘密、保密范围和保密级别。一旦确定需要保密,审查员应当将该专利申请转为纸件形式继续审查并通知申请人,申请人此后应当以纸件形式向专利局或国防专利局递交各种文件。此外,当事人应当依照《保守国家秘密法》保护国家秘密载体。如果专利申请人对其专利申请按保密专利申请处理或者不按保密专利申请处理不服,可以依照《国家知识产权局行政复议规程》提起行政复议。②

保密专利申请的初步审查和实质审查,也与普通专利申请并没有实质性差别,但是应当由专利局指定的审查员进行。③ 保密专利申请经审查如果没有发现驳回理由,专利局将作出授予保密专利权的决定,颁发保密专利证书,登记保

---

① 《国防专利保护条例》(2005)第三十条。
② 《国家知识产权局行政复议规程》(国家知识产权局令第 66 号)第五条。
③ 《专利审查指南》(2010)第五部分第五章,第 461 页。

密专利权的有关事项。① 保密专利申请的授权公告类似于国防专利,只公布专利号、申请日和授权公告日。②

　　保密专利申请和保密专利可以解密,转变为普通专利申请或普通专利。如果发明创造提出专利申请前已经确定为有关部门确定密级,解密需要提供定密部门的解密决定。除此之外,专利申请人或者专利权人可以申请专利局解密。而且,专利局每两年对保密专利申请(或保密专利)进行一次复查,经复查认为不需要继续保密的,通知申请人予以解密。③

　　专利申请或专利处于保密状态,就不属于个人私权的范畴。专利申请人或专利权人无权对其进行支配,不得转让,也不得擅自实施,还必须遵守国家的有关规定。然而,我国目前没有针对保密专利申请和保密专利的特别法规,调整保密专利申请涉及技术的实施活动。一旦专利申请被确定为需要保密,其覆盖的发明创造就被"冰封"起来。权利人的境遇甚至不如国防专利权人,既不能要求实施使用费,也不能要求补偿费。

三、向外国申请专利的保密审查

　　将在中国完成的发明或者实用新型向外国申请专利,必须经过保密审查。这类似于国内专利申请的保密审查。《专利法》第三次修订之前,国家强制要求委托专门机构代理向外国提出专利申请,并由有关主管部门进行保密审查。④ 2008 年第三次《专利法》修订,其第二十条规定:"任何单位或者个人将在中国完成的发明或者实用新型向外国申请专利的,应当事先报经国务院专利行政部门进行保密审查。"所谓"在中国完成的发明或者实用新型"是指技术方案的实质性内容在中国境内完成的发明或者实用新型。⑤ 如果违反这一规定,在中国提出的相应专利申请,将不授予专利权。⑥

　　为此,当事人应当请求专利局进行保密审查。具体而言,如果是直接向外国申请专利或者向有关国外机构提交专利国际申请,则应当事先向专利局提出请求,并详细说明其技术方案;如果向专利局申请专利后拟向外国申请专利或

---

　　① 《中华人民共和国专利法实施细则》(2010)第五十五条。

　　② 《专利审查指南》(2010)第五部分第五章,第 461 页。

　　③ 《专利审查指南》(2010)第五部分第五章,第 461 页。

　　④ 参见《中华人民共和国专利法》(2000)第二十条第 1 款、第四条和《中华人民共和国专利法实施细则》(2001)第八条。

　　⑤ 《中华人民共和国专利法实施细则》(2010)第八条。

　　⑥ 《中华人民共和国专利法》(2008)第二十条第 4 款。

者向有关国外机构提交专利国际申请的,则应当在向外国申请专利或者向有关国外机构提交专利国际申请前向专利局提出请求。^①"向外国申请专利"是指向外国国家或政府间专利合作组织(例如欧洲专利局)设立的专利主管机构提交专利申请;"向国外机构提交专利国际申请"是指向作为 PCT 受理局的外国国家或政府间专利合作组织设立的专利主管机构或 WIPO 国际局提交专利国际申请。^② 如果当事人向我国专利局提交专利国际申请,则视为同时提出了保密审查请求。所谓向专利局提交国际申请,即以我国专利局作为受理局,提交 PCT 申请。PCT 允许成员国为维护国家安全,由其受理局对国际申请进行审查。

从程序上来说,专利局收到上述保密审查请求后,应当在 4 个月内作出是否进行保密审查的决定;并在六个月内作出是否需要保密的决定。如果申请人未在其请求递交日起四个月内收到保密审查通知,或者未在其请求递交日起六个月内收到需要保密的决定,则可以就该发明或者实用新型向外国申请专利或者向有关国外机构提交专利国际申请。^③

一旦确定"在中国完成的发明或者实用新型"需要保密,则法律后果和此前讨论的保密专利申请类似。解密过程也类似。此处不再赘述。

总而言之,专利申请涉及的发明创造(发明和实用新型)一旦确定需要保密,则依照国家秘密进行保护,不再属于私权范畴。虽然国家对国防专利权人提供补偿,并承认其获得使用费的权利,但是,对于专利局确定需要保密的本国专利申请的发明创造以及向外国申请专利的发明创造,都没有提供类似的制度。

四、保密专利的保护期间补偿

虽然保护国家安全或者重大利益具有正当性,但是保密成为"冰封",对私人权利过于不利,有损发明创造的积极性,甚至可能导致此类发明创造流失到国外。为此,可以考虑给予保密专利补偿期,弥补保密期间的经济损失。考虑到科技的迅速发展,此补偿期不应过长,否则可能有害于技术进步。美国专利法补偿药品专利因行政审批而丧失的保护期间,但是最长不超过五年,可资借鉴。

---

① 《中华人民共和国专利法实施细则》(2010)第八条。
② 《专利审查指南》(2010)第五部分第五章,第 462 页。
③ 《中华人民共和国专利法实施细则》(2010)第九条。

我国现有专利制度下，发明创造显而易见的改进仍可能被授予专利权。所以，专利申请人可以通过二次申请保密专利技术的等同技术方案，获得实质上的专利有效期延长。假设技术方案 A 已经获得发明专利 A，其保密期间自申请日起算 8 年。专利申请人可以在此期间之内，对技术方案 A 的变形方案 A＊，再次提出专利申请。技术方案 A＊不同于技术方案 A（因此不构成重复授权），但是前者相比于后者而言不具有创造性的进步。由于对技术方案 A＊提出专利申请时，技术方案 A 属于保密状态，不为公众所知。其虽可以构成"抵触申请"，但是，不构成"现有技术"，法律上不可以援引来破坏技术方案 A＊的创造性。所以，技术方案 A＊可以获得授权，即发明专利 A＊，其保护期间自申请日起算 20 年。换言之，即便专利 A 进入公有领域，其变形专利 A＊仍处于专利保护期间之内（参见图 12）。

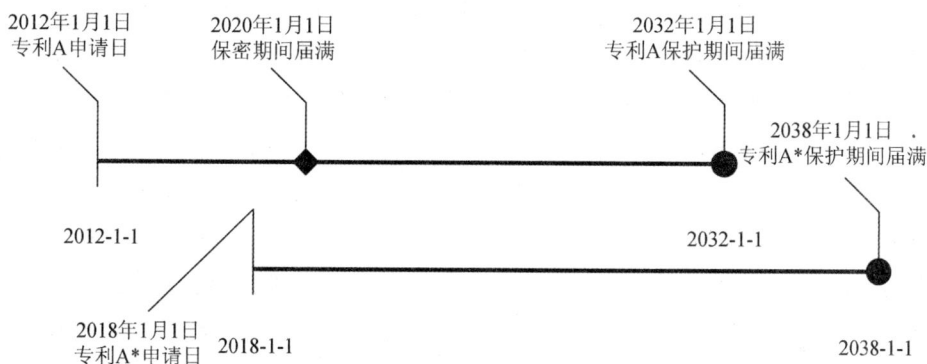

| 2012年1月1日 专利A申请日 | 2020年1月1日 保密期间届满 | 2032年1月1日 专利A保护期间届满 |

2038年1月1日
专利A＊保护期间届满

2012-1-1

2032-1-1

2018年1月1日
专利A＊申请日 2018-1-1

2038-1-1

图 12 二次申请保密专利技术的保护期间"延长"

第八节 专利申请之作为财产权标的

专利申请提出以后，它就成为财产权的标的，形成"专利申请权"。专利申请权可以转让。转让专利申请权应当订立书面合同，并向国务院专利行政部门登记，由国务院专利行政部门予以公告。专利申请权或者专利权的转让自登记之日起生效。[1]

然而，向国外主体转让专利申请权将受到国家技术进出口管理的管制。具体来说，如果待转让的专利申请权或者专利权涉及禁止类技术，根据《技术进出

---

[1] 《中华人民共和国专利法》（2008）第十条。

口管理条例》的规定予以禁止,不得转让。如果待转让的专利申请权或者专利权涉及限制类技术,当事人应当按照《技术进出口管理条例》的规定办理技术出口审批手续;获得批准的,当事人凭《技术出口许可证》到国家知识产权局办理转让登记手续。如果待转让的专利申请权或者专利权涉及自由类技术,当事人应当按照《技术出口管理条例》和《技术进出口合同登记管理办法》的规定,办理技术出口登记手续;经登记的,当事人凭国务院商务主管部门或者地方商务主管部门出具的《技术出口合同登记证书》到国家知识产权局办理转让登记手续。①

专利申请权作为一种财产权利,也可以成为财产保全措施的对象,专利局应当因此而中止相关程序。人民法院根据《中华人民共和国民事诉讼法》有关规定采取财产保全措施需要对专利申请权进行保全时,须要向国家知识产权局发出协助执行通知书并附人民法院作出的财产保全民事裁定载明要求保全的专利申请的名称、申请人、申请号、保全期限以及协助执行保全的内容,包括禁止变更著录事项、中止审批程序等,并附人民法院作出的财产保全民事裁定书。② 专利申请权的保全期限一次不得超过六个月,自国家知识产权局收到协助执行通知书之日起计算。③ 国家知识产权局收到人民法院发出的对专利申请权采取财产保全措施的协助执行通知书后,将中止有关程序,确保在财产保全期间专利申请权的法律状态不发生改变。④ 如果期限届满仍然需要对该专利申请权继续采取保全措施的,人民法院应当在保全期限届满前向国家知识产权局重新发出协助执行通知书,要求继续保全。否则,视为自动解除对该专利申请权的财产保全。⑤

---

① 《国家知识产权局有关办理向外国人转让专利申请权或者专利权的审批和登记事宜的公告》,国家知识产权局公告第 94 号(2003 年 12 月 26 日)。

② 《最高人民法院对国家知识产权局关于征求对协助执行专利申请权财产保全裁定的意见的函》的答复意见。

③ 最高人民法院对国家知识产权局《关于征求对协助执行专利申请权财产保全裁定的意见的函》的答复意见。

④ 最高人民法院对国家知识产权局《关于征求对协助执行专利申请权财产保全裁定的意见的函》的答复意见。

⑤ 参见《关于协助执行对专利申请权进行财产保全裁定的规定》(国家知识产权局公告第 79 号)(2001 年 11 月 26 日);《中华人民共和国专利法实施细则》(2010)第八十七条。

第四章 专利的本体条件

权利要求界定了申请专利保护的客体(subject matter)。客体需要具备相应的条件,才可能被授予专利。首先,并非所有智力成果都有资格获得专利授权。只有满足特定资格条件的智力成果,才可能被授予专利。其次,发明、实用新型需要满足新颖性、创造性和实用性,而外观设计需要满足"新颖性"、"明显区别性",并不得与在先权利相冲突,才能被批准授予专利权。

我国《专利法》第二章将以上条件统称为"授予专利权的条件"。然而,这一章没有包括发明创造授予专利权须要满足的所有条件。实际上,这些条件直接针对要求专利保护的客体本身,是智力成果须要具备的原初条件。如果智力成果本身先天缺乏这些基本条件,无论如何高明的专利代理人,都无法通过专利申请活动来弥补此类"先天缺陷"。鉴于这些条件的原初性、基础性和实质性,专利法传统上将它们统称为"专利的本体条件"(patentability)。

本章阐释"专利的本体条件"。由于发明、实用新型与外观设计属于两类不同性质的客体,前者保护新的技术方案,而后者保护"新的设计",本章将首先讨论发明和实用新型的专利性,包括专利客体的资格、新颖性、创造性和实用性;而后,统一阐释外观设计的"本体条件",包括其客体资格、新颖性、明显区别性和不与在先权利相冲突。

第一节 客体资格

一、一般原则

原则上,对所有技术领域的发明创造,专利法应该给予平等的保护,而不应歧视对待。每一个技术领域的人类智力劳动都是平等的。TRIPS协议第二十七条即规定,除非本协议特别规定,所有技术领域的发明,无论是产品还是方法,只要新颖、具有创造性进步并适合产业应用,都可以获得专利。《欧洲专利公约》(2001)第52条也规定:"欧洲专利应当授予所有技术领域的任何发明,只要它们是新的,有创造性的进步,并且适合产业应用。"美国专利法对专利客体资格限制最少,认为"阳光下一切人造之物皆可专利。"[1]

我国《专利法》(2008)第二条采用定义的方式,对专利客体资格进行了一般性的规定。具体来说,智力成果必须构成"技术方案",才可能被授予发明或者实用新型专利。《专利法》(2008)第二条规定,"发明"是指对产品、方法或者其改进所提出的新的技术方案。"实用新型"是指"对产品的形状、构造或者其结合所提出的适于实用的新的技术方案"。所谓"技术方案"是指对要解决的技术问题所采取的利用了自然规律的技术手段的集合,而技术手段通常由技术特征来体现。[2]

"技术方案"是智力成果获得发明或实用新型专利保护的基本条件,独立于新颖性、创造性和实用性。2000 年《欧洲专利公约》修订,第 52 条采用了TRIPS 协议第二十七条的措辞,将"技术方案"确立为"专利性条件"中的一般性的绝对条件,区别于以现有技术为参考的新颖性、创造性和实用性。[3] 而我国《专利法》(2008)更为明了,直接将专利授权的绝对条件和相对条件分别规定于第二条和第二十二条。

"技术方案"直接限制了授予专利的客体范围。例如,科学发现、智力活动的规则都因为不构成技术方案,而不被授予专利。特别的,涉及计算程序的发明,包括商业方法发明,往往因为不构成所谓的"技术方案"而被驳回专利申请。我国《专利审查指南》认为,如果涉及计算机程序的发明专利申请的解决方案执行计算机程序的目的是解决技术问题,在计算机上运行计算机程序从而对外部或内部对象进行控制或处理所反映的是遵循自然规律的技术手段,并且由此获得符合自然规律的技术效果,则这种解决方案属于"技术方案",属于专利保护的客体。[4] 可见,即使计算机程序,尤其是其包含的"算法",具有新颖性、创造性和实用性,也将因为不构成"技术方案"而被拒绝授予专利。

然而,何谓"技术方案"、具有"技术特征",有时难有明确并可操作的法律标准。这在涉及计算机程序的发明创造中,表现得尤为突出。以美国为代表的专利法普通法系并没有将"技术方案"作为专利客体资格条件。加拿大联邦最高法院在"亚马孙单击商业方法专利案"中进行了经典的评述。Amazon.com 声

---

[1] See Diamond v. Chakrabarty, 447 U. S. 303 (1980) (Congress had intended patentable subject matter to include anything under the sun that is made by man).

[2] 《专利审查指南》(2010)第二部分第一章,第 119 页;第一部分第二章,第 56 页。

[3] 参见欧洲专利局技术上诉委员会决定 T 154/04。

[4] 《专利审查指南》(2010)第二部分第九章,第 260 页。

称首先构想出让购物者通过运用其设定的信用卡和地址，单击鼠标完成购买活动的商业方法（business method）。它向美国专利商标局申请专利，并在 1999年获得授权。随后，它又向加拿大提出申请。加拿大专利局引入"技术方案"作为法律要求，采用《欧洲专利公约》的分析方法，认为 Amazon.com 的单击商业方法（business method）专利申请不具有技术特征，不满足专利客体资格要求。加拿大联邦最高法院认为，加拿大遵守美国专利法传统，对于专利客体资格没有技术特征的法律要求。尽管宽泛地说，专利保护新技术，但是，引入"技术特征"作为专利客体资格的限制条件，将过于严苛，让人疑惑。这一要求高度主观，不具备法律预见性。技术发展处于永恒的流变中，专利法因此需要适应技术的发展。任何定义"技术"的企图将直接剥夺专利法最重要的品质——灵活性。[①]

此外，"实用新型"的概念虽然限定于"产品的形状、构造或者其结合"，并不意味着实用新型专利的权利要求不能包含"非实用新型技术特征"。"非实用新型技术特征"是指实用新型专利独立权利要求中记载的不属于产品的形状、构造或者其结合等构成实用新型专利技术方案的技术特征，如用途、制造工艺、使用方法、材料成分（组分、配比）等技术特征。[②]而且，法律上，"非实用新型技术特征"对实用新型的技术方案也起限定作用。"对于含有非实用新型技术特征的实用新型专利权利要求，应当严格按照专利权利要求的文字限定专利权的保护范围，该非实用新型技术特征在确定实用新型专利保护范围应予考虑。"[③]

二、不授予专利的客体

我国《专利法》（2008）第二十五条罗列了六种不授予专利的情况，其中五种关系到发明和实用新型：（1）科学发现；（2）智力活动的规则和方法；（3）疾病的诊断和治疗方法；（4）动物和植物品种；（5）用原子核变换方法获得的物质。这和《欧洲专利公约》第五十二条第 2 款的规定类似。

这五种被排除的客体，性质各异，不能统一于一个法律概念之下。《欧洲专利公约》第五十二条第 2 款称它们不属于"发明"，但是《欧洲专利公约》的实践表明，这些情况不属于一个统一的法律概念。[④] 从《欧洲专利公约》发展的历史

[①]　See Amazon. Com, Inc. v. Canada, [2010] 4 F. C. R. , para. 71.

[②]　北京市高级人民法院起草的《专利侵权判定若干问题的意见》（征求意见稿）（2011 年 4 月）第 24 条。

[③]　北京市高级人民法院起草的《专利侵权判定若干问题的意见》（征求意见稿）（2011 年 4 月）第 24 条。同时参见《北京市高级人民法院关于专利侵权判定若干问题的意见（试行）》（2001）第 53 条。

[④]　See Justine Pila, On the European Requirement for an Invention, 41 IIC 906 (2010).

来看,之所以采纳第五十二条的规定,最初只是为保证《欧洲专利公约》与其他专利国际条约(特别是《专利合作条约》)一致。实际上,《欧洲专利公约》第五十二条的规定和《专利合作条约》第三十九条第 1 款规定极为类似。该条规定,国际申请主题有下列情形之一,并且在有下列情形之一的限定内,国际检索单位无须对该国际申请进行检索:(1)科学和数学理论;(2)植物或者动物品种或者主要是用生物学方法生产植物或者动物的方法,但微生物学方法和由该方法获得的产品除外;(3)经营业务、纯粹智力行为或者游戏比赛的方案、规则或者方法;(4)处置人体或者动物体的外科手术方法或治疗方法以及诊断方法;(5)单纯的信息提供;(6)计算机程序,在国际检索单位不具备条件检索与该程序有关的现有技术的限度。之所以如此规定,原因在于,它们为一个或多个PCT 成员国排除于专利授权的客体之外。相应地,这些国家不拥有相关的现有技术数据库,也就无法进行相关检索,因而有必要免除它们的检索义务。可见,它们并非可以包容于同一个法律概念之下。

我国《专利法》制定曾经广泛地借鉴《欧洲专利公约》,也遗传了它的这一个特征。《专利法》(2008)第二十五条规定的各种不授予专利权的情况,并没有统一的法律基础。有些例外甚至不以权利要求界定的客体为考察对象。为此,以下逐一介绍各自的法律基础和适用范围。

(一)科学发现

科学发现之所以不授予专利,原因在于,专利法只保护"发明创造",而不保护"发现"。科学发现是揭示自然界中客观存在的物质、现象、变化过程及其特性和规律,不属于人的发明创造,也不构成"技术方案"。尽管单纯的科学发现不能被授予专利,但是,利用科学发现制造出的产品及其生产、使用方法,都可以授予专利。例如,发现黄色的纸张不易让眼睛疲惫,并不能以此为专利。但是,利用这一原理,生产出的用于防止近视的联系簿,却可以授予专利权。[1] 再例如,物质的属性是科学发现,不能授予专利。但是,利用物质属性于某一特定用途,此种利用物质的方法则可以授予专利。

(二)智力活动的规则和方法

"智力活动的规则和方法"之所以不授予专利,根本的原因在于,它们是人的思想活动,应当享受绝对的自由。智力活动的规则和方法是指导人们进行思

---

[1] 大庆市智胜文具办公设备有限公司诉国家知识产权局专利复审委员会及陆乃炽,北京市高级人民法院行政判决书〔2008〕高行终字第 256 号。

维、表述、判断和记忆的规则和方法。① 显然,它没有采用技术手段或者利用自然规律,也未解决技术问题,产生技术效果,因而不构成"技术方案"。典型的智力活动的规则和方法包括:各种游戏、娱乐的规则和方法,数学理论和换算方法,信息表述方法,计算机程序本身,等等。② 但是,"智力活动的规则和方法"不授予专利,只限于权利要求只涉及智力活动的规则和方法。也就是说,只是智力活动的规则和方法"本身"(as such)才不授予专利。如果一项权利要求既包含智力活动的规则和方法的内容,又包含技术特征,而权利要求"整体"不是一种智力活动的规则和方法,则可以授予专利权。③ 例如,不能因为一个权利要求中包含数学公式,而不考虑此数学公式作为某一技术特征的限制条件,就认定权利要求整体属于智力活动的规则和方法。

(三)疾病的诊断和治疗方法

不同于以上两种例外,"疾病的诊断和治疗方法"不授予专利,完全基于政策的考虑。疾病的诊断和治疗方法,是指以有生命的人体或者动物体为直接实施对象,进行识别、确定或消除病因或病灶的过程。④《专利审查指南》认为,它们之所以不授予专利,基于两大原因。其一,出于人道主义的考虑和社会伦理(医生的职业道德)的原因,医生在诊断和治疗过程中应当有选择各种方法和条件的自由;其二,这类方法直接以有生命的人体或动物体为实施对象,无法在产业上利用,不属于专利法意义上的发明创造。然而,这两大原因的法律基础都不坚固。首先,如果第一个原因成立,则医药也不应该授予专利。其次,"疾病的诊断和治疗方法"无法在产业上利用,只是一种拟制的原因。《欧洲专利公约》(1973)曾经采用此作为拒绝授予"疾病的诊断和治疗方法"专利的理由。但是,自其实施开始的二十多年里,广泛的意见认为,这一点站不住脚——医疗的确属于"产业"。2000 年《欧洲专利公约》修订时,已经不再采用此种法律立场。而且,即便认定医疗不属于"产业",是否可以产业利用也属于技术方案的"实用性"问题,不是专利客体资格问题。

无论如何,"疾病的诊断和治疗方法"被明文排除于专利授权范围之外。接下来的问题是,这一禁令的适用范围如何确定。首先,可以非常明确的是,"疾病的诊断和治疗方法"可以构成"智力活动的规则和方法",但是,这一禁令的适

---

① 《专利审查指南》(2010)第二部分第一章,第 123 页。
② 《专利审查指南》(2010)第二部分第一章,第 123 页。
③ 《专利审查指南》(2010)第二部分第一章,第 124 页。
④ 《专利审查指南》(2010)第二部分第一章,第 124 页。

用范围远远超过后者。根据我国现行专利制度,以有生命的人体或动物体为对象,并以获得疾病诊断结果或健康状况为"直接目的"的方法,构成"疾病的诊断方法"。[①] 这一种"目的论"的分析方法,直接冲击权利要求作为界定专利客体的中心地位。评价专利申请是否构成"疾病的诊断方法",并不是以权利要求界定的技术方案为准。即使权利要求的表述形式是以离体样品为对象,但是以获得同一主体疾病诊断结果或健康状况为直接目的,则该权利要求也不被允许。[②] 而且,只要根据现有技术中的医学知识和专利申请公开的内容,在知晓的诊断或检测信息的情况下,就能够直接获得疾病的诊断结果或健康状况,即构成"以获得疾病诊断结果或健康状况为直接目的,而不论权利要求是否包括了诊断步骤,还是只包括了检测步骤"[③]。但是,如果不能够"直接"获得疾病的诊断结果或健康状况,而只是获得"中间结果",辅助后续疾病的诊断,则不构成"疾病的诊断方法"。[④]

所谓"治疗方法"是指为使有生命的人体或者动物体恢复或获得健康或减少痛苦,进行阻断、缓解或者消除病因或病灶的过程。[⑤] 预防疾病或者免疫的方法也属于治疗方法。如果一个方法既可以用于治疗目的,也可以用于非治疗目的,则专利申请人须要将之限定于"非治疗目的",才能获得授权。屠宰动物,处理尸体或者死亡动物,不属于"治疗方法"。单纯的美容方法,使处于非病态的人或者动物感觉舒适的方法,也都不属于"治疗方法"。

"治疗方法"虽然不授予专利,但是,物质的医药用途却可以授予专利。《欧洲专利公约》(2000)第五十三条也有规定"医治人类或动物的外科手术方法或者治疗方法"不授予专利,但是,其第五十四条即明文规定药物的医疗用途(包括第一医疗用途和第二医疗用途)可以授予专利。根据第五十四条第4款,任何属于现有技术范围内的物质或者组合物,如果被用于治疗疾病,只要此用途不属于现有技术,它就不应当被认定不具备专利授权条件。这其实是对物质第一医疗用途的规定,即首次发现既有物质的作为药物治疗疾病的用途。其第五十四条第5款规定,对已有医药用途的物质,如果具体用于治疗疾病,只要此特定用途(specific use)不属于现有技术,它也不应当被认定为不具备专利授权条

---

① 《专利审查指南》(2010)第二部分第一章,第124页。
② 《专利审查指南》(2010)第二部分第一章,第125页。
③ 《专利审查指南》(2010)第二部分第一章,第125页。
④ 《专利审查指南》(2010)第二部分第一章,第125页。
⑤ 《专利审查指南》(2010)第二部分第一章,第125-126页。

件。这其实是对已有医药用途的物质被发现的其第二乃至更多医疗用途是否可以授予专利的规定。

但是,我国《专利法》(2008)以及实施细则并没有规定物质的医药用途不构成"医疗方法"。而且,《专利审查指南》承认,"使用药物治疗疾病的方法是不能被授予专利权"。但是,《专利审查指南》认为,如果物质的医药用途为用于制药,则可以授予专利的,因为药品及其制备方法均可依法授予专利权。也就是说,物质的医药用途如果表述为"用于治病"、"用于诊断病"、"作为药物的应用"等等权利要求,则属于禁止授权的"疾病的诊断和治疗方法"。然而,如果物质的医药用途发明以药品权利要求是"在制药中的应用"、"在制备治疗某病的药物中的应用"等等来提出,则属于制药方法类型的用途权利要求,则具有授予专利的客体资格。典型的制药用途权利要求为:"化合物 X 作为制备治疗 Y 病药物的应用"。

这就是《欧洲专利公约》(1973)判例所确立的著名的"瑞士型权利要求"(Swiss-type Claim)。[①] 此种权利要求限制权利人只能起诉制药商,而法律上绝对不能对医生的诊疗行为主张侵权,从而回避了物质医药用途本质上属于治疗方法而不可授予专利的法律困局。然而,2000 年《欧洲专利公约》修订,已经明文规定物质医药用途可授予专利,"瑞士型权利要求"也就寿终正寝了。[②]

然而,我国专利法实践一直以来都承认"瑞士型权利要求"。《专利审查指南》2006 年修订后,对于对制药用途的权利要求,明确规定物质医药用途须要对制药过程有限定作用。如果给药对象、给药方式、途径、用量及时间间隔等对"制药过程"没有限定作用,而只是"用药过程"的区别特征,则不能使要求保护的医药用途具有新颖性。[③]

法院对此却持不同意见。在 2008 年"用 5-α 还原酶抑制剂治疗因雄激素引起的脱发的方法"发明专利无效行政纠纷案中,争议权利要求中的物质及其用于治疗脱发的医药用途都早已公知,该权利要求区别于现有技术的特征只是药物的使用剂量 0.05~3.0mg,以及给药方式为口服给药。专利复审委员会认为这两个技术特征只是用药特征,对制药方法的技术方案不起限定作用,所以,认定无效。北京市高级人民法院终审认为,涉诉专利是化合物的医药用途发明,

---

① 参见欧洲专利局扩大上诉委员会决定 G 5/83。
② 参见欧洲专利局扩大上诉委员会决定 G 02/08。
③ 《专利审查指南》(2010)第二部分第十章,第 284 页。

其权利要求的撰写方式"化合物 X 作为制备治疗 Y 病药物的应用"。这种权利要求是为了解决"化合物 X 用于治疗 Y 病"为疾病治疗方法不能授予专利权这一专利法的困境,其真正保护的是化合物 X 的医药用途。医药用途发明本质上是药物的使用方法发明,如何使用药物的技术特征(即使用剂型和剂量等所谓的"给药特征")应当属于化合物的使用方法的技术特征而纳入其权利要求之中。而且,北京市高级人民法院还认为,药品的制备并非活性成分或原料药的制备,应当包括药品出厂包装前的所有工序,当然也包括所谓使用剂型和剂量等"给药特征"。尽管如此,《专利审查指南》(2010)仍旧保持《专利审查指南》(2006)的相关规定,并没有作修订。

对于外科手术方法,根据其目的不同,我国专利制度以不同理由拒绝授予专利。对于非治疗目的的外科手术,我国专利制度目前认为,由于是以有生命的人或者动物为实施对象,无法在产业上使用,因此不具备实用性。[①] 对于治疗目的的外科手术,则认为不具有专利客体资格。只要申请保护的方法涉及"使用器械对有生命的人体或者动物体实施的剖开、切除、缝合、文刺等创伤性或者介入性治疗或处置",即构成"外科手术方法",[②]即便只是权利要求的一个步骤具有创伤性或者介入性。例如,"利用氧气和惰性气体在肺部与血液进行交换测量肺部血流的方法和装置"专利复审案涉及一种用于测量受验者体内肺部血流的方法,其中的一个技术特征是"用独立的气体混合物为每一所述分割部分通气"。根据说明书第 18-21 页的记载,专利复审委员会认为,该方法实质上是将导管插入到人体呼吸系统的气管中,然后在导管中通入气体混合物,通过测量人体吸入/呼出气体或者输入气体/排出气体的参数计算肺部血流。由此,所谓"通气"必须通过在人体肺部插入导管的方式才得以进行,这一过程不可避免地将导管介入到人体中,是采用器械对有生命的人体实施的介入性的处置方法,属于专利法意义上的"外科手术方法"。即使这种方法"插入可以在不破坏受验者的皮肤的情况下进行",只要将一定的器械介入到有生命的人体或者动物体当中,即涉及介入性的治疗或处置方法。

(四)动物和植物品种

天然的动植物属于科学发现,不可授予专利。但是,借助生物学和现代生物科技,人类不断改变着生物的本来性状,使之服务于人类的需求,是否可以授

[①] 《专利审查指南》(2010)第二部分第五章,第187页。

[②] 《专利审查指南》(2010)第二部分第一章,第125页。

予专利,在世界范围内,仍旧存有争议,例如,专利法历史上的"哈佛鼠"。"哈佛鼠"是一种经过基因改造的老鼠,对肿瘤具有易感性。20世纪80年代由哈佛大学研究团队研发出来,主要用在动物实验。例如,它可以用于研究药物对于肿瘤细胞的作用机制。对于哈佛鼠,美国和欧洲都授予了专利保护,但是,加拿大联邦最高法院在2002年以5∶4否决了哈佛鼠的加拿大专利。

在我国专利法上,"品种"是指通过人工选择,在生态和形态上具有共同遗传特征的一群生物体。[①] 按照生物分类学,生物可以按照以下层级进行分类:界(Kingdom)、门(Phylum)、纲 (Class)、目 (Order)、科(Family)、属(Genus)、种 (Species)。品种(Variety)是比"种"更小的分类。根据《中华人民共和国植物新品种保护条例》,"植物新品种"不仅需要具有新颖性,具有适当的品种命名,而且需要具有遗传特征上的特异性、一致性和稳定性。[②] "特异性"是指与已知的植物品种存在明显区别;"一致性"是指除可以预见的变异外,植物品种相关的特征或者特性一致;而"稳定性"是指经过反复繁殖后或者在特定繁殖周期结束时,植物品种相关的特征或者特性保持不变。根据《专利审查指南》(2010),动物的胚胎干细胞、动物个体及其各个形成和发育阶段(例如生殖细胞、受精卵、胚胎等),属于"动物品种"的范畴;[③]可以借助光合作用,以水、二氧化碳和无机盐等无机物合成碳水化合物、蛋白质来维系生存的植物的单个植株及其繁殖材料(如种子等),属于"植物品种"的范畴,[④]无论是否通过转基因技术得到。[⑤]

动物和植物品种不授予专利,并不等于说发明创造涉及动植物就不授予专利。以植物品种为例,只有当权利要求申请保护"特定的植物品种"时,才落入《专利法》(2008)第二十五条禁止授予专利的范围之内。[⑥] 在"一种用于农业或园艺的产品"专利复审案中,专利复审委员会指出,争议权利要求1请求保护一种用于农业或园艺的产品,其包含在水分存在下溶解或崩解的胶囊,胶囊中有

---

① 专利复审委员会专利复审请求审查决定 FS 1333 号——"一种用于农业或园艺的产品"(2009 年 5 月 20 日)。

② 《中华人民共和国植物新品种保护条例》第二条。

③ 《专利审查指南》(2010)第二部分第十章,第293页。

④ 《专利审查指南》(2010)第二部分第十章,第293页。同时参见,专利复审委员会专利复审请求审查决定 FS17496 号——"仙禾特异油菜"(2009 年 6 月 10 日)。

⑤ 《专利审查指南》(2010)第二部分第十章,第293页。同时参见,专利复审委员会专利复审请求审查决定 FS17496 号——"仙禾特异油菜"(2009 年 6 月 10 日)。

⑥ 同时参见《欧盟生物科技发明保护指令》第四条第 2 款。

至少一粒种子和含农药的控释系统。然而,该权利要求本身没有对种子的类别加以限定,而且说明书表明任何可能的种子都可适用于该权利要求请求保护的产品。由此,专利复审委员会认为,虽然权利要求 1 请求保护的产品包含了植物的繁殖材料种子,但是所述的种子在形态和生态上不具有共同的遗传特征,因此不属于专利法规定的不授予专利的"植物品种"。①

动物和植物品种不授予专利,但是,《专利法》(2008)第二十五条第 4 款特别规定,生产动植物品种的"生产方法"可以授予专利。《专利审查指南》根据 TRIPS 协议第二十七条第 3 款规定的措辞,明确此条所指"生产方法"是非生物学的方法,排除生产动物和植物"主要是生物学的方法"(essentially biological process)。《专利审查指南》同时认为,一种方法是否属于"主要是生物学的方法",取决于在该方法中人的技术介入程度。如果人的技术介入对该方法所要达到的目的或者效果起了主要的控制作用或者决定性作用,则这种方法不属于"主要是生物学的方法"。② 这显得有些模糊。但是,1998 年 7 月 6 日通过《欧盟生物科技发明保护指令》(Directive 98/44/EC of the European Parliament and the Council on the Legal Protection of Biotechnological Inventions)明确指出,一种生产植物或动物的方法如果全部通过自然现象,例如杂交和筛选,则属于"主要是生物学的方法"。③ 而且,"主要是生物学的方法"不授予专利这一法律禁止,不影响到"微生物方法或其他技术方法"(microbiological or other technical process)以及通过它们获得的产品是否可以享受专利保护。④ 可见,"主要是生物学的方法"是一个狭窄的概念,主要涉及利用"孟德尔遗传规律"。直接作用于基因的现代生物科技,都不属于"主要是生物学的方法",更不用说采用物理化学手段作用生物过程的方法,例如,采用辐照饲养法生产高产牛奶的乳牛的方法。⑤

动物和植物品种不授予专利,不等于动物和植物品种不受专利保护。这两者是不同的法律概念。前者涉及的是授予专利的客体资格,而后者涉及的是根据授予了专利的客体,权利人根据法律享受的专利保护范围。为此,如果生产

---

① 专利复审委员会专利复审请求审查决定 FS 1333 号——"一种用于农业或园艺的产品"(2009 年 5 月 20 日)。

② 《专利审查指南》(2010)第二部分第一章,第 128 页。

③ 《欧盟生物科技发明保护指令》第二条第 2 款。

④ 《欧盟生物科技发明保护指令》第四条第 3 款。

⑤ 《欧盟生物科技发明保护指令》第四条第 3 款。

动物或植物的"方法"具有新颖性、创造性和实用性,满足专利法的授权条件,将被授予专利。此时,专利审查并不关涉该方法生产的动物或植物是否具有新颖性、创造性等。一旦被授予专利,专利权人得根据《专利法》(2008)第十一条规定,主张对由该方法"直接"产生的动物或植物的"专利权保护",尽管它们并没有落入"专利客体"(权利要求)的保护范围。因此,他人未经许可,不得为生产经营目的使用、许诺销售、销售、进口依照该专利方法直接获得的产品。①

此外,植物新品种并不是无法获得知识产权保护。如前所述,我国通过特别立法,保护植物新品种。1997 年 10 月 1 日,我国开始实施《中华人民共和国植物新品种保护条例》。林业部和农业部还各自颁布实施了相应的实施细则。

（五）用原子核变换方法获得的物质

对"用原子核变换方法获得的物质"不授予专利,应该是我国专利法根据公共政策而采取的特别规定。《专利审查指南》甚至将这一禁止授权的范围扩展到"原子核变换方法",认为原子核变换方法以及用该方法所获得的物质关系到国家的经济、国防、科研和公共生活的重大利益,不宜为单位或私人垄断,因此不能被授予专利权。②

然而,这一理由并不充分。此类发明创造的确可能关涉国防,但是,我国已经有《国防专利保护条例》处理此类发明创造的专利保护。而且,专利制度尚且有强制许可制度,可以保证涉及国家和公共生活重大利益不受专利权妨害。此外,国家可以通过行政管制的方式,控制实施原子核变换方法所需要的物质,直接控制此类方法的实施活动。

三、违反法律、社会公德或者妨害公共利益的发明创造

《专利法》(2008)第五条规定:"对违反法律、社会公德或者妨害公共利益的发明创造,不授予专利权。"所谓"妨害公共利益"是指发明创造的实施或使用会给公众或社会造成危害,或者会使国家和社会的正常秩序受到影响。例如,发明创造以致人伤残或损害财物为手段(如一种使盗窃者双目失明的防盗装置及方法),③即违反社会公共利益。"社会公德"是指中国公众普遍认为是正当的、

---

① 参见国家知识产权局条法司:《新专利法详解》,知识产权出版社 2002 年版,第 72 页。
② 《专利审查指南》(2010)第二部分第一章,第 128 页。
③ 《专利审查指南》(2010)第二部分第一章,第 121 页。

并被接受的伦理道德观念和行为准则。[①] 例如,非医疗目的的人造性器官或者其替代物,人与动物交配的方法,都属于违反社会公德。本条所称"法律"为由全国人民代表大会或者全国人民代表大会常务委员会依照立法程序制定和颁布的法律,不包括行政法规和规章。[②] "具体规范产品的生产、经营和使用的行政法规和规章不能作为判断是否具有专利性的依据。"[③]

"违反法律、社会公德或者妨害公共利益的发明创造"三者在专利法上具有相似性,现以"违反法律的发明创造"为例进行阐释说明。

发明创造违反法律是指发明创造本身(包括目的、方案、效果)违反法律。[④]《专利法实施细则》(2010)第十条明确规定"违反法律的发明创造不包括仅其实施为法律所禁止的发明创造。"[⑤]所以,"专门"用于赌博的设备、机器或工具,吸毒者的器具,伪造国家货币、票据、公文、证件、印章的设备等的发明创造是违反国家法律的发明创造,不授予专利。但是,如果发明创造本身并没有违反国家法律,而其滥用可能违反国家法律,则不属于此禁止之列。例如以治疗疾病为目的的麻醉品、镇静剂、兴奋剂。

之所以如此狭窄地解释"违反法律的发明创造",原因在于,专利权本身只是一种禁止他人从事特定商事活动的权利,而不授予从事特定行为的特权。专利实施行为和其他所有行为一样,都受到国家一般的行为管制。没有必要让专利法发挥方方面面的国家行政管制的功能。而且,国家管制很可能只是涉及发明创造实施的某些方面,比如安全、卫生等等,而不涉及它实施的所有方面。此外,国家管制还随时间的变化而变化。所以,仅仅以法律法规对发明创造实施有管制为由而剥夺其授予专利的客体资格并不得当。但是,专门用于违法目的,特别是犯罪的发明创造,不应当具有专利客体资格。专利授权文书须要公开,国家不应传播犯罪方法。

"带有上压刨装置的木工平刨床"专利无效宣告案可以充分说明上述观点。在该案中,请求人认为《专利法》第五条所指的国家法律应包括"国家标准"。《中华人民共和国标准化法》(以下简称《标准化法》)第七条规定:"国家标准、行

[①] 《专利审查指南》(2010)第二部分第一章,第120页。

[②] 《专利审查指南》(2010)第二部分第一章,第120页。

[③] 国家知识产权局专利复审委员会无效宣告请求审查决定 WX4717 号——"一种含阿维菌素/依维菌素的兽用抗寄生虫药"(2003 年 1 月 9 日)。

[④] 参见国家知识产权局条法司:《新专利法详解》,知识产权出版社 2002 年版,第 25 页。

[⑤] 同时参见《保护工业产权的巴黎公约》第四条第 4 款的规定:"不得以专利产品的销售或者以专利方法制造的产品的销售受到本国法律的限制或者限定为理由,而拒绝授予专利或者使专利无效。"

业标准分为强制性标准和推荐性标准。保障人体健康,人身、财产安全的标准和法律,行政法规规定强制执行的标准是强制性标准。"而第十四条进一步规定:"强制性标准,必须执行。不符合强制性标准的产品,禁止生产、销售和进口。"请求人认为,由于 JB2731—80 及 GB12557—90 中规定的有关安装安全保护装置的标准属于涉及"人身安全的标准",构成强制性标准,"必须执行",本实用新型中未设置安全保护装置即违反了国家法律。专利复审委员会认为,该《标准化法》是针对产品标准包括产品的质量标准、技术条件等等而制定的,它所管辖的范围仅仅是产品,所约束的行为仅仅是围绕着产品而发生的生产、销售和进口的行为。然而,专利法所保护的实用新型是指对产品的形状、构造或者其结合所提出的适用于实用的新的技术方案。一项专利或是一种技术方案,其本身既不涉及产品的销售行为,也不涉及有关形成产品所需要的生产工艺条件、设计参数确定以及标准化等等。对于一项尚未形成产品的技术方案,该《标准化法》不适用,无法约束申请专利的技术方案。①

对于《专利法》(2008)第五条而言,需要考察发明创造的目的、技术方案和效果本身是否直接违反法律、社会公德或妨害社会公共利益。为此,考虑的范围不限于权利要求界定的客体,也可以考虑说明书,但不得超过专利文书记载的范围。如果实施专利时增加了专利说明书中未提到的内容而导致违反法律、社会公德或者妨害公共利益,则不应将之认定为发明创造本身的缺陷,作为不授予专利的理由。例如,在"袖珍燃气炉"专利无效宣告案中,请求人证明在市场上销售的涉诉专利产品的使用说明书教导用户将液化气罐倒置,对袖珍液化容器充气,销售产品也附有倒灌气的配件,而这会造成对人们生命安全的威胁。请求人因此认为专利授权违反《专利法》第五条。专利复审委员会认为,判断一项专利是否违反国家法律、社会公德或者妨害公共利益应以专利说明书为准。实施专利时增加了专利说明书未提到的内容而导致妨害公共利益不应算作专利本身存在的问题。涉诉专利的说明书中并未记载将液化气罐倒置充气的教导,因此授予专利不违反《专利法》第五条的禁止规定。②

---

① 中国专利局专利复审委员会无效宣告请求审查决定 WX220 号——"带有上压刨装置的木工平刨床"(1992 年 4 月 21 日)。

② 中国专利局专利复审委员会无效宣告请求审查决定 WXWX319 号——"袖珍燃气炉"(1993 年 3 月 29 日)。

四、依赖违反法律规定获取或利用的遗传资源所完成的发明创造

2008 年《专利法》修订,新增第五条第 2 款,规定:"对违反法律、行政法规的规定获取或者利用遗传资源,并依赖该遗传资源完成的发明创造,不授予专利权。"这并不能纳入"违反法律的发明创造"这一概念之下,因为该款明文规定违反"行政法规"和违反法律的效果等同。这一条款的主要目的是保护我国所拥有的遗传资源,打击"生物海盗行为"(bio-pirate)。

本条所谓的"遗传资源"是指取自人体、动物、植物或者微生物等含有遗传功能单位并具有实际或者潜在价值的材料。[①] 遗传功能单位包括生物体的基因或者具有遗传功能的 DNA 或者 RNA 片段。遗传功能单位的载体既包括整个生物体,也包括生物体的某些部分,例如器官、组织、血液、体液、细胞、基因组、基因、DNA 或者 RNA 片段等。

本条所谓"依赖遗传资源完成的发明创造"是指利用了遗传资源的遗传功能完成的发明创造。[②] "利用了遗传资源"这一术语表明,考察的对象不限于权利要求所界定的客体。即使权利要求并没有请求保护,甚至于没有提及违反法律、行政法规获得的遗传资源,只要该遗传资源是完成该发明创造过程中所必需的材料,都构成"依赖遗传资源完成的发明创造"。而且,《专利法》(2008)第五条强调依赖遗传资源"完成"的发明创造,说明考察的时间点是"申请日"(有优先权日的,则是优先权日)。即便申请日后,实施发明创造已经不需要再利用非法获得的遗传资源,仍旧不能改变违反《专利法》(2008)第五条的法律事实,避免不了不当授权的命运。

我国目前保护遗传资源的法律和行政法规主要包括《中华人民共和国畜牧法》和《中华人民共和国畜禽遗传资源进出境和对外合作研究利用审批办法》(国务院令第 533 号)。按照规定,向境外输出列入中国畜禽遗传资源保护名录的畜禽遗传资源应当办理相关审批手续。此外,1998 年国务院办公厅曾转发科学技术部和卫生部联合颁布实施的《人类遗传资源管理暂行办法》(国办发〔1998〕36 号),规定"重要人类遗传资源严格控制出口、出境和对外提供",并规定了申报程序。但是,这属于行政规章,而非行政法规。

为执行本条款,《专利法》(2008)第二十六条第 5 款还规定:"依赖遗传资源

---

① 《中华人民共和国专利法实施细则》(2010)第二十六条第 1 款。
② 《中华人民共和国专利法实施细则》(2010)第二十六条第 1 款。

完成的发明创造,申请人应当在专利申请文件中说明该遗传资源的直接来源和原始来源;申请人无法说明原始来源的,应当陈述理由。"虽然这个条款不是《专利法实施细则》(2010)规定的专利无效宣告请求的法律理由,但是《专利法》(2008)第五条却是。[①]

第二节 新颖性

发明创造需要区别于业已存在的技术,才可授予专利权。所谓"新颖性",根据我国现行《专利法》第二十二条第 2 款规定,是指该发明或者实用新型不属于现有技术;也没有任何单位或者个人就同样的发明或者实用新型在申请日以前向国务院专利行政部门提出过申请,并记载在申请日以后公布的专利申请文件或者公告的专利文件中。在专利法上,在某一专利申请的申请日以前提出、申请日以后公布的专利申请通常称为"抵触申请"(conflicting applications)。而根据第二十二条第 4 款规定,"现有技术"(prior art) 是指申请日以前在国内外为公众所知的技术。以下分现有技术和抵触申请,分别讨论新颖性这一关键的专利法概念。

一、现有技术

我国现行《专利法》(2008)第二十二条第 4 款规定"现有技术"(prior art) 是指申请日以前在国内外为公众所知的技术。因此,新颖性判断的参照时间是"申请日",而参考地域没有限制,就是世界范围。

我国之所以以申请日作为现有技术的时间标准,原因在于,我国实行先申请原则,而非先发明原则。对于这两种制度,本书在前面的章节阐释过,此处不再赘述。作为先申请原则的延伸,如果专利申请人主张优先权的,现有技术判断的参考时间点就是"优先权日"。

那么,如何确定一份"对比文件"存在于申请日(优先权日)之前而属于现有技术呢?在专利法上,为判断发明或者实用新型是否具备新颖性或创造性等所引用的相关文件,包括专利文件和非专利文件,统称为"对比文件"。[②] 根据公开

---

① 《中华人民共和国专利法实施细则》(2010)第六十五条第 2 款。

② 虽然"使用"是以非文字符号的方式呈现技术方案,不属于严格意义上的"文件",但是习惯上仍旧称为"对比文件"。

方式的不同,证明对比文件的存在时间也不同。技术方案处于或被置于公开状态的方式主要包括出版物、使用和以其他方式。所谓"出版物"并不局限于国务院《出版物管理条例》所规定的"出版物",而是指记载有技术或设计内容的独立存在的传播载体,并且不限载体的类型。它可以是各种印刷的、打字的纸件,例如专利文献、科技杂志、科技书籍、学术论文、专业文献、教科书、技术手册、报纸、产品样本、产品目录、广告宣传册等;也可以是用电、光、磁、照相等方法制成的视听资料,例如缩微胶片、影片、照相底片、录像带、磁带、唱片、光盘等;还可以是以其他形式存在的资料,例如存在于互联网或其他在线数据库中的资料等。除非另有证据证明,出版物的印刷日视为公开日。印刷日只写明年月或者年份的,根据《专利审查指南》,作相对有利于专利申请人的解释,即认为"以所写月份的最后一日或者所写年份的 12 月 31 日为公开日"。

技术方案因"使用公开"是指承载技术方案的产品或方法因为制造、使用、销售、进口、交换、馈赠、演示、展出等方式为公众所知。此类技术方案的时间以公众能够得知该产品或者方法之日为公开日。由于此类技术方案的公开缺乏固定载体,证明公开的时间相对比较困难,需要结合多方面的证据。

技术方案为公众所知的其他方式,主要是指口头公开,例如,口头交谈、报告、讨论会发言。当然,此时技术方案公开的时间应该是以口头交谈、报告、讨论会发言的发生之日为公开日。同样因为缺乏固定载体,证明公开的时间相对比较困难,也需要结合多方面的证据。

新颖性的地域标准是指新颖性判断所参照的技术的地域可及范围。新颖性的地域标准有三种:本国标准、世界标准和混合标准。所谓"本国标准"是指一项技术如果通过本国出版物,或其在本国的使用,或者在本国的其他方式为公众所知,即可作为现有技术参照,考察是否破坏发明创造的新颖性。英国专利制度早期即采用此种标准,意图吸引欧洲大陆的能工巧匠到本国建立新产业,直到 1977 年《欧洲专利公约》生效,才采用世界标准。然而,仅凭一项专利发明,难以建设一个新产业。专利发明是通过创造需求——而不是需求拉动——实现经济利益,包含非常大的商业风险。专利制度的经济作用不是主要表现为引入新产品,而是促进新知识及早公开。加之当今信息通信技术发达,本国标准的价值更是江河日下。现今,已经鲜有国家采用本国标准。

相对于本国标准,世界标准即是地域范围扩大到全球。通过世界标准,各国的创新活动需要以人类所有的现有技术为衡量基准,考察其创新成果是否符合新颖性和创造性。随着现代通信技术的迅猛发展,本国标准已经失去意义,而不断深入的全球化进程又要求创新活动越来越成为国际竞争的组成部分,世界标准也就日益成为当今世界的主流。《欧洲专利公约》、《欧亚专利公约》①及其成员国都是采用这一标准。我国目前就是采用世界标准。

所谓"混合标准",即是根据公开方式的不同,采用不同的地域标准。例如,我国《专利法》曾经规定,只有国内公开使用(而不包括外国公开使用)的技术才可以破坏新颖性。2008年修订《专利法》时,已经不再区分国内使用和国外使用,而一律采用世界标准。

二、为公众所知

一项发明创造具有新颖性,就不得于申请日以前在国内外"为公众所知"。"为公众所知"涉及以下三个法律问题:一是谁是公众;二是如何证明公众所知;三是如何确定公众所知的范围。

所谓"公众"是指不负有保密义务的普通民众的一个成员,他在法律上可以自由传播自己所知的信息。处于保密状态的技术内容不属于现有技术。"为公众所知"实际是指信息处于"公开"状态,即脱离保密状态。"公众"因此不包括与发明人、申请人之间签有保密协议或者依照公序良俗而具有保密义务的人。例如,根据我国《专利法》第十九条规定,专利代理人对被代理人发明创造的内容,除专利申请已经公布或者公告的以外,负有保密责任。再例如,研发人员往往需要和企业签订保密协议,相对于企业申请的发明创造而言,他们也不属于"公众"之列。如果这些具有保密义务的人泄露秘密,导致发明创造"为公众所知",专利申请人的利益在一定期限内可以获得一定程度的救济。我国《专利法》第二十四条规定,申请专利的发明创造在申请日以前六个月内,他人未经申请人同意而泄露其内容的,不丧失新颖性。

"公众"不必是本领域的普通技术人员。一个产品出售给某一个顾客使用,在专利法上,也可以构成为公众所知,只要技术方案处于公众想得知就能得知的状态。特殊情况下,"公众"可能需要具有相关技术领域的知识。例如,如果

---

①　1995年8月12日,《欧亚专利公约》正式生效。目前,欧亚专利组织共有9个成员国,均为独联体国家,包括土库曼斯坦、俄罗斯、阿塞拜疆、哈萨克斯坦、亚美尼亚、白俄罗斯、吉尔吉斯斯坦、摩尔多瓦、塔吉克斯坦。该公约宗旨在于建立一个国家间专利体系,加强缔约国在发明创造保护领域的合作,在缔约境内实现有效、统一的专利法律保护。根据《欧亚专利公约》设立了欧亚专利组织,包括行政理事会和欧亚专利局。1996年1月1日,欧亚专利局正式受理欧亚专利申请,官方语言为俄文。欧亚专利权有效期为自申请日起20年,一经授权自公布之日起在所有缔约国内生效。

技术信息是通过口头演讲方式公开的,则听众可能需要具有相关专业知识,才能理解演讲内容,才可能自由传播获得的知识。[①]

"为公众所知"强调技术信息处于或者被置于"客观的"公开状态。为此,本领域技术人员获得公开信息的难易程度或需要付出的努力程度等等主观因素,不是考察的因素。例如,一篇德国弗莱堡大学的博士研究生论文,尽管在德国一个偏远城市的图书馆里,尽管只有一本,而且没有翻译,但是只要公众有可能获得,它仍旧可以作为现有技术破坏专利申请的新颖性。[②] 又例如,哥本哈根郊区的一个小报广告公开的技术信息,并不因为其读者范围狭小,不是科学技术读物所载内容,本领域技术人员通常情况下不可能注意到,它就实际属于保密信息而不属于现有技术。[③] 再如,产品以使用、销售、进口、交换、馈赠、演示、展出等方式而使其技术信息进入公众视野时,只要有关产品技术内容处于公众想得知就能够得知的状态,就构成使用公开,而不取决于是否有公众实际得知。如果权利人将其发明的产品转让给受让人,受让人的任何员工都可以轻易地接触该产品。由于该产品的技术特征并不复杂,可轻易地掌握,专利申请人又未与受让人签订保密协议,该产品的技术信息就处于公众想得知就能够得知的公开状态,构成使用公开。[④] 然而,未给出任何有关技术内容的说明,所属技术领域的技术人员无法得知其结构和功能或材料成分的产品展示,则不能认为技术方案已经处于或者被置于公开状态。

最后,一份对比文件公开的技术内容如何确定?技术内容是否处于公开状态是从社会公众的角度来看,但是,考察对比文件所公开的内容,则需要从本领域技术人员的角度来考察。对比文件所公开的技术内容不仅包括明确记载在对比文件中的内容,而且包括对于所属技术领域的技术人员来说,隐含的且可直接地、毫无疑义地确定的技术内容。如果对比文件中包括附图的,也可以包括附图所载技术信息。但是,附图所公开的内容也是直接地、毫无疑义地确定的技术特征才属于公开的内容。而由附图中可推测得出的内容,或者无文字说明,仅仅是从附图中测量得出的尺寸及其关系,则不得作为已公开的内容。

然而,并非依照此种方式确定的技术内容都一定属于现有技术。要构成现

① 参见例如欧洲专利局上诉委员会决定 T 877/90。

② See In re Hall, 781 F. 2d 897 (Fed. Cir. 1986).

③ 参见欧洲专利局上诉委员会决定 T 165/96;欧洲专利局扩大上诉委员会决定 G 1/92。

④ 参见江西省简氏紫砂科技发展有限公司诉国家知识产权局专利复审委员会,北京市高级人民法院行政判决书〔2008〕高行终字第 718 号。

有技术,对比文件公开的技术方案不能只是假想的技术方案,而需要是本领域普通技术人员能够实施的技术方案。对于以书面或者口头描述而公开的技术方案而言,其不一定可以实施。例如,在化学领域,构想出特定物质的化学分子式并不困难,但现有技术状况却未必能够制造得出。举例而言,氨氯地平是一种手性药物,通常是由化学结构完全一样,但空间结构不一样的左旋体(S-对映体)和右旋体(R-对映体)以等量形式存在的外消旋体。然而,右旋氨氯地平几乎没有降压作用,但可引起头痛、头晕、肢端水肿、面部潮红等不良反应。左旋氨氯地平是氨氯地平的有效降压活性成分。左旋氨氯地平降压作用是右旋氨氯地平的 1000 倍,是其对应外消旋体的两倍。由于理化性质相近,左旋体和右旋体曾一度难以分离。[①] 在这种情况下,如果对比文件仅仅提供了化学结构式,而当时的技术无法分离左旋体和右旋体,则不能认为该对比文件"具体"公开了左旋体或右旋体的技术方案,尽管其外消旋体公知,其化学结构为人熟知。

三、"不属于"现有技术

认定发明创造是否属于现有技术,需要将申请专利保护的技术方案与对比文件公开的技术方案进行比对,贯彻"单独比对"原则。申请专利保护的技术方案由权利要求界定,由技术特征组成。判断申请专利保护的发明创造是否具有新颖性是将发明或者实用新型专利申请的权利要求分别与某"一项"现有技术的相关技术内容单独地进行比较。如果某一对比文件公开了权利要求的全部技术特征,则该权利要求所界定的发明创造不具有新颖性。

为判断新颖性,不得将申请专利保护的发明创造与几项现有技术的组合进行比对。但为判断创造性,这才可以。"单独比对"可以说是专利法中的"文本四角规则",即只考察一份对比文件四个角以内公开的内容。尽管这并不杜绝参阅其他文献,但是,这只能用于证明本领域普通技术人员的公知常识,即他们对比文件所载技术方案的理解,而不能以此引入对比文件没有包含的技术内容。

美国联邦巡回上诉法院 1985 年 Titanium Metals Corp. v. Banner 案可以说是经典的新颖性判例。[②] 此案同时说明权利要求对于判断新颖性的核心地位。

---

① 参见张喜田与石家庄欧意药业有限公司等侵犯发明专利权再审案,最高人民法院民事判决书〔2009〕民提字第 84 号。涉案专利为 ZL00102701.8。

② 778 F. 2d 775 (Fed. Cir 1985).

本案涉及以下三个"产品"权利要求：（1）一种钛基合金，主要组成为 0.6％～ 0.9％的镍，0.2％～0.4％的钼，不超过 0.2％的铁，余量为钛，该合金在热盐水中具有良好的抗腐蚀性。（2）一种依照权利要求 1 的钛基合金，其铁含量不超过 0.1％，余量为钛。（3）一种依照权利要求 1 的钛基合金，其镍含量不超过 0.8％，钼不超过 0.3％，铁最大含量不超过 0.1％，余量为钛。

本案中最相关的现有技术是一篇三页长的俄文论文，包含了根据各种钛—镍—钼合金组合的数据。其中一张数据图的一点显示了一种钛基合金含有 0.75％的镍和 0.25％的钼。这一组成成分明显落入权利要求 1 和 2 的范围之内，具有它们的技术特征。然而，这份对比文件并没有披露上述构成的合金在热盐水中具有良好的抗腐蚀性。美国联邦巡回上诉法院认定这篇俄文论文破坏了权利要求 1 和 2 的新颖性，申请保护的合金不是"新"合金。这是因为下位概念使上位概念丧失新颖性，比如智能手机（下位概念）使手机（上位概念）不具有新颖性。尽管专利申请人发现了该文章没有谈到的新属性"抗腐蚀性"，但是这一"新属性"并不能使一种为公众所知的合金具有新颖性，可以获得对该合金的专利权。然而，法院并没有否认专利申请人可以要求保护利用此种属性用于抗腐蚀的方法专利。

四、抵触申请

现有技术之外，"抵触申请"也可以破坏专利申请的新颖性。《专利法》（2008）第二十二条第 2 款规定："新颖性，是指该发明或者实用新型不属于现有技术；也没有任何单位或者个人就同样的发明或者实用新型在申请日以前向国务院专利行政部门提出过申请，并记载在申请日以后公布的专利申请文件或者公告的专利文件中。"此种申请在先而公布在申请日之后的专利申请，称为"抵触申请"。由于其在申请日之前并不为公众所知，我国专利法未将其作为现有技术的组成部分。

概括地说，对于"抵触申请"，存在两种立法模式："先权利要求制"和"全文内容制"。"先权利要求制"要求当被考察权利要求与在先专利申请相比，两者界定同样的发明创造时，拒绝授予专利权。德国和法国专利法曾经采用这种方式。这种制度设计的法理基础是禁止重复授权原则，即同样的发明创造不得授予一项以上的专利权。然而，一方面，禁止重复授权原则已有独立的法律规定和规则，不需要另行设立"抵触申请"的法律规则。另一方面，在先专利申请的权利要求并不稳定，其申请人在专利申请审查程序中常改变权利要求，不到专利授权之日,不能最终确定。如果严格执行"先权利要求制",需要等到在先专利申请授权,方可审查在后专利申请,这必将导致专利申请审查授权程序冗长而低效。为此,"先权利要求制"淡出了历史舞台。

"全文内容制"要求将在先专利申请的全文内容,包括权利要求书、说明书和附图作为一份准现有技术性质的对比文件,用于考察在后专利申请的新颖性。《欧洲专利公约》第 54 条是"全文内容制"的代表。[①] 根据这一规定,为考察特定专利申请的新颖性,现有技术应当包括欧洲专利申请书的内容,如果该欧洲专利申请的申请日先于被考察专利申请的申请日,并且于此日或者以后公布。与"全文内容制"配合,《欧洲专利公约》实行专利申请强制公开制,专利申请一般自申请日或优先权日起满 18 个月自动公开。

相比于"先权利要求制","全文内容制"有以下特点:第一,在后专利申请的审查只依赖于在先专利申请的公开内容,而不依赖于其审查结果,"全文内容制"就不会导致专利申请审批程序拖沓冗长。如果在先专利申请人撤回申请而导致该专利申请文件未曾公开,该在先专利申请不得用于否定在后专利申请的新颖性和创造性。第二,在先专利申请说明书记载但又未曾请求保护的技术方案(即未记载进入权利要求),随着在先申请公布而进入公有领域,视为在先专利申请人向公众捐献的技术知识,在后专利申请不可以再对其要求获得保护。

我国专利制度整体渊源于《欧洲专利公约》,由此采用了"全文内容制"。[②]《专利审查指南》(2010)明确指出,"确定是否存在抵触申请,不仅要查阅在先专利或专利申请的权利要求书,而且要查阅其说明书(包括附图),应当以其全文内容为准"。[③] 2008 年《专利法》第三次修改以后,任何单位或个人,包括专利申请人自己,早先提出的专利申请,也可以作为抵触申请,否定其后来提出专利申请的新颖性。[④]

---

① 《欧洲专利公约》(2000)第54条:"现有技术应当包括欧洲专利申请日前通过书面或者口头描述,或者使用,或者任何其他方法,为公众所知的所有事物。此外,现有技术还应当包括欧洲专利申请书的内容,如果这个欧洲专利申请的申请日先于第 2 款规定的日期,并且在该日或者以后被公开发布。"

② 参见何越峰:《论抵触申请及其构成要件》,《知识产权》1996 年第 4 期,第 32—36 页。

③ 《专利审查指南》(2010)第 399 页。

④ 《中华人民共和国专利法》(2000)第二十二条第 2 款曾经将专利申请人排除在外,而要求"他人":"新颖性,是指在申请日以前没有同样的发明或者实用新型在国内外出版物上公开发表过、在国内公开使用过或者以其他方式为公众所知,也没有同样的发明或者实用新型由他人向国务院专利行政部门提出过申请并且记载在申请日以后公布的专利申请文件中。"

由于采用"全文内容制",《专利法》(2008)第二十二条"抵触申请"规定之"同样的发明或者实用新型"与其第二十九条"优先权"规定之"相同主题",①具有相同的法律性质。最高人民法院在"舒学章提审案"中明确指出,②优先权制度的目的在于为同一申请人的国际或国内专利申请提供便利,将在优先权期限内提出的相同主题的在后申请看作在首次申请的申请日提出。在判断方式上,"相同主题"的发明或者实用新型是将在后申请的权利要求所要求保护的技术方案与首次申请中的全部内容(包括权利要求书和说明书)进行对比。

而且,由于采用"全文内容制",《专利法》(2008)第二十二条"抵触申请"规定之"同样的发明或者实用新型"不同于《专利法》(2008)第九条禁止重复授权原则之"同样的发明创造"。最高人民法院在"舒学章提审案"中明确指出,③"禁止重复授权的目的在于防止对于同样的发明创造有两项或者两项以上的专利权同时存在而导致专利权之间的冲突或者不必要的重叠,只要两项专利申请或者专利要求保护的内容不同,即可以达到防止重复授权的目的"。在判断方法上,最高人民法院指出:"对于发明和实用新型而言,应当将两件发明或者实用新型专利申请或专利的权利要求书的内容进行比较,而不是将权利要求书与专利申请或专利文件的全部内容进行比较。"现行《专利审查指南》(2010)已经与最高人民法院的判决意见一致。④ 所以,《专利法》(2008)第九条"同样的发明创造只能授予一项专利权"是指两个专利申请(或专利)具有同样的权利要求。

实际上,抵触申请规则与避免重复授权规则本身就不是同一个法律概念。⑤"防止重复授权时的比较范围是对比文件中各项权利要求技术方案所限定的技术内容;评价新颖性时的比较范围包括对比文件的权利要求书、说明书以及说明书附图中披露的关于同一个技术方案的所有内容。"⑥对于后者来说,只要公开了全部技术特征,即可以破坏新颖性;而对于前者来说,两个权利要求必须具

---

① 《中华人民共和国专利法》(2008)第二十九条:"申请人自发明或者实用新型在外国第一次提出专利申请之日起十二个月内,或者自外观设计在外国第一次提出专利申请之日起六个月内,又在中国就相同主题提出专利申请的,依照该外国同中国签订的协议或者共同参加的国际条约,或者依照相互承认优先权的原则,可以享有优先权。申请人自发明或者实用新型在中国第一次提出专利申请之日起十二个月内,又向国务院专利行政部门就相同主题提出专利申请的,可以享有优先权。"

② 最高人民法院行政判决书〔2007〕行提字第4号。

③ 最高人民法院行政判决书〔2007〕行提字第4号。

④ 《专利审查指南》(2010)第167页。

⑤ 不同意见参见国家知识产权局条法司:《新专利法详解》,知识产权出版社2002年版,第49页("'抵触申请'的规定也是为了防止重复授权而制定的。")。

⑥ 专利复审委员会专利无效宣告决定WX8333(2006年5月)。

有相同的内容,才可能构成重复授权。举例来说,专利申请 A 的权利要求请求保护"惰性气体"保鲜方法,而在先专利申请 B 的权利要求请求保护"氦气"保鲜方法,则后者可以破坏前者的新颖性,但是两者不可能构成"重复授权",因为权利要求不相同。

必须注意的是,我国抵触申请制度与《欧洲专利公约》有关规定存在差距。《欧洲专利公约》将抵触申请作为"现有技术"的组成部分,可以用于评判专利申请的新颖性和创造性;而我国现行专利制度下,抵触申请只能用于评判专利申请的新颖性,而不能用于评判其创造性。这两者的法律效果差别很大。举例而言,如果专利申请人先对发明创造 A 提出发明专利申请 P1;而后,18 个月内(即在专利申请被公布之前),他再对发明创造 A 的改进 A＊再次申请专利 P2。在《欧洲专利公约》下,P2 可以因为没有创造性而被驳回;在《美国专利法》下,P2 构成"显而易见型重复授权"(obviousness-type double patenting),也将被驳回。然而,根据我国现行专利法,只要 P1 和 P2 的权利要求内容不相同,即便此改进相对于 A 而言不具有创造性进步,仍可以获得专利授权。对于社会公众而言,这未免不公。"公众应该有权相信,专利保护期届满后,其可以自由使用专利保护的发明创造,以及该发明创造完成之日本领域普通技术人员看来是其显而易见的变形或改进……"①可见,我国抵触申请制度使得专利申请人可以变相延长专利保护期间,而授予专利权的发明创造之间也可因此而缺乏必要的创造性区分。

五、特殊公开的宽限期

对于申请日以前在特定情况下公开的技术方案,专利法规定有宽限期,即自其公开的一定期限内以该技术方案作为申请专利保护的客体,专利法上不认为该特定公开损害该专利申请的新颖性。我国《专利法》(2008)第二十四条规定,申请专利的发明创造在申请日以前六个月内,有下列情形之一的,不丧失新颖性:(1) 在中国政府主办或者承认的国际展览会上首次展出的;(2) 在规定的学术会议或者技术会议上首次发表的;(3) 他人未经申请人同意而泄露其内容的。

---

① See In re Zickendraht, 319 F. 2d 225, 232, 138 USPQ 22, 27 (CCPA 1963). (The public should ... be able to act on the assumption that upon the expiration of the patent it will be free to use not only the invention claimed in the patent but also modifications or variants which would have been obvious to those of ordinary skill in the art at the time the invention was made, taking into account the skill in the art and prior art other than the invention claimed in the issued patent.)

宽限期不同于优先权期,两者具有截然不同的法律性质。从优先权日到实际提出专利申请的优先权期间所公开的所有技术方案都因为专利申请人享有优先权而不得用于否定该专利申请所要求保护的技术方案的新颖性。如此,优先权期间一般性地排除了此期间公开的所有技术方案作为现有技术破坏专利申请的新颖性。而《专利法》第二十四条所规定的宽限期只是承认特定情况下公开的这一个技术方案不破坏宽限期内就该技术方案提出的专利申请的新颖性。如果宽限期内,专利申请实际提出之日前第三人公开了该技术方案,则该次公开可以用于否定该专利申请所要求保护的技术方案的新颖性。换言之,宽限期不是一般性地排除此期间公开的技术之作为现有技术否定专利申请的新颖性。

然而,宽限期和优先权期可以叠加。《专利法》第二十四条的宽限期起算时间点是"申请日"。如此前所述,除两个例外,专利法所称申请日,如果有优先权日的,则是指"优先权日"。《专利审查指南》对此也予以了明确。所以,申请人可以在主张优先权之外,进一步主张宽限期。

对于第一种情况,中国政府主办的国际展览会包括国务院、各部委主办或者国务院批准由其他机关或者地方政府举办的国际展览会。中国政府承认的国际展览会是指《国际展览会公约》规定的由国际展览局注册或者认可的国际展览会。① 专利法之所以对国际展览予以特殊规定,目的在于鼓励国际交流。《巴黎公约》第十一条要求各国通过国内法对在成员国境内举行的官方或者官方承认的国际展览会上展出的商品授予工业产权方面的临时保护。② 我国就是通过六个月的宽限期制度予以此类保护。2008 年《专利法》修订后,我国对使用公开不再采用本国标准,而是采取世界标准。从此,对于在外国举行的中国政府承认的国际展览会"展出"过的发明创造而言,专利申请人需要根据第二十四条规定的第一种情况主张宽限期保护。

对于第二种情况,根据《专利法实施细则》,所谓"规定的学术会议或者技术会议"是指国务院有关主管部门或者全国性学术团体组织召开的学术会议或者

---

① 《国际展览公约》于 1928 年 11 月由 31 个国家的代表在巴黎开会签订,目前拥有 157 个成员。该公约规定了世界博览会的分类、举办周期、主办者和展出者的权利和义务、国际展览局的权责、机构设置等。而国际展览局(Bureau of International Expositions——BIE)是一个协调和审批世界博览会事务的政府间国际组织,也成立于 1928 年,总部设在法国首都巴黎。

② Paris Convention for the Protection of Industrial Property, Article 11: The countries of the Union shall, in conformity with their domestic legislation, grant temporary protection to patentable inventions, utility models, industrial designs, and trademarks, in respect of goods exhibited at official or officially recognized international exhibitions held in the territory of any of them.

技术会议。

对于以上两种情况,申请人应当在提出专利申请时声明,并自申请日起两个月内提交有关国际展览会或者学术会议、技术会议的组织单位出具的证明文件。否则不得适用宽限期的规定。[①]

对于第三种情况,他人未经申请人同意而泄露其发明创造造成的公开,包括他人未遵守明示或者默示的保密协议而将发明创造的内容公开,也包括他人用威胁、欺诈或者间谍活动等不正当手段得知发明创造内容后进行的公开。如果申请人在申请日前已获知上述情况,则须在提出专利申请的同时提出宽限期的声明,并自申请日起两个月内提交证明材料。如果申请人在申请日以后得知,则应当在得知情况后两个月内提出宽限期的声明和相关的证明材料。

第三节 创造性

发明创造要获得专利授权,不仅要具有新颖性,还需要具有创造性。专利授权之所以要求创造性,最为重要的原因是将专利授予给真正的发明创造。实际上,美国1952年专利法修订前,除了有实用性和新颖性的要求外,并没有明确的创造性要求。[②] 19世纪时,美国专利授予数量陡增。美国专利局和美国法院于是开始强调授予专利权的技术方案需要是真正的"发明",并认为对材料、组分、形式做简单替换,或者对现有技术做简单组合,不得获得专利授权。1952年美国专利法才引入"非显而易见性"的要求。1966年,美国联邦最高法院才在 *Graham v. John Deere Co.* 案中确立了创造性审查的基本方式,即"确定现有技术的范围和内容,确定诉争权利要求和现有技术之间的区别,确定相关技术领域普通技术的水平,然后在这一基础上,判断该客体的显而易见性或非显而易见性"[③]。

"创造性"是专利制度发展的必然要求。如果不要求创造性,开拓性的发明创造的专利权人可能因为大量授予微小改进的专利而无法获得应有的报偿,社

[①] 国际展览会的证明材料须得由展览会主办单位出具,并须注明展览会的名称、展览会展出日期、地点以及该发明创造展出的日期、形式和内容。而学术会议和技术会议的证明材料,须得由国务院有关主管部门或者组织会议的全国性学术团体出具,并须注明会议的名称、会议召开的日期、地点以及该发明创造发表的日期、形式和内容。

[②] *Graham v. John Deere Co.* 383 U. S. 1(1966).

[③] 383 U. S. 1(1966).

会也会因为海量的专利而徒增交易成本，让新技术的商业化过程劳而无功。"创造性"使得社会公众可以自由地利用通过现有技术可以获得的显而易见的技术方案，同时有利于提高专利保护的发明创造的质量。然而，并不是说"创造性"要求可以解决诸如此类的所有问题。近年来，世界专利授权量增长迅猛，专利质量也越来越引起美国、欧盟成员国等发达国家和我国的重视。① "创造性"的法律标准及判断规则再次受到高度关注。②

《专利法》(2008)第二十二条第 2 款规定："创造性，是指与现有技术相比，该发明具有突出的实质性特点和显著的进步，该实用新型具有实质性特点和进步。"《专利审查指南》进一步明确，发明有突出的实质性特点是指对所属技术领域的技术人员来说，发明相对于现有技术是非显而易见的；发明有显著的进步，是指发明与现有技术相比能够产生有益的技术效果。

"创造性"的法律规定虽然简单，但是却是一个复杂的法律实践问题，相当模糊。尽管如此，"创造性"衡量仍旧需要遵守若干基本法律原则。概括地说，我国专利法所要求的"创造性"等同于《美国专利法》所要求的"非显而易见性"(non-obviousness)和《欧洲专利公约》的创造性进步(inventive step)。然而，细究起来，我国《专利审查指南》采用的方式和欧洲专利局所采取的方式几乎如出一辙，即采用所谓的"三步检验法"来判断权利要求限定的技术方案是否具有创造性：(1)"确定最接近的现有技术"；(2)"确定发明的区别特征和发明实际解决的技术问题"；(3)"判断要求保护的发明对本领域普通技术人员来说是否显而易见"。③

为此，以下讨论创造性判断的基本法律概念：本领域普通技术人员、非显而易见性以及创造性考察的辅助指针（例如发明创造的商业成功，克服技术偏见，产生预料不到的技术效果等）。最后讨论发明与实用新型创造性的区别。

一、本领域普通技术人员

创造性判断的基准是"本领域普通技术人员"(a person having ordinary skill in the art)的知识和能力，而不是技术专家。如果聘请爱因斯坦作为专利审查员，以他的知识和能力作为判断技术方案是否应该授予专利，恐怕专利局授予专利

① See USPTO, Patent Quality Improvement: Expansion of the Second-Pair-of-Eyes Review; Study on the quality of the patent system in Europe, available at: http://ec.europa.eu/internal_market/indprop/docs/patent/patqual02032011_en.pdf.

② See *KSR International Co. v. Teleflex Inc.*, 550 U.S. 398 (2007).

③ 参见《专利审查指南》(2010)第二部分第四章：创造性。

的概率等于授予诺贝尔奖的概率。这样并不能鼓励发明创造和新产品的问世。

"本领域普通技术人员"贯穿于创造性判断的全过程。首先,创造性判断的客体,即权利要求所限定的发明创造,需要以之作为基准予以解释和确定。而"三步检验法"是以本领域普通技术人员为核心而构造的"问题—解决范式"(problem and solution approach),即通过确定申请保护的发明创造与最接近的现有技术(closest prior art)的区别特征,界定发明创造需要解决的技术问题,而后考察本领域普通技术人员是否可以从最接近的现有技术这个最有希望成功的跳板出发,借助现有技术中解决该技术问题的技术启示,利用现有技术的教导,进而有成功的希望(expectation of success)可得到要求保护的发明创造。无论是最接近的现有技术、发明创造的区别技术特征和解决的技术问题,还是对是否"显而易见"的判断,都不是从本领域技术专家的角度来考察,而是通过"本领域普通技术人员"的角度来考察。

二、非显而易见性

本领域普通技术人员的抽象主体标准保证了所有技术领域的发明创造都可以获得无歧视的专利法对待,而"非显而易见性"则保证了发明创造不因为其产生方式而受到歧视性的对待。美国专利法曾经强调只有"发明"才能授予专利,并认为所谓发明即是"天才的灵光乍现"(flash of creative genius)。[1] 这是一个相当主观的标准。1966 年,美国联邦最高法院在 Graham v. John Deere Co. 案中确立了"非显而易见性"的判断方法,至此确立创造性判断的客观标准,发明创造不因为是灵光乍现,还是通过长期艰苦的试验获得而受到不同的待遇。[2] 我国《专利审查指南》亦明确指出,不管发明是历尽艰辛而得,还是唾手而得,甚至基于偶然,都不应当影响对该发明创造性的评价。

判断"非显而易见性"所需参考的技术范围仅限于"现有技术",而不包括"抵触申请"。不同于新颖性判断,创造性判断可以采用多份对比文件组合,而且对对比文件有特定的要求,而不是泛指所有现有技术。主要原因在于,理论上本领域"普通"技术人员的知识和能力受到限制,不会跨越到与发明创造相距甚远的现有技术,因为这需要"创造性"的能力。"三步检验法"要求确定最接近的现有技术,它是现有技术中与要求保护的发明最密切相关的一个技术方案,

---

[1]　See Cuno Engineering v. Automatic Devices, 314 US 84 (1941).
[2]　See *Graham v. John Deere Co. of Kan. City*, 383 U.S. 1, 15 (1966).

是获得要求保护的发明创造最有希望的跳板(most promising springboard)。确定最接近的现有技术时,首先需要考察技术领域是否相同或近似。与要求保护的发明创造的技术领域相同,所要解决的技术问题、技术效果或者用途最接近,公开了发明的技术特征最多的现有技术可以认定为最接近的现有技术。如果与要求保护的发明创造的技术领域不同,但能够实现发明的功能,并且公开发明的技术特征最多的现有技术,也可以认定为最接近的现有的技术。① 以最接近的现有技术为基础,确定要求保护的发明创造的区别特征和所解决的技术问题后,考察现有技术中是否存在技术启示,使得本领域的技术人员在面对该技术问题时有动机改进最接近的现有技术并获得要求保护的发明,专利法并没有假设本领域普通技术人员知晓所有的现有技术,而是假设他可以获得与解决该技术问题"相关"的现有技术。② 衡量创造性时,本领域普通技术人员不仅关注特定专利申请所在的特定具体技术领域,同时也会关注产生"同样技术问题"的临近技术领域(neighboring field)和相对更一般的技术领域。③

判断"非显而易见性"所参考的技术范围决定了其时间基点是"申请日"(优先权日)。在申请时具有创造性的发明,随着时间的推移,技术的进步,普通技术人员知识能力的增长,将变得不再具有创造性。实践中,人们常常基于对发明创造的了解,以此为蓝本,重新评估它的创造性。对事后看起来简单的发明作出这种"事后诸葛亮"的主观评价对发明人尤为不公平,是创造性判断错误中的"首恶"。专利制度要求"本领域普通技术人员"需要超越时空,"回到"申请日,依据申请日以前的现有技术与发明进行比较,对其创造性作出客观的评价。

三、创造性判断的辅助指针

相对于新颖性,创造性,或者说"非显而易见性",具有更多主观性成分。一些辅助指针有助于判断要求保护的发明创造是否具有创造性,例如,发明创造是否获得商业成功(commercial success);如果发明解决了人们一直渴望

---

① 参见《专利审查指南》(2010)第二部分第四章:创造性。

② 关于"相关现有技术",美国专利法承认所谓"非类似技术限制原则",即如果一项现有技术和专利申请要求保护的技术不属于"类似技术"(analogous art),则不得作为创造性衡量所参考的现有技术。一项现有技术对比文件是否属于"类似技术",需要考察它是否属于发明人发明创造所属的技术领域(be within the field of the inventor's endeavor)或者是否与发明人所要解决的技术问题具有合理紧密相关性(reasonably pertinent to the particular problem with which the inventor was involved)。参见 in re Wood,599 F. 2d 1032(C. C. P. A,1979).

③ 参见欧洲专利局上诉委员会决定 T 176/84。

解决但始终未能获得成功的技术难题（satisfaction of long-felt need）；发明克服了技术偏见（overcome technical prejudice），或者取得了预料不到的技术效果（unexpected effect）。这些因素在美国专利法中被称为"次要考虑因素"（secondary consideration），而在《欧洲专利公约》中被称为"次要判断指针"（secondary indicia）。由于这些因素具有的客观性，它们也被称为证明创造性的客观证据（objective evidence of non-obviousness）。它们并不是评判所有发明创造是否具有创造性都需要考虑的因素。我国《专利审查指南》（2010）认为，如果存在以上事实，则不能轻易地认定要求保护的发明创造不具有创造性。可见，它们是作为所有证明非显而易见性证据的一种，在判断创造性时，不能将其排除在外，而应当予以考虑。①

然而，上述因素对于判断创造性的证据价值取决于其在证明发明创造所拥有的实质性技术特点的程度。② 例如，当发明的产品在商业上获得成功，而这种成功来源于产品发明的技术特征具有市场竞争力，则该发明可能具有创造性。理由在于，对于显而易见的技术进步和由此产生的市场机会，同业竞争者都会认识到，不可能存在特别的商业成功。然而，商业上的成功常可能不来自于技术先进性，而源于其他原因，例如其经营者所具有的市场垄断地位，高超的市场营销手段等与技术先进性毫无关系的因素。又如，取得意料不到的技术效果的技术方案，虽然可能具有创造性，但是，如果相对于现有技术，此技术方案对本领域普通技术人员而言是显而易见的，则意料不到的技术效果也不能赋予授予专利所需的创造性。③ 再如，专利申请日前或优先权日前，某个技术领域中的技术人员对某个技术问题可能普遍存在一种偏离客观事实的认识，它引导人们走向错误的问题解决途径（teaching away），阻碍人们对该技术领域的研究和开发，构成所谓的"技术偏见"。如果要求保护的发明创造克服了此技术偏见，相比于商业成功，这一客观证据是能证明创造性的更强有力的证据。

四、发明与实用新型创造性的区别

我国专利法对发明专利的创造性高度的规定比对实用新型专利创造性高

---

① 参见美国联邦巡回上诉法院 *Stratoflex, Inc., v. Aeroquip Corporation*, 713 F. 2d 1530（Fed. Cir. 1983）。然而，欧洲专利局认为，它们只是辅助性作用，特别是当通常的创造性衡量方法（例如"三步检验法"）不能得到确切的创造性判断结论时。参见欧洲专利局上诉委员会决定 T 65/94, T 1072/92, T351/93。

② See In re GAPC, 57 F. 3d1573（Fed. Cir. 1995）。

③ 参见欧洲专利局上诉委员会决定 T 231/97。

度的规定要严格。《专利法》(2008)第二十二条第 3 款规定:"创造性,是指与现有技术相比,该发明具有突出的实质性特点和显著的进步,该实用新型具有实质性特点和进步。"《专利审查指南》认为,发明专利的创造性标准与实用新型专利的创造性标准不同,主要体现在评判创造性时,寻找"技术启示"的现有技术范围不同。对于发明专利而言,不仅要考虑该发明专利所属的技术领域,还要考虑其相近或者相关的技术领域,以及该发明所要解决的技术问题能够促使本领域的技术人员到其中去寻找技术手段的其他技术领域。对于实用新型专利而言,一般着重于考虑该实用新型专利所属的技术领域。只有当现有技术中给出明确的启示,例如现有技术中有明确的记载,可以促使本领域的技术人员到相近或者相关的技术领域寻找有关技术手段时,才应考虑其相近或者相关的技术领域。此外,对于发明专利而言,可以引用一项、两项或者多项现有技术评价其创造性。而对于实用新型专利而言,一般情况下可以引用一项或者两项现有技术评价其创造性。

然而,可以援引以否定创造性的现有技术的范围本身并不代表特定的创造性高度,尽管具有一定的联系。同一技术方案,假设同时申请发明专利和实用新型专利,相对于同样的对比文件,如果授予其实用新型专利而不授予发明专利,始能证明二者要求不同的创造性高度。

其实,实践中难以客观一致地区分"突出的实质性特点和显著的进步"与"实质性特点和进步"。德国也曾经采取和我国同样的法律规定。但是,德国联邦最高法院 2006 年判决认为,实用新型专利应该满足与发明专利同等的创造性。[①] 法院认为,实用新型和发明专利的保护范围、救济手段根本不存在实质性的差别,没有理由适用不同的实质性授权条件。

第四节　实用性

实用性(industrial application)是指该发明或者实用新型能够制造或者使用,并且能够产生积极效果。"实用性"要求的"产业"是一个广义的概念,包括工业、农业、林业、水产业、畜牧业、交通运输业以及文化体育、生活用品和医疗

---

① German Federal Supreme Court (Bundesgerichtshof, BGH) June 20, 2006, X ZB 27/05, 2006 GRUR 842 – Demonstrationsschrank. See Karsten Königer, Registration without Examination: The Utility Model—A Useful Model? Available at: http://www. springer. com/cda/content/document/cda_downloaddocument/9783540887423-c2. pdf? SGWID＝0-0-45-637512-p173878523.

器械等行业。对于产品类型的发明创造而言,实用性要求发明创造覆盖的产品能够制造和使用;对于方法类型的发明创造,实用性要求能够使用。但是,实用性并不要求发明创造的实施必须达到产业规模。

能够制造或使用,其实要求发明创造具有可再现性,即本领域普通技术人员根据专利文书公开的技术内容,能够重复实施专利申请中为解决技术问题所采用的技术方案。这种重复实施不得依赖随机的因素。专利法历史上曾经要求申请人提供发明创造的样品。美国专利法仍旧保留有这一规定,但早已不是强制性的要求,并且极少适用。对于我国而言,只有当国务院专利行政部门认为必要时,才会要求外观设计专利申请人提交符合一定体积重量要求的使用外观设计的产品样品或者模型。[①] 原因在于,专利局的有关机构没有足够的资源保存和实际验证所有的发明创造。当今,专利申请审查主要基于书面审查,并不要求发明创造必须实际实施后方能申请专利。因此,实用性审查的原则之一就是"与所申请的发明或者实用新型是怎样创造出来的或者是否已经实施无关"[②]。

如果专利审查员认为要求保护的发明创造不具有可重复性,他得举出证据,初步证明要求保护的发明创造不具有可再现性。为此而提供的证据可以是相关领域的公知常识、科学原理或权威的技术文献。有此初步证据后,申请人需要举出证据反驳。例如,某一申请人要求保护"以倍增方式扩大电力或恒久输出电力的能量发生器"。[③] 根据说明书披露的电力循环系统的结构,实现"扩大电力"的关键是所谓"逐级电力扩大器",并且只有这种"逐级电力扩大器"装置的每一级都能输出大于输入,才能实现说明书所要求的电力循环的效果。国家知识产权专利复审委员会认为这必然违反热力学第一定律——能量守恒定律,不能实现。[④] 专利复审委员会同时指出,如果请求人能够给出相关专业检测部门的实验数据证明,不论本申请的技术方案是否符合能量守恒定律,它仍能达到所述目的和预期的积极效果,合议组将根据事实得出必要的结论。[⑤] 然而请求人始终未提供上述证明,合议组只能依据公认的自然法则和科学定律作出判断,认定要求保护的发明创造不具有实用性。

---

① 《中华人民共和国专利法实施细则》(2010)第二十九条。

② 《专利审查指南》(2010)第二部分第五章,第185页。

③ 中国专利局于1995年10月12日受理的名称为"能量发生器"的发明专利申请(申请号为95114220.8),专利权人为贺瑞华。

④ 参见专利复审委员会专利复审请求审查决定FS2082号——"能量发生器"(2001年4月5日)。

⑤ 同前注。

并不是说产品能够制造或者使用,就一定满足实用性的要求。如果某一产品的结构已知,并且可以通过某一方式制造或者复制,但是其功能没有确定,就不能满足实用性的要求。此时授予专利,就将妨碍他人进行科学研究,找寻到实际可以利用它的方式。例如,对于基因、蛋白质等等生物材料的发明来说,实用性是审查授权关键的问题之一,因为其结构确定后,功能常常还不为人知,或者因为其功能非常复杂,现有知识只能给出非常概括或不完整的说明。比方说,DNA 片段已经分离,但是它的具体功能却还未确定。① 此时,它们就只是"研究对象",而没有现实的产业价值。授予专利权就是为申请人保留一个没有开发的研究领域,妨碍进一步的科学研究,而不能给社会带来现实的经济价值。专利法要求"实用性",迫使发明人将研发进行到"实用"的程度,方才授予专利权。

所以,为满足实用性,产品不仅能够制造或使用,还必须能够产生积极效果。所谓积极的效果是指发明创造在提出申请之日,本领域普通技术人员可以预料它产生的经济、技术和社会的效果。② 但这并不是说,发明创造需要高度成熟和完善,不产生任何副作用,才符合实用性的要求。只要发明创造能够产生预期的技术效果,解决提出的技术问题,就产生了积极和有益的效果。

为此,实用性的审查与新颖性和创造性的审查有所不同,但和公开是否充分类似。它是以申请日提交的说明书(包括附图)和权利要求书所公开的整体技术内容为依据,而不仅仅局限于权利要求所记载的内容。③ 而发明创造是否产生积极效果,须以申请日(有优先权日的,即是优先权日)为时间参照点。

如果说以上中国专利法给出的评价标准还显得模糊的话,欧洲专利局判例法给出的标准更为细致,能够很好地说明实用性衡量的基准。《欧洲专利公约》的判例认为,"实用性"要求发明创造给社会带来"直接而具体的益处"(immediate concrete benefit)。④ 为此,发明至少应具有一种实际的利用前景,而不是一种纯粹理论上的可能性。所谓"具体"是指需要使用确定的技术术语,披露发明的目的,以及发明如何应用于产业,解决一个给定的技术问题,即让本领域普通技

---

① See In re Fisher, 421 F. 3d 1365 (Fed. Cir. 2005).

同时,《欧洲专利公约实施细则》第 23 条对此生物技术发明的产业实用性有特别规定。其 e 项(3)规定,就基因序列或者基因序列片段申请专利,申请文书中应当披露其产业实用性。此外,《生物科技发明保护指令》立法理由第 24 项提到,为满足产业实用性标准,对于基因序列或者其片段用于生产某一蛋白质或者某一部分蛋白质的,应该表明所产生的蛋白质或者某一蛋白质的部分,或者它的功能。

② 《专利审查指南》(2010)第二部分第五章,第 185 页。

③ 《专利审查指南》(2010)第二部分第五章,第 185 页。

④ 参见欧洲专利局上诉委员会决定 T 0989/05。

术人员知道利用这一发明实际或者潜在的优势。所谓"直接"是指要么本领域普通技术人员可以根据发明的性质或者背景技术直接得出发明创造的实际用途,要么可以直接从对要求保护的发明创造的描述中(包括权利要求书和说明书)获得此种实用性,而不能要求本领域普通技术人员通过一个研究项目去确定如何利用申请人所要求保护的技术发明。[①] 总之,不能把负担转嫁给公众,在他们不相信发明存在任何实际用处时,让他们努力去猜想或寻求一种在产业中利用发明获取经济利益的方法。如果专利申请仅仅模糊地揣测,通过所称的发明,经过进一步的研究,或许能够达到某种目的,如此将不能满足实用性的要求。[②]

第五节　外观设计专利的本体条件

相对于发明和实用新型专利,外观设计专利具有特殊性。外观设计专利所保护的并不是产品的功能特征,而是"产品的外观"。《专利法》(2008)第二条即规定"外观设计"是指对产品的形状、图案或者其结合以及色彩与形状、图案的结合所作出的富有美感并适于工业应用的新设计。因此,外观设计专利并不需要界定产品技术特征的权利要求书。而且,由于我国的外观设计专利制度采用"产品——外观设计"的范式,外观设计专利的保护范围以图片或者照片中的"该产品的外观设计"为准,简要说明可以用于解释图片或者照片所表示的该产品的外观设计。[③]

2008 年《专利法》第三次修订后,外观设计专利授权的实质性条件与发明和实用新型专利类似,也要求"新颖性"、"创造性"(即"明显区别性")。《专利法》(2008)第二十三条第 1 款虽然没有明确规定授予外观设计专利要求"新颖性",但是其措辞与第二十二条第 1 款"新颖性"规定如出一辙:"授予专利权的外观设计,应当不属于现有设计;也没有任何单位或者个人就同样的外观设计在申请日以前向国务院专利行政部门提出过申请,并记载在申请日以后公告的专利文件中。"并且,同条第 4 款规定:"本法所称现有设计,是指申请日以前在国内外为公众所知的设计。"类似的,《专利法》(2008)第二十三条也没有明文规定外观设计专利授权需要具有"创造性",而是规定"授予专利权的外观设计与现有

---

① 参见欧洲专利局上诉委员会决定 T 0989/05。
② 参见欧洲专利局上诉委员会决定 T 870/04。
③ 参见《中华人民共和国专利法》(2008)第五十九条第 2 款。

设计或者现有设计特征的组合相比,应当具有明显区别"。这一要求类似于发明和实用新型专利的"创造性"要求。除此之外,"授予专利权的外观设计不得与他人在申请日以前已经取得的合法权利相冲突"。

以下分别就外观设计专利的客体资格条件、新颖性、"明显区别性"和不得与在先权利冲突等实质性条件进行分析。然而,"新颖性"以及"明显区别性"的判断必须根据一定的主体标准,比对外观设计申请与现有设计,恰如发明和实用新型专利制度中的"本领域普通技术人员"。为此,下文还单独介绍外观设计专利制度中的"一般消费者"。

一、客体资格条件

《专利法》(2008)第二条采用定义的方式,规定了外观设计专利客体的一般性资格条件。根据该条规定,外观设计是指对产品的形状、图案或者其结合以及色彩与形状、图案的结合所作出的富有美感并适于工业应用的新设计。

作为外观设计专利的客体,"产品外观设计"必须以"产品"为载体。纯属美术范畴的作品,文字和数字的字音、字义,产品通电后显示的图案,均不属于外观设计专利的客体。[①] 而且,所谓"产品"是"指经过工业方法制造,具有确定形状、图案或者形状与图案的结合,或者系色彩与形状、图案的结合且占据一定空间的实体"[②]。不能重复生产的手工艺品、农产品、畜产品、自然物不能作为外观设计的载体。[③] 以下各项不属于外观设计专利的保护客体:取决于特定地理条件、不能重复再现的固定建筑物、桥梁等,因包含有气体、液体、粉末等无固定形状的物质而导致其形状、图案、色彩不固定的产品,要求保护的外观设计不是产品本身常规的形态。最后,作为我国外观设计专利载体的产品须得具备"独立的使用价值"。不能分割、不能单独出售或者使用的局部或部分的设计,不属于外观设计专利的客体。由多个不同特定形状或图案的构件组成的产品,如果构件本身不能成为具有独立使用价值的产品,则该构件也不属于外观设计专利保护的客体。[④]

---

① 《专利审查指南》(2010)第一部分第三章,第83页;《北京市高级人民法院关于审理外观设计专利案件的若干指导意见(试行)》(2008年10月29日京高法发〔2008〕316号)第一条。

② 《北京市高级人民法院关于审理外观设计专利案件的若干指导意见(试行)》(2008年10月29日京高法发〔2008〕316号)第二条。

③ 《专利审查指南》(2010)第一部分第三章,第81页。

④ 《专利审查指南》(2010)第一部分第三章,第83页;《北京市高级人民法院关于审理外观设计专利案件的若干指导意见(试行)》(2008年10月29日京高法发〔2008〕316号)第一条。

"富于美感的新设计"要求为肉眼视觉感受，并且构成"设计"。不能作用于视觉或者肉眼难以确定，需要借助特定工具才能分辨其形状、图案、色彩的产品，不是外观设计专利保护的客体。[①] 而且，平面印刷品的图案、色彩或者两者的结合，如果主要起标识作用，也不可能构成产品外观设计。以自然物原有形状、图案、色彩作为主体的产品外观或者仅以在其产品所属领域内司空见惯的几何形状和图案构成的产品外观，[②]缺乏设计性，不属于"产品外观设计"，也不是外观设计专利保护的客体。

此外，产品外观设计要取得专利保护，也不得违反法律、社会公德或者妨害公共利益。[③] 例如，根据《专利审查指南》，带有人民币图案的床单的外观设计，因违反《中国人民银行法》而不授予专利权。[④] 带有暴力凶杀或者淫秽内容的图片或者照片的外观设计，因为违反公众普遍认为是正当的，并被接受的伦理道德观念和行为准则而不授予专利权。[⑤] 外观设计的文字或者图案涉及国家重大政治事件、经济事件、文化事件，或者涉及宗教信仰，其使用将妨害公共利益或者伤害人民感情或者民族感情，或者宣扬封建迷信，或者造成不良政治影响，也属于《专利法》(2008)第五条规定不授予专利权的情况。[⑥] 值得一提的是，"与他人在先取得的权利相冲突"不属于违反国家法律和妨害社会公益。[⑦]

二、一般消费者

判断主体是外观设计保护制度中的关键概念，等同于发明专利和实用新型专利保护制度中的"本领域普通技术人员"的概念所起的制度作用。评判一项外观设计专利是否具有新颖性和明显区别性时，需要将之与现有设计("抵触申请")比对。不同的判断主体意味着不同的知识范围和不同注意程度。然而，我

---

① 《专利审查指南》(2010)第一部分第三章，第83页；《北京市高级人民法院关于审理外观设计专利案件的若干指导意见(试行)》(2008年10月29日京高法发〔2008〕316号)第一条。

② 《专利审查指南》(2010)第一部分第三章，第83页；《北京市高级人民法院关于审理外观设计专利案件的若干指导意见(试行)》(2008年10月29日京高法发〔2008〕316号)第一条。

③ 《中华人民共和国专利法》(2008)第五条。

④ 《专利审查指南》(2010)第一部分第三章，第80页。

⑤ 《专利审查指南》(2010)第一部分第三章，第80页。

⑥ 《专利审查指南》(2010)第一部分第三章，第81页。

⑦ 国家知识产权局专利复审委员会无效宣告请求审查决定WX 4130号——"酒瓶包装盒"(2002年1月11日)。专利复审委员会认为，请求人以违反《专利法》第五条为无效宣告请求的理由宣告本专利无效，而其提供的证据与涉及他人合法在先权利与否相冲突不相关联，与《专利法》第五条中的违反国家法律和妨害公共利益的理由无关。

国专利法并没有规定外观设计制度运行必需的抽象判断主体。《专利审查指南》(2010)明确规定,在判断产品外观设计是否符合《专利法》第二十三条第 1 款、第 2 款规定时,应当依照承载外观设计之专利产品的"一般消费者"的知识水平和认知能力进行评价。[①] 一般消费者因为外观设计适用的产品不同而不同。某类外观设计产品的一般消费者应具备下列特点:第一,对专利申请日之前相同种类或者相近种类产品的外观设计及其常用设计手法具有常识性的了解。例如,对于汽车,其一般消费者应当对市场上销售的汽车以及诸如大众媒体中常见的汽车广告中所披露的汽车外型信息等有所了解。所谓"常用设计手法"包括设计的转用、拼合、替换等类型。第二,对外观设计产品之间在形状、图案以及色彩上的区别具有一定的分辨力,但不会注意到产品的形状、图案以及色彩的微小变化。

虽然采用"一般消费者"作为产品外观设计"新颖性"和"明显区别性"判断的主体,但是,此"一般消费者"并不等同于商标法所谓之"相关公众"(普通消费者),也不等同于发明和实用新型专利制度中的"本领域普通技术人员"。商标法中的相关公众不具备对特定商标的知识,他们只是凭借不完善的印象,施加一般注意力,原则上异时异地对争议商标是否容易导致混淆进行判断。商标法假设一个如此容易混淆并受欺骗的判断主体,目的是保护消费者利益,维护市场诚信。而发明和实用新型专利制度采用"本领域普通技术人员",他们具备细致的技术专业知识,足以使用专业知识评价技术方案是否具有创造性,以此鼓励真正的发明创造。产品外观设计制度中的"一般消费者"介乎两者之间。他们不是专业设计人(design expert),不具备精细的分析技能,而只是对相应产品的外观设计具有常识性的了解,而且不能分辨外观设计之间的细微不同。

我国外观设计保护制度中的"一般消费者"等同于《欧盟外观设计条例》(Council Regulation (EC) No. 6/2002 of 12 December 2001 on Community Designs)中的"知情用户"(informed user),但后者更为妥当。"一般消费者"的概念强调"购买"行为,而"知情用户"的概念强调"使用"行为。"购买"行为是商标法和反不正当竞争法所关注的对象,制度设计力图防止消费者混淆有关商业标志标识的产源。《专利审查指南》(2001)曾经规定判断外观设计是否相同或者相似时,以外观设计产品的一般消费者是否"容易混淆"为判断标准。如果一般消费者在试图购买嫌疑外观设计产品时,在只能凭其购买和使用所留印象而在不能见到嫌疑外观设计的情况下,会将在先设计误认为是嫌疑外观设计,即

---

① 参见《专利审查指南》(2010)第四部分第五章,第 398 页。

产生混同,则嫌疑外观设计与在先设计相同或者与在先设计相似;否则,两者既不相同,也不相似。这使得我国外观设计保护制度和商标保护制度出现"混同",尽管两者分属于不同的领域。为此,在第三次《专利法》修订过程中,有观点认为应当放弃一般消费者的标准,或者至少应在外观设计专利无效审查程序中放弃一般消费者的主体判断标准。但 2008 年新修订的专利法并未明确判断外观设计相同或相似的主体标准,《专利法实施细则》和《专利审查指南》仍然采用了一般消费者的主体标准。但是,《专利审查指南》(2010)已经不再要求一般消费者"混同",或者"误认",也不再要求"异时异地"比对。

"使用"行为理应成为外观设计保护制度的关注对象。实际上,用户通过实际使用产品,才能享受产品外观设计的审美价值,而此审美价值才是外观设计制度所予以保护的价值,也正是驱动购买行为的动力,回报设计人的经济途径。在产品通常使用中不可见的特征,在外观设计专利授权决定(外观设计专利无效程序中)和外观设计专利侵权判断中,都不应予以考虑。[①] 总之,产品外观设计专利是独立的客体,不等同于商业标识,外观设计保护制度不是无谓地重复商标法已有的禁止"搭便车",特别是立体商标保护。从这个角度来说,"知情用户"是一个比"一般消费者"更恰当的法律称谓。实际上,《北京市高级人民法院关于审理外观设计专利案件的若干指导意见(试行)》[②]第十六条已经直接规定"一般消费者是指该外观设计专利同类产品或者类似产品物理效用的享用者",以区别于"消费者"的概念。

然而,"一般消费者"不必是最终用户。例如一个产品是某一机器的零部件,修理时可以拆卸。最终用户对这一产品可能一无所知。此时,"一般消费者"就是维修该机器,维修更换此零部件的人。[③] 根据外观设计的不同性质,一般消费者对外观设计具有不同程度的知识,并且可能不是唯一的。在 2011 年 PepsiCo, Inc. 案中,[④]欧洲法院(Court of Justice)[⑤]肯定了普通法院(General

---

① 参见《最高人民法院关于审理侵犯专利权纠纷案件应用法律若干问题的解释》(法释〔2009〕21号)第十一条。

② 京高法发〔2008〕316 号(2008 年 10 月 29 日)。

③ See Case C‐281/10 P (Court of Justice, 12 May 2011);Arminak and Associates, Inc. v. Saint‐Gobain Calmar, Inc. , 501 F. 3d 1314, 1321, 1323 - 1324, 84 U. S. P. Q. 2d 1258, 1262, (Fed. Cir. 2007)。

④ Case C‐281/10 P (Court of Justice, 12 May 2011)。

⑤ 欧洲联盟法院(Court of Justice of the European Union)是欧盟联盟的司法机构。欧盟法院目前设置于卢森堡,其下有三个子法院:欧洲法院,1952 年时设立,目前英文的正式名称为"Court of Justice";普通法院,1988 年时设立,其前身是"初审法院"(Court of First Instance),目前英文的正式名称为"General Court";欧盟公务员法庭,2004 年设立,目前英文的正式名称为"Civil Service Tribunal"。

Court)的意见,认为根据涉诉设计的性质,本案知情用户可以是5～10岁的儿童,或者以涉诉设计为促销产品外观的公司市场营销经理。

"一般消费者"的主体范围是我国专利实践中经常争议的关键问题,直接关涉案件的最终判断结果。在有关"路灯"外观设计专利无效案中,北京市高级人民法院确立了以外观设计产品服务的用户来确定"一般消费者"的司法规则。在2005年审理的陈剑跃诉专利复审委员会及第三人宁波燎原灯具股份有限公司"路灯"外观设计专利权无效一案中,专利复审委员会的决定将"路灯"产品外观设计的一般消费者界定为行人。北京市第一中级人民法院则认为,外观设计是基于工业产品产生,并通过区别于同类产品且富于美感的外观吸引消费者的注意而赢得消费者的喜爱,故只有对此类产品具有关注心理状态并在此基础上具有一定知识水平和认知能力的一般消费者才具有进行判断的能力;相反,如果不是该外观设计专利产品的一般消费者,则因其对于此类产品不具有关注的心理状态,缺乏相关知识和认知能力,其在进行判断时缺乏客观性。因此,一般消费者并不应是仅仅指购买者,而应是泛指具有一般的知识水平和认知能力,能够辨认被比外观设计产品的形状、图案以及色彩,对被比外观设计产品的同类或者相近类产品的外观设计状况有常识性了解的人。就路灯类产品而言,具有关注此类产品的心理状态并具有一定的知识水平和认知能力的一般消费者应当是这类产品的购买者、安装以及维护人员。虽然路灯在实际生活中除了照明功能外,还具有一定装饰功能,但是,路灯产品是安装于数米高的电线杆的顶部,通常情况下因与行人距离较远,或者因路灯与行人所处的明显的高低位置关系而不便观察,故行人对上部为灯罩、灯罩内设有灯泡的路灯产品一般不会施以注意。因此,行人不应当视为争议外观设计与对比设计的路灯产品的"一般消费者"。①

北京市高级人民法院二审认为,路灯类产品使用于公共场所,是为行人、车辆照明而设置的,并有美化环境、装饰作用,其外观设计除俯视图不易被行人观察到以外,从其他角度是可以直接观察到的,行人对于路灯的形状具有一定的分辨力。一审法院关于具有关注本案涉及的路灯类产品的心理状态并具有一定的知识水平和认知能力的一般消费者应当是这类产品的购买者、安装以及维护人员,行人不应当视为路灯产品的一般消费者的认定不妥,行人应作为对路灯产品的外观设计状况具有常识性了解的一般消费者。路灯产品的购买、安装

---

① 参见北京市第一中级人民法院行政判决书〔2005〕一中行初字第455号。

以及维护人员在购买、安装、维修时,也要考虑到路灯在使用时的状态,此时也是以普通行人的眼光进行观察的。[①]

三、技术功能决定的设计特征

产品外观设计专利保护审美价值,而不保护只能由发明或实用新型专利保护的产品技术功能特征。因此,由技术功能决定的设计特征将被排除外观设计专利保护范围在外,不是外观设计专利是否符合"新颖性"与"明显区别性"的考虑因素,也不是认定被控外观设计与专利外观设计是否相同或近似而构成侵权的考虑因素。

由技术功能决定的设计特征,需要从设计人——而不是"一般消费者"——的角度予以认定。[②] 设计人实际拥有的设计自由度是评判产品外观设计是否满足授予条件和保护范围都需要考虑的因素。此种自由程度应当局限于功能限定范围内,与市场对产品期待的特征(即产品的惯常特征——例如盘子应是圆形)无关。[③] 外观设计专利保护的目的是回报设计出"创新"产品外观的设计人。因此,惯常设计不应该作为限制设计人创造自由的考虑因素。

由技术功能决定的设计特征当从新颖性、明显区别性及权利保护范围评判中"排除",即便其产生显著的视觉效果,或者本身构成产品全新的特征。由技术功能决定的设计特征,即"仅起功能、技术效果作用的设计",是指实现产品功能的唯一设计。如果实现产品功能不止一种外观设计,则一般不得将实现产品功能的每一种外观设计视为仅起功能、技术效果作用的设计。[④] 此类特征常常不产生显著的视觉效果,例如,在电源开关面板或者插座面板上,将某种功能部件替换成由国家标准规定所唯一限定的功能部件,其外观通常对整体视觉效果不具有显著的影响。如果此类特征为设计人新创,则应该通过发明或实用新型专利获得保护;如果不属于新创,则已然属于公有领域。总之,技术功能决定的设计特征应该排除于外观设计专利授权和侵权评判之外。

技术功能决定的设计特征与"设计空间"紧密相关。在国家知识产权局专

---

① 参见北京市高级人民法院行政判决决书〔2005〕高行终字第 442 号。

② 《欧盟外观设计条例》第 5 条第 2 款:考虑外观设计注册申请是否具有个性特征(individual character)时,应当考虑设计人开发设计该外观设计时的自由程度。第 10 条第 2 款规定:评判外观设计保护范围时,应当考虑设计人开发设计该外观设计的自由程度。

③ See Case C-281/10 P (Court of Justice, 12 May 2011).

④ 《北京市高级人民法院关于审理外观设计专利案件的若干指导意见(试行)》(2008 年 10 月 29 日京高法发〔2008〕316 号)第十四条。

利复审委员会、浙江今飞机械集团有限公司与浙江万丰摩轮有限公司专利无效行政纠纷再审案(简称"万丰摩托车轮提审案")中,①最高人民法院指出:"设计空间"是指设计者在创作特定产品外观设计时的自由度。设计者在特定产品领域中的设计自由度通常要受到现有设计、技术、法律以及观念等多种因素的制约和影响。特定产品的设计空间的大小与该外观设计产品的一般消费者对同类或者相近类产品外观设计的知识水平和认知能力具有密切关联。对于设计空间极大的产品领域而言,由于设计者的创作自由度较高,该产品领域内的外观设计必然形式多样、风格迥异、异彩纷呈,该外观设计产品的一般消费者就更不容易注意到比较细小的设计差别。反之,则否。最高人民法院同时认为,设计空间的大小是一个相对的概念。对于同一产品的设计空间而言,设计空间的大小也是可以变化的。随着现有设计增多、技术进步、法律变迁以及观念变化等,设计空间既可能由大变小,也可能由小变大。在专利无效宣告程序中考量外观设计产品的设计空间,须以"专利申请日"的状态为准。

然而,如此定义的"设计空间",其内涵和外延让人捉摸不定,实难操作。如果设计空间受到"现有设计、技术、法律以及观念等多种因素的制约和影响",又"随着现有设计增多、技术进步、法律变迁以及观念变化等",利害关系人又如何能够证明?而且,如果现有设计、技术、法律及观念的制约条件不同,它们发生冲突时,又应该以它们之中的哪一种作为决定性的判断因素?

更为重要的是,将现有设计和观念因素作为"设计空间"的考虑因素,与技术功能限定并列,存在不可调和的内在冲突。"现有设计"对应"现有技术",是考察外观设计专利申请是否具有新颖性,是否具有《专利法》(2008 修订)第二十三条第 2 款所谓的"明显区别性"的基准线。所谓"观念因素",合理的理解应该包括产品使用人对产品外观的预期,和"惯常设计"的概念有相当的重叠,具有与"现有设计"类似的法律功能。无论是现有设计,还是惯常设计,只有当设计人发挥聪明才智突破了它们,形成的产品外观设计才可能获得外观设计专利的法律保护。然而,技术功能限定的法律作用却截然不同。外观设计专利保护审美价值。由技术功能决定的设计特征不属于外观设计专利的保护范围。而且,它也不是外观设计专利申请是否符合"新颖性"和"明显区别性"的考虑因素。相应地,外观设计专利制度并不要求产品外观设计突破技术功能限制才

---

① 最高人民法院行政判决书〔2010〕行提字第 5 号。

可以获得保护。设计人如果突破了产品技术功能限制,他就成了"发明人",对这种突破只能要求发明或实用新型专利保护。所以,将以上两类法律性质迥异的因素纳入到"设计空间"的概念之下,唯一的结果就是导致这一概念内部冲突。

那么,对"设计自由度",或者"设计空间",应该作怎样的理解呢?在2011年PepsiCo, Inc.案中,欧洲法院遇到同样的问题,给出了相对而言合理的解答。《欧盟外观设计保护条例》第6条第2款规定,考虑外观设计注册申请是否具有个性特征(individual character)时,应当考虑设计人开发设计该外观设计时的自由程度。同时,其第10条第2款还规定,评判外观设计保护范围时,应当考虑设计人开发设计该外观设计的自由程度。基于此,欧洲法院在PepsiCo, Inc.案认为,设计人实际拥有的设计自由度是评判注册外观设计是否满足授予条件和保护范围都需要考虑的因素。由于注册外观设计的目的是回报设计出创新产品的设计人,此种自由不应考虑市场对产品期待的特征,即所谓的"惯常特征"(standard features),而只应局限于功能限定范围内。

四、不属于现有设计

外观设计的新颖性判断规则整体上类似于发明和实用新型专利的新颖性判断。外观设计具有新颖性即是指"不属于现有设计"。为此,"抵触申请"视为现有设计,其专利文件的全部内容作为判断的参考内容。"不属于现有设计"是指现有设计中没有与被审外观设计相同或者实质相同的外观设计。

为此,被审外观设计需要根据外观设计专利的图片或者照片进行确定,辅以简要说明。用于判断外观设计是否具有新颖性和明显区别性的现有设计可以简称为"对比设计"。评判是否具有新颖性时,仍旧遵循所谓的"单独比对"原则,即只能将被审外观设计与"一份"对比设计进行比对,而不得将之与多份对比设计的组合进行比对。

无论是判断"相同"还是"实质相同",都是以一般消费者为基准,通过整体观察,进行综合判断,考察被审外观设计与对比设计给他形成的整体视觉效果,而不得从外观设计的部分或者局部出发作出判断。判断的对象是产品的外观,而不是"产品";所有的"外观设计要素",即外观设计的形状、图案以及色彩,都应当予以考虑。尽管如此,产品毕竟是外观设计应用的物质载体,而我国保护的是特定产品的外观设计,不是脱离具体产品载体的外观设计。为"确认"(confirm)外观设计比对的结论,适当比较承载外观设计的产品,法律上并无不当。① 为此,需要注意的是,由于我国只保护产品外观设计,还未承认"产品部分"的外观设计,"产品不能分割、不能单独出售或者使用的局部或部分的设计"不是外观设计专利的保护客体,②因此前述比较不得集中于产品的局部。

"外观设计相同"意味着被审外观设计与对比设计是相同种类产品的外观设计,并且被审外观设计的全部外观设计要素与对比设计的相应设计要素相同。在确定被审产品外观设计与对比设计是否属于同种类产品的外观设计时,产品的"用途"具有决定性的作用。③ 例如,机械表和电子表尽管内部结构不同,但是它们的用途相同,所以属于相同种类的产品。产品的名称、国际外观设计分类以及产品销售时的货架分类位置,只具有参考作用。④

相比于"外观设计相同","外观设计实质相同"不局限于同种类的产品,它是指审考外观设计与相同或相近种类的产品外观设计之间不存在实质性的差异。是否构成相近种类的产品,仍旧需要根据产品的用途加以认定。根据《专利审查指南》(2010),以下情况下,两个外观设计"实质相同":(1)区别在于施以一般注意力不能察觉到的局部的细微差异,例如,百叶窗的外观设计仅有具体叶片数不同;(2)区别在于使用时不容易看到或者看不到的部位,但有证据表明在不容易看到部位的特定设计对于一般消费者能够产生引人瞩目的视觉效果的情况除外;(3)区别在于将某一设计要素整体置换为该类产品的惯常设计的相应设计要素,例如,将带有图案和色彩的饼干桶的形状由正方体置换为长方体;(4)其区别在于将对比设计作为设计单元按照该种类产品的常规排列方式作重复排列或者将其排列的数量作增减变化,例如,将影院座椅成排重复排列或者将其成排座椅的数量作增减;(5)区别在于互为镜像对称。

以"外观设计相同"和"外观设计实质相同"作为外观设计"新颖性"标准,与《专利法》(2008)之前的"外观设计相同或近似"的判断方式一致,⑤并且仍旧是

---

① See 欧洲法院 Case C-281/10 P (Court of Justice, 12 May 2011)。

② 《北京市高级人民法院关于审理外观设计专利案件的若干指导意见(试行)》(2008 年 10 月 29 日京高法发〔2008〕316 号)第一条。

③ 参见《最高人民法院关于审理侵犯专利权纠纷案件应用法律若干问题的解释》(法释〔2009〕21 号)第九条。

④ 参见《最高人民法院关于审理侵犯专利权纠纷案件应用法律若干问题的解释》(法释〔2009〕21 号)第九条。

⑤ 比较《专利审查指南》(2006)与《专利审查指南》(2010)相应规定。

判断外观设计专利侵权的法律标准。从专利法的原理来说,新颖性要求最重要的制度的功能就是将申请日以前的技术方案或外观设计排除于专利侵权之外。两者的判断原则因此具有一致性。就外观设计专利而言,《最高人民法院关于审理侵犯专利权纠纷案件应用法律若干问题的解释》第八条规定:"在与外观设计专利产品相同或者相近种类产品上,采用与授权外观设计相同或者近似的外观设计的,人民法院应当认定被诉侵权设计落入专利法第五十九条第二款规定的外观设计专利权的保护范围。"此时,被控侵权物相当于"一个"对比设计,而且局限于"相同或相近种类产品"。进行外观设计专利侵权判断时,即是以外观设计专利公告文件中表示其产品外观设计的图片或者照片与被控侵权产品或者体现被控侵权产品外观设计的图片或者照片进行比较。[①] 与前述新颖性判断类似,外观设计侵权比对不得以权利人提交的外观设计专利产品实物与被控侵权产品进行比较。

五、明显区别性

不同于"新颖性"要求,"明显区别性"不仅要求相同或相近种类产品之间的整体比较,还要求将有关外观设计专利与不同种类产品的现有设计的特征组合进行比较。[②] 这是第三次《专利法》修订的亮点,使得《专利法》(2008)外观设计专利申请的授权条件相比于《专利法》(2000)的要求有相当大的提高。[③] 由于外观设计专利实行形式审查后公告授权制,1985 年《专利法》实施以来,国家专利局对国内外观设计专利的授权量持续大幅度增加,特别是 2006 年《国家中长期科学和技术发展规划纲要(2006—2020 年)》提出建设创新型国家以来,更是飙升(参见图 13)。2008 年《专利法》修改希望通过提高授权门槛,提升外观设计专利的质量。

"明显区别性"的判断与创造性判断类似,也是首先确定"最接近的现有设计",其次需要考察"相关"现有设计中是否存在启示。如果一般消费者通过整体观察被审外观设计与一个相同或近似产品种类的对比外观设计,认为两者的

---

① 《北京市高级人民法院关于审理外观设计专利案件的若干指导意见(试行)》(2008 年 10 月 29 日京高法发〔2008〕316 号)第十八条。

② 参见国家知识产权局外观设计审查部,《新修改的专利法实施后外观设计专利申请应注意的问题》。

③ 《中华人民共和国专利法》(2000)第二十三条授予专利权的外观设计,应当同申请日以前在国内外出版物上公开发表过或者国内公开使用过的外观设计不相同和不相近似,并不得与他人在先取得的合法权利相冲突。

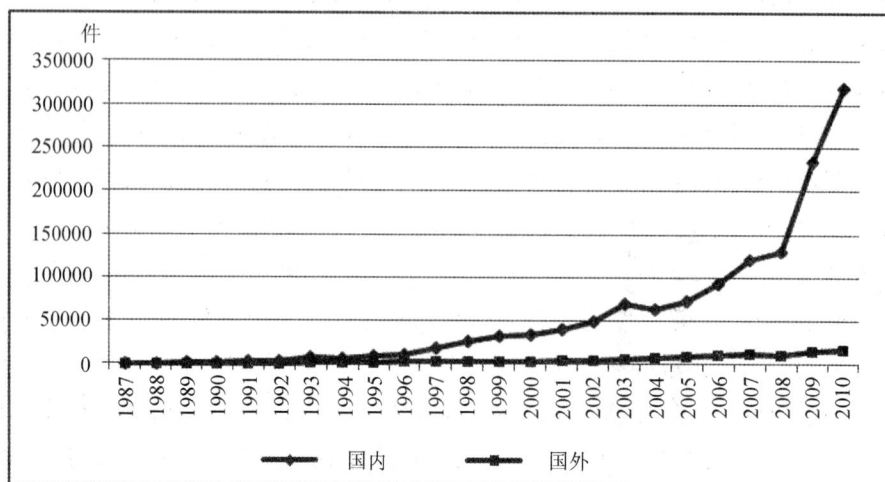

图 13　我国外观设计专利国内外授权统计图(1987—2010)

差别对于产品外观设计的整体视觉效果(the visual effect as a whole of the design),不具有显著影响,或者申请日前公知的设计知识对此种差别具有技术启示,则被审外观设计与对比外观设计相比不具有明显区别。如果现有设计中不存在此种对比外观设计,则需要考察通过现有设计的转用、现有设计及其特征的组合,可以得到被考产品外观设计,从而认定它是否具有明显区别性。具体来说,根据《专利审查指南》(2010),这包括以下三个步骤:(1)确定现有设计的内容,包括形状、图案、色彩或者其结合;(2)将现有设计或者现有设计特征与被审外观设计对应部分的设计进行对比;(3)在现有设计或者现有设计特征与被审外观设计对应部分的设计相同或者仅存在细微差别的情况下,判断在与被审外观设计"相同或者相近种类产品"的现有设计中是否存在具体的转用和/或组合手法的启示。

与判断创造性类似,判断明显区别性不得利用事后明鉴(hindsight),以外观设计专利申请文书为蓝图,分解其设计特征,寻找现有设计,然后再根据此蓝图重造,进而否定它所具有的明显区别性。尽管我国专利法要求"明显区别性",而不要求外观设计专利申请具有相对于本领域普通设计人的"非显而易见性",美国联邦巡回上诉法院 In re Rosen 案对这一法律点的经典阐释,仍具有借鉴意义。① 此案中,外观设计专利的申请人要求保护一种现代设计的矮脚咖

---

①　In re Rosen, 673 F. 2d 388, 390 (Fed. Cir. 1982).

啡桌,其圆形桌面透明,桌腿由诸如不锈钢的反光材料制成,成 V 字或 L 型,通过卡槽支撑桌面。美国专利商标局审查员援引四个对比设计。其中,对比设计 1 是一个半圆形顶面、由 V 字型桌腿支撑的桌子。此对比设计被作为主对比设计。审查员认为,被审外观设计可以通过修改主对比设计(对比设计 1),从对比设计 2 的圆顶,对比设计 3 的 V 型支架,和对比设计 4 支架的等距安排得到,其是对既有同类设计的重组,不具有非显而易见性。见图 14。

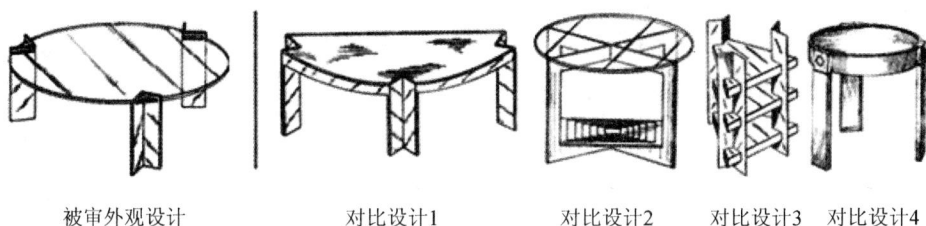

被审外观设计　　　　　　　对比设计1　　　　　对比设计2　　　　对比设计3　　对比设计4

图 14　In re Rosen 案的被考外观设计和对比设计 1—4

本案美国联邦巡回上诉法院认为,被审外观设计应该作为"一个整体"与现有技术比较,用以衡量是否符合授予专利的条件,而不能从现有设计中拣选设计特征,将之组合后与被审外观设计比较,特别是此种组合还要求对所挑选的设计特征进行修改。衡量外观设计专利申请是否具有非显而易见性时,必须确定一个主对比文件,它的设计特征与要求保护的设计基本相同。根据主对比文件(primary reference),或者根据次对比文件(secondary reference)提示的修改,才能判断要求保护的外观设计是否显而易见。本案中,主对比设计(对比设计 1)桌面周围的围护需要被去掉,并经过进一步的修改,才能变成一个桌子。而此围护是桌腿的组成部分。可见,不能只根据主对比设计认定被审外观设计专利申请的显而易见性。而且,也不能通过利用其他相关设计的设计特征替换或者补充主对比设计而得到被审外观设计。被审外观设计与主对比设计概念差别显著。主对比设计的整体外观体现的是空间的禁闭感,没有被审外观设计所体现的轻便和透空感。基于以上原因,联邦巡回上诉法院撤销了美国专利商标局的决定。

六、不得与在先合法权利冲突

明显不同于发明和实用新型专利制度,《专利法》(2008)第二十三条第 3 款还规定外观设计专利的授权实质条件包括"不得与他人在申请日以前已经取得的合法权利相冲突"。申请日(优先权日)以前取得的"合法权利"不包括外观设计专利权,"不得与在先合法权利冲突"的评判不同于"新颖性"与"明显区别性"的评判。"在先合法权利"不仅包括法定权利,而且还包括合法权益,即依照我国法律享有的并且在涉案专利申请日仍然有效的权利或者权益,例如肖像权、著作权、商标权、企业名称权(包括商号权)以及知名商品特有包装或者装潢使用权益等。[1] 这些权利的客体,诸如肖像、文学艺术作品、商业图文标识、商品外观,可能与外观设计的客体——产品外观设计——出现交叠和冲突。所谓"相冲突"是指未经权利人许可,外观设计专利使用了在先合法权利的客体,专利权的实施将会损害在先权利人的相关合法权利或者权益。[2] "使用在先合法权利客体"不限于完全相同的复制,还包括模仿、抄袭等方式使用在先合法权利的客体的全部或其主要部分。[3] 可见,"相冲突"的判断以在先合法权利是否受到损害为指针。

这一法律要求肇始于 2000 年《专利法》修订。[4]《专利法实施细则》(2001)开始将此作为专利无效理由。[5] 但是,专利复审委员会并没有因此而取得审查"权利相冲突"的权力。《专利法实施细则》(2001)第六十五条第 3 款规定,以授予专利权的外观设计与他人在先取得的合法权利相冲突为理由请求宣告外观设计专利权无效,但是未提交生效的能够证明权利冲突的处理决定或者判决的,专利复审委员会不予受理。法院因此认为,授予专利权的外观设计侵犯在先权利的,可以不经宣告外观设计专利无效而直接认定其侵权,不受经行政程序取得的权利须经行政程序方可否定其效力的一般规则的限制,其经行政程序取得的权利不能成为阻却违法的事由。[6] 如果产品外观设计突出使用的文字和图形与他人注册商标的文字和图形相同,即便外观设计专利产品未投入市场使用,但一旦投入市场即不可避免地会造成相关公众的混淆误认,法院得判令外

---

① 《专利审查指南》(2010)第四部分第五章。

② 《专利审查指南》(2010)第四部分第五章。

③ 《北京市高级人民法院关于审理外观设计专利案件的若干指导意见(试行)》(2008 年 10 月 29 日京高法发〔2008〕316 号)第七条。

④ 2001 年年末,欧盟通过《欧盟外观设计条例》,其第二十五条第 1 款亦规定在先取得合法权利可以作为宣告欧盟外观设计无效的理由。但是,不少学者认为此规定难以理解,特别是当所依据的在先商标只存在于某一个成员国时。他们认为,应该由成员国法律体系处理此问题,而不必要通过统一的欧盟外观设计无效宣告程序。

⑤ 《中华人民共和国专利法实施细则》(2001)第六十四条和第六十五条;《中华人民共和国专利法实施细则》(2010)第六十五条。

⑥ 王军与(法国)路易威登马利蒂股份有限公司侵犯商标权纠纷一案,北京市高级人民法院民事判决书〔2008〕高民终字第 114 号。

观设计专利权人不得使用外观设计专利产品。① 任何人可以凭法院作出权利冲突的有效判决向专利复审委员会请求宣告外观设计专利无效。

然而,《专利法实施细则》(2010)修订后,不再要求提供权利冲突的处理决定或判决,而只要求提供权利相冲突的"证据"。②《专利审查指南》(2010)进而新增"根据专利法第二十三条第 3 款的审查",规定专利复审委员会有权审查涉案外观设计专利是否与他人在先取得的合法权利相冲突。然而,这有让专利复审委员会超越自己专业裁判领域的危险。由于外观设计专利授权不需经过实质审查,外观设计专利无效宣告程序中,国家知识产权局专利复审委员会是实际进行外观设计专利是否符合授权条件的"一审"机构。为判断是否存在与在先取得的合法权利相冲突,专利复审委员会需要考察外观设计专利权的"实施"是否会损害在先权利人的相关合法权利或者权益。逻辑上来说,专利复审委员会需要根据外观设计专利的"实施"的实际情况,依照民法、商标法和反不正当竞争法,判断此"实施"行为是否侵害肖像权、商标权、构成反不正当竞争等。这已经超越了专利复审委员会本身的专业能力。

其实,外观设计专利与在先合法取得权利相冲突,是否应当作为宣告专利无效的法定理由,其本身值得商榷。《专利法》第二十三条第 3 款的目的是保护在先权利人的利益,救济被侵害的权利。然而,这并不意味着"一定"需要宣告冲突的外观设计专利无效才能解决权利冲突。例如,如果外观设计专利权人利用其外观设计时,与某一注册商标相冲突,可能致使消费者混淆产源,则可责令其规范使用,避免混淆即可,或者责令停止使用,赔偿损失。日本实行外观设计注册实审制,其《外观设计法》第二十六条(1)规定,如果注册外观设计与在先权利冲突,则不得使用,也未将之作为撤销注册外观设计的理由。

值得一提的是,我国商标制度也存在注册商标与在先合法取得权利之间的冲突问题。③ 我国《商标法》第九条规定,申请注册的商标不得与他人在先取得的合法权利相冲突。《最高人民法院关于审理注册商标、企业名称与在先权利冲突的民事纠纷案件若干问题的规定》(法释〔2008〕3 号)规定,原告以他人注册

---

① 王军与(法国)路易威登马利蒂股份有限公司侵犯商标权纠纷一案,北京市高级人民法院民事判决书〔2008〕高民终字第 114 号。

② 《中华人民共和国专利法实施细则》(2010)第六十六条第 3 款。

③ 《中华人民共和国商标法》(2013)第九条"申请注册的商标,应当有显著特征,便于识别,并不得与他人在先取得的合法权利相冲突。"同时,《中华人民共和国商标法》(2013)第三十二条规定"申请商标注册不得损害他人的在先权利"。

商标使用的文字、图形等侵犯其著作权、外观设计专利权、企业名称权等在先权利为由提起诉讼,符合《民事诉讼法》(2012)第一百一十九条规定的,人民法院应当受理;如果被诉企业名称侵犯注册商标专用权或者构成不正当竞争的,人民法院可以根据原告的诉讼请求和案件具体情况,确定被告承担停止使用、规范使用等民事责任。由人民法院根据个案的具体情况来解决权利冲突,从国家权力分配上来说更为合理,也更可以根据个案具体情况,采用灵活救济手段,解决权利冲突。但须注意,《商标法》(2013)第四十五条将"损害他人现有的在先权利"作为宣告注册商标无效的相对理由之一。

第五章　专利申请的审查和授权

　　一件专利申请须经过国家机关审核才可能被授予专利权。国家可以选择不同的制度模式，专利权的稳定性以及制度成本可以由此相差很大。具体说来，主要有两种制度设计。第一种是登记制。根据这种制度，专利局只审查专利文件是否齐备，是否满足形式要求，是否明显违反专利法规定（例如，违反公序良俗）。专利局不审查专利文件是否充分公开技术方案，不审查申请保护的技术方案是否具有新颖性、创造性和实用性。登记制最突出的优势是制度成本低，授权时间短。专利局不需要雇用专业的技术法律人员，也不需要具备进行实质审查必需的软硬件基础设施，例如专利检索用的大规模数据库。登记制最大的缺点是权利状态不稳定，不利于发明创造的商业化利用，并且让司法系统负担沉重。第二种是实质审查制。根据实质审查制，专利局需要对专利申请进行全面审查，确定是否符合专利法的授权条件。相比于登记制，实质审查制最大的优点是权利状态相对稳定，制度成本高昂。而且，如果国家对所有专利申请一律主动进行实质审查，往往导致案卷大量堆积，审查授权期限冗长。由于技术和市场发展迅速，提出申请时认为有市场前景的技术创新，如果没有能够为消费者及时接受，再寻求专利保护的意义并不大，也可能徒增行政成本。所以，现代专利制度常常采用延迟实质审查制，即专利申请公布后，国家依照专利申请人的申请而进行实质审查。

　　在我国专利制度下，不同类型的专利申请，其审查程序有所不同。对于发明专利申请，我国采用延迟实质审查制。发明专利申请公布后、授权前享受临时保护。对于实用新型和外观设计专利申请，我国采用事前登记制，事后实质审查制。

　　对于专利审查程序而言，发明人或设计人需要自己撰写，或者委托专利代理人撰写专利申请书，而后向国家知识产权局专利局提出专利申请。由于我国实行先申请原则，而当今世界创新竞争激烈，及早提出专利申请具有重要意义，既可避免因为他人公开技术方案而丧失新颖性，也可避免他人抢占先机先申请专利。国家知识产权局专利局受理申请后，会赋予一个申请日，而后对专利申请进行初步审查，即形式审查。实用新型和外观设计专利申请通过初步审查后，即可批准授权和公告授权；而发明专利申请还需要经过强制公布和实质审查才可被批准授权。在专利申请公布或者公告前，其内容属于秘密，国家知识产权局承担保密责任。① 专利申请审查的简要流程，可参见图 15。

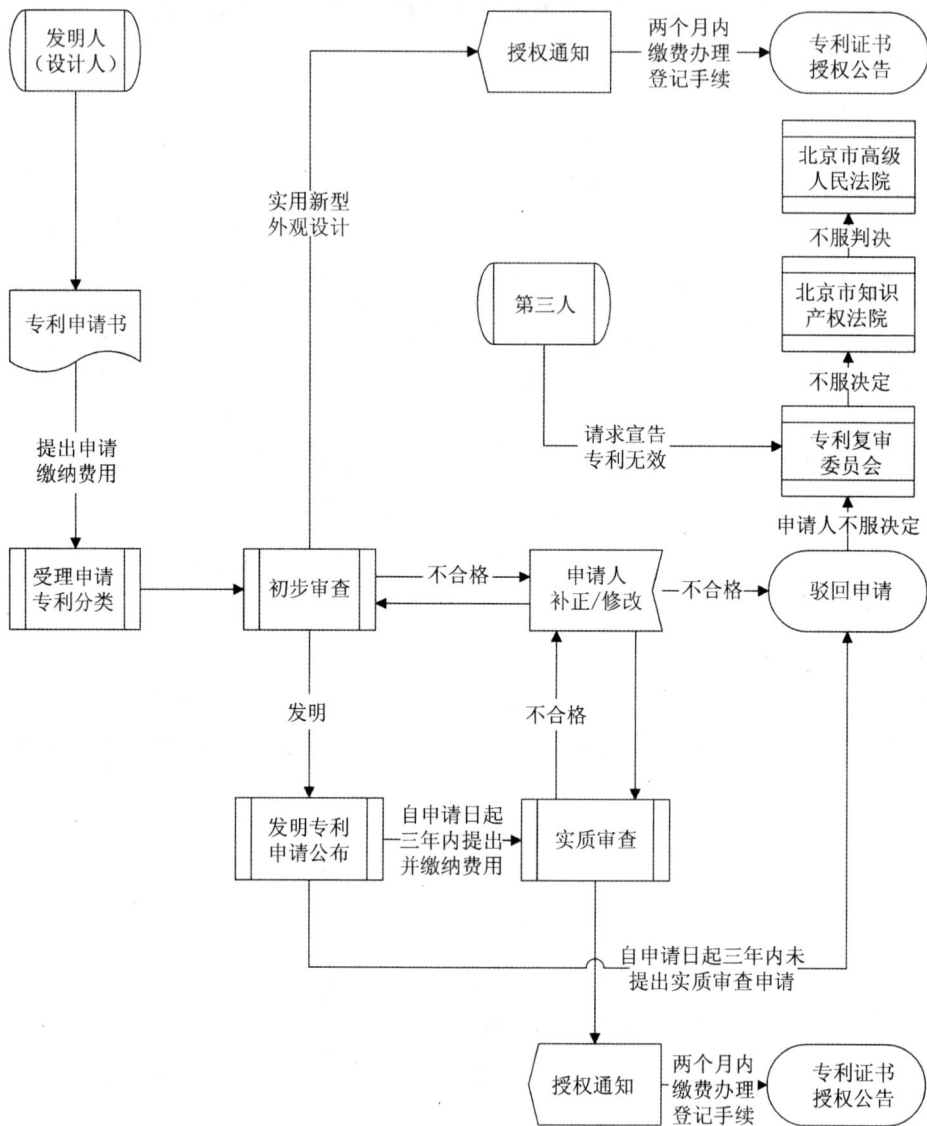

图 15　专利申请审查流程示意图

专利申请、审查和批准，并不是一个简单的行政程序，而是一个涉及发明人、专利申请人、国家知识产权局专利局和社会公众的复杂活动。而且，尽管专

---

① 《中华人民共和国专利法》(2008)第二十一条第 3 款。

利文书充斥着技术术语,它也并不是一个简单的技术文件,而是一个反映专利权人、国家、社会公众之间关系的法律文件。专利申请是一个法律性和技术性高度融合的法律实践活动,本章主要阐释专利申请审查和授权活动中的基本法律概念、法律原则和基本法律程序及法律规则。为此,首先需要了解国家知识产权局专利局。

第一节　国家知识产权局专利局

国务院专利行政部门是国家知识产权局,其前身是中华人民共和国专利局(简称"中国专利局"),由 1980 年经国务院批准成立。1998 年国务院机构改革,中国专利局更名为国家知识产权局。国家知识产权局(副部级)是国务院直属机构。虽然它负责组织协调全国知识产权保护工作,推动知识产权保护工作体系建设,但是,它并不负责我国所有的知识产权工作。国务院机构改革还未能形成知识产权的统一管理。例如,版权的行政主管机关仍是国家新闻出版广电总局的国家版权局,而商标注册和确权的行政机关是国家工商总局商标局和商标评审委员会。国家知识产权局目前最重要的职能是主管专利事务和知识产权涉外工作(国际合作司)。[①] 国家知识产权局下设有专利局,负责专利审查;下设直属事业单位国家知识产权局专利复审委员会(简称"专利复审委员会"),负责专利复审和专利无效宣告。[②] 这两个机构是专利法学习必须了解的机构,以下分别进行介绍。

国家知识产权局专利局的主要职能是负责受理和审查专利申请,批准授予专利权。除开综合管理职能部门外,专利局内部主要依照专利类型设置部门。专利局内设置一个"初审及流程管理部",负责受理专利申请、接受专利申请的中间文件及其他各类请求文件、发明专利申请初步审查、专利档案的管理、颁发专利证书等工作。根据技术领域不同,发明专利实质审查由七个审查部组成:机械发明审查部、电学发明审查部、通信发明审查部、医药生物发明审查部、化学发明审查部、光电技术发明审查部、材料工程发明审查部。大的审查部下设

---

① 关于国家知识产权局主要职责、内设机构和人员编制,可以参见国务院办公厅印发的《国家知识产权局主要职责内设机构和人员编制规定》(国办发〔2008〕94 号)。

② 国家知识产权局还有其他直属单位,例如国家知识产权局机关服务中心、知识产权出版社、中国知识产权报社、中国专利信息中心、中国知识产权培训中心、国家知识产权局知识产权发展研究中心、国家知识产权局专利检索咨询中心、国家知识产权局专利审查协作中心、中国专利技术开发公司。

业务处。例如,机械发明审查部下设有轻纺处、切削加工处、动力处、包装处、交通运输处、无切削加工处和传动处七个业务处。而实用新型专利申请和外观设计专利申请的初步审查分别由实用新型审查部和外观设计审查部进行。

此外,国家知识产权局已经在全国 26 个大城市设有代办处,主要从事专利相关工作,主要承担专利申请文件的受理、费用减缓请求的审批、专利费用的收缴、办理专利登记簿副本等工作。

并非所有的专利申请都由专利局受理和审查。"国防专利申请"统一由国防科学技术工业委员会国防专利局受理、审查和批准,而仅由国家知识产权局专利局作出授权决定。

而且,专利局也不负责专利行政管理工作。国家知识产权局内设有"专利管理司",由其执行以下职能:拟订和实施专利管理工作的政策和措施,拟订规范专利技术交易的政策,指导和规范知识产权无形资产评估工作,指导地方处理和调解专利纠纷、查处假冒他人专利行为和冒充专利行为。在地方层面,专利管理工作由地方管理专利工作的部门负责。所谓"地方管理专利工作的部门"指由省、自治区、直辖市人民政府以及专利管理工作量大又有实际处理能力的设区的市人民政府设立的管理专利工作的部门。① 其隶属于地方,负责本行政区域内的专利管理工作,具体包括:处理专利侵权纠纷案件,查处假冒他人专利、冒充专利行为,以及调解下列专利纠纷:专利申请权和专利权归属纠纷,发明人、设计人资格纠纷,职务发明创造的发明人、设计人的奖励和报酬纠纷,在发明专利申请公布后专利权授予前使用发明而未支付适当费用的纠纷,等等。②

第二节　专利申请的提出和受理

为提出专利申请,首先需要准备齐全而且符合法律要求的专利申请文件。特别的,申请文件中应当包含请求书。请求书中申请专利的类别应明确;写明申请人姓名或者名称及其地址。发明专利申请文件中须有说明书和权利要求书;实用新型专利申请文件中须有说明书、说明书附图和权利要求书;外观设计专利申请文件中须有图片或者照片和简要说明。③ 此外,申请书还应该满足国

---

① 《中华人民共和国专利法实施细则》(2010)第七十九条。
② 参见《中华人民共和国专利法》(2008)第六十条和《中华人民共和国专利法实施细则》(2010)第八十五条。
③ 《专利审查指南》(2010)第 447 页。

家知识产权局的技术性要求。[①]

专利申请文件是技术性很强的法律文件。发明人往往只是技术专家，并不能撰写出符合法律要求、最大化保护发明创造的专利申请文件。而且，发明人很可能不熟悉专利局的法律程序，不能有效地和专利审查员沟通。为此，尽管法律并不禁止发明人自己直接提出专利申请，但是，为顺利获得高质量的专利授权，最好委托专业的专利代理人。

外国人向中国提出专利申请有特别的法律限制。根据我国专利法，如果外国人、外国企业或者外国其他组织（以下统称为"外国人"）在中国有经常居所或者营业所，他们享受国民待遇。这符合《巴黎公约》和 TRIPS 协议的要求。然而，如果"外国人"在中国没有经常居所或者营业所，他们就只能依照其所属国同中国签订的协议或者共同参加的国际条约，或者依照互惠原则，申请专利。[②]并且，他们在中国申请专利和办理其他专利事务应当委托依法设立的专利代理机构办理。[③]

申请专利时，申请人应当将完备的申请文件直接提交或寄交"国家知识产权局专利局受理处"，[④]也可以提交或寄交到设在地方的国家知识产权局专利局代办处。专利申请必须采用书面形式或者电子申请的形式办理，否则不具有法律效力。口头说明或者提交样品或模型不能代替书面申请文件。具体而言，发明专利和实用新型的申请文件类似，都包括专利请求书、说明书（包括附图）、权利要求书、摘要（必要时应当有摘要附图），各一式两份。外观设计专利的申请文件有所不同，具体包括：外观设计专利请求书、图片或者照片、简要说明（各一式两份）。要求保护色彩的，还应当提交彩色图片或者照片一式两份。值得注意的是，专利申请过程中的各种手续文件都应当按规定签章，签章应当与请求书中填写的姓名或者名称完全一致。如果要求优先权的，申请人还应该提交相关文件。

对于收到的文件，专利局受理部门将根据收到日期，确定并在文件上注明收到日，核实文件数量。如果文件符合受理条件，专利局将根据以下规则，确定

---

① 参见《专利审查指南》(2010) 第 447 页。

② 《中华人民共和国专利法》(2008) 第十八条。

③ 《中华人民共和国专利法》(2008) 第十九条。

④ 邮寄或者递交到专利局非受理部门或者个人的专利申请，其邮寄日或者递交日不具有确定申请日的效力，如果该专利申请被转送到专利局受理处或者代办处，以受理处或者代办处实际收到日为申请日。分案申请以原申请的申请日为申请日，并在请求书上记载分案申请递交日。参见《专利审查指南》(2010) 第 449 页。

"申请日"：向专利局受理处或者代办处窗口直接递交的专利申请，以收到日为申请日；通过邮局邮寄递交到专利局受理处或者代办处的专利申请，以信封上的寄出邮戳日为申请日；寄出的邮戳日不清晰无法辨认的，以专利局受理处或者代办处收到日为申请日，并将信封存档。但是，通过速递公司递交到专利局受理处或者代办处的专利申请，以收到日为申请日。[①]

确定申请日后，专利局受理部门还将按照专利申请的类别和专利申请的先后顺序给出相应的"专利申请号"，号条贴在请求书和案卷夹上。随后，作出"专利申请受理通知书"送交申请人。专利申请受理通知书至少应当写明申请号、申请日、申请人姓名或者名称和文件核实情况，加盖专利局受理处或者代办处印章，并有审查员的署名和发文日期。

申请人还需要按照规定缴纳费用。申请人应当自申请日起两个月内或者在收到受理通知书之日起 15 日内缴纳申请费、公布印刷费和必要的申请附加费。[②] 期满未缴纳或者未缴足的，其申请将被视为撤回。申请人要求优先权的，应当在缴纳申请费的同时缴纳优先权要求费；期满未缴纳或者未缴足的，视为未要求优先权。[③]

第三节　专利申请的初步审查

对于专利申请审查而言，发明专利申请与实用新型专利申请和外观专利申请的审查授权程序截然不同，初步审查的法律意义也有所不同。对于发明专利申请而言，"初步审查"是专利申请依法自动公布或依申请人请求公布的前提条件，也是专利申请人申请实质审查的前提条件。如果经实质审查没有发现驳回理由，国家知识产权局才会作出授予发明专利权的决定，发给发明专利证书，同时予以登记和公告。发明专利权自公告之日起生效。而对于实用新型专利申请和外观设计专利申请而言，"初步审查"是授权的前提条件。如果经初步审查没有发现驳回理由，国家知识产权局就将作出授予实用新型专利权或者外观设

---

① 邮寄或者递交到专利局非受理部门或者个人的专利申请，其邮寄日或者递交日不具有确定申请日的效力，如果该专利申请被转送到专利局受理处或者代办处，以受理处或者代办处实际收到日为申请日。分案申请以原申请的申请日为申请日，并在请求书上记载分案申请递交日。参见《专利审查指南》(2010)第 449 页。

② 《中华人民共和国专利法实施细则》(2010)第九十五条第 1 款。

③ 《中华人民共和国专利法实施细则》(2010)第九十五条第 2 款。

计专利权的决定,发给相应的专利证书,同时予以登记和公告,专利权自公告日生效。[1]

从审查的内容上看,概括地说,初步审查主要包括四大部分:申请文件的形式审查,申请文件明显实质性缺陷审查,其他文件的形式审查,有关费用缴纳的审查。具体来说,初步审查涉及申请费、申请附加费、公布印刷费、优先权要求费。[2] 初步审查所涉及的"其他文件"的形式审查的范围包括专利申请转让文件,[3]要求宽限期保护的证明文件、[4]要求优先权的相关文件[5]等等。[6]

初步审查的重点是申请文件的形式和明显实质性缺陷。对于前者,三种专利申请的初步审查要审查专利申请人提交的文件是否齐备,请求书、权利要求书、说明书及附图、产品外观设计的照片或图片等是否符合规定的形式要求,[7]申请是否符合书面形式或者规定的形式,是否采用中文,用语是否符合规范,等等。[8]

对于后者,申请文件"明显"实质性缺陷审查只依据申请文件进行,限于审查员既有的知识和已知信息,不要求审查员进行信息检索。就此,三种专利申请的初步审查内容既有相同之处,也有不同之处。相同之处主要包括以下几个方面:(1)申请保护的主题是否明显不符合"发明"、"实用新型"和"外观设计"各自的定义;[9](2)发明创造是否明显违反法律、社会公德或者妨害公共利益,以及依赖遗传资源而完成的发明创造,其遗传资源获取是否违法;[10](3)在中国没有经常居所或者营业所的"外国人"是否有权申请专利,是否按照法律要求委托专利代理机构;[11](4)申请人是否违反保密审查的要求向国外申请专利,无论因为发明或实用新型在中国完成,还是因为主体为中国单位或个人;[12](5)是否

---

[1] 《中华人民共和国专利法》(2008)第二条。

[2] 《中华人民共和国专利法实施细则》(2010)第九十三条第1款。

[3] 《中华人民共和国专利法》(2008)第十条。

[4] 《中华人民共和国专利法》(2008)第二十四条。

[5] 《中华人民共和国专利法》(2008)第二十九条、第三十条。

[6] 其他此类文件包括《中华人民共和国专利法实施细则》(2010)第二条、第三条、第六条、第七条、第十五条第三款和第四款、第二十四条、第三十条、第三十一条第一款至第三款、第三十二条、第三十三条、第三十六条、第四十条、第四十二条、第四十三条、第四十五条、第四十六条、第八十六条、第八十七条、第一百条的规定文件。

[7] 《中华人民共和国专利法实施细则》(2010)第四十四条。

[8] 《中华人民共和国专利法实施细则》(2010)第二条和第三条第1款。

[9] 《中华人民共和国专利法》(2008)第四十条。

[10] 《中华人民共和国专利法》(2008)第五条。

[11] 《中华人民共和国专利法》(2008)第十八条和第十九条。

[12] 《中华人民共和国专利法》(2008)第二十条第1款。

明显属于法定不应授予专利的情况;①(6)专利申请是否符合单一性要求;②(7)专利申请文件如果被修改过,修改是否超过法律规定的范围。③

然而,不同于发明专利申请的初步审查,实用新型专利申请和外观设计专利申请的"初步审查"还包括申请是否"明显"不符合专利授权的实质性条件。对于实用新型而言,审查内容除上述外,根据《专利法实施细则》第四十四条,还包括:(1)申请保护的技术方案是否明显不具有新颖性和实用性;④(2)说明书是否明显公开不充分,权利要求书是否明显得不到说明书支持;⑤(3)是否构成重复授权;⑥(4)分案申请是否修改超范围。⑦ 外观设计专利申请与此类似。具体而言,审查内容除上一段所述的共同内容外,根据《专利法实施细则》第四十四条,还包括:(1)申请保护的外观设计是否明显不具有新颖性;(2)是否构成重复授权;⑧(3)分案申请是否修改超范围。⑨ 所谓"明显"不具有新颖性或者明显构成重复授权,是指审查员可以根据未经其检索获得的有关现有技术或抵触申请的信息判断实用新型或者外观设计是否明显不具备新颖性,根据已经得知有申请人就同样的实用新型或外观设计申请了专利的情况判断是否明显构成重复授权。⑩ 总之,初步审查有别于实质审查,并不要求审查员检索现有技术或者现有设计,判断以上实质性问题。

区分形式审查和明显实质缺陷审查具有重要的法律意义。如果审查员认为专利申请的形式不符合专利法要求,则意味着缺陷可以通过补正克服,审查员将发出补正通知。只有当审查员针对该缺陷已发出过两次补正通知书,并且在指定的期限内经申请人陈述意见或者补正后仍然没有消除时,审查员才可以作出驳回决定。

而如果审查员认为申请文件存在不可能通过补正方式克服的明显实质性缺陷,他将发出审查意见通知书。如果在指定的期限内,申请人没有提出有说服力的意见陈述或证据,也未针对通知书指出的缺陷进行修改,审查员就可以

① 《中华人民共和国专利法》(2008)第二十五条。
② 《中华人民共和国专利法》(2008)第三十一条。
③ 《中华人民共和国专利法》(2008)第三十三条。
④ 《中华人民共和国专利法》(2008)第二十二条第 2 款和第 4 款。
⑤ 《中华人民共和国专利法》(2008)第二十六条第 3 款和第 4 款。
⑥ 《中华人民共和国专利法》(2008)第九条。
⑦ 《中华人民共和国专利法实施细则》(2010)第四十三条第 1 款。
⑧ 《中华人民共和国专利法》(2008)第九条。
⑨ 《中华人民共和国专利法实施细则》(2010)第四十三条第 1 款。
⑩ 《专利审查指南》(2010)第一部分第二章,第 64 页。

作出驳回决定。如果申请人作出了修改，但没有消除审查员认为的实质性缺陷，审查员会再给予一次机会，让申请人陈述意见或修改申请文件。如果申请人仍旧无法消除指出的明显实质性缺陷，专利申请将被驳回。

第四节　发明专利申请的公布

只有发明专利申请才须要授权前公布。发明专利申请初步审查合格后，自申请日（有优先权日的，自优先权日）起满18个月，即行公布。[①] 申请人也可以请求早日公布其申请。由于专利申请公布前，国家知识产权局对专利申请的内容具有保密责任，[②]发明专利申请人须要在公布日之前撤回申请，[③]才有可能将申请文件所载技术内容保持秘密状态。换言之，一旦专利申请提出，最长的保密时间不超过自申请日（优先权日）起18个月。

此种强制公开制度有利于科技进步，也有利于社会公众以适当方式介入发明专利申请的实质审查。发明专利申请公开之后，其包含的技术信息不可逆转地进入公开状态，社会公众得以利用专利申请所载的新技术信息，进行进一步的研发和创新，从而避免重复研发，浪费社会有限的创新资源。另一方面，社会公众得知发明专利申请的权利要求和说明书内容后，根据《专利法实施细则》（2010）第四十八条，如果认为其不符合专利法规定，可以直接向专利局提出意见，并说明理由。换言之，通过早期公布专利申请，专利局可以借助社会资源，特别是申请人的竞争者，提高实质审查的效率，提高专利授权的质量。为提升专利质量，美国专利商标局近年来一直致力于推进第三方可适当介入的实质审查方式，代表了未来专利审查制度的发展方向。

发明专利申请公布后，专利法对公开的技术方案给予有限的保护，即所谓的"临时保护"。我国《专利法》（2008）第十三条规定："发明专利申请公布后，申请人可以要求实施其发明的单位或者个人支付适当的费用。"[④]可见，专利申请人申请早日公开专利申请就可以早日获得保护。如果在专利申请日后、专利申请公布日之前，第三人独立研发产生创造发明并利用相同的技术方案，专利申

---

① 《中华人民共和国专利法》（2008）第三十四条。

② 《中华人民共和国专利法》（2008）第二十一条第3款。

③ 《中华人民共和国专利法》（2008）第三十二条规定："申请人可以在被授予专利权之前随时撤回其专利申请。"

④ 《中华人民共和国专利法》（2008）第十三条。

请人(专利权人)就此期间的任何行为都不能主张法律救济。[①]

但是,专利授权前,专利申请人很难主张此种补偿权。在此期间,有效的专利权尚未产生。发明专利权自授权公告方才生效,[②]而我国专利法认为,临时保护的范围需要依照专利申请和授权专利的权利要求才能确定。[③] 在"浙江杭州鑫富药业股份有限公司诉山东新发药业有限公司、上海爱兮缇国际贸易有限公司发明专利临时保护期使用费纠纷及侵犯发明专利权纠纷管辖权异议再审案"中,最高人民法院指出:"除了权利人只能就使用费问题主张损害赔偿的民事责任而不能请求实施人承担停止侵权等民事责任问题,(临时保护)在其他问题上与一般意义的侵犯专利权纠纷并无本质不同。"[④]并且,最高人民法院还认为,《专利法》(2008)第十三条规定的临时保护所谓的"实施其发明",与《专利法》(2008)第十一条规定的"实施"系同一概念,应当作出相同的解释,即指制造、使用、许诺销售、销售、进口。"任何人在发明专利临时保护期内以制造、使用、许诺销售、销售、进口等任何一种方式实施该发明的,专利权人都有权在该发明专利授权后提起诉讼要求支付适当的使用费。"[⑤]同时,《专利法实施细则》(2010)第八十五条明确规定,只有当发明专利授权后,专利权人才可以向管理专利工作的部门请求调解临时保护期间的支付适当费用的纠纷。因此,我国专利制度下,专利权人需要等待专利授权后,并且举证被告产品或方法落入授权专利的保护范围,方能获得"临时保护",[⑥]要求被告支付临时保护期间的适当费用。

但是,何谓"适当费用",《专利法》(2008)和《专利法实施细则》(2010)并没

---

① 如果第三人在申请日前独立研发出相同的发明创造,并在专利申请日前已经制造相同产品、使用相同方法或者已经作好制造、使用的必要准备,并且仅在原有范围内继续制造、使用的,可以援引《专利法》(2008)第六十九条(二)规定的在先使用侵权抗辩。

② 《中华人民共和国专利法》(2008)第三十九条。

③ 《最高人民法院关于审理专利纠纷案件应用法律问题的解释(二)》(法释〔2016〕1号)第十八条第2款规定:"发明专利申请公布时申请人请求保护的范围与发明专利公告时的专利权保护范围不改的,被诉技术方案的落入上述两种范围的,人民法院应当认定被告在前款所述期间实施了该发明;被述技术方案仅落入其中一种范围的,人民法院应当认定被告在前款所称期间内未实施该发明。"但是,《欧洲专利公约》(2001)第六十九条第2款规定:"欧洲专利授权以前,欧洲专利申请的保护范围应当根据公开的专利申请中的权利要求来确定。"

④ 浙江杭州鑫富药业股份有限公司诉山东新发药业有限公司、上海爱兮缇国际贸易有限公司发明专利临时保护期使用费纠纷及侵犯发明专利权纠纷管辖权异议再审案,最高人民法院〔2008〕民申字第81号民事裁定。

⑤ 同前注。

⑥ 参见李宪奎与深圳市岩土工程公司发明专利临时保护期使用费纠纷上诉案,广东省高级人民法院民事判决书〔2004〕粤高法民三终字第242号;宁国市明光机电设备制造有限公司与佘根生发明专利临时保护期使用费纠纷上诉案,浙江省高级人民法院民事判决书〔2009〕浙知终字第188号。

有明确规定,也尚没有司法解释澄清。一种意见认为,发明专利临时保护与发明专利权保护有所差异,临时保护期的适当使用费也应当有别于专利侵权的损害赔偿。① 另一种意见认为,既然是依据授权专利请求临时保护,确定临时保护期的适当费用"可参照专利侵权赔偿数额的计算方式"。② 如果承认发明专利临时保护"与一般意义的侵犯专利权纠纷并无本质不同",则后一种意见更为合理,也更具有可操作性。但《最高人民法院关于审理专利侵权纠纷案件应用法律若干问题的解释(二)》(法释〔2016〕1 号)第十八条第 1 款认为,就"适当费用","人民法院可以参照有关专利许可费合理确定。"

临时保护期的适当使用费请求权行使的诉讼时效和一般专利侵权类似。《专利法》(2008)第六十八条第 2 款规定,专利权人要求支付使用费的诉讼时效为二年,自专利权人得知或者应当得知他人使用其发明之日起计算,但是,专利权人于专利权授予之日前即已得知或者应当得知的,自专利权授予之日起计算。

第五节　发明专利申请的实质审查

专利申请通过初步审查后,才能进入实质审查。实质审查可以通过两种方式启动:一种是依照专利申请人请求;一种是国家知识产权局专利局依照职权。具体来说,发明专利申请自申请日起三年内,国务院专利行政部门可以根据申请人随时提出的请求,对其申请进行实质审查。③ 如果此期间内申请人无正当理由逾期不请求实质审查,该申请将被视为撤回。④ 专利申请人请求实质审查,应当在专利法及其实施细则规定的相关期限内缴纳实质审查费;期满未缴纳或者未缴足的,将被视为未曾提出请求。⑤ 另一方面,专利局认为必要的时候,可以自行对发明专利申请进行实质审查,并通知专利申请人。⑥

然而,需要注意的是,发明专利申请公布并不是其实质审查的必要条件。典型的是,根据《专利法实施细则》第七条,专利申请属于"保密专利申请"的情

---

① 参见南京优凝舒布洛克建材有限公司诉浙江省宁海县胡陈乡人民政府等发明专利临时保护期使用费纠纷案,浙江省宁波市中级人民法院民事判决书〔2007〕甬民四初字第 339 号。

② 参见恒源(绍兴)建材有限公司与南京优凝舒布洛克建材有限公司发明专利临时保护期使用费纠纷上诉案,浙江省高级人民法院民事判决书〔2009〕浙知终字第 30 号。

③ 《中华人民共和国专利法》(2008)第三十五条。

④ 《中华人民共和国专利法》(2008)第三十五条。

⑤ 《中华人民共和国专利法实施细则》(2010)第九十五条。

⑥ 《中华人民共和国专利法实施细则》(2010)第五十条。

况。保密专利申请的初步审查和实质审查均由专利局指定的审查员进行。保密发明专利申请的初步审查和实质审查的审查基准与一般发明专利申请相同，但是初步审查合格的保密专利申请不予公布，如其实质审查请求符合规定，则直接进入实质审查程序。[①] 此外，专利局依照职权进行实质审查，只以其认为"必要"为前提，并不以发明专利申请公布为前提。

为方便审查，专利申请人具有诚实信用地配合实质审查的义务。《专利法》（2008）第三十六条要求发明专利申请人请求实质审查时应当提交在申请日前与其发明有关的参考资料，以便提高审查效率。此外，《专利法》（2008）第三十条还规定，如果该发明专利已经在外国提出过申请的，专利局可以要求申请人在指定期限内提交该国为审查其申请进行检索的资料或者审查结果的资料；无正当理由逾期不提交的，该申请即被视为撤回。发明专利申请人因有正当理由无法提交检索资料或者审查结果资料的，应当向专利局声明，并在得到有关资料后补交。[②]

为此，专利申请人须遵守诚实信用的法律原则，真实地披露发明创造依据的现有技术。恶意取得专利权将可能构成滥用，致使侵权诉讼请求得不到法院支持。在《美国专利法》中，此种行为称为"不当行为"（inequitable conduct）。一旦被告证明原告构成不当行为，专利权将没有执行力（unenforceable），法院将视同专利失效，不支持权利人基于所涉专利的任何权利主张。我国专利法对违反此种诚实信用义务的行为并没有规定。理论上来说，人民法院完全可以根据《专利法》（2008）第三十条，认定不当取得专利权，进而不支持专利权人的侵权诉讼请求。实际上，2001 年 9 月 29 日北京市高级人民法院颁布实施的《关于专利侵权判定若干问题的意见（试行）》第 90 条已经规定有"恶意取得专利权"。[③]北京市高级人民法院起草的《专利侵权判定若干问题的意见》（征求意见稿）（2011 年 4 月）第 120 条将之进一步明确，规定"恶意取得专利权，是指将明知不应当获得专利保护的发明创造，故意采取规避法律或者不正当手段获得了专利权，其目的在于获得不正当利益或制止他人的正当实施行为。以下情形可以认

---

① 《专利审查指南》（2010）第五部分第五章，第461页。

② 《中华人民共和国专利法实施细则》（2010）第四十九条。

③ 《北京市高级人民法院关于专利侵权判定若干问题的意见（试行）》（2001）第90条规定："被告以原告恶意取得专利权，并滥用专利权进行侵权诉讼的，应当提供相关的证据。恶意取得专利权，是指将明知不应当获得专利保护的发明创造，故意采取规避法律或者不正当手段获得了专利权，其目的在于获得不正当利益或制止他人的正当实施行为。"

定为恶意：(1) 以国家标准、行业标准等技术标准申请专利并予以实施的。(2) 以某一地区广为制造或使用的产品,且专利权人在有条件知晓该制造或使用的情况下申请专利并实施的。"在侵权诉讼中,被告可以以专利权恶意取得作为侵权抗辩。如果原告依据恶意取得的专利权采取财产保全、诉前禁令等临时措施,损害了被告的合法权益,他还将负担相应的法律责任。[①]

除了依请求进行实质审查这一基本原则外,实质审查还应遵循听证原则和程序经济原则。[②] 所谓"听证原则"是指审查员在作出驳回决定之前,应当给申请人提供至少一次针对驳回所依据的事实、理由和证据,陈述意见、修改申请文件的机会,即审查员作出驳回决定时,驳回所依据的事实、理由和证据应当在之前的审查意见通知书中已经告知过申请人。[③] 听证原则保证申请人权益的同时,也可能导致程序效率下降。为此,在遵守听证原则的大前提下,实质审查还应遵循程序经济原则,尽可能地缩短审查过程,节约行政资源和申请人成本。为此,除非确定申请根本没有被授权的前景,审查员应当在第一次审查意见通知书中尽可能告知申请人不符合专利法及其实施细则规定的所有问题,要求其在指定期限内对所有问题给予答复,从而减少不必要的程序浪费。[④]

实质审查实际过程中,审查员往往需要多次给申请人发出通知书(审查意见通知书、分案通知书或提交资料通知书等),而申请人相应地需要多次答复,修改或者陈述意见,直至发明专利申请被授予专利权、被驳回、被撤回或者被视为撤回,案卷才告审结。实质审查所依据的文件是专利申请人最新提交的文件。具体来说,审查员首次审查所针对的文本通常是申请人按照《专利法》及其实施细则规定提交的原始申请文件或者应专利局初步审查部门要求补正后的文件。如果申请人此后依法主动提出请求修改专利申请文件,或者应第一次审查意见通知书或再次审查意见通知书要求修改专利申请文件,审查员将以最后一次提交的申请文件为审查文本。在实质审查过程中,审查员与申请人之间往返的文件构成了所谓的专利审查档案。审查员往往基于申请人在答复审查意见通知书中的意见陈述和修改而授予专利权。为防止专利申请人申请专利时,

①　参见《中华人民共和国专利法》(2010)第六十六条第5款"申请(诉前禁令)有错误的,申请人应当赔偿被申请人因停止有关行为所遭受的损失"。另外,参见《中华人民共和国专利法》(2008)第四十七条,如果原告专利权被宣告无效,生效的无效决定对法院财产担保、临时禁令等裁定具有溯及力。

②　《专利审查指南》(2010)第二部分第八章,第220页。

③　《专利审查指南》(2010)第二部分第八章,第220页。

④　《专利审查指南》(2010)第二部分第八章,第220页。

故意限缩性地解释权利要求以谋得专利授权,而专利侵权诉讼中又扩张性解释权利要求以求得侵权救济,专利法有著名的"禁止反悔原则",禁止专利权人重新要求已经放弃的专利保护范围。在第九章专利侵权中,我们将细致地介绍和讨论这一法则。

我国现行专利制度下,社会公众只能非常有限地介入实质审查和专利授权过程。我国 1984 年《专利法》曾经规定有授权前的异议程序。《专利法》(1984)第四十一条规定,专利申请自公告之日起三个月内,任何人都可以向专利局对该申请提出异议。如果专利局经审查认为异议成立,即作出驳回申请的决定。但是,实际运行中,专利异议程序导致专利行政审查程序冗长。1992 年《专利法》修订时,授权前的异议程序因此被改为授权后专利撤销程序。《专利法》(1992)第四十一条规定,自专利局公告授予专利权之日起六个月内,任何单位或者个人认为该专利权的授予不符合本法有关规定的,都可以请求专利局撤销该专利权。专利局对撤销专利权的请求进行审查,作出撤销或者维持专利权的决定。但是,此种制度又与本来存在的专利无效程序重叠。因此,2001 年《专利法》修订时,直接取消了此种专利撤销程序。现行专利制度下,第三人只可以辅助实质审查。《专利法实施细则》第四十八条规定,自发明专利申请公布之日起至公告授予专利权之日止,任何人均可以对不符合专利法规定的专利申请向专利局提出意见,并说明理由。[①] 如果认为专利(包括发明、实用新型和外观设计)授权不符合专利法规定,公众只能向国家知识产权局专利复审委员会提出专利无效宣告请求。

发明专利申请的实质审查是全面审查其是否符合专利法规定的授权条件,并不限于第四章已讨论的"实质性授权条件"。具体而言,发明专利申请的实质审查包括以下本章已经讨论的内容:[②](1)申请人向国外申请该发明的专利权时,是否依法经过保密审查;[③](2)是否可能构成重复授权;[④](3)申请文件的说明书是否清楚、完整地充分公开了技术方案,权利要求书是否依据说明书并且明确地界定专利的保护范围,申请文件是否说明遗传资源的直接来源和原始来源,[⑤]以及独立权利要求是否缺少必要技术特征;[⑥](4)专利申请是否满足单一

---

① 《中华人民共和国专利法实施细则》(2010)第四十八条。

② 《中华人民共和国专利法实施细则》(2010)第五十三条。

③ 《中华人民共和国专利法》(2008)第二十条第 1 款。

④ 《中华人民共和国专利法》(2008)第九条。

⑤ 《中华人民共和国专利法》(2008)第二十六条第 3—5 款。

⑥ 《中华人民共和国专利法实施细则》(2010)第二十条第 2 款。

性要求；[①](5) 修改是否超范围，包括分案申请过程的修改是否超出原申请。[②]发明专利实质审查还包括以下第四章已讨论的内容：[③](1) 发明是否违反法律、社会公德或者妨害公共利益，以及依赖遗传资源而完成的发明创造，其遗传资源获取是否违法；[④](2) 发明是否属于不得授予专利的情况；[⑤](3) 申请保护的技术方案是否构成专利法下的"发明"；[⑥](4) 申请保护的技术方案是否具有新颖性、创造性和实用性。[⑦]

第六节　专利授权的通知、登记与公告

如果实用新型和外观设计专利申请通过初步审查，或者发明专利申请通过实质审查，没有发现驳回理由，国家知识产权局专利局将发出授予专利权的通知。申请人应当自收到通知之日起两个月内办理登记手续。[⑧] 申请人办理登记手续时，应当缴纳专利登记费、公告印刷费和授予专利权当年的年费；期满未缴纳或者未缴足将被视为未办理登记手续。[⑨] 如果申请人按期办理登记手续，国家知识产权局专利局将授予专利权，颁发专利证书，并同时在专利登记簿和专利公报上予以登记和公告。[⑩] 专利权自公告之日起生效。而如果期满未办理登记手续，则将被视为放弃取得专利权的权利。[⑪] 而对于保密专利申请，如果经审查没有发现驳回理由，国家知识产权局专利局将作出授予保密专利权的决定，颁发保密专利证书，登记保密专利权的有关事项，但不在专利公报上公告。[⑫] 只有解密时，保密专利权才公告。[⑬]

国家知识产权局专利局授予专利权时建立"专利登记簿"。专利登记簿

---

① 《中华人民共和国专利法》(2008)第三十一条第1款。

② 《中华人民共和国专利法》(2008)第三十三条和《中华人民共和国专利法实施细则》(2010)第四十三条第1款。

③ 《中华人民共和国专利法实施细则》(2010)第五十三条。

④ 《中华人民共和国专利法》(2008)第五条。

⑤ 《中华人民共和国专利法》(2008)第二十五条。

⑥ 《中华人民共和国专利法》(2008)第二条。

⑦ 《中华人民共和国专利法》(2008)第二十二条。

⑧ 《中华人民共和国专利法实施细则》(2010)第五十四条。

⑨ 《中华人民共和国专利法实施细则》(2010)第九十七条。

⑩ 《中华人民共和国专利法实施细则》(2010)第五十四条。

⑪ 《中华人民共和国专利法实施细则》(2010)第五十四条。

⑫ 《中华人民共和国专利法实施细则》(2010)第五十五条。

⑬ 《中华人民共和国专利法实施细则》(2010)第九十条。

相当于特定专利的"户籍",是专利权法律状态的作准法律文件。其登记的内容包括:专利权的授予,专利申请权、专利权的转移,保密专利的解密,专利权的无效宣告,专利权的终止,专利权的恢复,专利权的质押、保全及其解除,专利实施许可合同的备案,专利实施的强制许可以及专利权人姓名或者名称、国籍、地址的变更。① 专利登记簿登记的事项以数据形式储存于数据库中,制作专利登记簿副本时,按照规定的格式打印而成,加盖专用章后生效。② 在授予专利权时,专利登记簿与专利证书上记载的内容完全一致,具有同等法律效力。但是,授予之后,专利法律状态的变更就只记载在专利登记簿之上。因此,如果专利证书上记载的内容与专利登记簿不一致时,应当以专利登记簿的记载为准。③

专利权是排他权,授权须要公示公信。专利权自公告之日生效。④ 国家知识产权局定期出版"专利公报"。《中国专利公报》每周定期公布、公告专利事务,分为《发明专利公报》、《实用新型专利公报》和《外观设计专利公报》三种。每周每种公报合订为一期,全年 52 期。"专利公报"公布或公告的内容涉及发明专利申请所有重大程序状态以及授权专利的基本信息和法律状态,包括但不限于专利授权公告。具体来说,专利公报所公开的信息主要包括:⑤(1) 发明专利申请的著录事项和说明书摘要;(2) 发明专利申请的实质审查请求和国务院专利行政部门对发明专利申请自行进行实质审查的决定;(3) 发明专利申请公布后的驳回、撤回、视为撤回、视为放弃、恢复和转移;(4) 专利权的授予以及专利权的著录事项;(5) 发明或者实用新型专利的说明书摘要,外观设计专利的一幅图片或者照片;(6) 国防专利、保密专利的解密;(7) 专利权的无效宣告;(8) 专利权的终止、恢复;(9) 专利权的转移;(10) 专利实施许可合同的备案;(11) 专利权的质押、保全及其解除;(12) 专利权人的姓名或者名称、地址的变更等等。

---

① 《中华人民共和国专利法实施细则》(2010)第八十九条。
② 《专利审查指南》(2010)第五部分第九章,第492页。
③ 《专利审查指南》(2010)第五部分第九章,第493页。
④ 《中华人民共和国专利法》(2008)第三十九条和第四十条。
⑤ 《中华人民共和国专利法实施细则》(2010)第九十条。

第七节　专利的保护期限、维持与终止

专利权自公告之日生效。发明专利权的期限为 20 年,实用新型专利权和外观设计专利权的期限为 10 年,均自申请日起计算。[①] 此处的申请日是指申请人实际向专利局提交申请文件的日期,而不指优先权日。专利权人可以主动放弃,或者通过不缴纳年费而放弃专利权,从而让专利权在保护期届满前终止。[②]

专利权虽然从授权公告之日生效,但是,并不是从次日开始计算。《美国专利法》1995 年前,专利保护期从授权之日起算 17 年。然而,此种制度并不是一种先进的制度。专利保护期从授权之日起算,将激励申请人人为地延长专利申请的审查时间,制造所谓的"潜水艇"专利,伏击竞争对手。具体来说,申请人可能根据申请日后的市场发展,通过要求分案,或者要求修改申请文件,修改权利要求,让竞争对手的产品或服务落入自己可能获得的专利保护范围之中。而且,如果专利审查期限过长,授予古老技术以专利权,从授权之日保护 17 年,将严重地阻碍科技发展。例如,美国专利历史上,20 世纪 50 年代申请的一项基础专利,涉及光存储的基本技术原理。但是,由于申请人不断提出继续申请(continuation),不断修改权利要求,而该申请到 20 世纪 90 年代初才授权。此时,光存储技术已经发展成熟,并投入商业应用,例如,VCD、DVD 都为公众广泛应用。它们都无一例外地侵犯这一基础的光存储专利。此时,专利保护阻碍技术发展的程度可想而知。为此,TRIPS 协议采用《欧洲专利公约》(1973)的方式,保护期限自专利申请提交日起算 20 年。《美国专利法》也因此而修改,以符合 TRIPS 协议。

专利权人应当自被授予专利权的当年开始缴纳年费。[③] 其实,申请人办理登记手续时,就须要缴纳授予专利权当年的年费。否则将视为未办理登记手续,放弃授予专利的权利。根据《专利法实施细则》(2010)第九十八条的规定,授予专利权当年以后的年费应当在上一年度期满前缴纳。如果专利权人未缴纳或者未缴足,国家知识产权局将通知专利权人自应当缴纳年费期满之日起六个月内补缴,同时缴纳滞纳金。如果专利权人期满未缴纳,其专利权自应当缴

---

① 《中华人民共和国专利法》(2008)第四十二条。
② 《中华人民共和国专利法》(2008)第四十四条。
③ 《中华人民共和国专利法》(2008)第四十三条。

纳年费期满之日起终止。国家知识产权局将作登记并公告。① 如果专利权人缴纳费用有困难的,可以按照规定提出减缴或者缓缴的请求。②

之所以要求专利权人支付年费以维持专利权效力,主要有两大原因。首先,专利权人利用国家专利行政机构提供的公共服务,应当支付费用,而不应该由纳税人买单。更为重要的是,专利年费可以发挥经济杠杆的作用,让没有价值的专利尽快进入公有领域,便于公众自由利用。为此,专利维持的年费伴随维持年限而递增。一般每隔三年递增一次(参见图16)。

年费制度的效果非常显著。根据国家知识产权局2010年的统计,专利权终止90%左右都因为未缴纳年费而终止(参见图17)。由于递增的年费制度,大多数专利未到专利保护期届满就被放弃而权利终止了。据国家知识产权局2010年统计,国内发明专利平均寿命为五年左右,实用新型专利为三年左右,外观设计专利为三年左右;国外发明专利平均寿命为九年左右,实用新型专利为五年左右,外观设计专利为六年左右。③

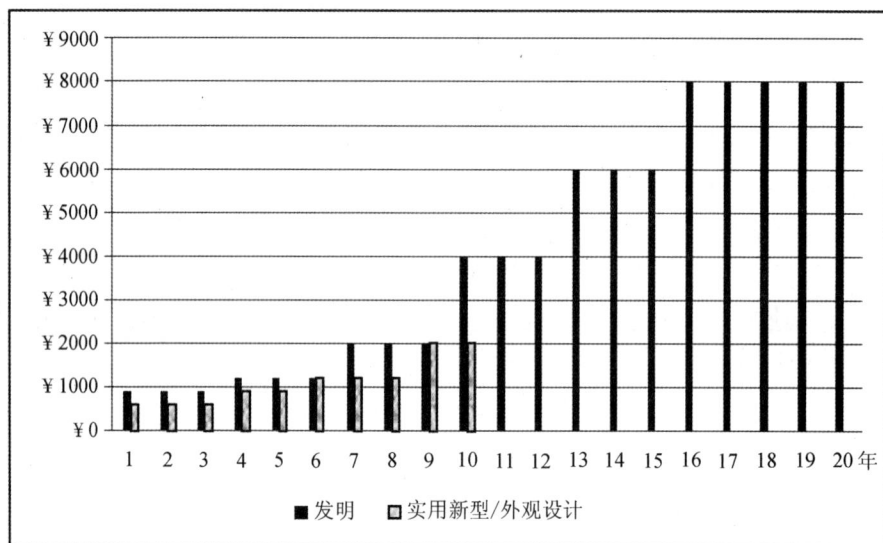

图16 发明专利年费图
(横轴代表年份,纵轴代表年人民币金额)④

---

① 《中华人民共和国专利法》(2008)第四十四条。
② 《中华人民共和国专利法实施细则》(2010)第一百条。
③ 国家知识产权规划发展司:《专利统计简报——2010年中国有效专利年度报告(二)》,第28页(2011年4月18日)。
④ 数据来源于:国家知识产权局,《专利收费项目和标准》。

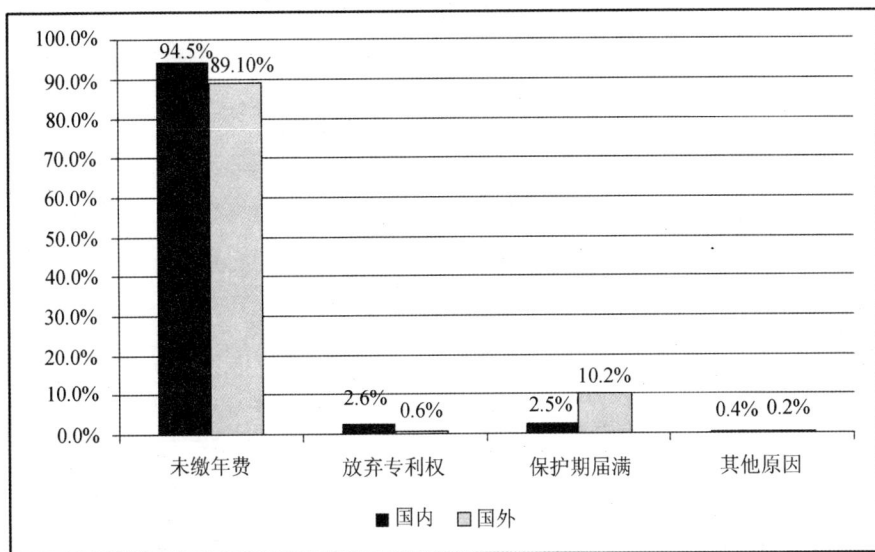

图 17 国内外专利失效原因分布图（2010 年统计）①

第八节 PCT 申请进入中国国家阶段的审查

《巴黎公约》虽创设了国际优先权制度，但是，获得外国专利保护的成本仍旧沉重。专利申请人仍旧须要到希望获得专利保护的国家，在优先权期间之内，一一提出专利申请。为此，专利申请人必须委托当地专利代理人，使用相应的官方语言，并根据各国专利法的形式要求和实质要求，撰写专利申请，并缴纳各种费用。换言之，从专利申请在《巴黎公约》成员第一次提出 12 个月以内，为获得他国专利保护，专利申请人必须一开始就承担巨大的申请费用，尽管短短 12 个月还不足以确定相关发明在特定国家的商业价值是否值当寻求专利保护。

为解决上述国际专利保护的困境，1970 年 5 月 25 日至 6 月 19 日《专利合作条约》外交会议在华盛顿举行，并会上签订了此条约。1978 年 1 月 24 日，PCT 生效，共 18 个成员国。由于 PCT 申请（又称"国际申请"）的巨大便利，其申请量自世界贸易组织建立以来，迅速增长（参见图 18）。截至 2011 年 6 月，全

---

① 国家知识产权规划发展司：《专利统计简报——2010 年中国有效专利年度报告（二）》（2011 年 4 月 18 日）。

世界共 144 个国家和地区(以下统称"成员国")加入此条约。

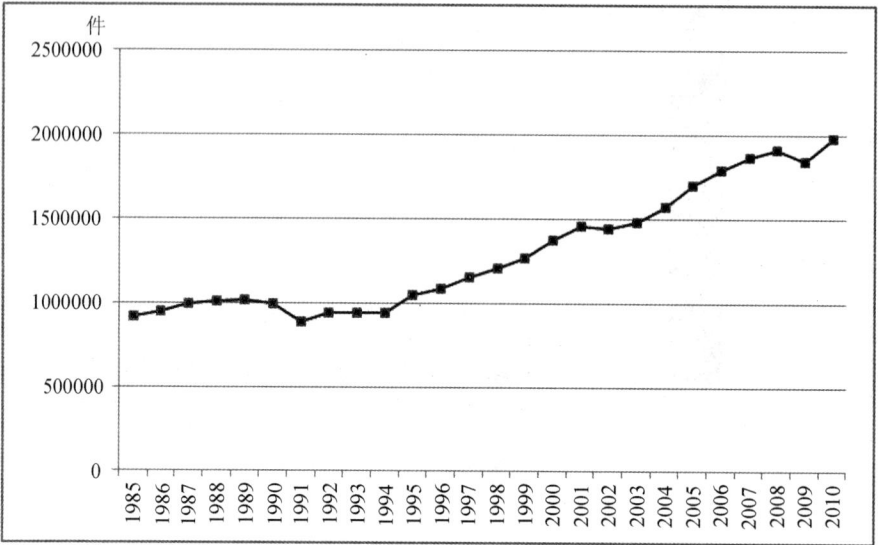

图 18　PCT 申请趋势图(1985—2010)①

PCT 并没有创设国际统一的专利申请审查和授权程序,而只是建立了统一的专利国际申请程序(filing procedure),仍由成员国根据国内法审查和授予专利权。但是,PCT 延迟了指定国家对专利申请的审查时间,也就延迟了专利申请人支付相关的费用和翻译成本的时间,为专利申请人作出明智决定争取了时间。

具体来说,PCT 建立了统一的专利申请文件要求和统一的国际专利申请程序。PCT 的成员国不得对专利申请的形式或内容,要求专利申请人符合 PCT以及其实施细则之外的不同要求或补充要求。② 专利申请人根据 PCT 提出国际申请(international application),符合 PCT 规定的形式要求而获得国际申请日后,即具有在所有专利申请人指定国(designated state)专利局实际提出该项专利申请的法律效力。③ 但是,指定国的专利局在自优先权日 30 个月期限届满前,该专利申请未从"国际阶段"(international phase)进入"国家阶段"(national phase)前,不得处理或审查该专利申请。④ 一旦 PCT 申请进入国家阶段,则完

---

① 数据来源于世界知识产权组织:http://www.wipo.int/ipstats/en/statistics/patents/。

② See Art. 27 (1) PCT.

③ See Art. 11 (3) PCT.

④ See Art. 23 PCT.

全遵守国内专利法,因为 PCT 及其实施细则并不影响成员国对专利授权条件的任何法律规定。①

我国 1994 年 1 月 1 日正式加入 PCT,原中国专利局同时成为 PCT 的受理局(Receiving Office,RO)、国际检索单位(International Search Authority,ISA)和国际初步审查单位(International Preliminary Examining Authority,IPEA)。中国 PCT 国际专利申请量从 2009 年起,已连续 3 年增速位居世界首位,2011 年增长率高达 33.4%,比当年增速居第 2 位的日本高出 12 个百分点。② 可见,PCT 申请程序对我国经济活动越来越重要。

根据《专利法》(2008)第二十条,"中国单位或者个人可以根据中华人民共和国参加的有关国际条约提出专利国际申请","国务院专利行政部门可以依照中华人民共和国参加的有关国际条约、本法和国务院有关规定处理专利国际申请"。此处的国际条约即指 PCT,"专利国际申请"特指依照 PCT 提出的专利申请,通常也称为"国际申请"(international application)。为此,以下从 PCT 申请的提出(即国际阶段)和 PCT 申请进入中国国家阶段两方面加以阐释。

一、PCT 申请的国际阶段

PCT 申请的国际阶段是指从 PCT 申请向受理局提出到其进入指定国的国家阶段之前的国际申请程序。这是 PCT 的核心内容。国际阶段主要包括三大部分:(1)受理;(2)国际检索(international search);(3)国际公布(international publication);(4)可选性国际初步审查(international preliminary examination)。

(一)PCT 申请的国际受理

任何一个 PCT 成员国的国民或居民,都可以提出 PCT 专利申请。作为专利申请人,他们可以选择 PCT 申请的受理局。PCT 成员国的国民或居民可以向本国或居住国的专利局提出 PCT 申请,也可以向世界知识产权组织下的国际局(International Bureau,IB)直接提出 PCT 申请。③ 此外,PCT 成员国之间可以签订协议,相互代为处理本国国民或居民提出的 PCT 申请。④

---

① See Art. 27(5)PCT.

② 国家知识产权局:《中国 PCT 国际专利申请增速连续 3 年世界居首》,来源于:http://www.sipo. gov. cn/yw/2012/201203/t20120314_651914. html.

③ See Rule 19(a)of PCT Regulation.

④ See Rule 19(b)of PCT Regulation.

PCT 申请应当满足 PCT 规定的法律要求。在形式上，PCT 申请应当采用 PCT 规定的一种语言，符合文件的格式要求；符合规定的单一性要求；并按照规定支付费用。① 在内容上，PCT 申请应当包含：一个请求书，一个说明书，一项或多项权利要求，一幅或多幅附图（如果附图为理解说明书所必须），②一个摘要。其中，摘要不具有任何法律效力，只起技术信息的作用。③ 权利要求书、说明书和附图，与我国国内专利申请要求大体一致。请求书应当表明请求当局按照 PCT 处理申请材料，并至少指定一个 PCT 成员国作为"指定国"（designated state）。"指定国"就是专利申请人希望获得专利保护的 PCT 成员国。④ 指定国是 PCT 申请的交费计算基础。对于每一个指定国，申请人都须要在指定时间之内，缴纳规定的费用。⑤ 此外，请求书还应当包括发明的名称、申请人和代理人信息。如果指定国之一要求提供发明人信息，请求书还应当包括规定的发明人信息。

提出 PCT 申请时，专利申请人可以基于其在《巴黎公约》成员国已经提出的一项或多项在先申请要求优先权，并依据《巴黎公约》（1967 年斯德哥尔摩修订）第 4 条享受优先权。⑥ 一项 PCT 申请如果符合受理条件，也等同于《巴黎公约》下的普通国内专利申请（a regular national filing），⑦可以作为请求优先权的基础。而且，作为优先权基础的国家也可以作为 PCT 申请的指定国。但是，如果 PCT 申请人以其在一个指定国的一项或多项在先专利申请为基础，要求在该国享有优先权，则应当依照"该指定国"的国内法来确定享有优先权的条件以及优先权的效力。⑧ 这实质上是"国内优先权"的问题。类似的，如果 PCT 申请人以一项只有一个指定国的在先 PCT 申请为基础，要求在该国享有优先权，也应当依照该指定国的国内法确定和享受优先权。⑨

受理局收到 PCT 申请后，将对申请材料进行形式审查。当申请材料满足以下条件，受理局将给予专利国际申请日（international filing date）。⑩ （1）没有明显理由可以认为申请人无权提出国际申请。（2）国际申请应当采用规定的

---

① See Art. 3 (4) PCT.
② See Art. 3 (2) PCT.
③ See Art. 3 (3) PCT.
④ See Art. 4 (1) PCT.
⑤ See Art. 4 (2) PCT.
⑥ See Art. 4 (1)—(2) PCT.
⑦ See Art. 11 (4) PCT.
⑧ See Art. 4 (3) PCT.
⑨ See Art. 4 (3) PCT.
⑩ See Art. 11 (1) PCT.

语言。(3) 申请材料至少包括以下内容：(a) 请求依照 PCT 处理申请；(b) 至少指定一个国家；(c) 按照规定指明申请人；(d) 表面上看，申请材料包括说明书部分；(e) 表面上看，申请材料包括一项或多项权利要求。如果发现 PCT 申请不符合受理条件，受理局应当要求申请人补正，并以收到补正并符合受理条件的申请的日期作为专利国际申请日。① 一旦获得专利国际申请日，PCT 申请即具有在专利申请人所有指定国（designated state）专利局实际提出该项专利申请的法律效力。②

受理局受理 PCT 申请后，还需进一步检查申请材料。如果不符合上述受理条件，受理局应当宣布国际申请视为撤回。③ 如果发现请求书存在形式上的瑕疵，例如，未按照规定标明申请人，未按照规定签章，没有提供摘要，没有发明名称，或者没有满足形式规范，受理局可以要求申请人限期补正。如果未补正，则视为撤回。④ 然而，如果申请人未提供必须提供的附图，受理局可以要求其补充提供，但是，国际申请的申请日以补充提交附图之日为国际申请日。⑤ 如果没有按照规定缴纳费用，则国际申请视为撤回，或者对未缴纳费用的指定国视为撤回。⑥

受理局受理国际申请后，保留一份副本，称之为"受理本"（home copy）。原则上，受理局应当及时将国际申请传送给 WIPO 国际局，此本称之为"登记本"（record copy）；受理局还应将国际申请传递给国际检索单位，此本称之为"检索本"（search copy）。⑦ 为维护国家安全，受理局可以对国际申请进行审查。但是，国际申请的登记本应当在从优先权日起 13 个月届满前送达国际局。⑧ 检索本至少应当同时发送给国际检索单位。⑨ 国际申请的登记本是作准文本。如果国际局在规定的时间内未收到登记本，则视为国际申请撤回。⑩

国际局依照指定国或申请人的要求，可以向指定国专利主管机关单独传递国际申请副本。⑪

---

① See Art. 11 (2) PCT.

② See Art. 11 (3) PCT.

③ See Art. 14 (4) PCT.

④ See Art. 14 (1) PCT.

⑤ See Art. 14 (2) PCT.

⑥ See Art. 14 (3) PCT.

⑦ See Art. 12 (1) PCT.

⑧ See Rule 22. 1 of PCT Regulation.

⑨ See Rule 23 of PCT Regulation.

⑩ See Art. 12 (2)—(3) PCT.

⑪ See Art. 13 PCT.

（二）国际检索和国际公布

PCT 申请的国际检索由"国际检索单位"（international search authority, ISA）承担。目前，PCT 还未建立统一的国际检索单位。凡是满足 PCT 及其细则规定要求的成员国或政府间的专利主管机关，都可以向 PCT 成员大会申请任命为"国际检索单位"。经过认定的专利主管机构还需和国际局签订协议。国际检索单位的任命具有期限性。期限届满，可以续展。

每一个 PCT 申请，都必须经过国际检索程序。① 国际检索的目的是发现相关现有技术。② 国际检索应当依据权利要求，并适当考虑说明书和附图。③ 原则上，国际检索单位应当利用其设施，最大可能地发掘相关的现有技术，以便协助评价国际申请的新颖性或创造性。国际检索范围必须覆盖 PCT 最低文献要求。④ 按照 PCT 及其实施细则的要求，PCT 国际专利申请的检索与审查，必须具备一定数量的专利文献和非专利文献，即 PCT 最低文献要求。目前，必需的专利文献是指 1920 年以来美国、英国、法国、德国、瑞士、日本、俄罗斯（包括苏联）、欧洲专利局和专利合作条约组织官方出版的专利文献；必需的非专利文献时有调整，由国际局公布文献清单，一般是上述七国两组织的 100 多种科技期刊。2012 年 7 月 1 日开始，中国专利文献正式纳入 PCT 文献清单。

受理局可以规定多家国际检索单位，⑤供 PCT 申请人自行选择。⑥ 国际检索单位应当按照 PCT、PCT 实施细则以及其与国际局签订的协议进行国际检索活动。⑦ 但是，如果存在以下两种情况，国际检索单位可以不出具检索报告，但是须要说明情况：第一，PCT 申请涉及的技术主题（subject matter）落入 PCT 实施细则第 39 条规定无须检索的范围；⑧第二，PCT 申请书的权利要求、说明书或附图，不满足规定的要求，无法出具有意义的检索报告。对于后一种情况，

---

① See Art. 15 (1) PCT.

② See Art. 15 (2) PCT.

③ See Art. 15 (3) PCT.

④ See Art. 15 (4) PCT.

⑤ See Rule 35. 2 of Regulation under PCT.

⑥ See Rule 4. 14 *bis* of Regulation under PCT.

⑦ See Art. 17 (1) PCT.

⑧ 《专利合作条约》第 39 条规定：国际申请主题有下列情形之一，并且在有下列情形之一的限定内，国际检索单位无须对该国际申请进行检索：（ⅰ）科学和数学理论；（ⅱ）植物或者动物品种或者主要是用生物学方法生产植物或者动物的方法，但微生物学方法和由该方法获得的产品除外；（ⅲ）经营业务、纯粹智力行为或者游戏比赛的方案、规则或者方法；（ⅳ）治疗人体或者动物体的外科手术或者疗法以及诊断方法；（ⅴ）单纯的信息提供；（ⅵ）计算机程序，在国际检索单位不具备条件检索与该程序有关的现有技术的限度内。

国际检索单位应当对其他满足要求的权利要求出具检索报告。此外,如果 PCT 申请缺乏单一性,国际检索单位可以只针对权利要求书首先提到的"主要发明"(main invention)(即独立权利要求)进行检索。除非申请人在指定时间缴纳额外费用,国际检索单位无须对其余权利要求进行检索。

国际检索单位应当在收到"检索本"起 3 个月,或者自优先权日起 9 个月——以后到期者为准——出具国际检索报告,[①]即"关于专利性的国际初步报告"(international preliminary report on patentability)。不能出具检索报告的,应当在上述期间内提供申明(declaration)。特别的,国际检索报告包括"书面意见"(written opinion,WO),用于说明要求保护的发明是否具有新颖性、创造性(非显而易见性)和实用性。[②] 国际检索报告完成后,应当及时发送给国际局,由国际局负责翻译。检索报告还应当及时发送给 PCT 申请人。

PCT 申请人收到检索报告后,在规定的两个月期间内,有权向国际局要求修改权利要求。[③] 此期间自国际检索单位将国际检索报告向国际局和申请人送交之日起计算,或者自优先权日起计算 16 个月,以后到期者为准。为此,申请人提出的修改不得超过 PCT 申请书已经披露的技术范围。[④]

国际局应当将 PCT 申请、检索报告、检索报告的翻译以及申请人所作的修改送达每一个指定局。[⑤] 除非申请人向指定局要求及早审查其专利申请,[⑥]国际局不应在 PCT 申请国际公布之前,送达上述文件。[⑦] 根据 PCT 申请人或指定局的要求,国际检索单位应当向其传送检索报告引用的文献副本。[⑧]

国际局将公布 PCT 申请和国际检索报告。除非 PCT 申请人要求国际局提前公布,或者指定国不要求进行国际公布,PCT 申请应在自该申请的优先权日起满 18 个月公布。[⑨] 如果 PCT 申请公布的技术准备完成之前,申请人撤回 PCT 申请,或者 PCT 申请被视为撤回,则不再公布。

---

① See Rule 42.1 of Regulation under PCT.

② 国际检索的相关现有技术主要包括两部分:其一,国际申请日前世界范围内通过书面公开而为公众所知的信息;其二,国际申请日或之后公布的专利申请或专利文件,其申请日(优先权日)早于国际申请日。See Rule 33.1 of Regulation under PCT.

③ See Art. 19 (1) PCT and Rule 46.1 of Regulation under PCT.

④ See Art. 19 PCT.

⑤ See Art. 20 PCT.

⑥ See Art. 23 (2) PCT.

⑦ See Art. 20 PCT.

⑧ See Art. 20 (3) PCT.

⑨ See Art. 21 (1) PCT.

（三）可选性国际初步审查

PCT 申请人自收到国际检索报告、书面说明或不出具检索报告的申明后,3 个月内或者自优先权日起 22 个月内,可以要求国际初步审查单位（international preliminary examination authority, IPEA）对其申请进行国际初步审查。国际初步审查的结果对 PCT 成员国专利主管机关没有约束力,其主要目的是作出初步审查意见,回答以下问题：根据 PCT 及其实施细则,要求保护的发明是否具有新颖性、创造性（非显而易见性）和实用性。为此,"现有技术"的范围包括：国际申请日（优先权日）世界范围内公众可以自由获得的书面公开信息。[1]

国际初步审查并非 PCT 申请国际阶段的必需程序,而是可选程序,受 PCT 第二章规范。为此,申请人需另行提出国际初步审查要求（demand）,并缴纳规定的费用。此要求的内容包括请求书、[2]专利申请人和代理人信息、国际申请信息以及权利要求的修改申请。申请人还应在指定国之中"选定"（elect）国际初步审查报告适用的国家。如果没有选定,则默认为所有指定国即为"选定国"（elected state）。

目前也没有统一的 PCT 国际初步审查单位。国际初步审查单位的任命和管理类似于国际检索单位。一般由受理局根据国际初步审查单位与国际局之间的协议,规定其受理的 PCT 申请到一个或多个国际初步审查单位。

国际初步审查单位根据 PCT、PCT 实施细则以及其与国际局之间的协议进行国际初步审查。申请人有权与国际初步审查单位进行书面或口头的通信。特别地,在国际初步审查报告制作完成前,申请人有权对权利要求、说明书和附图进行修改;但是,必须符合规定的方式,在规定的时间内完成,并不得超出申请书披露的范围。[3] 除非国际申请符合 PCT 及其实施细则规定的专利本体条件,国际初步审查单位将至少向申请人发送一次书面审查意见。对此,申请人可以进行答辩。

国际初步审查单位应当在自优先权日起 28 个月内或国际初步审查启动后 6 个月内,出具国际初步审查报告。审查报告不包括国际申请是否符合选定国

---

[1] See Rule 64.1 of Regulation under PCT.

[2] 请求书的标准文字是：根据 PCT 第 31 条提出以下要求：签字人请求根据 PCT 对以下指定的国际申请进行国际初步审查（"Demand under Article 31 of the Patent Cooperation Treaty: The undersigned requests that the international application specified below be the subject of international preliminary examination according to the Patent Cooperation Treaty."）。

[3] See Art. 34 PCT.

的国内专利法。但是,审查报告会对每一项权利要求是否符合 PCT 及其实施细则定义的新颖性、创造性和实用性要求进行说明,并提供支持性的对比文献。如果不符合,审查报告还将包括有关的解释和说明。[①]

类似于国际检索报告,国际初步审查单位制作完成国际初步审查报告后,会将其发送给申请人和国际局,由国际局进行翻译,并将其发送给所有选定国的专利主管机关。初步审查报告属于保密文件。除非申请人要求,不对第三人开放查阅。(见图 19)

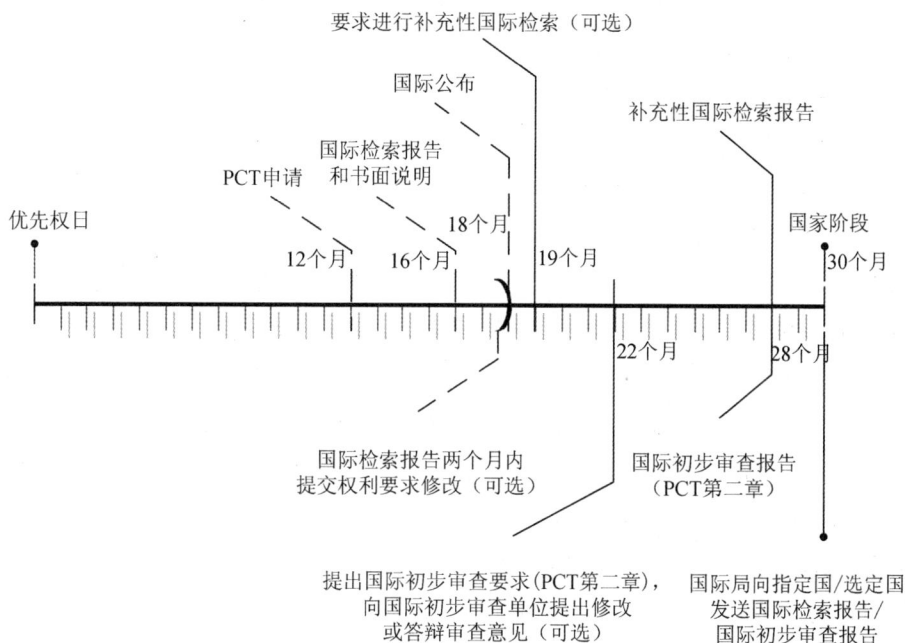

图 19 PCT 申请时间流程图[②]

二、PCT 申请进入中国国家阶段

PCT 申请指定中国,一旦确定国际申请日,则视为向我国专利局提出了专利申请,国际申请日也视我国《专利法》(2008)第二十八条所称的"申请日"。[③]

---

① See Rule 70.8 of Regulation under PCT.

② See WIPO, PCT timeline, at: http://www.wipo.int/pct/en/seminar/basic_1/timeline.pdf.

注意,如果根据国际申请要求优先权,根据 PCT 实施细则第 42.1 条,自优先权日起 9 个月届满前,国际检索单位应当制作完成国际检索报告。

③ 同时参见《中华人民共和国专利法实施细则》(2010)第一百〇一条。

如果 PCT 申请在国际阶段撤回,或视为撤回,或者对中国的指定被撤回,其在中国的效力终止,不存在进入中国国家阶段的问题。否则,国际申请的申请人应当在优先权日起 30 个月内,向我国专利局办理进入中国国家阶段的手续。[①]如果申请人未在上述期限内办理手续,在缴纳宽限费后,可以在自优先权日起 32 个月内办理进入中国国家阶段的手续。[②] 国际申请一旦进入中国国家阶段,除属于《专利法实施细则》第十章"关于国际申请的特别规定"的情况,其审查完全适用我国《专利法》。

PCT 申请指定中国,在以下两种情况下,可以提前进入中国国家阶段。其一,受理局拒绝受理国际申请,或者宣布视为撤回的,申请人在收到通知之日起 2 个月内,请求国际局将国际申请副本转交我国专利局,并在该期限内向我国专利局办理进入我国国家阶段的手续,我国专利局可以在接到国际局传送的文件后,对受理局作出的决定进行复查。[③] 其二,申请人在优先权日起 30 个月期满前,可以要求我国专利局提前处理和审查国际申请。[④] 为此,申请人应当办理进入中国国家阶段手续,还应当依照 PCT 第二十三条第二款规定提出请求。

PCT 申请人办理进入中国国家阶段的手续,必须符合以下三项条件:(一)以中文提交进入中国国家阶段的书面声明,写明国际申请号和要求获得的专利权类型;(二)缴纳规定的申请费、公布印刷费,必要时缴纳规定的宽限费;(三)国际申请以外文提出的,提交原始国际申请的说明书和权利要求书的中文译文。符合这三项条件,国际申请即进入中国国家阶段,获得"进入日"。[⑤] 如果书面声明书、摘要、附图中文译文、申请权转让等方面存在瑕疵,专利局将要求申请人限期补正。如果期限届满前未补正,则视为撤回申请。

虽然 PCT 申请获得国际申请日,即"视为"向我国专利局提出专利申请,但是,并不等于说 PCT 申请完全等同于国内专利申请。其一,受理局、国际检索单位和国际初步审查单位对国际申请的处理,对我国专利局不具有当然的拘束力。我国专利局有权根据我国法律,重新作出决定。其二,我国专利法对专利申请有超出 PCT 的特别要求。其三,PCT 申请提出时,虽然指定中国,但是并不意味着专利申请文书的撰写是以我国专利法(特别是实体规则)为法律根据。

[①] 《中华人民共和国专利法实施细则》(2010)第一百〇三条。
[②] 《中华人民共和国专利法实施细则》(2010)第一百〇三条。
[③] 《中华人民共和国专利法实施细则》(2010)第一百一十六条。
[④] 《中华人民共和国专利法实施细则》(2010)第一百一十一条。
[⑤] 《中华人民共和国专利法实施细则》(2010)第一百〇四条。

为此,国际申请进入中国国家阶段,主要包括三大问题：第一,我国对国际阶段处理结果的认可问题；第二,专利申请人需要根据我国专利法要求,补充提交相关文件；第三,专利申请人根据我国法律,对专利申请书进行修改的权利及其限制和法律效力。

对于第一个问题,整体上来说,我国认可国际阶段的处理,为当事人提供便利。例如,如果申请人在国际阶段已要求一项或者多项优先权,在进入中国国家阶段时该优先权要求继续有效的,视为已经依照《专利法》第三十条的规定提出了书面声明。① 而且,如果申请人在国际阶段按照规定提交过在先申请文件副本,办理进入中国国家阶段手续时不需要再提交在先申请文件副本。② 申请人只需自进入日起 2 个月内缴纳优先权要求费,即可享受优先权。③ 再如,如果要求获得发明专利权的国际申请是由国际局以"中文"进行国际公布的,则自国际公布日起,可以根据《专利法》(2008)第十三条享受"临时保护"；④否则,自专利局以中文公布之日,始才享有此项保护。

第二个问题,主要涉及生物材料样品的保藏和依赖遗传资源完成的发明创造两大问题。具体来说,就依赖遗传资源完成的发明创造申请专利的,《专利法实施细则》(2010)第二十六条要求申请人在请求书中予以说明,并填写国务院专利行政部门制定的表格。但是,PCT 却没有类似要求。所以,如果国际申请涉及的发明创造依赖遗传资源完成,申请人应当在国际申请进入中国国家阶段的书面声明中予以说明,并按照规定填写表格。另一方面,如果申请专利的发明涉及新的生物材料,该生物材料公众不能得到,并且对该生物材料的说明不足以使所属领域的技术人员实施其发明时,《专利法实施细则》(2010)第二十四条要求专利申请应当在请求书和说明书中记载该生物材料的信息和其样品的保藏信息,并且在规定时间提交保藏单位出具的保藏证明和存活证明。然而,PCT 只要求申请记载生物材料的信息,并未要求提供保藏证明和存活证明。⑤对于按照 PCT 规定对生物材料样品保藏予以说明的,我国专利法予以承认。但是,申请人应当在进入中国国家阶段的声明中指明记载生物材料样品保藏事

---

① 《中华人民共和国专利法实施细则》(2010)第一百一十条第 1 款。
② 《中华人民共和国专利法实施细则》(2010)第一百一十条第 3 款。
③ 《中华人民共和国专利法实施细则》(2010)第一百一十条第 2 款。
④ 《中华人民共和国专利法实施细则》(2010)第一百一十四条第 2 款。
⑤ See Rule 13 bis of Regulation under PCT.

项的文件以及在该文件中的具体记载位置。① 此外,申请人还应当自进入日起4个月内向国务院专利行政部门提交生物材料样品保藏证明和存活证明。②

　　第三个问题是国际申请进入中国国家阶段时申请人需要特别注意的问题,对专利审查和授权有直接关系。

　　首先,申请人可以要求以其国际阶段向国际局所作修改后的申请文件为基础进行审查。③ 为此,申请人只需自进入日起2个月内提交修改部分的中文译文。

　　其次,对于要求获得实用新型专利权的国际申请,申请人可以自进入日起2个月内对专利申请文件主动提出修改;对于要求获得发明专利保护,申请人可以在提出实质审查请求时以及在收到国务院专利行政部门发出的发明专利申请进入实质审查阶段通知书之日起的3个月内,对发明专利申请主动提出修改。④ 由于PCT申请常常不是以中国专利法为背景撰写的,不少国际申请进入国家阶段即要经历此种修改。例如,根据美国专利法,医疗方法可以授予专利。但是,根据我国专利法,此类发明不可以授予专利权。对于药物用途是新颖性技术特征的发明,如果来自于美国,则需要将其权利要求修改为瑞士型权利要求。

　　再次,如果发现中文译文存在错误,申请人可以在以下期限之内请求修改:(1)在专利局做好公布发明专利申请或者公告实用新型专利权的准备工作之前;(2)在收到专利局发出的发明专利申请进入实质审查阶段通知书之日起3个月内。⑤ 如果译文错误没有改正,专利权人将承担不利后果。《专利法实施细则》(2010)第一百一十七条规定,由于译文错误,致使授权保护范围超出国际申请的原文所表达的范围,以依据原文限制后的保护范围为准;致使保护范围小于国际申请的原文所表达的范围的,以授权时的保护范围为准。

　　最后,如果国际申请不满足单一性,申请人可以自进入日起,收到授予专利权的通知之日起2个月内,提出分案申请。⑥ 此外,申请人可以通过缴纳单一性恢复费,要求专利局审查国际申请未经国际检索或者未经国际初步审查的部分。⑦

---

① 《中华人民共和国专利法实施细则》(2010)第一百〇八条第1款。
② 《中华人民共和国专利法实施细则》(2010)第一百〇八条第3款。
③ 《中华人民共和国专利法实施细则》(2010)第一百〇六条。
④ 《中华人民共和国专利法实施细则》(2010)第一百一十二条。
⑤ 《中华人民共和国专利法实施细则》(2010)第一百一十三条。
⑥ 《中华人民共和国专利法实施细则》(2010)第一百一十五条。
⑦ 《中华人民共和国专利法实施细则》(2010)第一百一十五条。

第六章 专利申请审查和授权的 行政救济

专利申请的审查和授权活动属于国家知识产权局的具体行政行为。国家知识产权局提供了行政救济,包括专利复审程序、专利无效宣告程序和行政复议程序。如果专利申请人对专利申请的审查决定不服,可以请求专利复审委员会进行专利复审;如果任何社会第三人对专利局授予专利权的决定不服,可以请求专利复审委员会宣告授权专利无效。无论是专利复审程序,还是专利无效宣告程序,其有权审理专利申请或授权专利是否符合法定的专利授权条件。对于这两者之外的具体行政行为,特别是程序性决定,比如不受理专利申请,当事人可以向国家知识产权局法律事务处提起行政复议。

第一节 国家知识产权局专利复审委员会

国家知识产权局专利复审委员会成立于 1984 年 11 月,其设立时全称为中国专利局专利复审委员会,是中国专利局内设机构。此后,由于 1998 年国务院机构改革以及 2001 年《中华人民共和国专利法》的修改,专利复审委员会经过两次机构关系调整和更名:1998 年更名为国家知识产权局专利局专利复审委员会,2001 年更名为国家知识产权局专利复审委员会。2003 年年底,专利复审委员会再次经历机构调整,经批准成为具有独立法人资格的国家知识产权局直属事业单位。

专利复审委员会至多算是准司法机构。它具有独立的法人资格,行使裁判权,但是仍具有相当重的行政色彩。其一,专利复审委员会专利复审和专利无效审查需要遵守国家知识产权局颁布实施的《专利审查指南》;其二,专利复审委员会的主任委员由国家知识产权局局长兼任,由国家知识产权局指定的技术专家和法律专家组成。[1] 相比于人民法院,专利复审委员会更偏重技术专业审查,而不是法律审查。专利复审委员会由来自国家知识产权局专利局的具有三

---

[1] 《中华人民共和国专利法实施细则》(2010)第五十九条。

年以上审查经验的审查员遴选组成,而只有 50% 强具有法律和理工科双重学历背景。正因为如此,专利复审委员会的决定才不具有法律终局性,尽管人民法院常常尊重专利复审委员会的专业判断。

专利复审委员会的主要职能包括:一、对不服国家知识产权局驳回专利申请及集成电路布图设计登记申请决定提出的复审请求进行审查;二、对宣告专利权无效的请求及集成电路布图设计专有权撤销案件进行审理;三、负责专利复审委员会作为行政诉讼被告的应诉工作;四、参与专利、集成电路布图设计确权和侵权技术判定的研究工作;五、接受人民法院和管理专利工作的部门委托,对专利确权和专利侵权案件的处理提供咨询意见。[①]

专利复审委员会下设二十三个处室。除综合管理部门、立案及流程管理处、行政诉讼处外,包括十五个申诉处按以下业务领域分:机械、电学、通信、医药生物、化学、光电、材料、外观设计。立案及流程管理处负责各类案件的立案受理、案件流程和文档的管理。各申诉处主要负责相应领域的专利申请驳回复审案件以及专利权无效宣告案件的审查,除外观设计外各业务领域场均分一处和二处。电学申诉处还负责集成电路布图设计登记申请驳回复审案件和专有权撤销案件的审查。行政诉讼处负责在对专利复审委员会决定不服而提起的行政诉讼案件中,作为被告应诉。

第二节　专利复审程序

专利申请未通过初步审查或者实质审查,专利申请人对驳回申请的决定不服的,可以自收到通知之日起三个月内,向专利复审委员会请求复审。

为此,专利申请人应当提交复审请求书,说明理由,必要时还应当附具有关证据,[②]并缴纳复审费。期满未缴纳或者未缴足的,复审请求将被视为未提出。[③]

专利复审是专利审查的直接延续。专利申请人会被给予修改专利申请文件的机会;而且,专利审查员也可以再一次斟酌驳回决定,专利复审程序遵循"前置审查与复审后的继续审查"的原则。具体来说,请求人在提出复审请求或者在对专利复审委员会的复审通知书作出答复时,可以修改专利申请文件;但

---

① 参见中央编办复字〔2003〕156 号《关于国家知识产权局专利局部分内设机构调整的批复》。
② 《中华人民共和国专利法实施细则》(2010)第六十条。
③ 《中华人民共和国专利法实施细则》(2010)第九十六条。

168

是,修改应当仅限于消除驳回决定或者复审通知书指出的缺陷。① 而当专利复审委员会收到复审请求书后,它应当将受理的复审请求书转交国家知识产权局专利局原审查部门,由其进行前置审查。原审查部门须在收到转交的案卷之日起一个月内作出前置审查意见书,并将前置审查意见书随案卷转送专利复审委员会,供其作出复审决定。② 如果原审查部门同意撤销原决定的,专利复审委员会将据此作出复审决定,审查员须对专利申请进行继续审查。否则,专利复审委员会将开始复审。如果复审后专利复审委员会认为原驳回决定不符合《专利法》或者《专利法实施细则》,或者经过修改的专利申请文件消除了原驳回决定指出的缺陷,它应当撤销原驳回决定,由原审查部门继续进行审查程序。③ 而如果复审后专利复审委员会认为复审请求不符合《专利法》及其《专利法实施细则》的规定,它应当通知复审请求人,要求其在指定期限内陈述意见。如果申请人陈述意见或者进行修改后,仍不能使专利申请符合专利法及其实施细则的规定,专利复审委员会将作出维持原驳回决定的复审决定。④ 可见,专利复审程序是专利审查的延续。

对于专利局作出的复审决定,如果专利申请人不服,则可以自收到通知之日起三个月内,以国家知识产权局专利复审委员会为被告,向北京市第一中级人民法院起诉。2014年北京知识产权法院成立后,则改向此法院提起行政诉讼。不服其判决,则可以上诉到北京市高级人民法院。

第三节　专利无效宣告程序

专利无效宣告程序是一种第三人介入的、对抗性的事后性授权错误纠正程序。对于实用新型专利和外观设计专利而言,专利无效宣告程序成为第三人介入的实质审查程序。而对于发明专利而言,尽管已经通过实质审查,但是效力仍旧只是相对稳定。审查员检索得到的现有技术,客观上受到限制。社会公众,特别是专利权人的竞争者,可能掌握更多的技术信息。专利无效宣告程序成为第三人介入的、纠正授权错误的机制。

在我国专利制度下,只有国家知识产权局专利复审委员会才有权力宣告授

---

① 《中华人民共和国专利法实施细则》(2010)第六十一条。

② 《专利审查指南》(2010)第二部分第八章,第258页。

③ 《中华人民共和国专利法实施细则》(2010)第六十三条。

④ 《中华人民共和国专利法实施细则》(2010)第六十三条。

权专利无效。在专利侵权诉讼中,如果被告以专利权无效抗辩不侵犯专利权,人民法院也没有权力审查涉诉专利的效力。当事人只能通过专利无效程序,才能宣告专利无效,进而免除侵权责任。即便是在审查不服专利复审委员会决定的专利无效行政诉讼程序中,人民法院也只能审查该决定的合法性。尽管2004年6月北京市高级人民法院民三庭制定了《关于规范专利无效行政案件裁判文书主文的意见(试行)》,规定人民法院可以在主文中直接对专利权的效力作出判决。但是,2008年最高人民法院在"国家知识产权局专利复审委员会与科万商标投资有限公司、佛山市顺德区信达染整机械有限公司外观设计专利无效纠纷申请再审系列案"中明确指出,人民法院也只能审查专利复审委员会决定的合法性,而不能在判决主文中直接认定涉诉专利有效或者无效。[①]

采用中央集权性专利无效宣告程序,一是为维持专利权的稳定性,二是为节约制度成本。如果一个遥远山区的地方法院里,一个对专利法和技术都不甚了然的法官可以径直宣告专利无效,国家专门机构的审查和授权将受到无法估计的冲击,大幅度降低获得专利的法律和经济必要性。而且,专利复审委员会的组成成员都曾经是经验丰富的审查员。由其实质审查专利的效力,相比于普通法官,更为专业,制度成本也相对而言更少。美国法院拥有宣告专利无效的权力,但是美国专利诉讼因此成本高昂。整体上来说,由中央行政机构负责审查专利申请,纠正专利授权错误,是比较符合我国目前国情的制度选择。

一、宣告专利无效请求的提出

我国《专利法》(2008)第四十五条规定,自国务院专利行政部门公告授予专利权之日起,任何单位或者个人认为该专利权的授予不符合本法有关规定的,可以请求专利复审委员会宣告该专利权无效。为此,无效宣告请求人应当向专利复审委员会提交专利权无效宣告请求书和必要的证据。无效宣告请求书应当结合提交的所有证据,具体说明无效宣告请求的理由,并指明每项理由所依据的证据。[②] 在专利复审委员会受理无效宣告请求后,请求人可以在提出无效宣告请求之日起一个月内增加理由或者补充证据。[③] 如果请求人逾期增加理由

---

① 参见国家知识产权局专利复审委员会与科万商标投资有限公司、佛山市顺德区信达染整机械有限公司外观设计专利无效纠纷申请再审系列案,最高人民法院行政诉讼判决书〔2008〕行提字第4号。

② 《中华人民共和国专利法实施细则》(2010)第六十五条第1款。

③ 《中华人民共和国专利法实施细则》(2010)第六十七条。

或者补充证据,专利复审委员会可以不予考虑。[①] 并且,专利无效遵从一事不再理的法律原则。在专利复审委员会就无效宣告请求作出决定之后,又以同样的理由和证据请求无效宣告的,专利复审委员会不予受理。[②]

我国现行专利制度没有限制可以提出专利无效宣告请求的主体,而规定"任何单位或者个人认为该专利权的授予不符合本法有关规定的"都可以提出。专利法并没有要求无效宣告请求人须要与专利权人或者专利本身具有利益关系。尽管专利权属于私权,但是,专利无效宣告程序更被看作是国家公权力纠正授权错误的行政行为,而不仅仅简单地看作是请求人与专利权人之间的私人纠纷。所以,尽管专利无效宣告程序原则上遵守当事人处分原则,但是职权主义仍旧明显。例如,一般而言,专利复审委员会对无效宣告的请求作出决定前,无效宣告请求人可以撤回其请求,无效宣告请求审查程序由此终止。但是,如果专利复审委员会认为根据已进行的审查工作能够作出宣告专利权无效或者部分无效的决定的,则不终止审查程序。[③]

然而,并不是"任何单位或者个人"一定毫无例外地可以提出专利无效宣告请求。如果请求人以外观设计专利与在先权利相冲突为由提出专利无效宣告请求,请求人需要证明自己是在先权利人或者利害关系人。所谓"利害关系人"是指有权根据相关法律规定就侵犯在先权利的纠纷向人民法院起诉或者请求相关行政管理部门处理的人。[④]

而且,"任何单位或者个人"包括专利权人或者发明人(设计人)自己。但是,如果专利权为多人共有,只有所有共有专利权人共同对该专利提出无效宣告请求,并且依据公开出版物作为证据,提出专利宣告无效请求,专利复审委员会才可以受理。[⑤]

允许专利权人对自己所有的专利启动专利无效宣告程序,全部或者部分放弃自己的专利权,不仅有利于公共利益,而且有利于专利权人自己。专利权人可以通过无效宣告程序,修改权利要求,使之保护范围缩小,从而让其效力更加稳定。《专利法实施细则》(2010)第六十九条规定:"发明或者实用新型专利的专利权人可以修改其权利要求书,但是不得扩大原专利的保护范围。"如果专利

---

① 《中华人民共和国专利法实施细则》(2010)第六十七条。
② 《中华人民共和国专利法实施细则》(2010)第六十六条第 2 款。
③ 《中华人民共和国专利法实施细则》(2010)第七十二条。
④ 《专利审查指南》(2010)第四部分第三章,第 376 页。
⑤ 《专利审查指南》(2010)第四部分第三章,第 377 页。

复审委员会同意专利权的修改,此种维持专利有效的决定加强了专利效力的稳定性。如果专利人根据此修改后的权利要求行使专利权,即便被告侵权诉讼中提出专利无效宣告请求,审理侵权案件的人民法院也可以基于专利权效力的稳定性而不中止诉讼。这对专利权获得及时的救济是十分有利的。

专利授权后,允许专利权人启动程序,自主限制专利保护范围,或者撤销专利授权,也是一种国际专利制度发展的趋势。《美国专利法》允许专利授权后,专利权人可以自主发动"专利更正重发程序"(reissue),①修改权利要求的保护范围。如果专利权人是在授权两年内提出此项请求,他甚至可以扩大权利要求的保护范围。《欧洲专利公约》(1973)不允许专利权人对自己的专利提出"异议程序"(opposition),②主动限制权利要求保护范围或者撤销授予的专利权。为此,2000年《欧洲专利公约》修订时,特新增第105a条,允许权利人提出这种请求。

此外,我国目前的制度不允许多个请求人共同提出一件无效宣告请求。③但是,多个请求人可以同时对同一件专利各自提出无效宣告请求,并且各自缴纳无效宣告请求费。专利复审委员会在审理时可以"合案"审理,并且可以作出内容相同的多个决定(各自拥有不同的决定号)。

此外,我国专利法只规定有可以提出专利无效宣告请求的起始时间,而没有限制截止时间。即便专利保护期限已经届满,或者因为未缴纳年费而失效(lapse),第三人完全可能为实现自己的利益而请求宣告专利无效。④ 原因在于,宣告无效的专利"自始"无效。此种法律溯及力对第三人可能具有现实的经济利益。关于专利无效宣告决定的溯及力问题,我们将随后予以讨论。

二、宣告专利无效请求的理由

请求宣告授权专利无效限定于特定的法律理由。具体来说,根据《专利法实施细则》第六十五条规定,包括以下的理由:(1)专利权人曾违反保密审查的要求向国外申请专利,无论因为发明或实用新型在中国完成,还是因为主体资格为中国单位或个人;⑤(2)授予专利的发明创造不构成专利法下"发明"、"实

---

① See 35 U. S. C. 251Reissue of defective patents.
② 参见欧洲专利局扩大上诉委员会1994年决定G 9/93。
③ 《专利审查指南》(2010)第四部分第三章,第375页。
④ 《专利审查指南》(2010)第四部分第三章,第376页。
⑤ 《中华人民共和国专利法》(2008)第二十条第1款。

用新型"和"外观设计"的定义;[①](3) 授予专利的发明创造违反法律、社会公德或者妨害公共利益,以及依赖遗传资源而完成的发明创造,其遗传资源获取违法;[②](4) 授予专利的发明创造属于法定不应授予专利的情况;[③](5) 重复授权;[④](6) 授予专利的发明或实用新型不具有新颖性、创造性和实用性,[⑤]或者授予专利权的外观设计不具有新颖性、明显区别性,或者与在先权利冲突;[⑥](7) 说明书没有清楚、完整地充分公开技术方案,或者权利要求书没有依据说明书或者明确地界定专利的保护范围,[⑦]或者图片或者照片未能清楚地显示要求专利保护的产品的外观设计;[⑧](8) 修改超出范围,包括分案申请过程的修改超出原申请的范围;[⑨](9) 独立权利要求缺乏必要技术特征。[⑩]

虽然这里的理由绝大部分和发明专利实质审查的内容相互重叠,但是并不是所有实质性审查内容都构成专利无效理由。例如,发明专利申请是否满足单一性、专利申请文件是否说明遗传资源的直接来源和原始来源,都属于实质审查内容,却不属于专利无效宣告请求的理由。

三、宣告专利无效请求的审查

专利无效宣告程序遵循类似于民事诉讼的程序规则。首先,绝大多数情况下,专利复审委员会遵守当事人处分原则。[⑪] 例如,专利复审委员会承认当事人有权自行与对方和解。如果请求人和专利权人均向专利复审委员会表示有和解愿望,专利复审委员会可以给予双方当事人一定的期限进行和解,并暂缓作出审查决定,直至任何一方当事人要求专利复审委员会作出审查决定,或者专利复审委员会指定的期限已届满。[⑫] 此外,请求人可以放弃全部或者部分无效宣告请求的范围、理由及证据,甚至可以撤回请求。一般情况下,专利无效宣告

---

① 《中华人民共和国专利法》(2008)第四十条。
② 《中华人民共和国专利法》(2008)第五条。
③ 《中华人民共和国专利法》(2008)第二十五条。
④ 《中华人民共和国专利法》(2008)第九条。
⑤ 《中华人民共和国专利法》(2008)第二十二条。
⑥ 《中华人民共和国专利法》(2008)第二十三条。
⑦ 《中华人民共和国专利法》(2008)第二十六条第 3—4 款。
⑧ 《中华人民共和国专利法》(2008)第二十七条第 2 款。
⑨ 《中华人民共和国专利法》(2008)第三十三条和《中华人民共和国专利法实施细则》(2010)第四十三条第 1 款。
⑩ 《中华人民共和国专利法实施细则》(2010)第二十条第 2 款。
⑪ 《专利审查指南》(2010)第四部分第三章,第 375 页。
⑫ 《专利审查指南》(2010)第四部分第三章,第 375 页。

请求的审查都将因请求撤回而终止,除非专利复审委员会认为根据已进行的审查工作能够作出宣告专利权无效或者部分无效的决定。① 而专利权人可以针对无效请求理由主动修改缩小权利要求、放弃部分权利要求或者外观设计的部分项等形式,处分自己的权利。② 专利权人主动放弃的专利保护,视为自始不存在,专利复审委员会因此免除请求人的举证责任。③ 但是,此种放弃以专利复审委员会接受为必要条件。④

然而,专利复审委员会审查专利无效宣告请求并非严格局限于请求人主张的特定权利要求和提出的特定无效理由。由于专利无效宣告请求的理由之间并不相互独立,权利要求书的权利要求之间也并不相互割裂,在一些特殊情况下,专利复审委员会须要依职权引入相关无效宣告理由和证据,才能得到合理的决定。例如,如果权利要求存在请求人未提及的缺陷,它是审查请求人提出的无效宣告理由的前提条件,专利复审委员会将依职权引入相关无效宣告理由,审查该缺陷。比方说,请求人主张权利要求不具有创造性,但是未提及权利要求不清楚并且无法确定专利保护范围,为审查创造性问题,专利复审委员会须要先审查权利要求是否明确,是否符合《专利法》(2008)第二十六条第 4 款。⑤ 再例如,一件专利有多项权利要求,彼此存在引用关系,效力存在依存关系。如果请求人只以某一理由请求宣告一个或几个权利要求无效,而未主张其他权利要求具有相同缺陷,专利复审委员会可以以职权引入适当的无效理由,审查相关权利要求。此外,专利复审委员会还可以依职权认定公知常识,并引入相关的证据。⑥

除当事人处分原则外,专利无效宣告请求的审查还遵守民事诉讼的一般原则,例如避免单方接触、审查员利益关系回避制度、一事不再理等等。

具体到无效宣告审查程序,专利复审委员会受理专利权无效宣告请求后,会将请求书和有关文件的副本送交专利权人,要求其在指定的期限内陈述意见。专利复审委员会指定的期限不得延长。⑦ 当事人应当在指定期限内答复专利复审委员会发出的转送文件通知书或者无效宣告请求审查通知书。如果期

---

① 《中华人民共和国专利法实施细则》(2010)第七十二条。
② 《专利审查指南》(2010)第四部分第三章,第 375 页。
③ 《专利审查指南》(2010)第四部分第三章,第 375 页。
④ 乐清市正博电气有限公司诉国家知识产权局专利复审委员会专利行政纠纷案,北京市第一中级人民法院行政判决书〔2005〕一行初字第 1175 号。
⑤ 《专利审查指南》(2010)第四部分第三章,第 380 页。
⑥ 《专利审查指南》(2010)第四部分第三章,第 381 页。
⑦ 《中华人民共和国专利法实施细则》(2010)第七十一条。

满未答复,不影响专利复审委员会审理。

专利复审委员会根据当事人的请求或者案情需要,可以决定对无效宣告请求进行口头审理。[①] 如果决定口头审理,专利复审委员会将向当事人发出口头审理通知书,告知口头审理的日期和地点。当事人应当在通知书指定的期限内作出答复。如果无效宣告请求人对口头审理通知书在指定的期限内未作答复,并且不参加口头审理,无效宣告请求将被视为撤回。[②] 如果专利权人不参加口头审理,专利复审委员会将缺席审理。[③]

最后,值得注意的是,《专利法》及其《专利法实施细则》并没有规定无效宣告请求的时限。这并不是一个疏忽。原因在于,专利复审委员会内设的申诉处是按照领域设置,并没有按照"复审"和"无效"的范式划分,这意味着同一批专利复审员既要从事复审工作,又要从事专利无效宣告请求的审查工作。随着我国专利的申请量和授权量的迅猛增长,大量案卷堆积,很难控制审查时限。具体来说,2005 年至 2007 年间,专利复审委员会每年受理的专利复审案件大概都有 3000 件左右,2008 年增至 4364 件,2009 年快速增长为 9195 件。2010 年专利复审委员会共受理复审案件 12369 件、无效案件 2411 件,与 2009 年同期相比,复审案件增长 33.48%,无效案件受理量增长 6.8%,受理量较去年同期增长了 28.2%。[④] 而 2010 年专利复审委员会共审结案件 10492 个自然件,折合标准件为 10551 件。其中,复审案件 8546 个自然件,无效案件 1946 个自然件。[⑤] 显然,专利复审委员会的案卷已经开始积压。

四、无效宣告程序中权利要求的修改

我国《专利法》(2008)只规定了专利申请人对专利申请文件可以修改,[⑥]而没有规定专利权人对授权专利是否可以进行修改。但是,《专利法实施细则》允许专利权人在专利无效程序中对授权专利进行修改。《专利法实施细则》

---

① 《中华人民共和国专利法实施细则》(2010)第七十条。

② 《中华人民共和国专利法实施细则》(2010)第七十条。

③ 《中华人民共和国专利法实施细则》(2010)第七十条。

④ 薛飞:《复审及无效结案量首次突破万件大关》,《知识产权报》,2011 年 1 月 14 日,参见以下专利复审委员会网页:http://www.sipo-reexam.gov.cn/xwgg/fswxw/201101/t20110124_125386.html。

⑤ 薛飞:《复审及无效结案量首次突破万件大关》,《知识产权报》,2011 年 1 月 14 日,可参见以下专利复审委员会网页:http://www.sipo-reexam.gov.cn/xwgg/fswxw/201101/t20110124_125386.html。

⑥ 《中华人民共和国专利法》(2008)第三十三条:申请人可以对其专利申请文件进行修改,但是,对发明和实用新型专利申请文件的修改不得超出原说明书和权利要求书记载的范围,对外观设计专利申请文件的修改不得超出原图片或者照片表示的范围。

(2010)第六十九条第 1 款规定,在无效宣告请求的审查过程中,发明或者实用新型的专利权人可以修改其权利要求书,但是不得扩大原专利的保护范围。

对于专利无效程序中的权利要求修改,《专利审查指南》(2010)进行了细化,包括"修改原则"和"修改方式"。具体来说,其第四部分第三章第 4.6 节规定,专利无效过程中的修改应当满足以下修改原则:(1) 不得改变原权利要求的主题名称;(2) 与授权的权利要求相比,不得扩大原专利的保护范围;(3) 不得超出原说明书和权利要求书记载的范围;(4) 一般不得增加未包含在授权的权利要求书中的技术特征。[①]

在满足上述修改原则的前提下,《专利审查指南》(2010)要求修改权利要求书的具体方式一般限于权利要求的删除、合并和技术方案的删除。[②] 权利要求的删除很简单,就是去除一项权利要求。"技术方案的删除"是指"从同一权利要求中并列的两种以上技术方案中删除一种或者一种以上技术方案"。而"权利要求的合并"是指两项或者两项以上相互无从属关系但在授权公告文本中从属于同一独立权利要求的权利要求的合并。该新的权利要求应当包含被合并的从属权利要求中的全部技术特征,[③]而不能只将从属权利要求中的某些技术特征与其他从属权利要求合并。[④] 在无效宣告过程中,专利权人将一项独立权利要求与其从属权利要求分别合并,形成两项独立权利要求,但是并未改变原独立权利要求的主题名称、未扩大原专利的保护范围、未超出原说明书和权利要求书的记载范围以及未增加未包含在授权的权利要求书中的技术特征,这种修改是可以允许的。[⑤] 在独立权利要求未作修改的情况下,不允许对其从属权利要求进行合并式修改。[⑥]

（一）专利无效宣告过程中权利要求修改的法律性质

专利无效宣告过程中,哪些权利要求修改可以允许,哪些不可以允许,与此过程中权利要求修改的法律性质紧密相关。我国目前专利制度下,专利无效宣告过程中的权利要求修改遵循当事人处置原则,即推定专利权人自认被修改的权利要求应根据请求人提出的专利无效宣告请求而应被宣告无效。《专利审查

---

①　《专利审查指南》(2010)第四部分第三章第 4.6 节"关于无效宣告程序中专利文件的修改",第 385 页。

②　《专利审查指南》(2010)第四部分第三章,第 385 页。

③　《专利审查指南》(2010)第四部分第三章,第 385 页。

④　专利复审委员会专利无效决定 WX9480 号"布面装饰板"(2007 年 2 月 2 日)。

⑤　专利复审委员会专利无效决定 WX7056 号"多位变角器"(2005 年 4 月 4 日)。

⑥　《专利审查指南》(2010)第四部分第三章,第 385 页。

指南》(2010)明确规定,"在无效宣告程序中,专利权人针对请求人提出的无效宣告请求主动缩小专利权保护范围且相应的修改文本已被专利复审委员会接受的,视为专利权人承认大于该保护范围的权利要求自始不符合专利法及其实施细则的有关规定,并且承认请求人对该权利要求的无效宣告请求,从而免去请求人对宣告该权利要求无效这一主张的举证责任。"[1]

对于修改后的权利要求的审查,也实行当事人处置原则,专利复审委员会不对修改后的权利要求进行全面的专利有效性审查。首先,当事人可以就修改后的权利要求达成和解。实践中,请求人在专利权人提交的权利要求书的修改文本的基础上就专利权的保护范围与专利权人达成合意时,如果专利复审委员会审查后认为该修改文本符合《专利审查指南》(2010)的相应规定,专利复审委员会就将作出决定,在此修改文本的基础上维持该专利有效。[2]　其次,《专利审查指南》(2010)推定符合修改原则和修改方式的权利要求修改所得权利要求符合专利法授权条件。只有当请求人对其增加无效宣告请求理由时,才对其进行审查。《专利审查指南》(2010)规定:"专利复审委员会通常仅针对当事人提出的无效宣告请求的范围、理由和提交的证据进行审查,不承担全面审查专利有效性的义务。"[3]对于修改后的权利要求,这也适用。对于以合并方式修改得到一项权利要求,如果请求人明确表示不再针对该项权利要求增加无效宣告理由,专利复审委员会将不再对该修改得到的权利要求进行审查。[4]　如果请求人针对以合并方式修改的权利要求,在专利复审委员会指定期限内增加无效宣告理由,并在该期限内对所增加的无效宣告理由具体说明,[5]专利复审委员会将对修改后的权利要求,根据请求人提出的原始理由和增加的理由及相关证据,审查其效力。

对于此种当事人处置原则,正当程序(due process)要求限制权利人提出修改权利要求的时间。针对无效请求的权利要求删除和技术方案删除,等于彻底承认无效请求,《专利审查指南》(2010)允许口头审理当庭提出。[6]　而对于合并权利要求而言,由于修改后的权利要求可能不符合专利授权条件,请求人可能需要时间准备进一步的理由和证据。为此,《专利审查指南》(2010)要求权利人

---

[1]　《专利审查指南》(2010)第 7 部分第 7 章第 375 页。

[2]　参见专利复审委员会专利无效决定 WX11742 号"一体式增效复合内音孔枪"(2008 年 6 月 23 日)。

[3]　《专利审查指南》(2010)第 380 页。

[4]　参见专利复审委员会专利无效决定 WX13407 号"电子电路"(2009 年 5 月 18 日)。

[5]　《专利审查指南》(2010)第 382 页。

[6]　《专利审查指南》(2010)第 386 页。

只能在规定的时间内提出此种方式的修改。[①]

(二)专利复审委员会审查修改后权利要求的职责范围

专利复审委员会是否"应当"依职权,按照《专利审查指南》(2010)规定的"修改原则"和"修改方式"审查修改后的权利要求?如果专利复审委员会未进行审查,请求人是否可以据此提出诉讼,要求人民法院责令其审查?

理论上来说,专利复审委员会应当肩负这一职责。请求人提出无效宣告请求时,不可能预见权利人是否修改权利要求,如何修改权利要求。他也就不可能提前构想针对修改后的权利要求的无效宣告理由,并且收集相关证据。更为重要的是,《专利审查指南》(2010)规定的"修改原则"和"修改方式"不属于现行《专利法实施细则》(2010)第六十五条规定的"无效宣告请求的理由"。特别地,请求人不能依据《专利法实施细则》(2010)第六十九条第1款,以修改后权利要求扩大原专利范围,请求宣告修改后的权利要求无效。而且,请求人也不可能依据《专利法》(2008)第三十三条,以修改后的权利要求超范围,请求宣告修改后的权利要求无效,因为第三十三条明文规定适用于"专利申请文件",而不适用于"专利授权文件"。如果专利复审委员会不负有审查修改得到的权利要求的职责,等于承认专利权人经得无效宣告请求人的许可,即可以自由修改权利要求,并就修改后的权利要求享受专利保护。为此,2011年10月,最高人民法院裁定驳回专利复审委员会对上海家化医药科技有限公司与专利复审委员会等发明专利权无效行政纠纷案(以下简称"家化专利无效纠纷案")的再审请求,[②]并在行政裁定书中明确:专利权人在专利无效程序中对权利要求进行修改,应符合《专利审查指南》(2010)的"修改原则"和"修改方式"。

如果专利复审委员会应当肩负审查修改后的权利要求的职责,接下来的问题是,其职责范围应当如何?"家化专利无效纠纷案"以后,这一问题变得尤为重要。在此案中,最高人民法院认为,《专利法实施细则》及《专利审查指南》(2010)对无效过程中权利要求的修改进行限制,其原因一方面在于维护专利保护范围的稳定性,保证专利权利要求的公示作用;另一方面在于防止专利权人通过事后修改的方式把申请日时尚未发现,至少从说明书中无法体现的技术方案纳入到本专利的权利要求中,从而为在后发明抢占一个在先的申请日。基于

[①] 《专利审查指南》(2010)第386页(仅在下列三种情形的答复期限内,专利权人可以以合并的方式修改权利要求书:(1)针对无效宣告请求书;(2)针对请求人增加的无效宣告理由或者补充的证据;(3)针对专利复审委员会引入的请求人未提及的无效宣告理由或者证据)。

[②] 最高人民法院行政裁定书〔2011〕知行字第17号。

此,最高人民法院得出结论,《专利审查指南》(2010)规定在满足修改原则的前提下,修改方式一般情况下限于权利要求的删除、合并和技术方案的删除三种方式,但并未绝对排除"其他修改方式"。换言之,最高人民法院认为,除了《专利审查指南》(2010)规定的修改方式,专利权人还可以采用"其他修改方式"。而对于"其他修改方式"所得之权利要求,最高人民法院只要求不得扩大原专利保护范围,不得超出原专利说明书和权利要求书的范围。

然而,满足这两点并不意味着满足所有《专利法》(2008)和《专利法实施细则》(2010)规定的专利授权条件。如果遵循当事人处置原则,任由请求人自认,很可能导致修改后的权利要求轻松过关:对于实用新型而言,除了上述两个条件,修改后的权利要求只是又一次经过形式审查;对于发明专利,除了上述两个条件,修改后的权利要求的审查门槛明显低于专利局实质审查的门槛。然而,专利无效宣告程序的宗旨是保护公众从事商事活动的自由,不是降低专利授权门槛。允许相对自由的修改方式,而不让专利复审委员会承担"全面审查"修改后权利要求效力的职责,很可能导致专利无效宣告程序中的权利要求修改制度沦为效力可疑专利授权的温床,干扰正当的市场竞争。

也就是说,准许专利权人在满足"修改原则"的条件下自由修改权利要求,意味着对无效宣告程序中的权利要求修改不应继续适用当事人处置原则,而应当赋予专利复审委员会全面审查修改后权利要求效力的职责。唯有这样,才能保证修改后的权利要求经过完全的实质审查程序,其效力可以推定为有效。对此,发达国家早有成熟经验。早在 1990 年,欧洲专利局技术上诉委员会(Technical Board of Appeal,TBA)在 T 472/88 案中即指出:"专利权人在专利异议程序中请求修改权利要求,异议处和上诉委员会得根据整个《欧洲专利公约》对修改后专利进行全面审查"。[①] 这一法律意见为扩大上诉委员会(Enlarged Board of Appeal,EBA)所肯定,[②] 成为《欧洲专利公约》的法律

---

① See T 472/88 ("where amendments are requested by a patentee in the course of opposition proceedings;Article 102(3) EPC confers upon the Opposition Division as well as the Boards of Appeal jurisdiction,and thus the power,to consider the whole of the EPC."). See also T 227/88,T 301/87,T 367/96;853/02;T 648/96.

根据《欧洲专利公约》(2000)第 99 条第 1 款,从欧洲专利授权决定在欧洲专利公告公布九个月内,任何人可以根据本公约实施细则,向欧洲专利局对该专利提出异议请求。

② See G 9/91 ("In order to avoid any misunderstanding,it should finally be confirmed that in case of amendments of the claims or other parts of a patent in the course of opposition or appeal proceedings, such amendments are to be fully examined as to their compatibility with the requirements of the EPC").

规则。① 这一法律规则的直接效果是,上诉委员会在异议程序中对修改后权利要求审查的职权范围,远远超过请求人可以对授权专利提出异议的法律理由。② 为促使修改后权利要求获得全面审查,确定是否满足《欧洲专利公约》规定的全部授权条件,异议请求人还可以请求异议处或上诉委员会,委托进行补充检索(additional search)。③

或许有意见认为,我国专利无效宣告案例堆积,专利复审委员会无暇对修改后的权利要求的效力进行全面审查。而且,权利人可能滥用程序,不当延长专利无效宣告过程(proceedings)。首先,要求专利复审委员会对修改后权利要求进行全面审查,并不意味着要求它亲力亲为地审查。专利复审委员会可以委托专利局相关部门进行审查。如果对由此得出的决定不服,可允许请求人根据《专利法实施细则》(2010)第六十五条规定,补充专利无效宣告理由。其次,权利人没有滥用程序以延长专利无效宣告过程的动机。权利人修改授权专利的权利要求,即承认该权利要求自始无效,不得再以此项权利要求主张他人(包括请求人)侵犯该权利要求。由于修改后的权利要求需要通过专利复审委员会审查,方可能被认定为有效,权利人也就不可能以修改所得权利要求直接主张他人侵权。所以,如果专利侵权诉讼仍在进行,权利人在专利无效宣告过程中请求修改权利要求,只可能是为了获得正当的专利保护,而通常不可能滥用程序。

综上所述,最高人民法院通过"家化专利无效纠纷案"要求专利复审委员会允许"其他修改方式"的权利要求修改,就应该同时要求专利复审委员会放弃"当事人处置原则",承担全面审查修改后权利要求效力的职责。

五、不服专利复审委员会决定的申诉

专利复审委员会作出的决定并非终局决定。2000 年《专利法》修订前,专利复审委员会对宣告实用新型和外观设计专利权无效的请求所作出的决定曾经是终局决定。④ 为符合 TRIPS 协议,加入世界贸易组织,2000 年《专利法》修订

---

① 扩大上诉委员会只是对上诉委员会和欧洲专利局局长根据《欧洲专利公约》第 112 条第 1 款(a)(b)两项规定提请的重要法律问题,进行审议决定。根据《欧洲专利公约》第 112 条 3 款的明确规定,扩大上诉委员会的决定对提请审议的上诉委员会具有直接的约束力。但是,它的决定影响力远不局限于此。上诉委员会规程第 16 条规定,如果上诉委员会决定将和扩大上诉委员会之前的决定偏离,上诉委员会应该就相关问题再次提请扩大上诉委员会审议。一般说来,对欧洲专利局所有法律程序都具有举足轻重的说服力。

② See T 227/88, OJ 1990, 292; G 9/91, OJ 1993, 408; T 472/88; T 922/94.

③ See Guidelines for Examination in the European Patent Office (April 2010) Part D-Chapter VI.

④ 参见《中华人民共和国专利法》(1984)、《中华人民共和国专利法》(1992)第四十九条。

后，专利复审委员会对各种专利无效宣告请求的决定，都不再是终局决定。根据《专利法》（2008）第四十六条规定，对专利复审委员会宣告专利权无效或者维持专利权的决定不服的，可以自收到通知之日起三个月内向人民法院起诉。人民法院应当通知无效宣告请求程序的对方当事人作为第三人参加诉讼。

国家知识产权局专利复审委员会是被告，此类诉讼属于行政诉讼。此前，根据是否有民事纠纷在先，由北京市第一中级人民法院的不同法庭管辖。根据最高人民法院 2002 年 5 月发布的《关于专利法、商标法修改后专利、商标相关案件分工问题的批复》的规定，"对于人民法院受理的涉及专利权或者注册商标专用权的民事诉讼，当事人就同一专利或者商标不服专利复审委员会的无效宣告请求复审决定或者商标评审委员会的裁定而提起诉讼的行政案件，由知识产权审判庭受理；不服专利复审委员会或者商标评审委员会的复审决定或者裁定的其他行政案件，由行政审判庭审理"。然而，知识产权庭和行政庭虽然都适用行政诉讼程序，但它们两者在审理思路、审理范围、庭审模式上都存在巨大差异。知识产权庭侧重对双方争议点进行"合理性"审查，遵循民事诉讼中的"不告不理"的原则；行政庭侧重对行政机关作出具体行政行为的程序进行全面"合法性"审查。行政庭的判决实行"司法权不干涉行政权"原则，对否决的事项，法官无权代替行政机关作出决定，只能要求行政机关重新作出决定。

因此，在我国推行知识产权"三审合一"（民事、刑事和行政）的背景下，专利复审委员会作出的专利无效宣告决定也统一由知识产权庭审查。根据 2009 年《最高人民法院关于专利、商标等授权确权类知识产权行政案件审理分工的规定》（法发〔2009〕39 号），不服国家知识产权局专利复审委员会作出的专利复审决定和无效决定的案件都由"知识产权庭"审理（包括一审、二审和再审），而不再由行政庭审理。如果对北京市第一中级人民法院的决定不服，可以再上诉至北京市高级人民法院，但 2014 年成立北京知识产权法院后，其取代了北京市第一中级人民法院的地位。

尽管我国法律明文规定专利复审委员会应该作为被告，接受人民法院审判，但是，不少意见认为，专利复审委员会在专利无效宣告请求的审查中，主要扮演中立的裁判角色，类似于行政法官，具有准司法性，行使的是裁判权。专利复审委员会所对无效宣告请求作出的决定也就不是传统意义上的具体行政行为。所以，如果当事人不服复审委员会关于专利无效请求的决定，应该以另一方当事人为被告，求助于司法救济。不少专家学者尖锐地指出现有制度框架让专利复审委员会诉累重重，还有循环诉讼等诸多问题，认为专利复审委员会的决定应依照"民事诉讼"审理。① 《专利法》第三次修改过程中,也曾经讨论是否取消专利复审委员会的出庭义务。但是,此种意见并没有得到采纳。

六、专利无效宣告决定的效力溯及力

《专利法》(2008)第四十七条规定:"宣告无效的专利权视为自始即不存在"。这里"宣告无效的专利权"应当是指专利复审委员会作出的发生法律效力的无效宣告请求审查决定所宣告无效的专利权。对于专利复审委员会作出宣告专利权无效的决定,如果当事人自收到通知之日起三个月期满仍未向人民法院起诉的,该决定即发生法律效力;如果当事人依法提起了行政诉讼,该决定只有被生效的行政裁判维持其合法有效后才能发生法律效力。②

然而,宣告专利权无效的决定并不是具有一般的溯及力。为维持法律的确定性,对在宣告专利权无效前人民法院作出并已执行的专利侵权的判决、调解书,已经履行或者强制执行的专利侵权纠纷处理决定,以及已经履行的专利实施许可合同和专利权转让合同,它不具有追溯力。③ 2008年《专利法》修订前,人民法院作出并已执行的专利侵权的"裁定"也曾包括在内。2008年《专利法》修订后,"裁定"不再包括在内,而将"调解书"纳入其中。同时,《专利法》(2008)第六十六条规定,专利权人或者利害关系人申请诉前禁令有错误的,"应当赔偿被申请人因停止有关行为所遭受的损失"。其实,早在第三次《专利法》修订生效前,在"申请再审人安吉县雪强竹木制品有限公司与被申请人许赞有其他侵权纠纷案"(以下简称"许赞有案")中,④ 最高人民法院认为,专利权人依照国家专利行政部门授予的专利权行使诉权以及申请采取相关措施,是法律授予的权利,但是,专利权人在行使自己权利时不得损害他人的合法利益。由于专利权的稳定性只是相对的,任何人都可以请求专利复审委员会宣告授权专利无效,权利人应当知道自己的专利可能被他人宣告无效。权利人行使权利时,特别是

---

① 参见程永顺:《修改完善专利法,实现立法宗旨——从保护专利权的角度谈对〈专利法修正案(草案)〉的几点修改意见》,《中国专利与商标》2009年第1期,第3-5页;何伦健:《专利无效诉讼程序性质的法理分析》,《知识产权》2006年第4期,第74-77页。

② 参见深圳万虹科技发展有限公司与深圳市平治东方科技发展有限公司、新诺亚舟科技(深圳)有限公司、创新诺亚舟电子(深圳)有限公司侵犯实用新型专利权纠纷一案,最高人民法院民事裁定书〔2009〕民申字第1573号。

③ 《中华人民共和国专利法》(2008)第四十七条。

④ 申请再审人安吉县雪强竹木制品有限公司与被申请人许赞有其他侵权纠纷案,最高人民法院民事裁定书〔2008〕民申字第762号。

申请财产保全、停止有关行为等有可能给被申请人直接造成损害的措施时,应当谨慎注意,充分估计其中的诉讼风险。如果申请错误,申请临时措施的专利权人或其利益相关人应当承担赔偿责任。

对于以上不具有追溯力的情况,《专利法》(2008)规定有两个例外。一是"专利权人的恶意给他人造成的损失,应当给予赔偿"。[①] 何谓"恶意",现在还没有权威的解释。但是,"许赞有案"中,最高人民法院指出,专利授权公告后即推定有效。[②] 根据授予专利行使诉权,申请临时措施,本身不构成"恶意",即便事后专利被依法宣告无效。一些学者认为,如果"恶意取得专利",例如利用现有技术申请实用新型或外观设计申请获得专利授权,并以此妨碍他人正当商事活动,应该构成"恶意"。[③]

另一个例外是,"不返还专利侵权赔偿金、专利使用费、专利权转让费,明显违反公平原则的,应当全部或者部分返还"。[④] 此例外是基于"公平原则",各方当事人都没有过错,故宣告专利权无效的决定只具有部分追溯力,只限于"明显"违反公平原则的相应部分,而不需要赔偿损失。对何谓"明显"违反公平原则,目前还没有权威解释。但是,显然"明显"与否应该遵循"比例原则",并且严格解释。一般认为,如果被许可人或者专利权受让人支付了专利使用费或者专利权转让费后,尚未实施该专利或者只实施了很短的时间,该专利权就被宣告无效,被许可人或者专利权受让人没有因专利权的保护而受益或者受益很少,与他们支付的专利使用费、专利转让费以及为实施专利技术而付出的费用相比,明显不相当,应当属于"明显违反公平原则"。[⑤]

第四节　国家知识产权局行政复议

除了专利复审和专利无效宣告的具体行政行为,当事人可以请求国家知识产权局法律事务处,针对规定的其他具体行政行为,以国家知识产权局为被请求人,要求行政复议。[⑥] 根据《行政复议法》第十四条,对国务院部门的具体行政

---

① 《中华人民共和国专利法》(2008)第四十七条第1款。
② 参见深圳市智聪科技发展有限公司与马学军侵犯实用新型专利权纠纷一案,最高人民法院民事裁定书〔2009〕民申字第1448号。
③ 参见汤宗舜著:《专利法教程》(第三版),法律出版社2009年版,第202页。
④ 《中华人民共和国专利法》(2008)第四十七条第2款。
⑤ 国家知识产权局条法司:《新专利法详解》,知识产权出版社2002年版,第259页。
⑥ 《国家知识产权局行政复议规程》(国家知识产权局令第66号)第七条第3款。

行为不服,应当向作出该具体行政行为的国务院部门申请行政复议。为此,国家知识产权局颁布实施有《国家知识产权局行政复议规程》(国家知识产权局第20号令),规范对国家知识产权局具体行政行为不服的行政复议程序。

当事人只能对专利复审程序和专利无效宣告程序之外的规定事项,[①]要求国家知识产权局法律事务处进行行政复议。就专利申请和专利而言,包括以下具体行政行为:[②](1)专利申请人对不予受理其申请不服的;(2)专利申请人对申请日的确定有争议的;(3)专利申请人对视为未要求优先权不服的;(4)专利申请人对其专利申请按保密专利申请处理或者不按保密专利申请处理不服的;(5)专利申请人对专利申请视为撤回不服的;(6)专利申请人对视为放弃取得专利权的权利不服的;(7)专利权人对专利权终止不服的;(8)专利申请人、专利权人因耽误有关期限导致其权利丧失,请求恢复权利而不予恢复的;(9)专利权人对给予实施强制许可的决定不服的;(10)强制许可请求人对终止实施强制许可决定不服的;(11)国际申请的申请人对国家知识产权局终止其国际专利申请不服的;(12)国际申请的申请人对国家知识产权局所作单一性复查决定不服的。它们就是本节讨论针对的具体行政行为。

一般而言,当事人应当自知道国家知识产权局具体行政行为之日起60日内提出行政复议申请,[③]并可以附带提出行政赔偿请求。[④]复议期间具体行政行为原则上不停止执行。[⑤]当法律事务处认为需要停止执行,并向有关部门发出停止执行通知书,才中止执行。[⑥]

当然,当事人不服国家知识产权局的上述具体行政行为,也可以向人民法院提起行政诉讼。但是,当事人对国家知识产权局作出的同一具体行政行为,不得同时进行行政诉讼和行政复议。所以,如果当事人向人民法院提起行政诉讼,人民法院已经立案的,则不得向国家知识产权局申请复议;国家知识产权局受理复议申请后,发现当事人在受理复议申请前向法院提起行政诉讼并且人民法院已经立案,当驳回复议申请。[⑦]另一方面,如果行政复议申请已经受理,则

---

① 《国家知识产权局行政复议规程》(国家知识产权局令第66号)第六条。
② 《国家知识产权局行政复议规程》(国家知识产权局令第66号)第五条。
③ 《国家知识产权局行政复议规程》(国家知识产权局令第66号)第二十一条。
④ 《国家知识产权局行政复议规程》(国家知识产权局令第66号)第二十四条。
⑤ 《国家知识产权局行政复议规程》(国家知识产权局令第66号)第二十一条。
⑥ 《国家知识产权局行政复议规程》(国家知识产权局令第66号)第十条。
⑦ 《国家知识产权局行政复议规程》(国家知识产权局令第66号)第十一条。

当事人在法定复议期限内不得向人民法院提起行政诉讼。[①]

国家知识产权局法律事务处以法律、行政法规、部门规章为依据,采用书面方式,审查国家知识产权局具体行政行为的合法性和适当性。[②] 在审理的过程中,法律事务处可以向有关部门和人员调查情况,也可应请求听取复议申请人或者第三人的口头意见。就具体程序来说,法律事务处自受理复议申请之日起7日内将复议申请书副本转交有关部门;该部门应当在收到复议申请书副本之日起10日内提出维持、撤销或者变更原具体行政行为的书面答复意见,并提交当初作出具体行政行为的证据、依据和其他有关材料。如果有关部门逾期不提出答复意见,这并不影响法律事务处作出复议决定。[③]

一般而言,自受理复议申请之日起60日内[④],国家知识产权局法律事务处应当以国家知识产权局的名义作出行政复议决定。如果案情复杂,经批准,审限可以延长,但是最多不得超过30日。

行政复议决定主要包括四类:(1)维持;(2)程序不足,责令补正;(3)未履行法定职责,责令限期履行;(4)决定撤销、变更具体行政行为,并决定有关部门重新作出具体行政行为;如果具体行政行为不能撤销,确认具体行政行为违法。[⑤] 如果法律事务处作出撤销或者变更原具体行政行为的复议决定,在必要时可以向有关部门提出后续程序的书面建议。[⑥]

当事人如果对行政复议决定不服,可以根据《行政复议法》第四十条向国务院申请最终裁决;或者向人民法院北京知识产权法院提起行政诉讼。[⑦] 如果当事人提起行政诉讼,国家知识产权局法律事务处负责处理应诉事项。[⑧]

---

① 《国家知识产权局行政复议规程》(国家知识产权局令第 66 号)第十一条。

② 《国家知识产权局行政复议规程》(国家知识产权局令第 66 号)第三条,第十八条和第二十二条。

③ 《国家知识产权局行政复议规程》(国家知识产权局令第 66 号)第十八条。

④ 《国家知识产权局行政复议规程》(国家知识产权局令第 66 号)第二十七条。

⑤ 《国家知识产权局行政复议规程》(国家知识产权局令第 66 号)第二十三条第 1 款。

⑥ 《国家知识产权局行政复议规程》(国家知识产权局令第 66 号)第二十三条第 2 款。

⑦ 根据《最高人民法院关于审理专利纠纷案件适用法律问题的若干规定》(2001)第一条第 14 项,不服国务院专利行政部门行政复议决定属于专利纠纷案件。典型的案件,例如:苏玉英诉国家知识产权局复议决定案,北京市第一中级人民法院行政判决书〔2001〕一中行初字第 86 号。

⑧ 《国家知识产权局行政复议规程》(国家知识产权局令第 66 号)第三条。

第七章 专利权的内容

"专利权利的内容"（rights conferred by patent）[①]与"专利的保护范围"属于两个不同的法律概念。专利的保护范围是指客体的保护范围，即依照权利要求所确定的技术方案的外延。这由《专利法》（2008）第五十九条规定。尽管这一法条措辞采用"专利权的保护范围"一词，但实际是指专利客体的保护范围。专利权的保护范围是专利权人依据专利权可以支配他人行为的范围，是专利权人所享有的"权利"范围。这由《专利法》（2008）第十一条加以规定。本节讨论专利权利的范围。

本质上，专利权是一种排他性权利（exclusive right），也即"禁止"他人从事特定行为的权利。它并没有赋予权利的持有人从事特定行为的权利。实施自己拥有的专利并不意味着不侵犯他人的专利权。虽然专利权各自独立，但是，技术本身并不相互独立。实施自己的专利技术，制售专利产品，很可能同时用到与之关联的技术，而它们可能仍旧处于他人拥有的有效专利保护之下。换言之，专利作为财产权相互独立，但是，专利技术相互依赖。为此，实施自己的专利技术也可能侵犯别人的专利权。

根据专利客体不同，专利权利的范围有所不同。以下对发明或实用新型的产品专利、方法专利和外观设计专利分别进行阐释。

第一节 产品专利权的内容

《专利法》（2008）第十一条规定："发明和实用新型专利权被授予后，除本法另有规定的以外，任何单位或者个人未经专利权人许可，都不得实施其专利，即不得为生产经营目的制造、使用、许诺销售、销售、进口其专利产品"。值得注意的是，由于专利权以主权授予，其效力局限于中国主权范围之内。只有当上述行为发生在中国，才可能侵犯专利权。

所谓"专利产品"是产品落入专利的保护范围。专利的保护范围以权利要

---

① TRIPS 协议第 28 条。

求书中明确记载的必要技术特征所确定的范围为准，也包括与必要技术特征相等同的特征所确定的范围。① 所以，专利产品就是指具有权利要求书中所载的所有技术特征或者其等同技术特征的产品。等同特征是指与所记载的技术特征以基本相同的手段，实现基本相同的功能，达到基本相同的效果，并且本领域的普通技术人员无须经过创造性劳动就能够联想到的特征。②

一、禁止生产经营性使用

"不得为生产经营目的"，至少从字面上限制了专利权利的范围。相比于西方国家的专利法和 TRIPS 协议，这属于中国特色的立法模式。TRIPS 协议规定了国际专利保护的最低水平。其第二十八条规定，如果专利的客体是产品，专利所有人有以下的排他权，即可以禁止他人未经所有人同意从事以下行为：制造、使用、许诺销售或者销售该产品，或者为上述目的进口该产品。这没有将专利权限制到只能禁止"为生产经营目的"而实施专利的行为。然而，这并不是说我国专利法就必然违反 TRIPS 协议。TRIPS 协议第三十条允许成员国对专利排他权规定有限的例外，需要满足以下条件：专利权利的例外不得与专利的正常利用产生不合理的冲突，并且不得不合理地损害专利权人的正当利益，同时应考虑第三方的正当利益。在加拿大医药专利保护案中，WTO 纠纷争端解决专家组认为，如同所有的知识产权权利，专利权所有人的正当行为就是排除所有形式的可以减少经济回报的竞争，只要该经济回报是专利授权时，其市场排他性是可以预期的。③ 可见，专利权人正当利益的边界很宽广，而 TRIPS 协议允许的专利权例外相当有限。

实际上，西方国家一般的法律观点认为，只要未经授权实现专利产品的技术特征，即构成侵权，除非有例外规定。例如，《美国专利法》第 271 条（a）款规定："除非本法另有规定，任何人未经授权，在美国境内制造、使用、许诺销售，或者销售专利保护之发明，或者向美国进口专利保护之发明，只要专利处于保护期内，都侵犯该专利。""私人和为非商业目的的实施行为"可以不构成侵权，但是必须满足法律规定的严格条件。

---

① 《最高人民法院关于审理专利纠纷案件适用法律问题的若干规定》（法释〔2001〕21 号）第十七条第 1 款。

② 《最高人民法院关于审理专利纠纷案件适用法律问题的若干规定》（法释〔2001〕21 号）第十七条第 2 款。

③ See Canada-Patent protection of pharmaceutical products，WT/DS/114/R，para. 7.55.

我国司法实践亦对"生产经营目的"作宽泛解释,将"不构成为生产经营目的"限制到"个人非营利目的"的范围之内。[①]

二、禁止他人制造权

未经授权,"制造"专利产品,将侵犯专利权。所谓"未经授权"是指既没有经过专利权人许可,也没有经过国家机关的强制许可。"制造"的行为涵盖"做、制作、建造或创造",也包括"提取、合成"等等手段。"制造"是指专利权利要求中所记载的产品技术方案被实现。[②] 只要客观上产生了专利产品,未经授权,都可侵犯专利权。"制造"不同于生产,其本身既不需要达到生产规模,也不要求产品质量。而且,"制造"也并不问是为国内销售制造,还是为输出国外而制造。"制造"甚至不问制造人是否主观上是否"故意",而只关心客观上是否产生了专利产品。然而,购买、使用产品后,在产品生命周期内,维修专利产品,不算制造。产品周期后,再重新组装,再造(reconstruction)专利产品,仍旧构成"制造"。[③]

更为重要的是,无论第三人采用何种方式制造专利产品,包括利用自己独立研发的技术手段制造,都可构成专利权侵权。产品专利享受绝对保护。无论采用任何一种方法制造出权利要求所保护的产品技术特征,都构成侵权,即便专利说明书只是公开了一种制造该产品的方法。由此产生的一个疑问是,专利法给予的保护和激励是否超出了发明人的实际贡献?既然产品专利权人只向公众披露了一种制造某产品的方法,为何他可以禁止他人采用现在和未来的任何一种方法生产该产品?首先,产品创新相比于工艺创新要困难。其次,工艺创新需要基于产品的特征。产业周期的一般规律表明,工艺创新远落后于产品创新(参见图20)。为此,给予产品专利绝对的保护,有利于激励创新。

三、禁止他人使用权

未经授权"使用"专利产品,也将侵犯专利权。"使用"和"制造"类似,也是实在的物理行为。即便第三人没有制造专利产品,专利权人也可以依照本项权能禁止获得专利产品的人使用它。

---

① 《北京市高级人民法院关于专利侵权判定若干问题的意见》(征求意见稿)(2011年4月)第115条。
② 《北京市高级人民法院关于专利侵权判定若干问题的意见》(征求意见稿)(2011年4月)第95条。
③ 《北京市高级人民法院关于专利侵权判定若干问题的意见》(征求意见稿)(2011年4月)第95条。

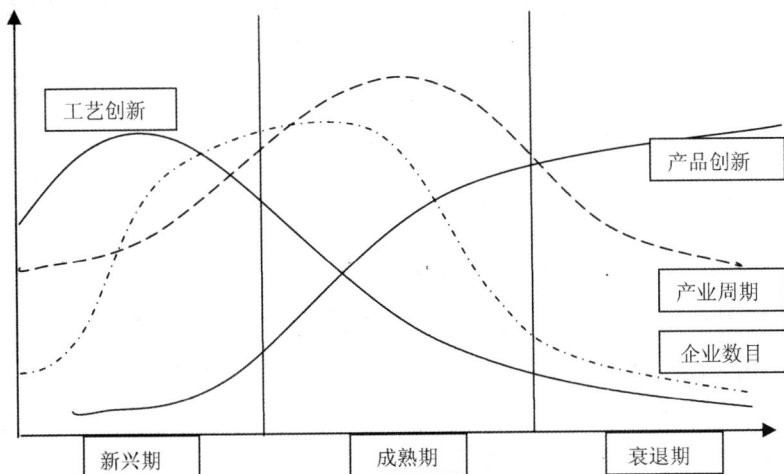

图 20 产业发展周期示意图

最直接的"使用"是实际应用专利产品,享受其使用价值。为此,无论说明书向公众披露了专利产品的一种还是几种用途,只要未经授权使用了专利产品,无论用于何种用途,都属于侵权行为。将侵犯发明或者实用新型专利权的产品作为零部件"制造"另一产品的,构成"使用"专利产品。[①] 将专利产品用于运输工具,无论是轮船、飞机还是汽车,都侵犯专利产品的使用权。但是,根据《专利法》(2008)第六十二条第3项,临时通过中国领陆、领水、领空的外国运输工具,依照其所属国同中国签订的协议或者共同参加的国际条约,或者依照互惠原则,为运输工具自身需要而在其装置和设备中使用有关专利,不构成侵犯专利权。此项例外一般简称为"临时过境"。

"使用"的概念还包括制造、许诺销售、销售、进口以外的"利用"行为。例如,没有出售意思表示的商业展示,没有转移专利产品所有权意思表示的出租或租赁行为,[②] 都属于"使用"的范围。但是,仅仅持有或者拥有专利产品,不构成使用。[③]

相对于制造权能,使用权能被侵犯时的救济相对有限。根据《专利法》(2008)第七十条规定,第三人为生产经营目的使用专利产品,不知道是未经专

---

① 《最高人民法院关于审理侵犯专利权纠纷案件应用法律若干问题的解释》(法释〔2009〕21号)第十二条。

② 《北京市高级人民法院关于专利侵权判定若干问题的意见》(征求意见稿)(2011年4月)第104条。

③ See Resource Book on TRIPS and Development:An authoritative and practical guide to the TRIPS Agreement,p.419.

利权人许可而制造并售出的专利侵权产品,如果能证明产品具有合法来源,则不承担赔偿责任。所谓"合法来源"是指使用者通过合法的进货渠道、正常的买卖合同和合理的价格从他人处购买专利产品。[①] 所以,如果使用人能够证明合法来源,则可以免除赔偿责任,但是,仍旧需要依法承担其他侵权责任。

四、禁止他人许诺销售、销售权

未经授权,许诺销售、销售专利产品,亦将侵犯专利权。"制造"和"使用"都是实在的物理行为,而许诺销售和销售都属于法律行为。"许诺销售"(offer for sale)是一个前销售行为。"许诺"(offer)等同于合同法中的"要约"。"以做广告、在商店橱窗中陈列或者在展销会上展出等方式作出销售商品的意思表示",构成许诺销售。[②] 但是,只有当许诺的销售将发生在专利权有效期内,才可能侵犯专利权。在专利权保护期即将届满时,计划专利权终止后的商事行为,许诺专利权终止后销售不再受专利保护的产品,不侵犯专利权。

类似地,"销售"也是指法律行为上的销售,即以金钱为对价的交易行为。只要买卖合同的标的是专利产品,未经授权的销售就可侵犯专利权。搭售或以其他方式转让专利产品所有权,变相获取相应对价,也属于销售该产品。[③] 并不是说只有货物所有权发生转移,货款收讫才构成"销售"。

只有当销售发生在专利保护期内和中国境内,才可能侵犯中国专利。将专利产品出售到外国,不干扰专利产品的中国市场,按照专利法理应侵犯不了中国专利的销售权。但是,《中华人民共和国知识产权海关保护条例》(国务院令第 395 号)第三条规定,国家禁止侵犯知识产权的货物"进出"口。专利权人得以此规定,申请海关知识产权保护措施,禁止未经授权的专利产品出口。

专利权人行使销售权后,他行使其他权利将受到限制。根据《专利法》(2008)第六十九条,专利产品或者依照专利方法直接获得的产品,由专利权人或者经其许可的单位、个人售出后,使用、许诺销售、销售、进口该产品,不构成侵权。此即所谓"专利权用尽"。之所以如此,原因在于专利产品所有权转让后,受让人理应自由享受物权,得自由处分买受的产品。另一方面,通过第一次授权销售,专利权人已经可以获得全部经济回报。

---

① 《北京市高级人民法院关于专利侵权判定若干问题的意见(试行)》(京高法发〔2001〕229 号)第九十九条;《北京市高级人民法院专利侵权判定若干问题的意见》(征求意见稿)(2011 年 4 月)第 133 条。
② 《最高人民法院关于审理专利纠纷案件适用法律问题的若干规定》(法释〔2001〕21 号)第二十四条。
③ 《北京市高级人民法院关于专利侵权判定若干问题的意见》(征求意见稿)(2011 年 4 月)第 95 条。

但是,"专利权用尽"一般限于专利产品无附带条件的出售(unconditional sale)。我国目前的司法实践认为,专利权人自行制造或者经专利权人许可制造的专利产品部件售出后,使用并销售该部件的行为,应当认为是得到了专利权人的默许。① 并且,在专利产品合法售出或让与后为使专利产品正常使用或更好地发挥性能,或者延续专利产品的使用期限而对该产品进行的维修、更换零部件等维护性行为,属于专利权用尽。②

如果销售行为附带条件,比如要求购买人使用专利设备的同时,使用指定来源的原材料,专利权并不用尽。此种附带条件可能违反法律规定,致使合同无效,③或者因为违反《反垄断法》而应受到竞争规制。④

最后,许诺销售、销售权能被侵犯时可获得的救济与使用权能被侵犯时类似的救济,即如果被诉侵权人能够证明"合法来源",则不承担赔偿责任。

五、禁止他人进口权

最后,未经授权进口专利产品,亦将侵犯专利权。"进口"也属于实在的物理行为,是指"专利产品在空间上从境外越过边界运进境内的行为。"⑤依照进口权能,专利权人得以申请海关知识产权保护,请求扣押未经许可的进口专利产品。

进口权能受到两大限制。其一是"临时过境";其二是"专利权用尽"。前者已经充分讨论过,而后者涉及"平行进口"(parallel import)的问题。所谓"专利产品的平行进口"是指中国未经授权的进口商,在某项专利已经获得中国法律保护的情况下,仍从国外购得专利权人或者其专利被许可人生产制造或者销售的该专利产品,并将该专利产品进口到中国销售的行为。⑥ 如果承认专利权国际用尽,即法律上认为专利权第一次授权销售后,无论再次销售发生于何地,其权利都用尽,则平行进口不侵犯专利权。TRIPS 协议第六条允许各个成员国对

---

① 《北京市高级人民法院关于专利侵权判定若干问题的意见》(征求意见稿)(2011 年 4 月)第 104 条。

② 《北京市高级人民法院关于专利侵权判定若干问题的意见》(征求意见稿)(2011 年 4 月)第 104 条。

③ 参见《中华人民共和国合同法》(1999)第三百二十九条规定的"非法垄断技术、妨碍技术进步",技术合同无效。同时参见《最高人民法院关于审理技术合同纠纷案件适用法律若干问题的解释》法释〔2004〕20 号第十条。本条罗列了若干种"非法垄断技术、妨碍技术进步"的情况。

④ 参见《中华人民共和国反垄断法》第五十五条:"经营者依照有关知识产权的法律、行政法规规定行使知识产权的行为,不适用本法;但是,经营者滥用知识产权,排除、限制竞争的行为,适用本法。"

⑤ 《北京市高级人民法院关于专利侵权判定若干问题的意见》(征求意见稿)(2011 年 4 月)第 107 条。

⑥ 《北京市高级人民法院关于专利侵权判定若干问题的意见》(征求意见稿)(2011 年 4 月)第 131 条。

此自行规定。为此,我国承认"国际用尽",允许平行进口,也即是说,对专利产品的平行进口行为,以及该产品进口之后在中国的销售、许诺销售、使用该产品的行为,均不视为专利侵权。①

第二节　方法专利权的内容

方法专利的客体是方法,由进行该方法的步骤组成。所以,专利方法的权利内容不同于结构或组成特征界定的产品专利。具体而言,它包括使用权能以及延伸到"利用专利方法直接获得的产品"(product directly obtained from the patented process)的权能。根据《专利法》(2008)第十一条,发明和实用新型专利权被授予后,除本法另有规定的以外,任何单位或者个人未经专利权人许可,都不得实施其专利,即不得为生产经营目的,使用其专利方法以及使用、许诺销售、销售、进口依照该专利方法直接获得的产品。以下分使用权和延伸保护两个部分阐释方法专利的权利内容。

一、禁止他人使用权

使用专利方法是指"权利要求中记载的专利方法技术方案的每一个步骤均被实现的行为"②。所以,"使用"方法专利即是"应用"专利方法。而且,是否构成使用专利方法,只与权利要求所载的步骤相关,而与方法获得的产品无关。需要注意的是,如果产品权利要求中的一个或多个技术特征无法用结构特征并且也不能用参数特征予以清楚地表征时,我国专利制度允许借助于方法特征表征它们。③ 但是,以方法特征表征的产品权利要求,其本质仍旧是产品权利要求,保护范围是产品专利的保护范围,不局限于制造产品的特定方法。

二、禁止他人利用专利方法直接获得产品权

并非所有的专利方法都可以享受延伸保护。方法专利可以大致分为三类。第一类是制造加工方法,它作用于一定的物品上,使之在结构、形状,或者物理

---

① 《北京市高级人民法院关于专利侵权判定若干问题的意见》(征求意见稿)(2011年4月)第131条。
② 《北京市高级人民法院关于专利侵权判定若干问题的意见》(征求意见稿)(2011年4月)第100条。
③ 《专利审查指南》(2010)第二部分第二章,第141页。《北京市高级人民法院关于审理专利复审和无效行政纠纷案件若干问题的解答(试行)》(京高法发〔1999〕388号)"只有无法采用产品结构特征来限定产品,或者采用结构特征反而不能清楚地予以限定时,才允许用方法特征来限定产品权利要求"。

化学特征上产生变化;第二类是作业方法,即产生某种技术效果的方法,例如测量、检验、采掘、排列、运输、分析等等。此外,诸如发电、供电、供热、制冷、通风、照明、辐射、通信、广播、计算等等用于实现能量转换或者达到某种非技术效果的方法也属于这一类方法的范畴;第三类是使用方法,亦即用途发明,它是对某种已知物品的一种新的应用方式,目的是产生某种技术效果或者社会效果,而不是改变被使用的产品本身。[①] 但是,只有第一类制造加工方法,才涉及延伸保护的问题。

方法专利保护延伸到其所直接获得的产品,完全出于实用的经济考虑。[②] 其一,制造加工方法专利的经济价值需要通过其所产生的产品才能够实现;其二,方法专利的权利人维权时常常无法有效获得被告实际使用方法专利的直接证据,而利用方法获得的产品却可以方便地从市场上获得;其三,方法专利甚至直接被绕开,例如,被告在该方法不受专利保护的国家利用该方法生产产品,而后直接进口所获得的产品,谋取经济利益。如果没有延伸保护,方法专利保护就可能缺乏实际意义。

方法专利延伸保护到其所直接获得的产品,是专利客体保护范围依照权利要求为准的例外。"直接获得的产品"表明产品和方法之间有紧密的联系,不是一种是否有可能获得(obtainable)的关系。产品与专利方法之间不存在权利要求之外的实质性步骤介入,才能认为是"直接获得的产品"。[③] 根据《最高人民法院关于审理侵犯专利权纠纷案件应用法律若干问题的解释》(法释〔2009〕21 号)第十三条规定,对于使用专利方法获得的原始产品,人民法院应当认定为《专利法》(2008)第十一条规定的依照专利方法直接获得的产品。而且,在"张喜田与欧意公司等专利侵权纠纷提审案"(以下简称"张喜田提审案")中,最高人民法院认为,所谓依照专利方法直接获得的产品就是"使用专利方法获得的原始产品",方法专利延伸保护"不能延及对原始产品作进一步处理后获得的后续产品"[④]。而"对于将上述原始产品进一步加工、处理而获得后续产品的行为,人民法院应当认定属于《专利法》(2008)第十一条规定的使用依照该专利方法直接

---

① 参见国家知识产权局条法司:《新专利法详解》,知识产权出版社 2001 年版,第 70 - 71 页。See also WIPO document HL/CE/III 2 Supp. 4, of November 27, 1986.

② See WIPO document HL/CE/III 2 Supp. 4, of November 27, 1986.

③ See Resource Book on TRIPS and Development: An authoritative and practical guide to the TRIPS Agreement, p. 419.

④ 最高人民法院民事判决书〔2009〕民提字第 84 号。

获得的产品。"①

我国的这一做法和西方国家差别较大。《欧洲专利公约》的成员国基本达成一致,采用"本质特征损害检验法"(the loss of identity test)②。根据这一检验法,除非后续步骤实质性地改变了依照专利方法获得的产品的本质特征(identity),否则由专利方法获得的产品并不因为后续处理就不再是由该专利方法直接获得的产品。③ 而美国的做法与此一致,只是从反面角度予以界定。《美国专利法》第 271 条 g 款规定,为方法专利"延伸保护"的目的,如果一个专利方法制造的产品经过后续步骤实质性地被改变,或者变成了另外一个产品的一个无关紧要的组成部分,则它不能再被认定为专利方法制造的产品。④

第三节　外观设计专利的权利内容

外观设计专利的权利内容和产品专利的权利内容近似。《美国专利法》直接规定,除非特别规定,发明专利的所有规定都适用于外观设计专利。两者权利内容因此一致,只是法律具体适用不同。而我国专利法对发明(实用新型)专利和外观设计专利,采取分别对待的立法模式。《专利法》(2008)第十一条第 2款规定:"外观设计专利权被授予后,任何单位或者个人未经专利权人许可,都不得实施其专利,即不得为生产经营目的制造、许诺销售、销售、进口其外观设计专利产品。"外观设计专利权人因此不具有产品专利权人的使用权能。

外观设计专利客体是"产品的新设计",不是产品的技术特征。"外观设计

---

① 《最高人民法院关于审理侵犯专利权纠纷案件应用法律若干问题的解释》(法释〔2009〕21 号)第十三条第 2 款。

② See Pioneer Electronics Capital Inc. and anther v Warner Music Manufacturing Europe GmbH and anther〔1997〕R. P. C. 757;Pioneer Unmittelbares Verfahrenserzeugnis,Case No. 2U148/76,〔1979〕GRUR 743 (Germany,Düsseldorf Oberlandesgericht,15 September 1977);Pfizer (Doxycycline) NJ 1984/32 (Netherlands,Hoge Raad,10 June 1983);Merz & Co. v. Federal Office of Intellectual Property,〔1994〕the Bundesgericht (Federal Supreme Court) and Farbwerke Hoechst v. Carlo Erba SpA,〔1972〕SMGRUR 57 (Switzerland,Zurich Commercial Court).

③ See Pioneer Unmittelbares Verfahrenserzeugnis,Case No. 2U148/76,〔1979〕GRUR 743 (Germany,Düsseldorf Oberlandesgericht,15 September 1977).

④ 35 U. S. C. § 271(g) ("Whoever without authority imports into the United States or offers to sell,sells,or uses within the United States a product which is made by a process patented in the United States shall be liable as an infringer,if the importation,offer to sell,sale,or use of the product occurs during the term of such process patent. ... A product which is made by a patented process will,for purposes of this title,not be considered to be so made after (1) it is materially changed by subsequent processes;or (2) it becomes a trivial and nonessential component of another product. ").

专利产品"的内涵和外延完全不同于"专利产品"。所谓"外观设计专利产品"是指产品实现了依照外观设计专利书所载图片或照片的外观设计,并且该产品是外观设计专利指定使用该外观设计的产品。为此,外观设计专利的权利内容与产品专利的权利内容的不同之处根源于外观设计专利不保护产品的功能性结构特征。外观设计专利产品的许诺销售、销售权以及进口权与产品专利对应的权利概念并无不同之处,此处不再赘述。以下着重地阐释外观设计专利与产品专利两者权利内容的不同之处。

对应于外观设计专利产品的概念,"制造"外观设计专利产品是指"表示在权利人向国家知识产权局专利局申请专利时提交的图片或者照片中的该外观专利产品被实现的行为,包括将含有外观设计专利的部件组装成完整的外观设计专利产品的行为。"①

然而,"使用"外观设计专利产品并不侵犯外观设计专利权。此处所指"使用"外观设计专利产品即"应用"外观设计专利产品的功能。② 外观设计保护"新设计",产品的功能、技术性能是被排除在外观设计专利授权条件之外。所以,外观设计专利权人无权禁止他人应用外观设计专利产品。将侵犯外观设计专利权的产品作为零部件,制造另一产品,属于"使用"外观设计专利,并不侵犯外观设计专利权。然而,如果销售由此得到的产品,则应当认定属于对外观设计专利产品的"销售"(而不是"使用")行为。③ 但是,如果侵犯外观设计专利权的产品在该另一产品中仅具有技术功能,则销售行为也不属于侵权行为。④

但是,以此为由规定外观设计专利不包括"使用权",却可能出现一个法律漏洞。如前所述,对于发明或者实用新型专利产品而言,不为销售目的的"利用"行为,法律上一般认为属于"使用"。例如,购买侵犯他人专利权产品后用于出租的行为,属于对专利产品的"使用"行为。⑤ "出租"不涉及转移产品所有权的意思表示,不构成许诺销售或者销售。按照《美国专利法》,这属于"使用"外观设计专利,构成侵权。然而,根据中国现行专利法,"使用"外观设计专利产品又不构成侵权。

---

① 《北京市高级人民法院关于专利侵权判定若干问题的意见》(征求意见稿)(2011年4月)第96条。
② 《北京市高级人民法院关于专利侵权判定若干问题的意见》(征求意见稿)(2011年4月)第98条。
③ 《北京市高级人民法院关于专利侵权判定若干问题的意见》(征求意见稿)(2011年4月)第103条。
④ 《北京市高级人民法院关于专利侵权判定若干问题的意见》(征求意见稿)(2011年4月)第103条。
⑤ 《北京市高级人民法院关于专利侵权判定若干问题的意见》(征求意见稿)(2011年4月)第104条。See Resource Book on TRIPS and Development: An authoritative and practical guide to the TRIPS Agreement, p.419.

第四节 专利权的例外

我国专利法并没有对专利权的例外作出一般性规定。TRIPS 协议第三十条允许成员国对专利排他权规定有限的例外，但是需要满足以下条件：专利权利的例外不得与专利的正常利用产生不合理的冲突，并且不得不合理地损害专利权人的正当利益，同时应考虑第三方的正当利益。我国《专利法》(2008)第六十九条采取罗列的方式，规定有五种专利权的限制和例外。具体而言，这五种例外是：(1) 专利产品或者依照专利方法直接获得的产品，由专利权人或者经其许可的单位、个人售出后，使用、许诺销售、销售、进口该产品的；(2) 在专利申请日前已经制造相同产品、使用相同方法或者已经作好制造、使用的必要准备，并且仅在原有范围内继续制造、使用的；(3) 临时通过中国领陆、领水、领空的外国运输工具，依照其所属国同中国签订的协议或者共同参加的国际条约，或者依照互惠原则，为运输工具自身需要而在其装置和设备中使用有关专利的；(4) 专为科学研究和实验而使用有关专利的；(5) 为提供行政审批所需的信息，制造、使用、进口专利药品或者专利医疗器械的，以及专门为其制造、进口专利药品或者专利医疗器械的。

这五种专利权的限制或例外，本质上是侵权抗辩，而不是独立的权利。《专利法》(2008)第六十九条规定，它们"不视为侵犯专利权"。被告需要对主张的抗辩承担举证责任。以上五项例外中，第一项为"专利权用尽"，第三项为"临时过境例外"，前面已经讨论过，此处不再赘述。第二项通常简称为先用权抗辩，第四项简称为"科学研究与实验性使用例外"，第五项简称为"药品和医疗器械的实验例外"。以下对它们分别进行阐释。

一、先用权抗辩

先用权抗辩是我国专利法调和先申请原则与先发明人权益的一项制度安排。我国专利法采用先申请原则。然而，先申请人未必是发明创造的首发人。如果严格实行先申请原则，授予专利权人绝对的排他权，则意味着他可以禁止任何使用该发明的商事活动。这可能造成不公平。先发明人为创新，很可能进行了实质性的投入，并且为新技术的商业化也进行了实质性的投资。而且，先发明人可能并没有压制技术公开，只是出于正当理由而未能先于专利权人提出专利申请。例如，经费紧张；担心专利申请使技术公开后难以发现侵权行为或行使专利权成本过高;一些行业属于渐进性发展,不适合对小发明申请专利。承认绝对的专利权,可能对新技术商业化的投资造成不利影响,妨碍创新形成的就业机会。

另一方面,如果法律上不限制先发明人使用自己发明创造的自由,先申请原则乃至于专利制度本身都将受到很大挑战。先申请原则鼓励发明人及早公开新知识,刺激科学技术的进步,这是专利制度的核心功能之一。先发明人常常压制技术,将之作为技术秘密。先发明人如果及早公开发明创造,使之成为公共知识,足以使自己将来的利用行为不受制于专利权人。但是,这样一来,他将不得不面对激烈的市场竞争。为商事利益,他常常选择以商业秘密方式保护自己的发明创造。但是,这一个人利益最大化的行为,却妨碍新知识的广泛传播,有悖于专利制度的宗旨,不应鼓励。为此,专利法的"先用权"只是一个例外,适用范围受到严格限制。

为成功地主张先用权,被告需要举证证明以下四大条件。第一,先用权的对象须是先用权人自己独立研究完成或者以合法受让取得的技术或者设计,而不是在专利申请日(优先权日)前抄袭、窃取或者以其他不正当手段获取的。[1]如果被诉侵权人以非法获得的技术或者设计主张先用权抗辩,人民法院将不予支持。[2] 而且,如果受让人系善意取得技术或设计,但让与人系非法获得,或者受让人提交的证据不足以证明让与人取得技术或设计有合法来源,受让人亦不能成功主张先用权抗辩。[3]

第二,被告在专利申请日(优先权日)前已经制造相同产品、使用相同方法或者已经做好制造、使用的必要准备。之所以如此要求,原因在于先用权的目的不是保护商业秘密,而是保护尽早将商业秘密商业化者的投资利益,以及保护工作机会。[4] 此外,已经商业化的技术秘密,相对于僵死没有利用的技术秘密,给社会公众带来了实际利益,还为竞争者进行科研或者反向工程提供了可能。所谓"做好了制造、使用的必要准备",即已经完成实施发明创造所必需的主要技术图纸或者工艺文件,或者已经制造或者购买实施发明创造所必需的主要设备或者原材料。[5]《英国专利法》也有类似的要求,先用权抗辩需要证明"已经实施或者

---

[1] 《北京市高级人民法院关于专利侵权判定若干问题的意见》(征求意见稿)(2011年4月)第128条。

[2] 《北京市高级人民法院关于专利侵权判定若干问题的意见》(征求意见稿)(2011年4月)第126条。

[3] 《北京市高级人民法院关于专利侵权判定若干问题的意见》(征求意见稿)(2011年4月)第127条。

[4] Comments from Jason Albert, Associate General Counsel for Intell. Prop. Policy & Strategy, Microsoft Corp., to USPTO, Comments of Microsoft Corp. (Nov. 8, 2011), at 5, available at: http://www.uspto.gov/aia_implementation/pur-2011nov08-microsoft_corporation.pdf

[5] 《北京市高级人民法院关于专利侵权判定若干问题的意见》(征求意见稿)(2011年4月)第128条。

为实施已做好了有效而认真的准备(effective and serious preparation)"①。美国专利法对于商业方法的先用权抗辩,要求更为严格,要求在有效申请日之前商业化使用(commercially used)该技术方案。② 所谓的"商业化使用"包括美国境内与以下使用相关的利用:企业内部的商业使用、非关联方之间的销售或商业目的的转让、确认专利技术内容安全性或有效性的行政审查程序期间的使用、大学实验室和研究机构等非营利机构为公众利益而为的使用行为。③

第三,被告仅在原有范围内继续制造、使用。如果先使用权的客体是方法,则销售和使用依据该方法获得的产品,也不属于专利侵权。④ "原有范围"包括专利申请日前已有的生产规模以及利用已有的生产设备或者根据已有的生产准备可以达到的生产规模。超出原有范围的制造、使用行为,侵犯专利权。⑤

第四,先用权具有人身属性。先用权人对于自己在先实施的技术不能转让,除非连同所属企业一并转让。换言之,先用权人在专利申请日后将其已经实施或做好实施必要准备的技术或设计转让或者许可他人实施,被诉侵权人主张该实施行为限于"原有范围",不构成先用权抗辩,除非该技术或设计与原有企业一并转让或者承继。⑥

最后,需要说明的是,由于先用权适用的条件严格,其适用范围有限,价值也很有限。先用权适用的前提条件是被控侵权技术在申请日(优先权日)之前保持秘密状态,而且诉争专利有效。如果申请日(优先权日)之前多个发明人已经独立研发,得到相同的发明创造,此发明创造很可能不具有创造性。而且,被诉侵权技术已经商业化或者已经开始商业化,又进一步表明市场作用已经促使研究人员想到有关的技术方案。但凡此过程中技术方案不再处于秘密状态,被告完全可以诉诸无效宣告程序,或者诉诸我国专利法的现有技术抗辩。

此外,从现实的角度来说,企业"事先"并不会考虑依赖先用权抗辩。在其"制造相同产品、使用相同方法或者已经做好制造、使用的必要准备"之前,如果他人已经提交专利申请,先用权抗辩将不能为其提供任何法律保障——专利权

① UK Patent Act 1977, Sect. 64(1)
② 35 U.S.C. 273(b)(1)
③ 35 U.S.C. 273(a)
④ 《北京市高级人民法院关于专利侵权判定若干问题的意见》(征求意见稿)(2011年4月)第128条。
⑤ 《北京市高级人民法院关于专利侵权判定若干问题的意见》(征求意见稿)(2011年4月)第128条。
⑥ 《北京市高级人民法院关于专利侵权判定若干问题的意见》(征求意见稿)(2011年4月)第128条。

人仍可以禁止其使用商业秘密。另一方面,从发明专利申请到发明专利授权,需要经过数年。经过此段时间,企业曾经的技术秘密很可能已经被市场淘汰,或者丧失市场价值。如果企业在专利授权前停止使用,则最多需要向专利权人赔付临时保护期间的"适当费用"。

二、科学研究与实验性使用例外

专利制度鼓励新知识传播,也鼓励知识的再创造。为此,专利法承认"专为"科学研究和实验而使用有关专利的行为,不视为专利侵权。此处的"使用"不限于"应用",而是包括为科学研究和实验目的,按照公布的专利文件,制造专利产品或者使用专利方法,对专利技术进行分析、考察。[1] "专为科学研究和实验而使用"就是专门针对他人专利技术本身进行的科学研究和试验,其使用目的在于考察专利技术本身的技术特性或者技术效果,或者在该专利技术的基础上产生新的技术成果。[2] 这种使用不是利用专利技术作为手段进行其他的科学研究和实验项目。在科学研究和实验过程中制造、使用他人专利产品或者方法,其目的不是为研究、改进他人专利技术,其结果与专利技术没有直接关系,实施它们不属于专利权的正当利用范围,未经授权则构成专利侵权。[3] 例如,如果他人的专利产品是实验仪器或者工具(例如显微镜),则为科学研究和实验目的使用就是考察它的工作机理和效果,而不是以之为手段进行科学研究和实验,则不构成侵权。

从历史的角度来看,科学研究和实验性使用例外正在不断地被限制。20世纪80年代以来,大学和研究机构在美国拜杜法案的刺激下,广泛从事商业性研究开发。拜杜法案的核心是让大学和研究机构可以获得财政资助科研项目的专利权,刺激它们将其转化为现实的生产力,进行许可授权。这使得大学和研究机构的研发和企业研发之间产生广泛的竞争,而且不再能够简单地划归于"非营利"。美国法院不断限制科学研究和实验性例外,相当程度上就是对此的回应。[4]

---

[1] 国家知识产权局条法司:《新专利法详解》,知识产权出版社2001年版,第336页

[2] 《北京市高级人民法院关于专利侵权判定若干问题的意见》(征求意见稿)(2011年4月)第128条。

[3] 《北京市高级人民法院关于专利侵权判定若干问题的意见》(征求意见稿)(2011年4月)第128条。

[4] See EPO Scenarios for the Future, p. 17, available at: www. epo. org/topics/issues/scenarios. html

三、药品和医疗器械的实验例外

药品和医疗器械关系生命健康,国家对其生产、经营、销售和使用采取严格的控制措施。对于药品和医疗器械,我国实行注册审批制,国家食品药品监督管理局根对拟上市销售药品的安全性、有效性、质量可控性等进行审查,对拟上市销售、使用的医疗器械的安全性、有效性进行系统评价。未获准注册的药品和医疗器械,禁止销售和使用。①

药品和医疗器械的市场准入性行政审批制度直接影响到专利权人及其竞争者的竞争利益。行政审批往往需要花费相当长的时间。对于专利权人来说,这可能直接大幅度缩短专利的有效保护期间,影响其获利,致使其不得不抬高专利药品或者医疗器械的价格。而对于仿制专利药品和专利医疗器械的企业来说,如果它们只能在专利保护期限届满后才可以申请市场准入的行政审批,则由此产生的时间损耗又可能实际上延长专利的保护期。对于前者,欧美国家都采用专利保护期的补偿制度。② 对于后者,则特别规定药品和医疗器械的实验例外,因为不能构成"专为科学研究和实验而使用"。

《专利法》(2008)第六十九条第五项为2008年专利法修订新增条款。该条款覆盖两种情况:其一,为提供行政审批所需要的信息,制造、使用、进口专利药品或者专利医疗器械的行为;其二,专门为前述行为人制造、进口专利药品或者专利医疗器械的行为。这也是一个严格限制的例外。制造、进口和使用专利药品或者医疗器械,都以"为提供行政审批所需要的信息"为限。第三人援引此例外,须得证明其制造、进口行为是专为他人使用专利药品或者专利医疗器械以便提供行政审批所需要的信息。

然而,仿制商并不是"随时"可以开始准备药品和医疗器械注册申请,进行相关实验而豁免专利侵权。实际上,这一豁免只存在于一个有限的时间窗口内。《药品注册管理办法》③第十九条规定:"对他人已获得中国专利权的药品,申请人可以在该药品专利期届满前两年内提出注册申请。国家食品药品监督

---

① 参见《中华人民共和国药品管理法》、《中华人民共和国药品管理法实施条例》及《药品注册管理办法》和《中华人民共和国医疗器械监督管理条例》及《医疗器械注册管理办法》等法律法规。

② See US Patent Law, 35 U. S. C. 155 Patent term extension. See also Council Regulation (EEC) No 1768/92 of 18 June 1992 concerning the creation of a supplementary protection certificate for medicinal products.

③ 《药品注册管理办法》于2007年6月18日经国家食品药品监督管理局局务会审议通过,自2007年10月1日起施行。

管理局按照本办法予以审查,符合规定的,在专利期满后核发药品批准文号、《进口药品注册证》或者《医药产品注册证》。"因此,北京市高级人民法院《专利侵权判定若干问题的意见》(征求意见稿)(2011 年 4 月)第 132 条规定:"药品和医疗器械发明专利到期日届满前三年内,被告实施为提供行政审批所需要的信息而制造、使用、进口专利药品或者专利医疗器械的,以及专门为其制造、进口专利药品或者专利医疗器械的行为,不视为专利侵权。"

第八章 专利权的利用

专利申请人获得专利授权后,即获得专利权,即依法排除他人未经许可使用受专利保护的客体。专利权人可以利用的专利权,具体包括转让、出质、许可等等。专利权人如何利用自己的专利,属于私人自治的领域。但是,仍旧受到法律必要的约束。例如,法律规定的特殊情况下,为国家或社会公共利益,专利权可能被依法强制许可实施,专利权人只有权要求合理的使用费;国有企业事业单位的发明专利可依法而推广应用;而专利广告宣传受到国家管制。

第一节 专利权的转让和出质

专利权是一种财产权,可以依法转让和出质。但是,专利权的对象不是实在的"物",而是抽象的技术方案。而且,专利权授权后,法律上也只是推定有效,并不是绝对有效。为保障交易安全,法律对专利权的转让和出质予以特别规定。

一、专利权的转让

(一)形式要件

为保障交易安全,专利权转让须订立书面合同,并向国家知识产权局办理登记,由其公告。国家知识产权局设有专利登记簿。[①] 专利权转让登记即是登记于此。授予专利权时,专利登记簿与专利证书上记载的内容一致,两者在法律上具有同等效力。但是,专利权授予之后,专利的法律状态的变更只记载在专利登记簿上。如果专利登记簿与专利证书上记载的内容不一致,专利登记簿上记载的法律状态具有最终的法律效力。

办理专利权转让登记,应当以"著录项目变更"的形式向专利局登记,[②]即变

---

① 《中华人民共和国专利法实施细则》(2010)第八十九条。

② 根据《专利审查指南》(2010)第一部分第一章,"著录项目"(即著录事项)包括:申请号、申请日、发明创造名称、分类号、优先权事项(包括在先申请的申请号、申请日和原受理机构的名称)、申请人或者专利权人事项(包括申请人或者专利权人的姓名或者名称、国籍或者注册的国家或地区、地址、邮政编码、组织机构代码或者居民身份证件号码)、发明人姓名、专利代理事项(包括专利代理机构的名称、机构代码、地址、邮政编码、专利代理人姓名、执业证号码、联系电话)、联系人事项(包括姓名、地址、邮政编码、联系电话)以及代表人等。

更权利人。为此,既可以由原权利人(其代理人或代表人),也可以由新权利人(其代理人或代表人),办理登记手续。[1] 办理登记手续时,需要提交合法签章的转让合同。[2]

由于发明专利和实用新型专利的对象是技术方案,其转让如果涉及外国人、外国企业或者外国其他组织,须遵守技术出口的管制,应当依照有关法律、行政法规的规定办理手续后,才可办理转让登记。具体说来,对于发明或者实用新型专利,如果中国内地的个人或者单位作为转让方,或者中国内地的个人或者单位与外国人、外国企业或者外国其他组织(包含香港、澳门或者台湾地区的个人、企业或其他组织)作为共同转让方,外国人、外国企业或者外国其他组织作为受让人,则办理专利权转让登记时应当出具国务院商务主管部门颁发的《技术出口许可证》或者《自由出口技术合同登记证书》,或者地方商务主管部门颁发的《自由出口技术合同登记证书》,以及双方签字或者盖章的转让合同。[3]

(二) 登记效力

专利权转让自登记之日起生效。专利不同于动产,"交付"就可以达到公示公信的法律目的。如果不设立登记制度,则难以规制"一女二嫁"的非诚信交易,也不能保障交易安全。为此,有两种立法模式:一种是登记生效制;一种是登记对抗制。所谓"登记对抗制"是指登记并不是专利权转让生效的法律要件,而是对抗善意第三人的法律要件。据此,专利转让合同自签订即生效。但是,如果未办理登记,则不产生公示效力。如果专利权人又将专利权转让给善意的第三人,在先受让人将只能向专利权人求偿,而不能向不知情的善意第三人主张自己已经合法取得专利权。美国专利法即遵循此种制度。

然而,我国专利法采取登记生效制。如果不向国家知识产权局登记,将不会发生专利权转让的效力。如果专利权人两次转让同一项专利权,则最先登记者将合法有效地取得专利权。

虽然我国采用的登记生效制度,但是,专利权转让合同自签订即生效。由此产生一个特殊法律问题:转让登记办理之前,受让人如果实施专利,其行为是否构成侵权?假想专利权人 A 与受让人 B、受让人 C 先后分别签订了专利权转

---

[1] 《专利审查指南》第一部分第一章,第40页。

[2] 《专利审查指南》第一部分第一章,第40页。

[3] 《专利审查指南》第一部分第一章,第40页。

让协议,两受让人均不知情,①并均在协议签订之日开始实施专利。受让人 C 先于受让人 B 持专利转让合同向专利局办理专利权转让登记。根据我国专利法,C 获得专利权。C 是否可以起诉 B 侵权,并要求其停止侵权,比如关闭新修的工厂或新引进的生产线?

对此,我国法律没有明确规定。有两种解决方案:其一,认定 B 构成侵权,不能以其有效的专利权转让合同作为侵权抗辩,并应当停止侵权。但 B 可以根据专利权转让合同起诉 A,要求 A 承担违约所致全部损失。其二,承认 B 可以基于有效专利权主张侵权抗辩,其行为不构成侵权,可以继续实施专利权。但是,C 可以就受让权利存在瑕疵要求解除合同,或者要求 A 承担违约责任。

第一种为主流意见,但第二种也有一定道理。合同即为当事人之间的法律,合同应当诚实信用地履行。专利权转让合同成立即生效,其受让人就应有权实施受让取得的专利权,即便还未曾办理转让登记的专利权。A 与 B 签订转让协议,如果协议没有特别规定,A 就是承诺不起诉 B 实施所受让的专利权。法律应当保护这一信赖关系。实际上,美国专利法承认衡平性禁止反悔(equitable estoppel)。根据这一规则,如果专利权人通过积极行为(包括沉默的方式)引诱他人相信其已放弃起诉后者的侵权行为,并且行为人合理的信赖权利人的行为,权利人延迟行使权利的行为将不应当得到法院的支持。② 如果权利人存在此种性质的延误,则其权利即存在瑕疵。此瑕疵不能通过转让专利权而消除。其继受人也不得对信赖权利人不起诉的行为人主张权利。所以,自签订转让协议,除非协议另有约定,B 应有权实施专利,即获得许可实施所受让的专利权。C 应该只可请求权利人 A 就权利瑕疵承担违约责任,而不可要求 B 停止侵权。

此外,专利权转让不影响转让合同签订之前许可合同的履行。③ 这类似于"买卖不打破租赁"的基本民法原则。但是,如果订立专利权转让合同前,让与人自己

---

① 如果权利人 A 与受让人 C 签订协议,C 明知 A 已经与 B 签订有转让协议,则可能构成恶意串通,损害第三人利益,违反《合同法》第五十二条(三),转让协议依法可能被宣告无效。此外,如果 A 以明显低价将专利转让给 C,C 明知的,受让人 B 可以请求人民法院撤销 A 与 C 之间的转让合同,即便专利权已经登记转让。《合同法》第七十四条规定:"债务人以明显不合理的低价转让财产,对债权人造成损害,并且受让人知道该情形的,债权人也可以请求人民法院撤销债务人的行为。"参见王琪等诉孙小然撤销专利权转让合同纠纷案,北京市第一中级人民法院民事判决书〔2010〕一中民初字第 3688 号。

② See A. C. Aukerman Co. v. R. L. Chaides Construction Co., 960 F. 2d 1020, 1042 (Fed. Cir. 1992)(en banc).

③ 《最高人民法院关于审理技术合同纠纷案件适用法律若干问题的解释》(法释〔2004〕20 号)第二十四条第 2 款。

已经实施专利技术,转让合同生效后,其应当停止实施,除非当事人另有约定。①

二、专利权的出质

专利权作为可以转让的财产权利,可以作为出质的标的。② 为此,当事人应当订立书面合同。专利权质押合同可以是单独订立的合同,也可以是主合同中的担保条款。根据《专利权质押登记办法》③,应当包括以下的条款:(1)当事人的姓名或者名称、地址;(2)被担保债权的种类和数额;(3)债务人履行债务的期限;(4)专利权项数以及每项专利权的名称、专利号、申请日、授权公告日;(5)质押担保的范围。此外,当事人一般还应就以下事项达成协议:(1)质押期间专利权年费的缴纳;(2)质押期间专利权的转让、实施许可;(3)质押期间专利权被宣告无效或者专利权归属发生变更时的处理;(4)实现质权时,相关技术资料的交付。

不同于汇票、支票、本票、债券等出质以权利凭证交付为生效条件,我国实行专利权质押登记生效制——交付专利证书不产生专利权质押的法律效力。专利权质押合同签订后,出质人和质权人应当共同向国务院专利行政部门办理出质登记。④ 质权自国家知识产权局办理出质登记时设立。⑤

专利权质押登记是保障交易安全的重要机制。国家知识产权局进行专利权质押登记时,将对登记申请进行审查。其审查的内容主要包括权利主体、专利权法律状态、质押合同的合法性等等。办理质押登记,出质人与专利登记簿记载的专利权人应当一致。而且,如果出质的专利权为数人共有,则应有全体共有人的同意。作为出质的标的,专利权应当有效。如果专利权已终止或者已被宣告无效、专利申请尚未被授予专利权、专利权处于年费缴纳滞纳期、专利权已被启动无效宣告程序、因专利权的归属发生纠纷或者人民法院裁定对专利权采取保全措施、债务人履行债务的期限超过专利权有效期或者专利权已被申请质押登记且处于质押期间,则不可出质。此外,专利权质押合同应当符合法律要求,不得约定“流质”,即在质押合同中约定在债务履行期届满质权人未获清

---

① 《最高人民法院关于审理技术合同纠纷案件适用法律若干问题的解释》(法释〔2004〕20号)第二十四条第1款。

② 《中华人民共和国物权法》(2007)第二百二十三条。

③ 国家知识产权局令第56号,自2010年10月1日起实施。

④ 《中华人民共和国专利法实施细则》(2010)第十四条第3款。

⑤ 《中华人民共和国物权法》(2007)第二百二十七条。

偿时,专利权归属质权人所有。如果不符合这些法律要求,国家知识产权局将不予登记,质权无法有效设立。而且,如果国家知识产权局事后发现登记存在缺陷,并且尚未消除,登记将被撤销,质押登记自始无效。①

专利权质押有效登记后,国家知识产权局将在专利公报上公告专利权质押登记的下列内容:出质人、质权人、主分类号、专利号、授权公告日、质押登记日等。如果专利权质押登记后发生变更或注销,国家知识产权局也将予以登记和公告。

专利权质押期间,专利权人处分专利权的权利受到限制,国家知识产权局将帮助质权人维护质权。专利权出质后,除非与质权人协商同意,专利权人不得转让或者许可他人使用。② 为此,专利权人未提交质权人同意转让或者许可实施该专利权的证明材料的,国家知识产权局将不予办理专利权转让登记手续或者专利实施许可合同备案手续。③ 出质人经质权人同意转让或者许可他人实施出质的专利权的,出质人所得的转让费、许可费应当向质权人提前清偿债务或者提存。④ 此外,未经质权人许可,专利权人也不得放弃专利。除非专利权人提交质权人同意其放弃该专利权的证明材料,国家知识产权局才予以办理专利权放弃手续。⑤ 如果专利权人没有按照规定缴纳已经质押的专利权的年费,国家知识产权局将在向专利权人发出缴费通知书的同时通知质权人,帮助质权人维护质权。

专利权质权消灭或被无效后,当事人应当持《专利权质押登记通知书》以及相关证明文件,向国家知识产权局办理质押登记注销手续。专利权质权注销的原因主要包括:(1)债务人按期履行债务或者出质人提前清偿所担保的债务;(2)质权人实现质权;(3)质权人放弃质权;(4)主合同无效、被撤销致使质押合同无效、被撤销。⑥ 专利权质押登记的效力自注销之日起终止。国家知识产权局将对此予以登记和公告。

第二节　专利权的许可

专利权人拥有专利技术或者设计,但未必能够承担其市场化的商业风险。

---

① 《专利权质押登记办法》(2010)第十三条。
② 《中华人民共和国物权法》(2007)第二百二十七条第2款。
③ 《专利权质押登记办法》(2010)第十六条。
④ 《中华人民共和国物权法》(2007)第二百二十七条第2款;《专利权质押登记办法》(2010)第十六条第2款。
⑤ 《专利权质押登记办法》(2010)第十五条。
⑥ 《专利权质押登记办法》(2010)第十八条。

他也未必能够以最低成本生产出专利产品,将之投入市场,获得最大经济利益。毕竟社会有分工,人各有专长。为此,专利权人可以许可他人使用自己的专利技术或者设计,让自己的知识产权作为生产要素,和其他生产要素发挥互补作用,实现经济利益。各个专利权项彼此相互独立,专利权人可以分别许可、限定实施人使用的时间、空间、领域、方式等等,要求相应的对价。专利许可可以增进专利技术和设计在专利保护期限内的利用,有利于促进市场竞争和增长社会福利。

一、专利实施许可合同备案制

《专利法》(2008)第十二条规定:"任何单位或者个人实施他人专利的,应当与专利权人订立实施许可合同,向专利权人支付专利使用费。"

对于许可合同的形式,我国法律之前存在矛盾。根据《合同法》,专利实施许可合同属于一种技术转让合同,尽管并不涉及"权利转让"。专利实施许可合同应当采用书面形式。[①] 然而,2008 年第三次专利法修订,特别去掉《专利法》(2000)第十二条"任何单位或者个人实施他人专利的,应当与专利权人订立书面实施许可合同"中的"书面"要求。原则上应该适用新法,即不再要求"书面"形式。

为保障交易安全,我国实行专利实施许可合同备案制。由于许可合同不再强制书面形式,备案也就不可能属于强制性要求。取消书面形式,即意味着法律承认"默示许可"。换言之,人民法院可以通过专利权人的行为推定其作出许可表示。[②] 显然,默示许可之内容,无法登记备案。

签订专利实施许可合同后,当事人应自合同生效之日起三个月内向国家知识产权局备案。[③] 国家知识产权局将对合同标的、权利的有效性、重复许可等等进行审查。根据 2011 年颁布实施的《专利实施许可合同备案办法》[④],出现以下典型情况,国家知识产权局将不予备案[⑤]:(1)专利权已经终止或者被宣告无效的;(2)许可人不是专利登记簿记载的专利权人或者有权授予许可的其他权利

[①] 《中华人民共和国合同法》(1999)第三百四十二条。

[②] 参见国家知识产权法条司编:《〈专利法〉第三次修订导读》,知识产权出版社 2011 年版,第 41 页(第三次修订删除专利实施许可合同的书面形式要求,又结合专利制度的特点,为在实践中认定专利实施默示许可奠定了法律基础,这对确保专利制度的正常运作,防止滥用专利权具有重要意义。)

[③] 《中华人民共和国专利法实施细则》(2010)第十四条第 2 款。

[④] 《专利实施许可合同备案办法》(国家知识产权局令第 62 号),自 2011 年 8 月 1 日起施行。

[⑤] 《专利实施许可合同备案办法》(2011)第十三条。

人的;(3) 实施许可的期限超过专利权有效期的;(4) 共有专利权人违反法律规定或者约定订立专利实施许可合同的;(5) 专利权处于年费缴纳滞纳期的;(6) 因专利权的归属发生纠纷或者人民法院裁定对专利权采取保全措施,专利权的有关程序被中止的;(7) 同一专利实施许可合同重复申请备案的;(8) 专利权被质押的,但经质权人同意的除外;(9) 与已经备案的专利实施许可合同冲突的。

专利实施许可合同备案后,国家知识产权局会将其有关内容在专利登记簿上登记。为保护许可合同双方商业秘密,专利公报上只公告许可合同备案的基本信息,主要包括:许可人、被许可人、主分类号、专利号、申请日、授权公告日、实施许可的种类和期限、备案日期。[①] 如果专利实施许可合同备案后变更、注销以及撤销,国家知识产权局将予以相应登记和公告。同时,国家知识产权局建立专利实施许可合同备案数据库,公众可以在此查询专利实施许可合同备案的法律状态。

除保障交易安全外,专利实施许可备案还具有其他法律功能。例如,经备案的专利实施许可合同的种类、期限、许可使用费计算方法或者数额等,可以作为管理专利工作的部门对侵权赔偿数额进行调解的参照。[②] 实践中,人民法院也可能以此为参考。而且,国家知识产权局出具的专利实施许可合同备案证明是办理外汇、海关知识产权备案等相关手续的证明文件。

但是,专利实施许可不同于专利权转让。专利权转让自登记日生效,[③]因此专利转让登记可以对抗第三人。但是,专利许可并不以登记为要件,而是自许可合同成立时生效,备案是合同生效后的法律手续。我国目前法律并未明确专利实施许可合同备案对于善意第三人的法律效力,未规范专利许可(特别是独占许可)中的"一女二嫁"问题。然而,《最高人民法院关于审理商标民事纠纷案件适用法律若干问题解释》(法释〔2002〕32 号)第 19 条规定,"商标使用许可合同未经备案的,不影响该许可合同的效力,但当事人另有约定的除外。商标使用许可合同未在商标局备案的,不得对抗善意第三人"。换言之,我国商标许可备案已经采取登记对抗主义,即在先获得许可人如果不按照规定备案,对于在后获得同样许可的善意第三人,在先获得许可人无法主张权利。对于专利实施

---

① 《专利实施许可合同备案办法》(2011)第十四条。
② 《专利实施许可合同备案办法》(2011)第十九条。
③ 《中华人民共和国专利法》(2008)第十条。

许可合同,最高人民法院可能采取类似的法律立场。

最后,专利许可遵循类似"买卖不破租赁"的法律原则。根据《最高人民法院关于审理技术合同纠纷案件适用法律若干问题的解释》(法释〔2004〕20 号)第二十四条第 2 款,让与人与受让人订立的专利权转让合同,不影响在合同成立前让与人与他人订立的相关专利实施许可合同的效力。

二、专利实施许可合同的类型

按照专利权人许可的范围,可以分为三种基本法律类型:独占许可、排他许可和普通许可。[①] "独占许可"(sole license)意指"独家许可",专利权人将该专利仅许可"一人"实施,并且自己在约定许可实施专利的范围内不实施。换言之,"独占许可"让被许可人成为独家的专利实施人。"排他许可"(exclusive license)与"独占许可"类似,两者唯一的不同之处在于专利权人没有放弃自己实施专利的可能。而"普通许可"(non-exclusive license)只是一个简单许可,即专利权人承诺自己不因为被许可人实施许可范围内的行为而起诉其侵权。专利权人既不承诺只许可一人实施专利,更没有承诺自己不实施专利。

专利许可合同,与所有知识产权许可合同类似,都侧重保护权利人的利益。凡是权利人没有明确许可的权利,都将被作出有利于权利人的解释。例如,如果当事人没有约定,或者约定不明,专利许可认定为"普通许可"。[②] 如果专利实施许可合同约定受让人可以再许可他人实施专利的,认定该再许可为普通许可,除非当事人另有约定。而且,除非另有明确约定,被许可人无权再许可(sub-license)他人实施专利。[③] 然而,如果专利权人自己没有实施其专利的条件,除非排他协议另有约定,他以一个普通许可的方式许可他人实施专利,在法律上属于自己实施专利。[④]

专利实施许可合同类型不同,直接关系到被许可人的"诉权"。我国《专利法》(2008)第六十条规定,对于侵犯专利权的行为,专利权人或者"利害关系人"可以向人民法院起诉。通说认为,"利害关系人"包括独占实施许可合同的受让

[①] 《最高人民法院关于审理技术合同纠纷案件适用法律若干问题的解释》(法释〔2004〕20 号)第二十五条。

[②] 《最高人民法院关于审理技术合同纠纷案件适用法律若干问题的解释》(法释〔2004〕20 号)第二十五条。

[③] 参见《中华人民共和国专利法》(2008)第十二条。

[④] 《最高人民法院关于审理技术合同纠纷案件适用法律若干问题的解释》(法释〔2004〕20 号)第二十七条。

方、排他实施许可合同的受让方以及有特别约定的普通实施许可合同的受让方。[①] 而且,《最高人民法院关于对诉前停止侵犯专利权行为适用法律问题的若干规定》(法释〔2001〕20 号)第一条规定:"根据专利法第六十一条的规定,专利权人或者利害关系人可以向人民法院提出诉前责令被申请人停止侵犯专利权行为的申请。提出申请的利害关系人,包括专利实施许可合同的被许可人、专利财产权利的合法继承人等。"该条第 2 款同时明确指出,独占实施许可合同的被许可人可以单独向人民法院提起诉讼;排他实施许可的被许可人在专利权人不起诉的情况下,可以提起诉讼。但是,普通实施许可合同的被许可人并不包括在该司法解释的"利害关系人"之中。

三、专利许可的反垄断法规制

专利权人许可他人实施专利,是否可以不受约束地附加各种条件?专利权人可以完全禁止公众使用其发明创造,他从逻辑上似乎必然有权对任何使用行为施加任何条件和限制。但是,专利审查授予专利权人的权利,专利权人通过侵权诉讼程序对外主张的权利,与专利权人通过合同为自己创设的对第三方的权利,这三者并不等同。[②] 具体来说,法院基于等同原则,实际上扩大了权利要求的保护范围;法院基于共同侵权,实际上延伸了专利保护范围。而专利权人通过合同约定为自己创设的权利,依照私人自治原则,可以非常宽广。但是,这并不等于说专利许可行为不受限制。依据市场的状况、专利权人的市场地位,其许可行为可能影响市场竞争结构,具有限制、排除竞争的效果。因此,专利权人的许可行为需要遵守一般的反垄断法规制。

一般认为,知识产权法与反垄断法具有共同的目的,都促进创新和提升消费者福利。知识产权法通过提供激励,促进创新及其传播和商业化。如果没有知识产权制度,搭便车行为会严重损害创新的商业价值,蚕食投资的动力,最终损害消费者的利益。而反垄断法则通过禁止某些有害竞争的行为,促进创新和消费者福利。[③] 总之,知识产权制度有利于鼓励动态竞争,而反垄断法有利于维持市场的竞争结构,促进市场竞争。

---

① 参见程永顺:《专利侵权诉讼》,载郑成思主编《知识产权保护实务全书》第三编,言实出版社 1995 年版,第 309 页。

② Motion Picture Patents Co. v. Universal Film Mfg. Co., 243 U. S. 502 (1917).

③ 美国《知识产权许可相关的反托拉斯审查指南》(Antitrust Guidelines for the Licensing of Intellectual Property)

需要注意的是,虽然人们常常称专利为合法授予的"垄断权",但是并不等于说专利权人就具有市场支配地位,可以实行"经济垄断"。专利权是否带来"经济垄断",需要根据界定的"相关市场"来判断。通常,"相关市场"通过需求替代法来确定,也即从消费者的角度考察商品的可替代性。为此,主要考察的因素包括:商品的外形、特性、质量和技术特点等总体特征和用途;商品之间的价格差异;商品的销售渠道;需求者偏好或需求者对商品的依赖程度;可能阻碍大量需求者转向某些紧密替代商品的障碍、风险和成本等等。从"相关市场"的角度考察,作为排他权,专利权与其他财产权类似。专利权人一般只赋予权利人于特定产品或特定方法的排他权利。市场上常存在或者潜在接近的替代品,导致权利人实际上无法获得市场支配力,他无法在一段相当长的时间内维持高于竞争水平的价格,或者低于竞争水平的市场供应。权利人因为专利权而获得的超竞争水平的利益回报和权利人因为其他有形或者无形资产获得超竞争水平的利益回报并无不同。①

专利许可往往促进竞争。专利技术需要和其他生产要素结合,才能产生和实现价值。这些生产要素包括生产设备、流通设施、人力资源和其他知识产权。专利权人常常无法自己提供这些互补性的生产要素。为实现自己知识产权的价值,他常常通过知识产权买卖或许可协议,实现自己的知识产权与其他互补生产要素的结合。这些生产要素的整合才能有效地利用知识产权,降低生产成本,引入新产品,服务于消费大众。因此,专利许可提高了知识产权对消费者和技术开发者的价值,可以激励创新和研发投资。

但是,专利许可也可能被利用作为非法限制竞争的手段,需要受到反垄断规制。比如,使用竞争技术的企业通过协议分割市场,进行联合定价。再如合作研发可能导致相关领域新产品和服务的研发竞争受损。西方发达国家早都专门出台反垄断实施指南,专门针对知识产权许可,特别是专利许可。例如,美国司法部和联邦贸易委员会于 1995 年就发布《知识产权许可相关的反托拉斯审查指南》,全面地阐述了知识产权许可反垄断审查的基本原则和评估方法。欧共体 1996 年也发布《关于欧盟条约第 81 条第 3 款适用于若干种类技术转让协议的第 240/96 号条例》(Commission Regulation (EC) 240/96 on the application of Article 81(3) of the Treaty to Certain Categories of Technology

---

① 美国《知识产权许可相关的反托拉斯审查指南》(Antitrust Guidelines for the Licensing of Intellectual Property)。

Transfer Agreements)，而且 2004 年欧盟委员会又颁布新的《关于欧盟条约第 81 条第 3 款适用于若干种类技术转让协议的第 772/2004 号条例》(Commission Regulation (EC) No. 772/2004 of 27 April 2004 on the Application of Article 81(3) of the Treaty to Categories of Technology Transfer Agreements)。再有，日本公平交易委员会(Japanese Fair Trade Commission)于 2007 年也发布了新的《反垄断法适用于知识产权使用的审查指南》(Guidelines for the Use of Intellectual Property under the Antimonopoly Act)，废止了 1999 年发布的《反垄断法适用于专利与技术秘密协议的审查指南》。

我国《反垄断法》也承认知识产权是反垄断规制的范围。其第五十五条明文规定："经营者依照有关知识产权的法律、行政法规规定行使知识产权的行为，不适用本法；但是，经营者滥用知识产权，排除、限制竞争的行为，适用本法。"然而，目前我国还没有出台针对性的实施指南。2016 年初，国家发改委发布《关于滥用知识产权的反垄断指南》(征求意见稿)，国家工商行政管理总局也发布了《关于滥用知识产的反垄断执法指南》(国家工商总局第七稿)。

但是，我国已有法律规定，限制专利权人通过许可合同附加不合理的条款。例如，《合同法》第三百二十九条规定"非法垄断技术、妨碍技术进步"的技术合同无效。《最高人民法院关于审理技术合同纠纷案件适用法律若干问题的解释》(法释〔2004〕20 号)认为，以下行为属于"非法垄断技术、妨碍技术进步"：(1) 限制当事人一方在合同标的技术基础上进行新的研究开发或者限制其使用所改进的技术，或者双方交换改进技术的条件不对等，包括要求一方将其自行改进的技术无偿提供给对方、非互惠性转让给对方、无偿独占或者共享该改进技术的知识产权；(2) 限制当事人一方从其他来源获得与技术提供方类似技术或者与其竞争的技术；(3) 要求技术接受方接受并非实施技术必不可少的附带条件，包括购买非必需的技术、原材料、产品、设备、服务以及接收非必需的人员等；(4) 不合理地限制技术接受方购买原材料、零部件、产品或者设备等的渠道或者来源；(5) 禁止技术接受方对合同标的技术知识产权的有效性提出异议或者对提出异议附加条件。[1] 然而，此处只是从行为本身认定其性质，而没有考虑行为对市场竞争的影响，很难说它们就必然"排除、限制竞争"。未来我国的知识产权许可相关的反垄断审查指南应该足以弥合我国目前法律对知识产权许可规制的冲突，弥补有关的漏洞。

---

[1] 《最高人民法院关于审理技术合同纠纷案件适用法律若干问题的解释》(法释〔2004〕20 号)第十条。

第三节　专利权的强制许可

强制许可(compulsory license)也称为非自愿许可(non-voluntary license)，是指根据特定的法律程序，依据特定的事由，不经专利权人同意，允许政府或者政府授权的第三人使用专利技术。强制许可是对专利排他权的否定，关系到专利权、专利制度的法律稳定性。为此，TRIPS 协议第三十一条对世界贸易组织成员颁发强制许可令规定了严格的法律规则。现实中，授予强制许可不仅仅是一个法律问题，而且是一个关涉国家对待私权基本态度的政治问题。我国自 1985 年实行《专利法》以来，虽然《专利法》对强制许可有明确规定，国家知识产权局颁布有《专利实施强制许可办法》[①]、《涉及公共健康问题的专利实施强制许可办法》[②]等法律文件，但是至今却未颁布一例强制许可令。此外，强制许可有其自身局限性。权利人通常大多采用专利和技术诀窍相结合的方式保护先进的技术，而强制许可只能给予了实施专利的合法性，并不能迫使专利权人提供隐含在专利技术中的技术诀窍。因此，强制许可制度可谓"备而未用"。尽管如此，它仍旧是专利制度的重要组成部分。它反映了特定情况下，专利财产权与社会福利、国家利益、公共利益之间可能发生的冲突，以及这些冲突应当如何处理的法律机制。

一、强制许可的法定事由

强制许可是一个严格限制、极少适用的法律制度。请求强制许可须要基于法律特别规定的事由。我国《专利法》(2008)规定有五种法定事由：(1) 无正当理由未充分实施专利；(2) 专利行使行为违反《反垄断法》；(3) 国家出现紧急状态或者非常情况；(4) 为了公共利益的目的；(5) 从属专利具有显著经济意义并体现重大技术进步；(6) 为他国公共健康目的的强制许可。这些法律事由的法律标准都很高，遵守严格解释的原则。以下分别对它们进行讨论。

（一）无正当理由未充分实施专利

根据《专利法》(2008)第四十八条，如果专利权人自专利权被授予之日起满三年，且自提出专利申请之日起满四年，无正当理由未实施或者未充分实施其专利，具备实施条件的单位或个人可以申请国家知识产权局授予实施发明专利

---

① 国家知识产权局局长令第 31 号(2003 年 6 月 13 日)。
② 国家知识产权局局长令第 37 号(2005 年 11 月 29 日)。

或者实用新型专利的强制许可。"未充分实施其专利"是指专利权人及其被许可人实施其专利的方式或者规模不能满足国内对专利产品或者专利方法的需求。[1] 根据《专利法》(2008)第五十四条,为获得此项强制许可,申请人应当提供证据,证明其以合理的条件请求专利权人许可其实施专利,但未能在合理的时间内获得许可。

将"未充分实施专利"作为强制许可的事由,可以追溯到我国专利制度起始。我国《专利法》(1984)曾经规定,专利权人负有自己在中国制造其专利产品、使用其专利方法或者许可他人在中国制造其专利产品、使用其专利方法的义务。[2] 如果发明和实用新型专利权人自专利权被授予之日起满三年,无正当理由没有履行这一义务,专利局根据具备实施条件的单位的申请,可以给予实施该专利的强制许可。[3] 这和《巴黎公约》第五条 A 款第 4 项的规定相仿。1992 年专利法修订,我国不再要求专利权人承担实施专利的义务。同时,考虑到需要加入关贸总协定,其第四十八条也修订得和后来的 TRIPS 协议第三十一条第 b 项规定类似:"具备实施条件的单位以合理的条件请求发明或者实用新型专利权人许可实施其专利,而未能在合理的时间内获得这种许可时,专利局根据该单位的申请,可以给予实施该发明专利或者实用新型专利的强制许可。"[4] 2000 年,我国修订专利法以加入世界贸易组织,并未涉及这一规定。但是,2008 年专利法修订时,这一规定被重新拟定,似再次回归到《巴黎公约》。

然而,《巴黎公约》第五条 A 款第 4 项并没有规定专利权人负有实施自己专利的义务,而是限制成员国强制许可专利的国家权力。该条款只是规定,不能因为专利权人自专利权被授予之日起满三年、且自提出专利申请之日起满四年未实施专利或者未充分实施专利而适用强制许可;如果专利权人对自己的上述行为提供正当理由,则应当拒绝适用强制许可。但是,《专利法》(2008)第四十八条却从正面要求专利权利人充分实施专利。

(二) 专利行使行为构成垄断行为

根据《专利法》(2008)第四十八条,如果专利权人行使专利权的行为被依法认定为垄断行为,为消除或者减少该行为对竞争产生的不利影响的,具备实施条件的单位或个人可以申请国家知识产权局授予实施发明专利或者实用新型

---

[1] 《中华人民共和国专利实施细则》(2010) 第七十三条第 1 款。
[2] 《中华人民共和国专利法》(1984) 第五十一条。
[3] 《中华人民共和国专利法》(1984) 第五十一条。
[4] 《中华人民共和国专利法》(1992) 第四十八条。

专利的强制许可。

这一条款是《专利法》(2008)的新增条款,其具体法律适用存在可预见的困难。根据我国《反垄断法》,所谓"垄断行为"是指:(1)经营者达成垄断协议;(2)经营者滥用市场支配地位;(3)具有或者可能具有排除、限制竞争效果的经营者集中。[①] 只有国家发改委价格监督检查与反垄断局、商务部反垄断局和国家工商总局反垄断与反不正当竞争执法局,才有权在各自职责范围内,依法认定垄断行为。[②] 既然由这些有权机关评判特定行为是否具有非法限制或排除竞争的效果,理应也由其采取适当措施,消除或减少垄断行为对市场竞争的不利影响。将强制许可作为垄断行为的救济手段,却由国家知识产权局决定其范围和时间[③],期许以此消除或减少垄断行为对竞争产生的不利影响,其结果差强人意。而且,有时当事人行为构成垄断行为,但是此行为与专利行使无关,强制许可当事人的专利仍可能是消除或减少此垄断行为对竞争不利影响的有效措施。故而反垄断执法机关也应有权力颁发强制许可令。

实际上,《专利法》(2008)的这一规定,比 TRIPS 协议允许的范围狭窄很多。TRIPS 协议第 31 条对 WTO 成员给予强制许可,施加诸多限制,例如强制许可的实施应当主要为了供应国内市场,取得实施强制许可之人不享有独占的实施权等等。但是,根据其 k 款规定,如果强制许可是为救济依法认定的反竞争行为,则不受上述限制。而且,在决定强制许可使用费时,该款也明确指出,可以考虑纠正反竞争行为的需要。但是,TRIPS 协议这一条款未将强制许可的适用限制于"专利权人行使专利权的行为"所构成的垄断行为,更未限制强制许可需用于消除或减少此类垄断行为所造成的反竞争影响。

在我国《专利法》(2008)中,以专利行使行为构成垄断行为为由的强制许可,相对于其他理由的强制许可,限制条件也少两项:其一,此类强制许可可以适用于涉及半导体的发明创造;其二,强制许可的实施不必主要为了供应国内市场。之所以不必限于供应国内市场,主要原因在于,在我国境外的垄断行为如对我国境内市场竞争产生排除、限制影响,也适用我国《反垄断法》。[④] 为此,

---

① 《中华人民共和国反垄断法》(2008)第三条。

② 三家机构的主要职责各有不同,国家发改委负责依法查处价格垄断行为;商务部负责经营者集中行为的反垄断审查;国家工商总局则负责垄断协议、滥用市场支配地位、滥用行政权力排除限制竞争的反垄断执法(价格垄断协议除外)等方面工作。

③ 《中华人民共和国专利法》(2008)第五十五条第 2 款。

④ 《中华人民共和国反垄断法》(2008)第二条。

为消除或减少垄断行为对竞争的不利影响,强制许可也就不能限于供应国内市场。

（三）从属专利具有显著经济意义的重大技术进步

根据《专利法》(2008)第五十一条:"一项取得专利权的发明或者实用新型比前已经取得专利权的发明或者实用新型具有显著经济意义的重大技术进步,其实施又有赖于前一发明或者实用新型的实施的,国务院专利行政部门根据后一专利权人的申请,可以给予实施前一发明或者实用新型的强制许可。"此处所谓后一专利的实施有赖于前一专利,即是说后一专利权利要求包含前一专利的所有技术特征,其所要求保护的技术方案落入前一专利的保护范围内,后一专利从属于前一专利。此时,后一专利权人虽然自己获得专利,但是,实施自己专利须获得授权,否则,将侵犯前一专利权。前一专利可以统称为"基本专利",后一专利可统称为"从属专利"。

之所以特别规定从属专利的强制许可,是为实现专利制度的根本目的。基本专利和从属专利可能分属于不同的市场竞争者,它们之间存在对立的市场利益。从属专利如果被认为具有显著经济意义的重大技术进步,可对基本专利的权利人的市场地位造成威胁,后者完全可能拒绝授权从属专利的权利人实施其专利。这种拒绝许可的行为可能严重削弱从属专利的价值。如果后一专利的申请日与前一专利的申请日相近,前一专利人持续的拒绝许可行为甚至可让后一专利权人在其专利保护期内,无法排他性地实施自己的专利,获得应有的创新回报。这不利于激励技术创新,也不利于技术扩散。但是,基本专利的权利人拒绝许可从属专利的权利人实施从属专利,又未必构成《专利法》(2008)第四十八条的"未充分实施专利"或者"垄断行为"。为此,需要特别的规定。

实施从属专利的强制许可受到严格限制。其一,从属专利权人需要提供证据,证明其以合理的条件请求专利权人许可其实施专利,但未能在合理的时间内获得许可。此类型的强制许可乃是私人商业性质,强制许可只是解决问题的最后出路。只有当事先的商业磋商失败,即从属专利权人无法以合理条件获得许可时,公权力才有介入的必要。

其二,从属专利需要"具有显著经济意义的重大技术进步"。这一限制条件注定具有相当的主观性,允许国家知识产权局享有很大的自由裁量权。"重大技术进步"与"非重大技术进步"难以客观区分。本书讨论创造性的章节已经指出,尽管我国专利法规定的发明专利的创造性要求高于实用新型专利的创造性要求,但是实际上却无法客观区分两种水平的创造性。而且,实用新型专利并不一定比发明专利的技术进步小。德国专利法曾经对"技术进步"有量的要求,其最高院判例也取消了发明专利与实用新型的创造性区分。所以,通常的观点认为,后一专利所要求保护的技术方案只要对于本领域普通技术而言,相对于现有技术是"非显而易见"的,即具有"重大技术进步",而没有必要再主观地区分"重大技术进步"和"普通技术进步"。此外,"显著的经济意义"的判断也必然意味着相当主观的预测。商业化专利技术具有相当大的市场风险,新技术不为市场接受乃是常事。而且,专利技术是否具有"显著的经济意义",时常还取决于实施主体的市场地位,而不是简单只依赖于技术的先进性。既然从属专利技术尚未商业化,判断其是否具有"显著的经济意义"也就只能凭借市场分析和预测了。

其三,从属专利权人获得实施基本专利的强制许可后,国家知识产权局可以根据基本专利权利人的申请,给予其实施从属专利的强制许可。之所以有此规定,乃是为了平衡基本专利权利人和从属专利权利人之间的利益冲突,缓和强制许可对市场运行的过分介入。专利权的本质是"排他权"。这一法律保护使得他人无法搭便车,激励市场主体投资创新,鼓励专利技术市场化。一个市场竞争者并没有资助竞争对手的义务。强迫基本专利权人许可从属专利的权利人实施其专利,已经是否定专利的财产权本质,迫使其接受来自从属专利的权利人的竞争压力。如果从属专利的权利人拒绝其实施从属专利,基本专利的权利人可能由此丧失竞争实力和赢得的市场地位,任由从属专利的权利人取而代之。强制许可的目的只是纠正市场失灵,而不是取代市场机制。准许基本专利人获得实施从属专利的强制许可,是为补偿强制许可对市场运行的干预,为市场保留竞争的空间。

除以上限制外,实施从属专利的强制许可还不得是关涉半导体技术的发明创造,并且须是主要供应国内市场。

(四)国家出现紧急状态或者非常情况

根据《专利法》(2008)第四十九条,国家出现紧急状态或者非常情况时,国务院专利行政部门可以给予实施发明专利或者实用新型专利的强制许可。"紧急状态或者非常情况"通常是指战争或危及国家安全的紧急状态,或者出现自然灾害或疾病流行的非常情况。国家知识产权局根据本条授予强制许可,既不需申请人提出申请,也不要申请人提供事前征求权利人许可的证据,而是依职权授予,以便可以即时应对紧急状态或非常情况。

本条适用的条件是国家"出现"紧急状态或非常情况。根据我国宪法,全国人民代表大会常务委员会决定全国或者个别省、自治区、直辖市进入紧急状态,①国家主席根据全国人民代表大会的决定和全国人民代表大会常务委员会的决定,宣布进入"紧急状态";②国务院依照法律规定决定省、自治区、直辖市的范围内部分地区进入"紧急状态"。③ 然而,本条只是要求国家"出现"紧急状况,而并没有要求国家"宣布"进入紧急状态。④ 而且,本条也没有对"紧急状态"进行地域范围的限制。很多情况下,国家出现紧急状况,但是却不希望通过正式的法律程序宣告进入紧急状态,打乱正常的国家政治法律生活,进入特别的政治法律秩序。国家是否"宣告"进入紧急状态并不妨碍适用此种强制许可,而且,"非常情况"比"紧急状态"的法律要求低,也并无特定法律程序要求,但专利法仍将两者相提并论。

除了无须事前进行专利许可协商外,⑤此种强制许可令和其他类似,受到一系列的限制。例如,应当根据"紧急状态"或"非常情况"的具体情况,个案决定强制许可的范围和时间;专利权人应当获得充分的补偿;"紧急状态"或"非常情况"消除并不再发生时,国务院专利行政部门应当根据专利权人的请求,经审查后作出终止实施强制许可的决定。⑥

(五) 为公共利益的目的

"为公共利益的目的"与"国家出现紧急状态或非常情况"准用同一法条,由国家知识产权局根据职权授予具有实施条件的单位或个人以强制许可令。然而,两者的紧迫性在法律上不同。例如,在我国预防或者控制传染病的出现、流行,以及治疗传染病,属于《专利法》(2008)第四十九条所谓"为了公共利益目的"的行为;而传染病在我国的出现、流行导致公共健康危机的,属于《专利法》(2008)第四十九条所谓"国家紧急状态"。⑦ 而且,"为公共利益的目的"强制许可涉及半导体技术的发明创造,但"国家出现紧急状态或非常情况"却不能。⑧

---

① 《中华人民共和国宪法》(2004)第六十七条。
② 《中华人民共和国宪法》(2004)第八十条。
③ 《中华人民共和国宪法》(2004)第八十九条(十六)。
④ See ICTSD, Resource Book on TRIPS and Development: An authoritative and practical guide to the TRIPS Agreement, p. 471.
⑤ 参见《中华人民共和国专利法》(2008)第五十四条。
⑥ 参见《中华人民共和国专利法》(2008)第五十五条。
⑦ 《涉及公共健康问题的专利实施强制许可办法》(国家知识产权局令第37号)第二条。
⑧ 《中华人民共和国专利法》(2008)第五十二条。

我国《专利法》(2008)规定的"为公共利益目的"的专利强制许可,对应于 TRIPS 协议第三十一条 b 款所谓的"公共非商业使用"(public non-commercial use)。① 所谓"公共",既可以指使用专利的实体为"政府"而不是私人企业,也可以指使用的目的是为"公共"利益。② 为此,私人企业也可被指示为公共利益实施专利。"非商业使用"既可以指交易的性质是"非营利"(Not-for-profit),也可以指使用的目的是供应公共机构而非私人企业。③ 一般而言,私人企业进入市场即为营利。但是,供应非营利的公立医院应被认为是"非商业使用"。④

(六)为他国公共健康目的给予的药品专利强制许可

《专利法》(2008)新增一个特别强制许可的事由。根据其第五十条,"为了公共健康目的,对取得专利权的药品,国务院专利行政部门可以给予制造并将其出口到符合中华人民共和国参加的有关国际条约规定的国家或者地区的强制许可。"本条所规定的"专利权的药品"是指解决公共健康问题所需的医药领域中的任何专利产品或者依照专利方法直接获得的产品,包括取得专利权的制造该产品所需的活性成分以及使用该产品所需的诊断用品。⑤ 但是,根据国家知识产权局颁布实施的《涉及公共健康问题的专利实施强制许可办法》,此处公共健康问题所针对的传染病是指"是指导致公共健康问题的艾滋病、肺结核、疟疾以及《中华人民共和国传染病防治法》规定的其他传染病"。与其他强制许可相比,此事由的强制许可有两大突出的特点:其一,根据 TRIPS 协议,强制许可应主要供应国内市场,而此强制许可却限于供应特别的国外市场;其二,强制许可的目的是不是为本国公益目的,而是为他国的公共健康目的。

此特殊的强制许可规定可以追溯到 2001 年 11 月 WTO 成员部长级会议通过的《关于 TRIPS 协议与公共健康的宣言》(Declaration on the TRIPS agreement and public health)⑥(以下简称《多哈宣言》)以及 2003 年 8 月 WTO

---

① "私人非商业使用"(private non-commercial use),简称"私人使用",一般作为专利权例外。

② See ICTSD, Resource Book on TRIPS and Development: An authoritative and practical guide to the TRIPS Agreement, p. 471.

③ See ICTSD, Resource Book on TRIPS and Development: An authoritative and practical guide to the TRIPS Agreement, p. 471.

④ See ICTSD, Resource Book on TRIPS and Development: An authoritative and practical guide to the TRIPS Agreement, p. 471.

⑤ 《中华人民共和国专利法实施细则》(2010)第七十三条。

⑥ WT/MIN(01)/DEC/2.

总理事会(WTO General Council)通过的《关于实施 TRIPS 协议与公共健康的多哈宣言第 6 段的决议》(Implementation of paragraph 6 of the Doha Declaration on the TRIPS Agreement and public health)①(以下简称《多哈宣言执行决定》)。

TRIPS 协议为所有 WTO 成员设置了专利保护的最低限度,极大地增强了对药品专利的国际保护,也由此提高了药品的价格。然而,公共健康问题严重影响许多发展中国家和最不发达国家,尤其是遭受艾滋病、结核病、疟疾和其他传染病的国家。发达国家和发展中国家的矛盾因此而凸显。美国曾因艾滋病防治的专利药问题,针对巴西向 WTO 争端解决机构(Dispute Settlement Body)提出诉求;跨国公司因为行使抗艾滋病药品专利权而在 HIV 最流行的南非引发持续的国际争议。TRIPS 协议与公共健康、生命权及健康权之间的冲突,引发了国际社会广泛的关注。为此,2011 年 11 月 WTO 部长会议通过《多哈宣言》,旨在政治上明确"TRIPS 协议没有也不应当妨碍成员国为维护公共健康而采取措施",确认"TRIPS 协议的解释和实施能够也应当以一种有助于成员国维护公共健康的权利,特别是促进所有的人获得药品的权利的方式进行。"②特别地,《多哈宣言》第六段明确承认,罹难传染病的 WTO 成员的制药企业可能没有制造能力或制造能力不足,TRIPS 协议关于"强制许可"的限制可使这些成员无法获得对抗公共健康的药品。

为此,WTO 总理事会 2003 年通过《多哈宣言执行决定》,允许具有制造能力的 WTO 成员,通过强制许可制造抗击传染病的专利药品,出口到不具有制造能力或制造能力不足的罹难传染病的国家,以解决此项困境。然而,这一解决方案与 TRIPS 协议第三十一条规定的(f)款和(h)款相冲突。其中(f)款要求强制许可须主要为供应本国市场,而(h)款要求权利人在强制许可下,仍应获得充分补偿。该决定的核心是让为上述义务开设有限的例外。根据该决定,如果 WTO 成员颁发的强制许可令符合要求,将制造的专利药品出口到 WTO/TRIPS 理事会认可的国家,而且专利权人在出口国或进口国之一获得了充分的补偿,则应豁免于 TRIPS 协议第三十一条的上述义务。

《多哈宣言执行决定》是对 TRIPS 协议的修订,至今尚未生效。根据《建立世界贸易组织协议》(Agreement Establishing the World Trade Organization)

---

① WT/L/540 and Corr. 1
② See Declaration on the TRIPS agreement and public health.

的规定,WTO 部长会议有权决定修订 TRIPS 协议,将修订提案提请 WTO 成员接受。但是,此项决定必须经过协商一致后才能作出;如果 WTO 成员无法在指定的时间内达成一致,则至少需要三分之二的绝对多数同意。① 而且,对于接受修订提案的成员来说,须要三分之二的 WTO 成员已经接受后,该修订才生效;当已经有三分之二的 WTO 成员接受修订提案后,该修订才对每一个新接受修订的成员生效。② 截至目前,接受《多哈宣言执行决定》的 WTO 成员远未到 2/3 成员接受的最低要求,该修订尚未生效。③ 开放给 WTO 成员接受该修订的期限已于 2009 年年底过期。④

但是,国家知识产权局 2005 年 11 月即发布了《涉及公共健康问题的专利实施强制许可办法》,⑤落实《多哈宣言》和 WTO 总理事会《多哈宣言执行决定》。根据该办法,治疗某种传染病的药品在我国被授予专利权,如果我国不具有生产该药品的能力或者生产能力不足,国务院有关主管部门可以请求国家知识产权局授予强制许可,允许被许可人进口 WTO 成员利用总理事会决议确定的制度为我国解决公共健康问题而制造的该种药品。⑥ 为此,被许可人应当向专利权人支付合理的报酬;但是,如果该药品的生产者已经向该专利权人支付报酬,被许可人可以不向专利权人支付报酬。⑦ 同时,国家知识产权局还可以颁发制造和出口药品的强制许可。WTO 成员按照总理事会决议确定的机制通报 WTO/TRIPS 理事会,如果希望进口治疗某种传染病的药品,或者非 WTO 成员的最不发达国家通过外交渠道通知我国政府,希望从我国进口治疗某种传染病的药品,国务院有关主管部门可以请求国家知识产权局授予强制许可,允许被许可人利用 WTO 总理事会决议确定的制度制造该种药品并将其出口到上述成员或者国家。⑧ 为此,被许可人应当向专利权人支付合理的报酬。⑨

---

① See Agreement Establishing the World Trade Organization, Art. X para. 1.

② See id, Art. X para. 3.

③ 已经接受 TRIPS 协议有关公共卫生的修订的 WTO 成员名单,请参见: Members accepting amendment of the TRIPS Agreement, at: http://www.wto.org/english/tratop_E/trips_e/amendment_e.htm

④ See Decision to extend deadline for accepting TRIPS Agreement amendment, WT/L/711 (December 21, 2007), at: http://docsonline.wto.org/DDFDocuments/t/WT/L/711.doc

⑤ 国家知识产权局令第 37 号,自 2006 年 1 月 1 日起实施。

⑥ 《涉及公共健康问题的专利实施强制许可办法》(2006)第五条。

⑦ 《涉及公共健康问题的专利实施强制许可办法》(2006)第七条。

⑧ 《涉及公共健康问题的专利实施强制许可办法》(2006)第九条。

⑨ 《涉及公共健康问题的专利实施强制许可办法》(2006)第十一条。

二、强制许可请求的审查和决定

强制许可都需依照请求,经国家知识产权局特定程序审查通过后,由其给予实施专利的强制许可。国家知识产权局负责受理和审查强制许可、强制许可使用费裁决和终止强制许可的请求并作出决定。[①] 根据强制许可事由的性质,请求人有所不同。以上六种事由的后三项皆涉及公共事务,只有国务院主管机关才可请求国家知识产权局给予实施专利的强制许可。[②] 而其前三项都关涉市场竞争,只有当具备实施条件的单位或个人,才可以请求国家知识产权局授予实施专利的强制许可。对此,《专利法》(2008)第四十八条有明确规定。尽管《专利法》(2008)第五十一条并没有规定从属专利的权利人须具备实施条件才可请求强制许可实施基本专利,但基本专利的权利人也须具备实施条件才可请求强制许可实施从属专利。但是,强制许可既不可转让,也不可以再许可,它们如果不具备实施条件,则没有给予强制许可令的法律必要。

值得注意的是,以专利权人未充分实施专利,或者从属专利具有显著经济意义的重大技术进步为由,请求给予实施专利的强制许可时,请求人应当事先和专利权人进行商业谈判。只有当此商业谈判失败,即以合理的条件请求专利权人许可其实施专利,但未能在合理的时间内获得许可时,才可向国家知识产权局申请强制许可。[③]

请求给予强制许可的,应当向国务院专利行政部门提交强制许可请求书,说明理由并附具有关证明文件。[④] 请求书应当包括请求人信息、专利权人信息、请求被强制许可的专利的信息、请求给予强制许可的理由和事实等等。[⑤] 国家知识产权局应当将强制许可请求书的副本送交专利权人,专利权人应当在指定的期限内陈述意见。但是,如果专利权人期满未答复,这不影响国家知识产权局根据请求强制许可的理由和事实作出决定。[⑥]

国家知识产权局将对强制许可请求人陈述的理由和提交的有关证明文件进行审查,并可根据需要指派工作人员进行实地核查。如果请求人或者专利权人要

[①] 《专利实施强制许可办法》(国家知识产权局令第31号,2012年3月15日颁布)第二条。

[②] 《专利实施强制许可办法》(2012)第四条第3款;《涉及公共健康问题的专利实施强制许可办法》(2006)第九条。

[③] 《中华人民共和国专利法》(2008)第五十四条。

[④] 《中华人民共和国专利法实施细则》(2010)第七十四条第1款。

[⑤] 《专利实施强制许可办法》(2012)第六条。

[⑥] 《中华人民共和国专利法实施细则》(2010)第七十四条第2款。

求举行听证,除非涉及国家秘密、商业秘密或者个人隐私,国家知识产权局将举行专利实施强制许可的公共听证,听取请求人、专利权人和其他利害关系人的申辩,并进行质证。① 然而,对于国家出现紧急状况或非常情况或为了公共利益的目的强制许可请求,或者为他国公共健康强制许可药品专利的强制许可请求,听证程序不予适用。② 在作出驳回强制许可请求的决定或者给予强制许可的决定前,国家知识产权局还应当通知请求人和专利权人拟作出的决定及其理由。③

如果强制许可请求符合法律要求,国家知识产权局应当根据强制许可的理由,个案规定实施的范围和时间。④ 取得实施强制许可的单位或者个人不享有独占的实施权,并且无权允许他人实施。⑤ 换言之,强制许可实施人无权禁止专利权人实施专利,也不得以自己的名义起诉他人侵犯专利权。而且,强制许可实施权也不得单独转让,除非伴随享受强制许可实施的企业业务部分或商誉一起转让。⑥ 此外,除为他国公共健康为目的的强制许可专利药品和消除或减少专利权人垄断行为对国际贸易竞争的不利影响外,强制许可的实施应当主要为了供应国内市场。⑦

专利权人如果对给予强制许可的决定不服,既可以请求国家知识产权局进行行政复议,也可以向人民法院提起诉讼。给予强制许可的决定属于具体行政行为。根据《国家知识产权局行政复议规程》,专利权人应自知道给予强制许可决定60日内,向国家知识产权局法律事务处提出行政复议。⑧ 专利权人也可以自收到实施强制许可决定的通知之日起三个月内向人民法院起诉。⑨ 但是,如果专利权人已经向人民法院提起行政诉讼,人民法院已经立案的,就不得向国家知识产权局申请复议。国家知识产权局受理复议申请后,发现当事人在受理复议申请前向人民法院提起行政诉讼并且人民法院已经立案的,将驳回复议申请。⑩ 另一方面,向国家知识产权局申请复议,申请已经受理的,在法定复议期限内也

① 《专利实施强制许可办法》(2012)第十一条和第十二条。
② 《专利实施强制许可办法》(2012)第十二条。
③ 《中华人民共和国专利法实施细则》(2010)第七十四条第3款。
④ 《中华人民共和国专利法》(2008)第五十五条第2款。
⑤ 《中华人民共和国专利法》(2008)第五十六条。
⑥ TRIPS协议第三十一条第(e)款。
⑦ 《中华人民共和国专利法》(2008)第五十三条。
⑧ 《国家知识产权局行政复议规程》(国家知识产权局令第66号,2012年7月18日颁布)第五条和第十条。
⑨ 《中华人民共和国专利法》(2008)第五十八条;《专利实施强制许可办法》(2012)第十六条。
⑩ 《国家知识产权局行政复议规程》(2012)第十一条。

不得向人民法院提起行政诉讼。①

如果请求人对于驳回强制许可的决定不服,则不能请求国家知识产权局行政复议,而只可以自收到决定通知之日起三个月内向人民法院起诉。②

对于已生效的给予强制许可的决定,国家知识产权局将会在专利登记簿上登记,并在专利公报、政府网站和中国知识产权报上予以公告。③

三、强制许可使用费裁决请求的审查和裁决

强制许可并不等同于没收或征收专利权。取得实施强制许可的单位或者个人并不能免费使用专利;相反,他们需要付给专利权人"合理的使用费"。④ 然而,国家知识产权局给予强制许可的决定,并不包含强制许可使用费这一项。⑤ 关于强制许可使用费的具体额度,我国目前让当事人双方协商确定;协商不成的,由当事人提请国家知识产权局裁决。⑥

当事人请求裁决强制许可使用费时,应当提交强制许可使用费裁决请求书。⑦ 国家知识产权局应当将请求书副本送交对方当事人,对方当事人应当在指定期限内陈述意见。然而,如果期满未答复,这并不影响国家知识产权局作出决定。强制许可使用费裁决过程中,当事人双方可以提交书面意见。国家知识产权局可以根据案情需要听取当事人双方的口头意见。⑧ 国家知识产权局应当自收到请求书之日起三个月内作出强制许可使用费的裁决决定。⑨

"合理的使用费"这一法律要求来源于 TRIPS 协议第三十一条第 h 款。根据该款规定,强制许可时,专利权人应根据个案具体情况被支付充分的使用费(adequate remuneration)。所谓"充分"(adequate)只是要求达到最低的标准,⑩ 而且,根据个案情况,"充分"可以有各种定义。我国专利法所谓"合理的使用费",其意义应等同于 TRIPS 协议的上述规定。

---

① 《国家知识产权局行政复议规程》(2012)第十一条。
② 《专利实施强制许可办法》(2012)第十七条。
③ 《专利实施强制许可办法》(2012)第十三条。
④ 《中华人民共和国专利法》(2008)第五十七条。
⑤ 参见《专利实施强制许可办法》(2012)第十七条。
⑥ 《中华人民共和国专利法》(2008)第五十七条。
⑦ 《专利实施强制许可办法》(2012)第十九条。
⑧ 《专利实施强制许可办法》(2012)第二十二条。
⑨ 《专利实施强制许可办法》(2012)第二十六条。
⑩ See ICTSD, Resource Book on TRIPS and Development: An authoritative and practical guide to the TRIPS Agreement, p. 475.

具体来说,"合理的使用费"应该考虑强制许可的理由和目的、强制许可的范围和时间以及强制许可对于被许可人的经济价值。强制许可的被许可人不等同于专利侵权人,"合理的使用费"也并不是要保证专利权人获得市场条件下的专利许可费。强制许可所基于的事由和目的应当作为确定"合理的使用费"的必须考虑的因素。例如,如果强制许可是为公共利益、国家紧急状况或非常情况,"合理的使用费"应当是实现公共利益目的可以接受的使用费。再如,强制许可如果是为救济"垄断行为"的不利影响,合理使用费即应当考虑纠正垄断行为的历史危害,降低市场壁垒以促进竞争者进入相关市场。[1]

就如何确定"合理的使用费",国家知识产权局可以要求专利权人提供其要求使用费额度的详细理由。[2] 为此,专利权人可能需要提供其研发投入(包括是否使用政府公共财政资金)、专利产品的平均收益、给予强制许可国在其专利产品的全球份额等等数据。国家知识产权局可以基于这些资料,裁决强制许可使用费的具体额度。

对国务院专利行政部门关于实施强制许可的使用费的裁决,专利权人和取得实施强制许可的单位或者个人如果不服,可以自收到通知之日起三个月内向人民法院起诉。

四、终止强制许可请求的审查和决定

强制许可有两种方式终止:一种是自动终止;一种是由国家知识产权局裁决终止。给予强制许可的决定规定的强制许可期限届满时,强制许可自动终止。为此,国家知识产权局将在专利登记簿上登记并在国家知识产权局专利公报、政府网站和《中国知识产权报》上予以公告。而在给予强制许可的决定所载的强制许可期限届满前,强制许可的理由消除并不再发生的,专利权人可以请求国家知识产权局作出终止强制许可的决定。

专利权人请求终止强制许可时,应当提交终止强制许可请求书。[3] 国家知识产权局应当将请求书副本送交取得实施强制许可的单位或者个人,要求其在指定期限内陈述意见。但是,如果期满未答复,不影响国家知识产权局作出决

---

[1]　See ICTSD, Resource Book on TRIPS and Development: An authoritative and practical guide to the TRIPS Agreement, p. 475.

[2]　See ICTSD, Resource Book on TRIPS and Development: An authoritative and practical guide to the TRIPS Agreement, p. 475.

[3]　《专利实施强制许可办法》(2012)第二十八条。

定。国家知识产权局应当对专利权人陈述的理由和提交的有关证明文件进行审查,并可能指派工作人员进行实地核查。[①]

对国家知识产权局终止强制许可请求所作出的决定不服,专利权人或者取得实施强制许可的单位或者个人,可以自收到决定通知之日起三个月内向人民法院起诉。[②] 而且,专利权人还可以依据《国家知识产权局行政复议规程》请求国家知识产权局进行行政复议。这些规定与当事人在强制许可请求决定情况下的类似。

对于已生效的终止强制许可的决定,将在专利登记簿上登记,并在国家知识产权局专利公报、政府网站和《中国知识产权报》上予以公告。[③]

第四节　专利技术的推广应用

《专利法》(2008)第十四条,仍旧保留了专利技术的推广应用制度。其规定:"国有企业事业单位的发明专利,对国家利益或者公共利益具有重大意义的,国务院有关主管部门和省、自治区、直辖市人民政府报经国务院批准,可以决定在批准的范围内推广应用,允许指定的单位实施,由实施单位按照国家规定向专利权人支付使用费。"

专利技术的推广应用不同于强制许可。首先,推广应用的专利技术限于"国有企业事业单位的发明专利",而不是所有专利技术。其根据在于,国有企业事业单位的全部资产或部分资产来自国家投资,国家应该对其专利技术的实施,具有一定的支配权。其次,专利技术的推广应用由国务院批准,而不由国家知识产权局批准。虽然这属于具体行政行为,但是根据《行政复议法》和《行政诉讼法》,对国务院作出的决定不可请求复议,也不可以提起行政诉讼。换言之,专利权人无权质疑国务院推广应用特定专利技术的决定。但是,专利权人有权要求获得使用费。最后,推广应用措施不受制于强制许可的种种限制,比如:事先争取专利权人许可、实施应当主要为了供应国内市场等等。

从历史的角度来看,推广应用专利技术的范围越来越窄,表明我国专利制度越来越成熟。专利法制订时,我国仍旧处于计划经济体制之下,其不可避免

---

① 《专利实施强制许可办法》(2012)第三十二条。

② 《专利实施强制许可办法》(2012)第三十六条。

③ 《专利实施强制许可办法》(2012)第三十七条。

地带有强烈的历史印记。2000 年专利法修改以前,我国专利法规定有"国家计划实施"和推广应用。具体而言,国务院有关主管部门和省、自治区、直辖市人民政府根据国家计划,有权决定本系统内或者所管辖的全民所有制单位持有的重要发明创造专利允许指定的单位实施,由实施单位按照国家规定向持有专利权的单位支付使用费,此即"计划实施";中国集体所有制单位和个人的专利,对国家利益或者公共利益具有重大意义,需要推广应用的,由国务院有关主管部门报国务院批准后,参照计划使用办理,此即"推广应用"。

2000 年《专利法》修改取消了"国家计划实施"。但是,"国有企业事业单位的发明专利"以及"中国集体所有制单位和个人的发明专利",如果对国家利益或者公共利益具有重大意义,经国务院批准,仍可以"推广应用"。2008 年第三次《专利法》修改,考虑到"中国集体所有制单位和个人的发明专利"并没有国家投资,专利权的行使与其利益攸关,其自主权应该得到充分的尊重和保护,不再对此类发明专利进行"推广应用"。

第五节　专利标识和专利广告

一、专利标识标明权

当今知识经济时代,专利产品或方法往往代表先进技术,容易获得消费者青睐。专利标识也成为市场营销的一种重要手段,专利排他权的组成部分。《专利法》(2008)第十七条规定,专利权人有权在其专利产品或者该产品的包装上标明专利标识。实践中,有权标明专利标识的主体不仅包括专利权人,还包括经过专利权人许可实施专利并享有专利号、专利标记标注权的被许可人。而且,他们不仅可以在其专利产品或者该产品的包装上标注专利标记和专利号,还可以在依照专利方法直接获得的产品或其包装上标注专利标记和专利号。[①]他人未经许可标注有效专利标记和专利号的,专利权人可以请求人民法院判令承担停止侵害、消除影响、赔偿损失等民事责任。[②]

---

① 《专利标记和专利号标注方式的规定》(国家知识产权局局长令第 29 号),自 2003 年 7 月 1 日起实施。

② 《中华人民共和国民法通则》(1986)第一百一十八条:"公民、法人的著作权(版权)、专利权、商标专用权、发现权、发明权和其他科技成果权受到剽窃、篡改、假冒等侵害的,有权要求停止侵害,消除影响,赔偿损失。"

为保护消费者免受误导，维护专利标识的公信力，国家对专利标识使用有特别的管制。原则上，只有在专利授权以后的专利有效期内，标注专利标记和专利号，方才合法。标注专利标记和专利号应当采用规范形式。首先，应当采用中文标注专利权的类别，例如中国发明专利、中国实用新型专利、中国外观设计专利。其次，应当规范的标注国家知识产权局授予专利权的专利号。其中"ZL"表示"专利"，第一、二位数字表示提交专利申请的年代，第三位数字表示专利类别（例如，"1"代表"发明专利"，"2"代表实用新型专利，"3"代表外观设计专利），第四位以后为流水号和计算机校验位。最后，除上述内容之外，标注者可以附加其他文字、图形标记，但附加的文字、图形标记及其标注方式不得误导公众。①

二、假冒专利的行为

未按照规范标注专利标识或专利号，可构成"假冒专利的行为"。我国2001年《专利法实施细》则曾经区分"假冒他人专利的行为"和"冒充专利的行为"。所谓"冒充专利的行为"是以非专利产品冒充专利产品，非专利方法冒充专利方法；而"假冒他人专利行为"所针对的对象是他人合法有效取得的专利。《专利法实施细则》（2010）不再区分它们，将之统称为"假冒专利的行为"，因为它们本质上都是"误导公众"。

根据该细则第八十四条，假冒专利的行为主要包括以下五类：（1）在未被授予专利权的产品或者其包装上标注专利标识，专利权被宣告无效后或者终止后继续在产品或者其包装上标注专利标识，或者未经许可在产品或者产品包装上标注他人的专利号；（2）销售第（1）项所述产品；（3）在产品说明书等材料中将未被授予专利权的技术或者设计称为专利技术或者专利设计，将专利申请称为专利，或者未经许可使用他人的专利号，使公众将所涉及的技术或者设计误认为是专利技术或者专利设计；（4）伪造或者变造专利证书、专利文件或者专利申请文件；（5）其他使公众混淆，将未被授予专利权的技术或者设计误认为是专利技术或者专利设计的行为。但是，专利权终止前依法在专利产品、依照专利方法直接获得的产品或者其包装上标注专利标识，在专利权终止后许诺销售、销售该产品的，不属于假冒专利行为。

假冒专利，如果侵犯他人权利，应当承担民事责任。此外，根据《专利法》

---

① 《专利标记和专利号标注方式的规定》（2003）第四条。

(2008)第六十三条,管理专利工作的部门责令改正并予公告,没收违法所得,可以并处违法所得四倍以下的罚款;没有违法所得的,可以处 20 万元以下的罚款。假冒他人专利,如果情节严重,可以构成《刑法》第二百一十六条规定的"假冒他人专利罪"。

三、专利广告的审查

对于假冒专利的行为,我国不仅实行事后问责制,而且还实行专利广告事前审查制。我国《广告法》(1994)第十一条明确规定:"广告中涉及专利产品或者专利方法的,应当标明专利号和专利种类。未取得专利权的,不得在广告中谎称取得专利权。禁止使用未授予专利权的专利申请和已经终止、撤销、无效的专利做广告。"据此,1998 年原中国专利局即颁布实施《发布专利广告暂行管理办法》。根据这一办法,中国专利局对涉及专利产品或者专利方法的广告进行审查。① 具体来说,中国专利局专利工作管理部是发布专利广告的审查主管部门;各省、自治区、直辖市专利管理机关是本行政辖区内对专利广告进行审查。② 其职权划分根据媒体的覆盖地域范围。

为发布专利广告,广告主人需向中国专利局或省、自治区、直辖市专利管理机关提出审查申请,提交广告内容,以及所涉及的专利产品或方法的专利证书及证明专利权有效的法律文件。③ 专利实施许可的被许可人如欲发布广告,则需要提交专利实施许可合同副本及合同登记和备案证明。④ 如果因专利而产生的活动需发布广告,举办活动的单位需向中国专利局或各省、自治区、直辖市专利管理机关提出审查申请,并提交主管单位对举办该活动的审批文件。⑤

然而,专利广告的事前审查制颇值得商榷。假冒专利不同于假冒药品,可威胁重大公共利益,因此而需要进行事前审查。事后问责在绝大多数情况下已经足以防止市场主体滥用专利进行广告宣传。事前审查专利广告的社会收益,相较于其行政成本和社会成本而言,显得不相适应。

未经审查批准发布专利广告,需要承担严重的行政责任。根据《广告法》(1994)第四十条,由广告监督管理机关(即国家工商行政管理机关)责令负有责

---

① 《发布专利广告暂行管理办法》(1998)第三条。
② 《发布专利广告暂行管理办法》(1998)第四条。
③ 《发布专利广告暂行管理办法》(1998)第六条第 1 款。
④ 《发布专利广告暂行管理办法》(1998)第六条第 2 款。
⑤ 《发布专利广告暂行管理办法》(1998)第六条第 3 款。

任的广告主、广告经营者、广告发布者停止发布、公开更正,没收广告费用,可以并处广告费用一倍以上五倍以下的罚款。

此外,可能还有民事责任和刑事责任。具体来说,如果专利广告涉及假冒专利,则构成"虚假广告"。如果消费者因此受欺骗或误导,进而购买商品或者接受服务,受到损害,广告主应当依法承担民事责任;广告经营者、广告发布者明知或者应知广告虚假仍设计、制作、发布的,应当依法承担连带责任。①

再者,"假冒他人专利"的广告行为,可能构成刑事犯罪并承担刑事责任。根据《最高人民法院、最高人民检察院关于办理侵犯知识产权刑事案件具体应用法律若干问题的解释》(法释〔2004〕19 号),"未经许可,在广告或者其他宣传材料中使用他人的专利号,使人将所涉及的技术误认为是他人专利技术的",如果"情节严重",可以构成《刑法》第二百一十六条规定的"假冒他人专利罪",可判处三年以下有期徒刑或者拘役,并处或者单处罚金。根据上述司法解释,以下三种情况为"情节严重":(1)非法经营数额在 20 万元以上或者违法所得数额在 10 万元以上的;(2)给专利权人造成直接经济损失 50 万元以上的;(3)假冒两项以上他人专利,非法经营数额在 10 万元以上或者违法情节严重所得数额在 5 万元以上的。

---

① 《广告法》(1994)第二十八条。

第九章　专利侵权

　　未经许可,非法实施他人专利,即侵犯他人专利权,需要承担法律责任。为此,必须证明被告侵犯专利权人的"专利范围"(scope of protection for the patent),其行为针对"专利产品"("外观设计专利产品")或者"专利方法"。发明专利和实用新型专利的保护范围"以权利要求书中明确记载的必要技术特征所确定的范围为准,也包括与该必要技术特征相等同的特征所确定的范围"。[①] 侵入前一范围,构成"字面侵权"(literal infringement);侵入后一范围,构成"等同侵权"(infringement under doctrine of equivalents)。而外观设计专利没有权利要求,其保护范围以表示在图片或者照片中产品的外观设计为准。[②] 相应地,其侵权判断不同于前两者。但是,对侵犯任何一种权利的行为,专利权人都可以要求类似的法律救济。

第一节　字面侵权

　　专利保护范围"以权利要求书中明确记载的必要技术特征所确定的范围为准",而不是以专利权人生产的专利产品为准。认定侵权成立与否不是将被诉侵权的产品与原告生产的产品进行比对,而是将被诉侵权产品与权利要求文字记载的技术特征相比较。被诉侵权产品作为一个具体存在,是否落入权利要求文字概括的抽象保护范围之内,必然意味着判断者首先需要解释权利要求所载的技术特征。换言之,权利要求解释是字面侵权认定的前提。

一、权利要求解释

　　《专利法》(2008)第五十九条规定,发明或者实用新型专利权的保护范围以其权利要求的内容为准,说明书及附图可以用于解释权利要求的内容。具体来

---

　　① 《最高人民法院关于审理专利纠纷案件适用法律问题的若干规定》(法释〔2001〕21 号)第十七条。本司法解释 2001 年 6 月 19 日最高人民法院审判委员会第 1180 次会议通过。
　　② 《专利法》(2008)第五十九条第 2 款。

说,人民法院应当根据权利要求,结合"本领域普通技术人员"阅读说明书及附图后对权利要求的理解,来确定专利保护范围。[①] 此处的"本领域普通技术人员"就是发明创造是否具有"创造性"的判断主体,他是一个抽象客观的拟制人。权利要求的具体意思并不依赖于专利申请人(发明人)的解释。专利申请人很可能在专利申请时,对专利审查员提供一个相对狭窄的解释,而在专利权行使时,又主张一个相对宽泛的解释。为避免此种利益驱动产生的解释误差,权利要求解释以"本领域普通技术人员"为解释主体。

专利保护范围确定过程中,权利要求处于中心地位,以其"为准",即以它作为出发点和归宿。权利要求最重要的作用在于"公示"专利保护范围,以便公众可以据此安排其商事活动以避免侵权。为此,"对于仅在说明书或者附图中描述而在权利要求中未记载的技术方案,权利人在侵犯专利权纠纷案件中将其纳入专利权保护范围的,人民法院不予支持"。[②] 如果本领域普通技术人员阅读权利要求后,根据词语的通常意思(ordinary meaning),能够毫无疑义地确定其保护范围,则此范围具有法律约束力。由于一项专利往往具有多项权利要求,并且可能有诸多共同的技术术语,法律上推定同一个技术术语的意思前后一致,相互印证。

说明书和附图可以用于"解释"权利要求。专利申请一旦提出,说明书和附图即不可以随意修改。权利要求也是根据说明书和附图归纳概括而成。所以,说明书和附图构成了权利要求技术术语的客观语境,也被称为"内在证据"(intrinsic evidence)。运用说明书和附图解释权利要求时,应避免绝对的形式主义,即将专利的保护范围限定于权利要求文字记载的保护范围,特别是绝对依照通用字典或工具书对权利要求技术术语进行解释,说明书及附图的作用被限定于澄清权利要求中某些含糊不清之处。同时,也应该避免将权利要求作为专利保护范围确定的指南,作为所谓的发明创造的核心,而根据本领域技术人员对说明书和附图所体现的理解来确定专利的保护范围。[③] 折中地来说,权利要求解释应该兼顾专利权人的公平保护以及公众基于权利要求对专利保护范

---

① 《最高人民法院关于审理侵犯专利权纠纷案件应用法律若干问题的解释》(法释〔2009〕第21号)第二条。

② 《最高人民法院关于审理侵犯专利权纠纷案件应用法律若干问题的解释》(法释〔2009〕第21号)第五条。

③ 参见《北京市高级人民法院关于专利侵权判定若干问题的意见(试行)》(京高法发〔2001〕229号)第6条。

围的合理预期,根据本领域普通技术人员对专利文件整体的合理理解,确定权利要求所采技术术语的内涵和外延。

说明书和附图只能用于"解释"权利要求,而不得用于"限制"权利要求的保护范围。说明书往往举例说明特定的技术方案,附图本身即是技术方案的实施范例。然而,权利要求保护的是抽象的技术方案,不应该被限制到说明书和附图所载的具体实施范例。说明书和附图只是作为本领域普通技术人员理解权利要求技术术语的语境,而不是具体限制。

但是,如果权利要求包含功能或者效果表述的技术特征,则应当结合说明书和附图描述的该功能或者效果的具体实施方式及其等同的实施方式,确定该技术特征的内容。换言之,说明书和附图对权利要求具有限制作用,而非简单的解释。此外,说明书可能对特定的技术术语进行限定,解释权利要求相应技术术语时,人民法院将"从其特别界定"。[①]

说明书和附图外,"专利审查档案"也可以用于权利要求解释。所谓专利审查档案是指专利申请人为获得专利而向专利局提交的各种主张和陈述。专利审查程序是一个单方程序(*ex parte* procedure),专利审查员获取信息的途径严格受限。为此,在美国专利法下,发明人及任何实质性介入专利申请的人都对美国专利商标局负有诚实信用的义务,必须披露所有对专利申请审查具有实质影响的信息。[②] 为迫使申请人披露信息,专利法允许审查员对专利申请中的权利要求作"最大合理范围的解释"(broadest reasonable interpretation)。[③] 如果专利申请人违反披露义务,隐瞒或误导审查员,将构成不正当行为(inequitable conduct),导致已授权专利行使时不能获得法院支持(unenforceable)。所以,专利审查员除了自己独立调查和审查外,他有权信赖专利申请人的陈述,并进而作出驳回还是授权的决定。专利申请人获取专利过程中形成的档案,产生于专利侵权程序之前,具有客观性,应当作为理解权利要求的证据。

说明书和附图与专利审查档案同属于内在证据,但是,后者缺乏针对性。专利审查档案虽然形成于专利权取得程序之中,具有客观性。但是,专利审查

---

① 《最高人民法院关于审理侵犯专利权纠纷案件应用法律若干问题的解释》(法释〔2009〕第 21 号)第三条。

② See 37 C. F. R. §1.56 (a)

③ See In re Am. Acad. of Sci. Tech. Ctr., 367 F. 3d 1359, 1364 (Fed. Cir. 2004)(The Patent and Trademark Office determines the scope of claims in patent applications not solely on the basis of the claim language, but upon giving claims their *broadest reasonable construction* in light of the specification as it would be interpreted by one of ordinary skill in the art).

档案不同于说明书和附图,具有流动性的特点。随着专利审查进程的变化而可能变化,前后可能缺乏一致性。

除了以上的内在证据,权利要求解释还可以借助外在证据(extrinsic evidence),例如工具书和教科书等公知文献。① 由于工具书和教科书是独立第三人形成于申请日(优先权日)之前的证据,它们也具有良好的客观性。然而,工具书的词条,并没有特定的语境,还可能存在多个相互有冲突的理解。教科书也存在类似的语境不匹配的情况。所以,它们只是外部证据,具有辅助性的解释功能,而不是以它们所载内容"为准",即便其著者是本领域的权威人士。尽管如此,法官仍可以适时以此作为辅助证据,确定本领域普通技术人员对特定技术术语的通常理解。

二、字面侵权判定

专利权人起诉他人侵权,通常需要提供权利要求与被控产品的技术特征比对图表(claim infringement chart)。此表分两栏,一栏为经过分解的权利要求,依其构成的技术特征分列;另一栏为被控侵权产品的相应技术特征。假设权利要求为一个用于提水的水桶,包含以下特征:一个圆桶(1),其带有一个把手(2),把手上有一个缓冲件(3)。

权利要求	被控产品是否含有	被控产品
一个用于提水的水桶		
(1)一个圆桶	有	
(2)其带有一个把手	有	
(3)把手上有一个缓冲件	有	

为判断被诉侵权技术方案是否落入专利权的保护范围,应当审查权利人主张的权利要求所记载的"全部"技术特征。如果被控技术方案包含权利要求的"全部"技术特征,则构成字面侵权。换言之,权利要求中所有的技术特征都是必要技术特征,而没有"多余指定"的法律问题。我国专利制度建立初期,由于专利代理人水平有限,撰写权利要求过于具体,致使专利保护范围狭窄。司法实践因此发展得出所谓的"多余指定原则",以期正当地保护专利权人的利益。

---

① 《最高人民法院关于审理侵犯专利权纠纷案件应用法律若干问题的解释》(法释〔2009〕第 21 号)第三条。

所谓"多余指定原则"是指在专利侵权判定中,在解释专利权利要求和确定专利权保护范围时,将记载在专利独立权利要求中的明显附加技术特征(即多余特征)略去,仅以专利独立权利要求中的必要技术特征来确定专利权保护范围,判定被控侵权物(产品或方法)是否落入专利权保护范围的原则。但是,这一原则与权利要求公示专利保护范围的根本专利制度冲突,而且致使法院认定"多余特征"时,享受不受限制的自由裁量权。而且,这一原则无助于专利代理行业的发展。相反,坚持全部技术特征都是必要技术特征,对专利保护范围起限定作用,可以给专利代理人施加压力。为此,经过20余年的专利法实践,多余指定原则已经进入历史的坟墓。最高人民法院曾通过提审指出:"凡是专利权人写入独立权利要求的技术特征,都是必要技术特征,都不应当被忽略,而均应纳入技术特征对比之列。"[1]

与"多余指定原则"相应,专利权人也常主张被告故意减少专利权利要求的必要技术特征,"改劣技术方案",因而构成侵权。最高人民法院以提审方式明确指出:"如果被控侵权技术方案缺少权利要求记载的一个或者一个以上的技术特征,或者被控侵权技术方案有一个或者一个以上的技术特征与权利要求记载的相应技术特征不相同也不等同,人民法院应当认定被控侵权技术方案没有落入专利权的保护范围。被控侵权技术方案是否因缺少某专利技术特征而导致技术功能或效果的变劣,不应考虑。"[2]

字面侵权要求被控产品包括权利要求的全部技术特征,对于以方法表征的产品权利要求也应适用。我国专利制度认可方法特征表征的产品权利要求,但认为其本质上属于"产品权利要求",而不是方法权利要求。早在1999年,北京市高级人民法院在《关于审理专利复审和无效行政纠纷案件若干问题的解答(试行)》中就曾指出:"一般情况下,产品权利要求适用于产品发明,应当用产品的结构特征来描述和限定。只有无法采用产品结构特征来限定产品,或者采用结构特征反而不能清楚地予以限定时,方允许用方法特征来限定产品权利要求。"现行《专利审查指南》(2010)也指出,当产品权利要求中的一个或多个技术特征无法用结构特征并且也不能用参数特征予以清楚地表征时,允许借助于方法特征表征;但是,方法特征表征的产品权利要求的保护主题仍然

---

[1] 仁达建材厂诉新益公司专利侵权纠纷案,最高人民法院民事判决书〔2005〕民三提字第1号。

[2] 张建华与沈阳直连高层供暖技术有限公司、沈阳高联高层供暖联网技术有限公司侵犯实用新型专利权纠纷案,最高人民法院民事判决书〔2009〕民提字第83号。

是"产品"。① 对于此类权利要求,其新颖性和创造性的认定并不是依据"方法特征",而是依据由方法决定的产品特征。《专利审查指南》(2010)明确指出,对于这类权利要求,应当考虑该制备方法是否导致产品具有某种特定的结构和/或组成。如果所属技术领域的技术人员可以断定该方法必然使产品具有不同于对比文件产品的特定结构和/或组成,则该权利要求具备新颖性。② 反之,则否。

　　然而,以上法律规则虽可适用于专利审查授权程序,但却难以适用于专利侵权诉讼。既然只有在无法采用产品结构特征来限定产品或者采用结构特征反而不能清楚地予以限定的情况下,方允许用方法特征来限定产品权利要求,原告又如何能够证明被诉侵权的产品就是方法特征所限定的产品呢? 毕竟,权利人只公开了制造产品的方法,权利要求书也只记载了制造产品的方法,并没有公开要求专利保护的产品的结构特征,也就无法将侵权产品与"专利产品的技术方案"加以比较。为此,2009 年在 Abbott Laboratories v. Sandoz, Inc. 案中,美国联邦巡回上诉法院通过全席判决,确立了以下判例规则:以方法特征表征的产品权利要求,其方法特征将作为限定特征,用于判断是否构成侵权。③ 可见,对于方法特征表征的产品权利要求,字面侵权也应要求所有方法特征都被涵括。

三、现有技术抗辩

　　《专利法》(2008)正式确立"现有技术抗辩"。其第六十二条规定:"在专利侵权纠纷中,被控侵权人有证据证明其实施的技术或者设计属于现有技术或者现有设计的,不构成侵犯专利权。"这一法条的基本思想是,专利授权不应干涉公众使用申请日之前现有技术的自由。"现有技术"是指申请日以前在国内外为公众所知的技术;④"现有设计"是指申请日以前在国内外为公众所知的设计。⑤ 这两者并不包含"抵触申请"。"不构成侵犯专利权"意味着既不构成字面侵权,也不构成后文所述的等同侵权。然而,这是两种法律上截然不同的情况,故须分别讨论。此外,外观设计专利与发明专利(实用新型专利)本质上不同,也须分别对待。本节以下只讨论发明专利(实用新型专利)字面侵权情况下的现有技术抗辩。

---

① 《专利审查指南》(2010)第二部分第二章,第 142 页。
② 《专利审查指南》(2010)第二部分第二章,第 161 页。
③ See Abbott Laboratories v. Sandoz, Inc. , 566 F. 3d 1282 (Fed. Cir. 2009) (en banc).
④ 《中华人民共和国专利法》(2008)第二十二条第 5 款。
⑤ 《中华人民共和国专利法》(2008)第二十三条第 4 款。

对于字面侵权而言，"实施现有技术抗辩"（practicing the prior art defense）本质上针对诉争权利要求的法律效力。在 Tate Access Floors，Inc. v. Interface Architectural Resources，Inc. 案中，[①]美国联邦巡回上诉法院指出："被诉侵权人主张被控产品只是实施现有技术，或者其所实施的技术相对于现有技术而言显而易见，此种主张不构成字面侵权的抗辩事由。"[②]法院认为，此种主张关涉权利要求的效力，而不是被控产品是否侵权。专利一经专利局审查授权，即应被推定有效。法院只能基于"明确而令人信服的证据"（clear and convincing evidence），才能宣告专利无效。被控侵权人不应被允许借助"实施现有技术"，通过优势证据（preponderance of evidence），绕开此"明确而令人信服"的证明责任。[③]对于字面侵权而言，现有技术只可用于解释权利要求用语的模糊之处。[④]为此，联邦巡回上诉法院指出，不应通过比对被诉产品和现有技术的方式，认定被告不侵犯专利权；法律上不存在"实施现有技术抗辩"。

然而，我国司法实践在第三次《专利法》修订以前，就已经承认对字面侵权适用"实施现有技术抗辩"。最高人民法院在"施特里克斯有限公司与圣利达公司、华普超市侵犯专利权纠纷一案申请再审驳回通知书"中，明确指出："公知技术抗辩（即现有技术抗辩）的适用仅以被控侵权产品中被指控落入专利权保护范围的全部技术特征与已经公开的其他现有技术方案的相应技术特征是否相同或者等同为必要，不能因为被控侵权产品与专利权人的专利相同而排除公知技术抗辩原则的适用"。[⑤]《最高人民法院关于审理侵犯专利权纠纷案件应用法律若干问题的解释》（2009）再次确认此抗辩。其第十七条规定："被诉落入专利权保护范围的全部技术特征，与一项现有技术方案中的相应技术特征相同或者无实质性差异的，人民法院应当认定被诉侵权人实施的技术属于专利法第六十二条规定的现有技术。"

针对字面侵权的"实施现有技术抗辩"，本质上要求考察诉争权利要求的法律效力。只有当被控产品具有权利要求的全部技术特征而构成字面侵权时，侵权嫌疑人才须诉诸"实施现有技术抗辩"。为此，上述第十七条实际要求法院比

---

① 279 F. 3d 1357 (Fed. Cir. 2002).

② See Id, at 1365. 也参见 Cordance Corporation v. Amazon. Com, Inc. , 658 F. 3d 1330 (Fed. Cir. 2011).

③ See Id, at 1367.

④ See Id.

⑤ 最高人民法院驳回再审申请通知书〔2007〕民三监字第 51-1 号。

较诉争权利要求的全部技术特征和被告所称一项现有技术方案的相应技术特征。如果它们完全相同,则诉争权利要求应被判为缺乏新颖性;如果其中一项或者多项等同,则诉争权利要求应被判为显而易见,没有创造性。对于这两种情况,法官可以通过承认"实施现有技术抗辩",宣告被控产品对诉争权利要求不构成字面侵权。虽然表面上法官没有宣告诉争权利要求无效,也就没有超越自己的权限,但是法院在个案中否定了授权专利的可执行性(enforceability)。

第三次《专利法》修订承认针对字面侵权的"实施现有技术抗辩",将会直接冲击专利审查制度和专利无效宣告制度。对于发明专利而言,它们经过实质审查,法官应对专利局的授权决定给予尊重,在侵权诉讼中应该推定其有效。"实施现有技术抗辩"使得法官可以根据被告提供的一项现有技术方案,猜测并于个案中不承认专利局授权决定的效力。对于实用新型专利而言,它们没有经过实质审查,不存在这一法律问题。但是,专利权人实际被剥夺了通过专利无效宣告程序来捍卫诉争权利要求效力的机会。最高人民法院甚至暗示,即便专利复审委员会摒弃的现有技术参考文献,人民法院也应该根据实施现有技术抗辩,独立考察被告是否不应构成侵权。[①] 然而,人民法院未必具备专利审查员和专利复审委员同等的专业知识和判断能力,特别是针对特定权利要求的技术专业知识。

对于实用新型专利而言,"实施现有技术抗辩"和"专利权评价报告"制度之间存在潜在的冲突。《专利法》(2008)第六十一条规定:"专利侵权纠纷涉及实用新型专利或者外观设计专利的,人民法院或者管理专利工作的部门可以要求专利权人或者利害关系人出具由国务院专利行政部门对相关实用新型或者外观设计进行检索、分析和评价后作出的专利权评价报告,作为审理、处理专利侵权纠纷的证据。""专利权评价报告"主要用于人民法院或者管理专利工作的部门确定是否需要中止相关程序,[②]特别是当被告已经于答辩期间提出专利无效宣告请求时。"专利权评价报告"针对诉争实用新型专利,进行全面的效力评估(而不局限于诉争权利要求),并且实行"一项实用新型专利,一项公开的权威评估"的政策。这使得专利权评价报告等同于实用新型专利的实质审查。从理论上来说,人民法院应信赖专利局的专业判断,并依此判断是否构成侵权。但是,"实施现有技术抗辩"又授权法官根据被告所提现有技术,再次实质性地考察诉争权利要求的效力,无论

---

① 深圳市恒金源实业有限公司与深圳市邦杰机电技术有限公司侵犯外观设计专利权纠纷案,最高人民法院民事裁定书〔2008〕民申字第 824 号。

② 《专利审查指南》(2010)第 496 页。

专利局在出具"专利权评价报告"时是否已经考察过同一现有技术方案。所以，尽管"实施现有技术抗辩"和"专利权评价报告"都使得人民法院在实用新型专利侵权诉讼中可以更有效地维护社会公众的竞争自由，两者却可能发生冲突。

第二节　等同侵权

字面侵权虽然充分尊重权利要求公示专利保护范围的法律功能，但是将其绝对化又可能导致专利权人无法获得正当的保护。竞争者通常不会照搬专利技术，而会尽力绕开权利要求字义涵摄的专利保护范围。专利法要求专利申请人以清楚明了的语言，界定权利要求的保护范围。然而，语言本身却是描述事物的粗糙工具。庄子《秋水》有言曰："可以言论者，物之粗也；可以意致者，物之精也"。对于世界上第一次出现的新技术，专利申请人常常难以精确地描述，穷尽其变通形式，对技术新颖之处获得完全的保护。[①] 特别的，专利申请人对申请日以后技术的发展常常没有办法把握，无法事先预计他人如何在新技术条件下，实现自己发明创造的核心。比如，在1948年以前的电子管时代，发明人在其权利要求中不可能会用1948年才出现的晶体管技术的术语来描述权利要求的保护范围。如果没有等同原则，晶体管技术的进步会导致侵权者可以自由使用那些在1948年以前的采用电子管时代技术术语描述权利要求的诸多发明。[②]

为公平保护专利权人的利益，维持专利制度的激励作用，防止抄袭者通过显而易见的改动，绕开专利技术而剥夺专利权人应该享受的创新回报，依据衡平规则创设出等同原则（doctrine of equivalents）。根据此法律原则，被控侵权的产品或方法没有直接落入专利权利要求字面含义所描述的保护范围，但是该产品或方法与专利权利要求所描述的方案实质等同，也可以构成专利侵权。

一、等同原则

我国《专利法》并没有规定等同原则。这一法律原则是由最高人民法院通过司法解释而确立。最高人民法院《关于审理专利纠纷案件适用法律问题的若干规定》（2001）第17条规定，"发明或者实用新型专利权的保护范围以其权利

---

① See Festo Corp. v. Shoketsu Kinzoku Kogyo Kabushiki Co., 535 U. S. 722, 731(2002)

② See Festo Corp. v. Shoketsu Kinzoku Kogyo Kabushiki Co., 234 F. 3d 558, 619(2000)(en banc).

要求的内容为准,说明书及附图可以用于解释权利要求"是指专利权的保护范围应当以权利要求书中明确记载的必要技术特征所确定的范围为准,也包括与该必要技术特征相等同的特征所确定的范围。这一法条被公认为是我国等同原则的法律渊源。

但是,这一司法解释的理论基础先天残疾。根据这一司法解释,等同技术特征是"权利要求解释"的结果,等同原则是扩大地"解释"权利要求的保护范围。然而,正确的理解是,等同原则使得权利人可以对权利要求所载技术特征的等同技术特征要求排他权保护。[①] 实际上,无法通过正当的解释规则得到权利要求技术特征的等同技术特征。否则,即没有必要创设"等同原则"。

对于这一法律缺陷,最高人民法院似乎有所察觉。《专利法》第三次修改后,最高人民法院在《关于审理侵犯专利权纠纷案件应用法律若干问题的解释》(2009)再次确认了等同原则。其第七条第 2 款规定:"被诉侵权技术方案包含与权利要求记载的全部技术特征相同或者等同的技术特征的,人民法院应当认定其落入专利权的保护范围。"最高人民法院已经不再将等同原则与权利要求解释相联系。为此,最高人民法院甚至不再提"必要技术特征",而使用"技术特征"的术语,防止人民法院以"必要技术特征"为由,拒绝承认它们的"等同"技术特征属于专利保护范围。

确立等同原则后,最为重要的问题是如何认定"等同特征"。《最高人民法院关于审理专利纠纷案件适用法律问题的若干规定》(2001)第 17 条第 2 款规定:"等同特征是指与所记载的技术特征以基本相同的手段,实现基本相同的功能,达到基本相同的效果,并且本领域的普通技术人员无需经过创造性劳动就能够联想到的特征。"

为确定被控侵权产品某一技术特征是否构成权利要求某一技术特征的等同特征,应当考察:(1)被控侵权产品或方法中的技术特征与专利权利要求中的相应技术特征相比,以基本相同的手段,实现基本相同的功能,产生了基本相同的效果;(2)对该专利所属领域普通技术人员来说,通过阅读专利权利要求和说明书,无须经过创造性劳动就能够联想到的技术特征。[②] 所谓"基本相同的手段"一般是指该专利技术所属技术领域内惯常替换的手段,例如起固定作用的

---

① See Wilson Sporting Goods Co., v. David Geoffrey & Associates, 904 F. 2d 677, 685 (Fed. Cir. 1990).

② 《北京市高级人民法院关于专利侵权判定若干问题的意见(试行)》(2011)第 34 条。

螺钉和螺栓,物理加热方式和化学加热方式;"产生基本相同的效果"一般是指专利技术特征与对应技术特征技术效果无实质性差异;而"是否需经过创造性劳动"即对所属技术领域的技术人员而言,专利技术特征与对应技术特征的替换是显而易见的,并且没有产生更好的技术效果。①

尽管"三个基本相同检验法"被我国人民法院经常应用,但是其主要适用于机械领域的发明。② 对于其他领域的发明,例如化学类的发明,并不恰当。③ 对于此领域,关键的问题是,原告所主张的等同技术特征与权利要求的对应技术特征是否"实质性相同"。而且,从逻辑上来说,是否"基本相同"也应该从本领域普通技术人员的角度考察,以其是否需要进行创造性劳动为根本标准。所以,"三个基本相同检验法"所触及的只是典型个案,而不具有一般性的指导意义。等同技术特征认定的关键是"本领域普通技术人员是否认为原告所主张的等同技术特征是否与权利要求所载技术特征不存在实质性差异,二者之间可以相互替换"。

等同技术特征的认定,应该以侵权行为发生之时为准。等同原则所针对的是申请日后,他人根据专利说明书及附图和当时技术,可以发展出的等同技术方案。随着时间的推移、技术的进步,本领域普通技术人员认识能力不断提高。根据专利说明书及附图,他们能够获得与权利要求技术特征相等同的技术特征。如果以申请日作为等同技术特征认定的参考时间,等同原则将无法给予专利权人以正当的保护。北京市高级人民法院刘继祥法官曾举例说明:"早期在电子领域都采用电子管作电子放大器件,而且它是当时唯一的电子放大器件。……随着电子技术的发展,出现了晶体管,不久以后通常的放大电子管几乎都用晶体管来代替,在这种情况下,如果不允许将后来发明的晶体管看作电子管的等价手段,那么一大批包含有电子管放大器件的电路发明专利在其有效期间实质上就根本得不到保护了。"④为此,《北京市高级人民法院关于专利侵权判定若干问题的意见(试行)》(京高法发〔2001〕229号)第37条规定:"判定被控侵权物(产品或方法)中的技术特征与专利独立权利要求中的技术特征是否等同,应当

---

① 《北京市高级人民法院关于专利侵权判定若干问题的意见》(征求意见稿)(2011年4月)第44—46条。

② See Warner-Jenkinson Company, Inc., v. Hilton Davis Chemical Co., 520 U. S. 17, 39-40 (1997).

③ See Warner-Jenkinson Company, Inc., v. Hilton Davis Chemical Co., 520 U. S. 17, 39-40 (1997).

④ 北京市高级人民法院知识产权庭:《北京知识产权审判案例研究》,法律出版社2000年版,第378页。

以侵权行为发生的时间为界限。"这一试行意见在中国法院体系内具有深远的影响,也顺应了等同原则适用的国际趋势。① 为此,"侵权行为发生的时间"应是我国人民法院认定等同技术特征参考时点。

最后,需要明确的是,等同原则依请求适用。在专利侵权判定中,当适用全面覆盖原则判定被诉侵权产品或方法不构成专利侵权并且原告未主张等同侵权时,人民法院应当向原告释明是否适用等同原则进行侵权判定。②

二、等同原则的限制

等同原则使得专利保护范围不确定。技术特征之间是等同还是不等同,常常界限模糊。权利要求界定专利保护范围的法律作用被无情地搁置一边。权利要求形成于专利申请日之前。而等同技术特征判断却是依据"侵权发生时"本领域普通技术人员对"说明书和附图"的理解来判定。这两者依法本来只应当具有解释权利要求的作用;但是,在等同原则的作用下,它们反而成为等同技术特征判定的主要依据。等同原则是"衡平规则",其本身并不能界定其适用边界,具有非常大的不确定性。为限制等同原则,普通法系的法官创设出若干限制法则,包括"全部技术特征原则"、"现有技术抗辩"、"捐献原则"和"禁止返回原则"。我国专利制度已经全方位地借鉴它们,以期最大限度地明确等同原则的适用范围。

(一) 全部技术特征原则

等同特征是具体的、对应的技术特征之间的彼此替换,而不是完整技术方案之间的彼此替换。③ 这即是所谓的"全部技术特征原则"(all elements rule)。之所以强调"全部技术特征"而不是技术整体等同,主要目的是限制等同原则的适用,以便维持公众对权利要求所示保护范围的基本信赖。

然而,"全部技术特征"原则也并不能有效地限制等同原则。所谓"等同特征",即必然意味着至少取消权利要求某一技术特征对专利保护范围的限制作用。全部技术特征原则并不要求产品技术特征一对一的等同。④ "等同特征可

---

① See Warner-Jenkinson Company, Inc., v. Hilton Davis Chemical Co., 520 U. S. 17, 37 - 38 (1997).

② 《北京市高级人民法院关于专利侵权判定若干问题的意见》(征求意见稿)(2011 年 4 月)第 41 条。

③ 《北京市高级人民法院关于专利侵权判定若干问题的意见(试行)》(京高法发〔2001〕229 号)第 35 条。

④ See Corning Glass Works v. Sumitomo Electric U. S. A., Inc. 868 F. 2d 1251 (Fed. Cir. 1989).

以是将某一技术特征分解成若干个技术特征,也可以是将若干技术特征组合成一个技术特征"。[①] 例如,宁波市东方机芯总厂诉江阴金铃五金制品有限公司侵犯专利权纠纷提审案(以下简称"机芯奏鸣装置音板成键装置发明案")中,[②]东方机芯总厂获得了中国专利局授予的"机芯奏鸣装置音板的成键方法及其设备"发明专利权(专利号 ZL 92102458.4)。其权利要求 1 要求保护:

> 一种机械奏鸣装置音板成键加工设备,它包括有在平板型金属盲板上切割出梳状缝隙的割刀和将被加工的金属盲板夹持的固定装置,其特征在于:a.所述的割刀是由多片圆形薄片状磨轮按半径自小到大的顺序平行同心的组成一塔状的割刀组;b.所述的盲板固定装置是一个开有梳缝的导向板,它是一块厚实而耐磨的块板,其作为导向槽的每条梳缝相互平行、均布、等宽;c.所述的塔状割刀组,其相邻刀片之间的间距距离与所述导向板相邻梳缝之间的导向板厚度大体相等;d.所述的塔状割刀组的磨轮按其半径排列的梯度等于音板的音键按其长短排列的梯度。

该加工装置的示意图如下:

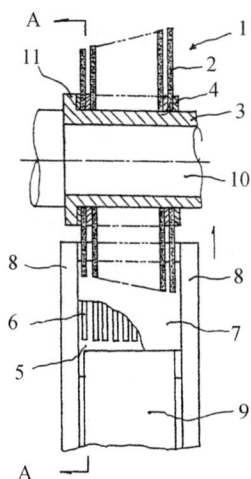

1. 塔装割刀组;
2. 磨轮刀片;
3. 套芯;
4. 隔圈;
5. 导向板(整体成楔形);
6. 梳缝;
7. 盲板

---

① 《北京市高级人民法院关于专利侵权判定若干问题的意见》(征求意见稿)(2011 年 4 月)第 44 - 46 条。

② 最高人民法院民事判决书〔2001〕民三提字第 1 号。

被控音板加工设备包括割刀组、盲板夹持装置两个基本部件,但是没有"导向板",盲板是呈悬臂状腾空固定在夹持装置上,接受旋转刀片的割入加工。被告认为:(1)导向板安装在金属盲板夹持装置上,盲板被准确定位并夹持在导向板上,这是诉争权利要求必不可少的技术特征。被控装置缺少"导向板"这一必要技术特征,因此不侵权。(2)被控装置中的"限位装置"与诉争权利要求"导向板"不构成等同技术特征。尽管限位装置与导向板均有梳缝结构,但两者的目的、作用和效果却完全不同。导向板的目的一是固定盲板,使盲板在切割过程中不发生振动,二是导引切割,三是给磨轮限位。而限位装置只给磨轮限位,防止磨轮飘移和破碎,没有固定盲板和导引切割的目的。

最高人民法院提审认为,诉争权利要求"导向板"作为一个整体装置,具有导向和固定盲板两大功能,构成一个整体的技术特征。被控侵权产品将导向和固定盲板这一整体的技术特征予以分解,替换成由防震限位板导向、工件拖板固定盲板两个技术特征。但是,它们结合为整体,仍起导向和固定盲板的作用。这属于等同物替换的常见形式之一。由此可见,等同原则并不要求被控产品与诉争权利要求的组成部件一一对应。所谓的"全部技术特征原则"只是要求不是技术方案整体的等同,而技术特征又是一个灵活的法律概念。

虽然"改劣实施"可不构成字面侵权,但是,却仍可以构成等同侵权。"机芯奏鸣装置音板成键装置发明案"中,最高人民法院指出,尽管等同侵权要求考察被控侵权产品的效果与专利技术的效果,但是等同侵权并不要求技术效果完全相等,而只要基本相同。有时专利技术的效果比被控侵权产品的效果稍好,有时可能相反,都不影响对等同侵权的判断。所以,尽管被控装置的技术效果不及诉争专利技术,仍可以构成等同侵权。

这一典型案例,一方面说明等同原则使得专利保护范围非常模糊;另一方面说明"全部技术特征原则"并不能清晰地限制等同原则的适用边界。

(二)现有技术抗辩

对于等同原则,现有技术抗辩可限制等同技术特征的范围,即专利权人不得通过主张等同原则,对专利申请日之前的现有技术方案要求保护。[①] 为此,针对等同原则的现有技术抗辩又称为"现有技术陷落抗辩"(ensnarement defense)。

是否成立"现有技术陷落抗辩",应该遵守"假象权利要求检验法"。1990

---

① See Wilson Sporting Goods Co., v. David Geoffrey & Associates, 904 F. 2d 677, 684 (Fed. Cir. 1990).

年,美国联邦巡回上诉法院在 Wilson Sporting Goods Co., v. David Geoffrey & Associates 案中指出,不能通过比对被控技术和现有技术方案而得出原告所主张的等同技术特征不适当地涵括了现有技术方案。[①] 美国联邦巡回上诉法院认为,判断现有技术是否限制要求专利保护的技术特征,应该首先建构等同技术特征的限制范围,即设想一个字面上足以覆盖被控侵权产品的权利要求;然后考察专利局根据被告提供的现有技术,是否认为这一假象权利要求满足专利授权条件而可以允许授权?[②] 如果可以,则现有技术抗辩不成立,应根据等同原则认定构成侵权。反之,则否。为此,专利权人应该承担举证责任,证明自己所主张的等同技术特征不包含被告所主张的现有技术,构成自己专利的有效保护范围。[③]

我国很早就承认"现有技术陷落抗辩"作为等同原则的限制。1992 年《中国科技蓝皮书》(第 7 号)即指出:"不能运用等同原则将其保护范围扩大到申请日时的已有的技术。"[④]司法实践中,人民法院于李光诉首钢案即采用此法则。[⑤]北京市高级人民法院在《专利侵权判定若干问题的意见(试行)》(2001)所称的"已有技术抗辩",本质上就是指这一抗辩。其 100 条规定:"已有技术抗辩,是指在专利侵权诉讼中,被控侵权物(产品或方法)与专利权利要求所记载的专利技术方案等同的情况下,如果被告答辩并提供相应证据,证明被控侵权物(产品或方法)与一项已有技术等同,则被告的行为不构成侵犯原告的专利权。"然而,由于"已有技术"不包括抵触申请中的在先专利申请,作为等同原则的限制,该专利侵权判定试行意见于第 42 条还明确规定:"在专利侵权判定中,下列情况不应适用等同原则认定被控侵权物(产品或方法)落入专利权保护范围:(1)被控侵权的技术方案属于申请日前的公知技术;(2)被控侵权的技术方案属于抵触申请或在先申请专利。"

但是,该试行意见并不承认"实施现有技术抗辩"。其第 102 条指出:"已有

---

① See Wilson Sporting Goods Co., v. David Geoffrey & Associates, 904 F. 2d 677, 684 (Fed. Cir. 1990).

② See id (for ensnarement analysis, one should "first conceptualize the limitation on the scope of equivalents by visualizing a hypothetical patent claim, sufficient in scope to literally cover the accused product"; and then determine "whether that hypothetical claim could have been allowed by the PTO over the prior art").

③ See id, at 685.

④ 参见中国科技蓝皮书第 7 号,《中国的知识产权制度》(1992 年 8 月)

⑤ 参见吴玉和:《公知技术抗辩在中国司法实践中的运用和发展》,《中国专利与商标》2007 年第 3 期,第 46 页。

技术抗辩仅适用于等同专利侵权,不适用于相同专利侵权(即字面侵权)的情况。"其第 103 条进一步明确:"当专利技术方案、被控侵权物(产品或方法)、被引证的已有技术方案三者明显相同时,被告不得依已有技术进行抗辩,而可以向专利复审委请求宣告该专利权无效。"

最高人民法院通过司法实践,引入"实施现有技术抗辩",并将之与"现有技术陷落抗辩"合二为一。1999 年最高人民法院民事审判第三庭《关于王川与合肥继初贸易有限责任公司等专利侵权纠纷案的函》指出:"不论神电公司技术与王川专利是否相同,在神电公司提出公知公用技术抗辩事由的情况下,只有在将神电公司技术与公知公用技术对比得出否定性结论以后,才能将神电公司技术与王川专利进行异同比较"。并且,该函同时提出被控技术与现有技术比对的方法:"在将神电公司技术与公知公用技术进行对比时,不仅要比较神电公司技术中有关必要技术特征是否已为对比文件所全部披露,而且在二者有关技术特征有不同的情况下,还要看这种不同是否属于本质的不同,即有关技术特征的替换是否是显而易见的。只有经过这样的对比,得出二者有本质不同以后,才能否定神电公司的该抗辩理由。"这其实树立了"实施现有技术抗辩",并坚持被控技术与现有技术比对,即可得出是否侵权的法律判断。2007 年,最高人民法院更通过"施特里克斯有限公司与圣利达公司、华普超市侵犯专利权纠纷一案申请再审驳回通知书"一案,明确将字面侵权和等同侵权两种不相同的现有技术抗辩合二为一成中国的现有技术抗辩。该通知书明确指出:"公知技术抗辩(即现有技术抗辩)的适用仅以被控侵权产品中被指控落入专利权保护范围的全部技术特征与已经公开的其他现有技术方案的相应技术特征是否相同或者等同为必要,不能因为被控侵权产品与专利权人的专利相同而排除公知技术抗辩原则的适用"。① 这一通知书的意见最终演化为《最高人民法院关于审理侵犯专利权纠纷案件应用法律若干问题的解释》(2009)。其第十七条再次确认这一合并状态的现有技术抗辩,认为"被诉落入专利权保护范围的全部技术特征,与一项现有技术方案中的相应技术特征相同或者无实质性差异的",人民法院应当认定构成现有技术抗辩。

此第十七条借鉴了美国专利法的"假象权利要求检验法"。由于专利保护范围由其全部技术特征和等同特征构成,② 人民法院认定"被诉落入专利保护范

---

① 最高人民法院驳回再审申请通知书〔2007〕民三监字第 51-1 号。

② 《最高人民法院关于审理专利纠纷案件适用法律问题的若干规定》(2001)第 17 条。

围的全部技术特征",也即是构想一个字面上足以覆盖被控产品的权利要求。将这一假象权利要求与一项现有技术的相应特征进行比对,确定是否相同或者无实质性差异,本质上是考察专利局根据这一现有技术方案是否会认定假象权利要求是否具有新颖性和创造性。如果不具备,则应认定原告所主张的等同技术特征为现有技术所包含;反之,则否。

(三)捐献公众原则

捐献公众原则(简称捐献原则)主要是指专利权人不得对说明书及附图公开但未进入权利要求的技术方案通过等同原则而要求专利保护。最高人民法院在《关于审理侵犯专利权纠纷案件应用法律若干问题的解释》(2009)正式确立捐献原则。其第五条规定:"对于仅在说明书或者附图中描述而在权利要求中未记载的技术方案,权利人在侵犯专利权纠纷案件中将其纳入专利权保护范围的,人民法院不予支持。"所谓"专利权保护范围",既包括权利要求全部技术特征所确定的范围,也包括它们等同技术特征构成的范围。据此,说明书及附图公开的技术方案,只要未进入权利要求,在法律上就属于进入公共领域,视为专利权人对公共领域的捐献,绝对地不能再纳入专利保护范围。

捐献原则的主要目的是防止专利申请人通过缩小权利要求,躲避专利局的严格审查,而后又借宽泛的说明书公开取得扩大的保护,破坏权利要求公示专利保护范围的法律功能。[①] 例如,在 Johnson & Johnston Associates Inc. v. R. E. Service Co., Inc. 案中,[②]诉争权利要求将专利技术局限为一种铝制基层的印刷电路板,但说明书又指出使用不锈钢和镍合金也可以作为此类印刷电路板的基层。美国联邦巡回上诉法院认为,无论专利权人的主观意图如何,说明书公开的技术方案,如果没有要求专利保护,都构成权利人捐献给公众的技术知识,不得再通过等同原则主张保护。否则,权利人将可以借此规避专利局的审查。

捐献原则承认等同原则的法学原理。本节开头即说明等同原则的基础是权利人在专利申请日难以预计等同技术特征,借助语言精确标示自己发明创造的边界,从而获得充分的法律保护。如果权利人在说明书中已经描述等同技术特征,则上述基础根本不存在,也就无从适用等同原则。

根据这一根本法理,捐献原则也可以类推适用于权利要求明确予以排除的

[①] 参见孔祥俊、王永昌、李剑等:《最高人民法院关于〈审理侵犯专利权纠纷案件应用法律若干问题的解释〉适用的若干问题》,《电子知识产权》2010 年第 2 期,第 78 - 79 页。

[②] 285 F. 3d 1046 (Fed. Cir. 2002) (en banc).

技术方案。"大连新益建材有限公司与大连仁达新型墙体建材厂侵犯专利权纠纷提审案"(以下简称"墙体建材案")中,涉诉实用新型专利权利要求书为:"一种混凝土薄壁筒体构件,它由筒管和封闭筒管两端管口的筒底组成,其特征在于所述筒底以至少二层以上的玻璃纤维布叠合而成……"然而,被诉侵权产品筒底只有"一层玻璃纤维布",其他技术特征都与此权利要求的对应技术特征相同。一审和二审人民法院皆认为应该适用等同原则,判令侵权成立。但是,最高人民法院认为,权利人"明确使用了'至少两层以上'这种界限非常清楚的限定词,说明书亦明确记载玻璃纤维布筒的套叠层'可以少到仅两层',故确定专利保护范围时,不应突破这一明确的限定条件"。对于这一明确限定条件,最高人民法院认为,专利权人不得根据等同原则主张明确排除的技术特征。"应当认为,本领域的普通技术人员通过阅读权利要求书和说明书,无法联想到仅含有一层玻璃纤维布或者不含玻璃纤维布仍然可以实现发明目的,故仅含有一层玻璃纤维布或者不含有玻璃纤维布的结构应被排除在专利权保护范围之外。"最高人民法院还认为,如果突破这一限定条件,等于从权利要求中删去了"至少两层以上"的技术特征,导致专利权保护范围不合理的扩大,有损社会公众的利益。其实,究其根本,权利人撰写权利要求时,采用"至少两层玻璃纤维布"的表述,即表明其明知"一层玻璃纤维布"的技术方案。既然他未对后一种技术方案要求专利保护,即可以认为他捐献了此技术方案。

(四)禁止反悔原则

《最高人民法院关于审理侵犯专利权纠纷案件应用法律若干问题的解释》(2009)正式确立了"禁止反悔原则"。其第六条规定:"专利申请人、专利权人在专利授权或者无效宣告程序中,通过对权利要求、说明书的修改或者意见陈述而放弃的技术方案,权利人在侵犯专利权纠纷案件中又将其纳入专利权保护范围的,人民法院不予支持。"此法其实规定了两种禁止反悔原则:"专利审查档案禁止反悔原则"(prosecution history estoppel)和"专利无效宣告审查禁止反悔原则"(invalidation history estoppel)。不同于等同原则须以权利人请求为前提,人民法院可以主动适用禁止反悔原则。人民法院可以根据业已查明的事实,通过适用禁止反悔原则对等同原则予以限制,以便合理地确定专利的保护范围。[1]

---

[1] 沈其衡诉上海盛懋交通设施工程有限公司侵犯实用新型专利权纠纷案,最高人民法院民事裁定书〔2009〕民申字第239号。

专利审查档案禁止反悔原则和捐献原则法理类似。如前所述,专利审查档案是指专利申请审查授权过程中,专利申请人答复专利局意见所作各种意见陈述、说明书或权利要求的修改等等。《最高人民法院关于审理侵犯专利权纠纷案件应用法律若干问题的解释(二)》(2016)第六条还把专利复审和无效宣告程序的材料作为专利审查档案。专利审查档案与说明书和附图都属于内在证据,可以用于解释权利要求。并且,在美国专利制度下,专利审查档案对社会公众免费开放。[①] 它与说明书和附图一样,具有公示性。如果专利权人为获得授权,修改权利要求,或者向专利局表示,权利要求的技术术语应该采用某种限制性解释,也应该认为此类行为具有"捐献"或者"放弃"的法律效果。否则,权利人将借此规避专利局对权利要求的严格审查,凭等同原则要求法院保护专利局未曾审查过的技术方案。这样无助于鼓励专利申请人诚实信用地披露发明创造的信息,更无益于提高专利审查的质量和效率。

专利审查档案禁止反悔原则适用于所有为满足专利法授权条件的修改和意见陈述。《专利侵权判定若干问题的意见(试行)》(京高法发〔2001〕229 号)曾将"禁止反悔"的适用范围局限于为回避现有技术的修改。该试行意见第 43 条规定:"禁止反悔原则,是指在专利审批、撤销或无效程序中,专利权人为确定其专利具备新颖性和创造性,通过书面声明或者修改专利文件的方式,对专利权利要求的保护范围作了限制承诺或者部分地放弃了保护,并因此获得了专利权,而在专利侵权诉讼中,法院适用等同原则确定专利权的保护范围时,应当禁止专利权人将已被限制、排除或者已经放弃的内容重新纳入专利权保护范围。"然而,最高人民法院《关于审理侵犯专利权纠纷案件应用法律若干问题的解释》(2009)第六条已经取消了"专利权人为确定专利具有新颖性和创造性"的法律要求,适用于"放弃的技术方案",不论专利申请是否为了确立新颖性或者创造性而放弃技术方案。"湖北午时药业股份有限公司与澳诺制药有限公司、王军社侵犯发明专利权纠纷提审案"(以下简称"午时药业发明专利提审案")中,最高人民法院指出,对于使权利要求获得说明书支持的修改也适用禁止反悔原则。[②]

之所以如此,原因在于,专利申请不仅需要符合新颖性和创造性,还需要符合充分公开、说明书支持等专利法要求,才能被授予专利。专利申请人修改专

---

① 参见美国专利商标局,专利申请信息获取系统:http://portal.uspto.gov/external/portal/pair.
② 最高人民法院民事判决书〔2009〕民提字第 20 号。

利文书后,专利审查员是基于此修改后的专利文书,考察它是否符合所有专利法授予专利的要求,从而决定是否授权。因此,专利申请人为符合专利授予条件所作的修改和意见陈述,都应该属于"禁止反悔"的适用范围。[①]

何谓"放弃的技术方案",需要个案认定。值得注意的是,权利人修改权利要求并不意味着放弃所有被修改技术特征的等同技术特征。美国联邦巡回上诉法院在 Festo Corp. v. Shoketsu Kinzoku Kogyo Kabushiki Co. 中曾持这一观点,认为:为获得专利而限制权利要求范围,专利权人就此放弃了所有与修改了的技术要素(element)等同的技术要素,不得再主张对这些等同技术要素的专利保护。[②] 美国联邦最高法院提审了此案,认为对于修改后的技术特征不应该适用此种"绝对禁止反悔",[③]因为权利人修改权利要求时,并不是一下子就具备了申请日不具有的预见能力,能够准确使用语言描述所有自己发明创造的等同技术特征。然而,美国联邦最高法院认为,专利申请人通过选定特定的语言修改原始权利要求,可以"推定"专利申请人是明确知道修改后的权利要求相对于原始权利要求所放弃的技术方案。除非专利权人能够证明自己没有放弃等同的技术特征,法院依照该推定,对修改后的技术要素适用"禁止反悔",认定专利权人做了如上放弃。专利权人可以通过以下方式推翻以上推定:(1)专利申请时无法预见特定的等同技术方案;(2)修改的原因只和特定等同技术方案"擦边",而没有实质性的关系;或者(3)有其他的原因显示不能合理期待专利权人描述权利要求所涉及非实质性的替代技术方案。[④] 但是,《最高人民法院关于审理侵犯专利权纠纷案件应用法律若干问题的解释》(2009)第六条并没有建立这一司法推定。

对于认定"放弃"来说,专利申请人的主观意图并不起决定作用。实际上,如果主观故意是认定"放弃"的必要条件,则法院就需要考察特定申请过程中的

---

① 535 U.S. 722 (2002).

② See Festo Corp. v. Shoketsu Kinzoku Kogyo Kabushiki Co., Ltd. 234 F. 3d 558 (Fed. Cir. 2000).

③ See 535 U.S. at 740 - 741("A patentee's decision to narrow his claims through amendment may be presumed to be a general disclaimer of the territory between the original claim and the amended claim. There are some cases, however, where the amendment cannot reasonably be viewed as surrendering a particular equivalent. The equivalent may have been unforeseeable at the time of the application; the rationale underlying the amendment may bear no more than a tangential relation to the equivalent in question; or there may be some other reason suggesting that the patentee could not reasonably be expected to have described the insubstantial substitute in question.").

④ 参见,同前注。

所有细节,确定特定专利权人于申请审查过程中的主观意图。诸如特定申请人的经验,发明人自己申请和委托代理人申请的不同,都是需要考虑的因素。此外,如果专利权人证明自己没有放弃的故意,仅仅是疏忽大意,法院似乎也将因缺乏足够的理由而无法认定"放弃"。"午时药业发明专利提审案"中,最高人民法院认为,可以通过解释权利要求,认定专利权人放弃了以"葡萄糖酸钙"为原料的技术方案,从而应该适用"禁止反悔"。由于权利要求解释需要依据本领域普通技术人员的理解,最高人民法院实际认为:不同于认定"放弃权利",认定"放弃技术方案"需要根据本领域普通技术人员——而不是特定个案中的专利权人或者涉案授权专利的审查员——这个客观标准来确定"放弃的技术方案"。[①]

"专利审查档案禁止反悔"是舶来品,而"专利无效宣告审查档案禁止反悔原则"是本国特色。在专利无效宣告程序中,专利权人不能修改说明书和附图。专利无效宣告审查档案只包括权利人对权利要求书的修改以及专利无效宣告过程中的意见陈述。对于这两种情况下的禁止反悔,以下分别说明。

我国《专利法》(2008)只规定专利申请人对专利申请文件可以修改,[②]而未规定专利权人对授权专利是否可以进行修改。但是,《专利法实施细则》允许专利权人在专利无效程序中,对授权专利进行修改。《专利法实施细则》(2010)第六十九条第 1 款规定,在无效宣告请求的审查过程中,发明或者实用新型的专利权人可以修改其权利要求书,但是不得扩大原专利的保护范围。《专利审查指南》(2010)进一步规定,修改权利要求书的具体方式一般限于权利要求的删除、合并和技术方案的删除。[③] 如果专利复审委员会审查后接受修改后的权利要求,它们将作为新的权利要求公告,对其适用禁止反悔原则,这类似于对专利审查授权程序中权利要求修改。

---

① Cf. Insituform Technologies, Inc. v. Cat Contracting, Inc., 99 F. 3d 1098, 1107 – 08(Fed. Cir. 1996) (In examining the prosecution history in an estoppel analysis, we do not look to the subjective intent of the applicant and what the applicant subjectively believed or intended that he or she was giving up to the public. ... Rather, the standard for determining what subject matter was surrendered is objective and depends on what a competitor, reading the prosecution history, would reasonably conclude was given up by the applicant).(在适用基于专利审查历史的禁止反悔规则时,专利申请人的主观意图并不重要,专利申请人主观上认为自己放弃的保护也不重要。重要的是,市场竞争者在阅读专利审查档案后,他可合理得出的专利申请人放弃的技术保护主题)。

② 《中华人民共和国专利法》(2008)第三十三条:申请人可以对其专利申请文件进行修改,但是,对发明和实用新型专利申请文件的修改不得超出原说明书和权利要求书记载的范围,对外观设计专利申请文件的修改不得超出原图片或者照片表示的范围。

③ 参见《专利审查指南》(2010)第四部分第三章第4.6节"关于无效宣告程序中专利文件的修改",第385页。同时参见本书专利无效宣告章。

但是,专利审查档案禁止反悔原则并不应延伸到专利权人于专利无效宣告程序中的意见陈述。① 假设专利权人在专利无效程序中向专利复审委员主张技术特征 A 应该作限缩性解释,但专利复审委员没有接受,而直接宣告含有技术特征 A 的权利要求 X 无效。随后,专利权人以权利要求 Y 在地方人民法院发动侵权诉讼。权利要求 Y 也包含有技术特征 A。此时,该地方人民法院应该如何决定技术特征 A 的范围。它是应该以专利权人在专利无效宣告程序所作出的限缩性陈述为准,还是专利复审委员会无效决定中权利要求解释为准?如果当事人不服专利复审委员会的决定而上诉,那么,该地方人民法院是应该以专利权人在专利无效宣告诉讼中的限缩性陈述为准,还是以北京市知识产权法院或北京市高级人民法院对权利要求的解释为准?

《最高人民法院关于审理侵犯专利权纠纷案件应用法律若干问题的解释》(2009)第六条提供的答案是,专利权人于专利无效程序中的限缩性陈述,而不是专利复审委员会或专利无效诉讼中人民法院对权利要求的解释,具有拘束力。这值得商榷。其一,这可能损害裁判机构的权威和公信力。专利复审委员会的决定或者北京市知识产权法院或北京市高级人民法院的相应判决具有法律效力,而它们可能不采纳专利权人关于权利要求解释的意见陈述,即便专利权人作出限缩性陈述。在专利无效宣告程序中,首先应当依照法律要求解释权利要求。如果正确的权利要求解释将导致专利权无效,专利复审委员会就应当宣告被请求的权利要求无效。即便专利权人作出限缩性的陈述,企图维持被请求的权利要求的效力,专利复审委员会也应当拒绝采纳。如果当事人不服专利复审委员会的决定,人民法院也应遵守同样的权利要求解释规范。在后续的专利侵权诉讼中,如果专利复审委员会或其上诉人民法院在专利无效程序中对权利要求的解释不具有拘束力,反而专利权人在此程序中的陈述具有拘束力,司法的公信力又何在?无疑,相对于专利权人的诚实信用,司法或准司法决定的公信力更重要。

其二,这一规定存在双重标准的问题。假设专利无效程序涉及权利要求 X,专利复审委员会或北京市知识产权法院或北京市高级人民法院没有采纳权利人对技术特征 A 的限制解释,并由此宣告包含技术特征 A 的权利要求 X 无效。在涉及包含该技术特征 A 的权利要求 Y 的侵权诉讼中,如果地方人民法

---

① 相反判例参见优他公司与万高公司等专利侵权案,最高人民法院民事判决书〔2010〕民提字第158 号("权利人在授权确权程序中的意见陈述可导致禁止反悔原则的适用")。

院又以专利权人在专利无效程序中对该技术特征 A 的限缩性陈述为基础解释权利要求 Y,并由此判定被告不侵权。故而对于同一技术特征的解释,上述司法解释容易导致双重标准,这对专利权保护有失公允,又缺乏司法一致性。

在专利无效程序中的限缩性陈述之所以不应适用类似"专利审查档案禁止反悔规则",最根本的原因在于专利审查程序和专利无效宣告程序迥然不同,专利权人的义务也就不同。专利审查程序是一个单方程序(ex parte),专利审查员获取信息的途径严格受限。在美国专利法下,发明人及任何实质性介入专利申请的人都对美国专利商标局负有诚实信用的义务,必须披露所有对专利申请审查具有实质影响的信息。[①] 为迫使申请人披露信息,专利法还允许审查员对专利申请中的权利要求作"最大合理范围的解释"(broadest reasonable interpretation)。[②] 如果权利申请人不按照要求披露,可能构成不正当行为(inequitable conduct),导致已授权专利失效。可见,专利审查员除了自己独立调查和审查外,他有权信赖专利申请人的陈述,因为法律为节约行政审查资源,提高专利审查效率,规定专利申请人诚实披露的义务。

不同于专利审查程序,专利无效宣告程序是一个双方对抗式程序(inter parte),当事人没有诚实披露的义务,特别是没有义务披露对自己有害的信息。对抗性的法律程序本身是发现事实的引擎。双方当事人于此程序中应充分行使诉权,对自己主张的事实进行举证,作对自己最有利的法律辩论。而且,不同于审查员,专利无效程序中的裁判者没有权力偏信任何一方。裁判者不得以当事人应该履行诚实信用为由,将自己的判断完全建立在一方当事人提出的证据、法律论证和陈述之上。就权利要求解释,他们不能如同审查员一样,对权利要求作"最大合理范围解释",也不应被专利权人所主张的限缩性解释所左右。相反,他必须依照权利要求解释的法律规则,听取争议双方的论证,进行独立判断,对权利要求作出正确的解释。由于缺乏"专利审查档案禁止反悔规则"的法律基础——诚实信用义务,对专利无效程序中的限缩性陈述也就不应该适用类似的禁止反悔规则。

---

① See 37 C. F. R. §1.56 (a)

② See In re Am. Acad. of Sci. Tech. Ctr., 367 F. 3d 1359, 1364 (Fed. Cir. 2004) (The Patent and Trademark Office determines the scope of claims in patent applications not solely on the basis of the claim language, but upon giving claims their *broadest reasonable construction* in light of the specification as it would be interpreted by one of ordinary skill in the art).

第三节　外观设计专利侵权

外观设计专利没有权利要求,其保护范围"以表示在图片或者照片中的该产品的外观设计为准,简要说明可以用于解释图片或者照片所表示的该产品的外观设计"①。本质上,外观设计专利的保护范围遵循中心限定原则而不是周边限定原则。其侵权认定以及现有设计抗辩不同于发明专利和实用新型专利。

一、外观设计专利侵权

外观设计专利侵权无所谓"字面侵权",也无所谓"等同侵权"。《最高人民法院关于审理侵犯专利权纠纷案件应用法律若干问题的解释》(2009)第八条认为,应该按照以下方式判断是否构成侵权:"在与外观设计专利产品相同或者相近种类产品上,采用与授权外观设计相同或者近似的外观设计的,人民法院应当认定被诉侵权设计落入专利法第五十九条第 2 款规定的外观设计专利权的保护范围。"相应地,外观设计专利侵权可以分为"相同设计侵权"和"近似设计侵权",前者为"抄袭",而后者为"模仿"。

（一）侵权判断的主体

外观设计专利侵权判定的主体是"一般消费者"。根据《最高人民法院关于审理侵犯专利权纠纷案件应用法律若干问题的解释》(2009)第十条,判断外观设计是否相同或者近似,人民法院应当依据外观设计专利产品的"一般消费者"的知识水平和认知能力。最高人民法院明确表示,《专利审查指南》对"一般消费者"的界定"合理可行"。② 在《专利审查指南》(2010)中,"一般消费者"具有以下的知识水平和认知能力:(1)对涉案专利申请日之前相同种类或者相近种类产品的外观设计及其常用设计手法具有常识性的了解。常用设计手法包括设计的转用、拼合、替换等类型。据此,对于汽车,其一般消费者应当对市场上销售的汽车以及诸如大众媒体中常见的汽车广告中所披露的信息等有所了解。(2)对外观设计产品之间在形状、图案以及色彩上的区别具有一定的分辨力,但不会注意到产品的形状、图案以及色彩的微小变化。所谓"常识性的了解"是指

---

① 《中华人民共和国专利法》(2008)第五十九条第 2 款。

② 国家知识产权局专利复审委员会、浙江今飞机械集团有限公司与浙江万丰摩轮有限公司专利无效行政纠纷案,最高人民法院行政判决书〔2010〕行提字第 5 号。

通晓相关产品的外观设计状况而不具备设计的能力,但并非局限于基础性、简单性的了解。[①]

从字面来说,"一般消费者"是一个不恰当的称谓。"一般消费者"的概念强调"购买"行为,而"购买"行为是商标法和反不正当竞争法所关注的对象,制度设计力图防止消费者混淆商品来源,市场竞争者不正当利用他人经营积累的竞争优势。但是,外观设计专利制度却应当关注"使用"。实际上,用户通过实际使用产品,才能享受产品外观设计的审美价值,而此审美价值才是外观设计制度所予以保护的,也才是驱动购买行为的动力。为此,外观设计判断主体的标准只应立足于"使用者"。《欧盟外观设计条例》(Council Regulation (EC) No 6/2002 of 12 December 2001 on Community Designs)认为,外观设计的判断主体是"知情使用人"(Informed user)。这一法律概念较"一般消费者"更为恰当。我国实务中,也有意废弃"一般消费者"的称谓。例如,《北京市高级人民法院关于审理外观设计专利案件的若干指导意见》(试行)第十六条已经直接规定:"一般消费者是指该外观设计专利同类产品或者类似产品物理效用的享用者",已经变换了"消费者"的概念。

从实质来看,"一般消费者"的上述定义具有内在的不确定性,甚至分裂性。对于特定产品,"一般消费者"并不是单一的人群。具体界定一般消费者的知识水平和认知能力时,须要针对具体的外观设计产品,考虑该外观设计产品的同类和相近类产品的购买者和使用者群体。然而,不同购买者和使用者群,因其内在属性,其知识水平和认知能力存在差别和冲突。例如,在 2005 年陈剑跃诉专利复审委员会及第三人宁波燎原灯具股份有限公司路灯外观设计专利权无效案中,[②]一般消费者包括路灯产品的购买、安装以及维护人员和行人等细分群体;在国家知识产权局专利复审委员会、浙江今飞机械集团有限公司与浙江万丰摩轮有限公司专利无效行政纠纷案中,一般消费者包括"组装商、维修商、一般购买者、使用者"等细分群体。然而,我国司法实践尚未对此给予正面回答。[③]

可以通过借鉴商标法的"相关公众"的主体制度,解决"一般消费者"涵盖的

---

① 本田科研工业株式会社诉专利复审委员会及石家庄双环汽车灌粉有限公司,最高人民法院行政判决书〔2010〕行提字第 3 号。

② 北京市第一中级人民法院行政判决书〔2005〕一中行初字第 455 号;北京市高级人民法院行政判决书〔2005〕高行终字第 442 号。

③ 国家知识产权局专利复审委员会、浙江今飞机械集团有限公司与浙江万丰摩轮有限公司专利无效行政纠纷案,最高人民法院行政判决书〔2010〕行提字第 5 号。

多个细分消费者群知识水平和认知能力不一的法律问题。在商标案中,"相关公众"常常不是单一人群。例如,汽车的相关公众包括批发商、零售商、终端消费者、维修行等等。"相关公众"在具体案件的细分并未导致商标法适用的法律问题。原因在于,只要其中某一相关公众的细分群可能混淆原被商标,都可以构成侵权。类似的,外观设计专利制度中,只要某一细分消费者群可能认为构成相同近似,无论是专利无效过程中涉诉产品外观设计与对比文件之间,还是侵权诉讼中侵权产品外观与涉诉专利外观设计之间,法律上都应作出相应认定。为此,唯一需要解决的法律问题是,判断外观设计专利侵权时,应该选择若干细分消费者群之中知识水平和认知能力最差的,还是最好的。

这一法律抉择取决于我国外观设计专利制度的政策。第三次《专利法》修订业已明确,授予专利权的外观设计不仅需要具有新颖性,而且与现有设计或者现有设计特征的组合相比,应当具有"明显区别性"。这一法律要求实际上等同于发明专利的"创造性"要求。而且,现行《专利法》第六十一条还规定:"人民法院或者管理专利工作的部门可以要求专利权人或者利害关系人出具由国务院专利行政部门对相关实用新型或者外观设计进行检索、分析和评价后作出的专利权评价报告,作为审理、处理专利侵权纠纷的证据"。这些法律规定都表明,立法者认为,外观设计专利的授权和保护应该从严。所以,如果具体外观设计专利案中,一般消费者具体可以多个细分的消费者群体,可以考虑以知识水平和认知能力最低的细分群为标准,具体认定"一般消费者"的知识水平和认知能力。

(二) 产品相同或近似

我国外观设计专利制度保护"产品的外观设计"。只有把相同或近似外观设计用于外观设计专利指定的相同或近似种类产品之上,才可能构成侵权。根据《最高人民法院关于审理侵犯专利权纠纷案件应用法律若干问题的解释》(2009)第九条,判断被控设计是否用于"相同或近似种类的产品",应当根据外观设计产品的"用途";为确定产品的用途,"可以参考外观设计的简要说明、国际外观设计分类表、产品的功能以及产品销售、实际使用的情况等因素"。[①]

外观设计专利制度中的"相同或近似种类的产品"不同于商标制度中的"类似商品"。根据《最高人民法院关于审理商标民事纠纷案件适用法律若干问题的解释》第十一条,"类似商品"是指在功能、用途、生产部门、销售渠道、消费对

---

① 　同时参见《专利审查指南》(2010)第 399 - 400 页。

象等方面相同,或者相关公众一般认为其存在特定联系、容易造成混淆的商品。"相同或近似种类产品"的判断以产品"用途"为准,其他都是参考因素。而且,"相同或近似种类产品"的判断并不要求以一般消费者"混淆"为要件。之所以如此,原因在于,外观设计专利制度并不是为了规制市场仿冒的不正当竞争行为,而是为了激励产品外观设计创新,其价值在于"使用"而不在于识别商品来源。

（三）设计相同或近似

要构成外观设计专利侵权,被诉侵权设计须与专利设计相同或近似。根据《最高人民法院关于审理侵犯专利权纠纷案件应用法律若干问题的解释》(2009)第十一条第1款,人民法院认定外观设计是否相同或者近似时,应当根据授权外观设计、被诉侵权设计的设计特征,以外观设计的整体视觉效果进行综合判断。被诉侵权设计的设计特征是指被诉侵权设计的设计要素或者其结合,如设计的形状、图案、色彩要素或者其结合,或者被诉侵权设计的某组成部分,如整体外观设计产品中的零部件的设计。[①] 是否构成相同或者近似设计,应该采用"整体观察,综合判断"的方法。[②] 所谓"整体",包括产品可视部分的全部设计特征,而非特定部分;所谓"综合",是指对能够影响产品外观设计整体视觉效果的所有因素的综合。[③] 当被诉侵权设计与专利设计"整体视觉效果"无差异,则构成相同设计侵权;当两者"整体视觉效果"无实质性差异,则构成近似设计侵权。[④] 第十一条第1款的这一规定似乎表明,外观设计专利侵权与发明专利侵权判定类似,都是将被诉侵权产品与专利技术(设计)进行比对(以下简称"双向比较侵权检验法")。

第十一条第1款的法律规则在整体上过于概括和粗糙,难以适用。第十一条第2款对外观设计专利侵权进一步细化,特别规定:授权外观设计区别于现有设计的设计特征相对于授权外观设计的其他设计特征,对整体视觉效果应该更具影响力。[⑤] 这一规定看上去不显眼,但实际上树立了外观设计专利侵权判定的基本方法,可比于2008年美国联邦巡回上诉法院 Egyptian Goddesss v. Swisa 案全席判决所确立的"普通观察者检验法"。[⑥] 如果仅仅比对被诉侵权设

---

① 参见《专利审查指南》(2010)第404页。

② 参见《专利审查指南》(2010)第401页。

③ 本田科研工业株式会社诉专利复审委员会及石家庄双环汽车灌粉有限公司,最高人民法院行政判决书〔2010〕行提字第3号。

④ 《最高人民法院关于审理侵犯专利权纠纷案件应用法律若干问题的解释》(2009)第十一条第3款。

⑤ 《最高人民法院关于审理侵犯专利权纠纷案件应用法律若干问题的解释》(2009)第十一条第2款。

⑥ 543 F. 3d 665 (Fed. Cir. 2008) (en banc).

计和专利设计,此种区别特征事实上未必对整体视觉更具有影响力。相对于专利设计的其他技术特征,区别特征未必居于产品正常使用状态时的视觉中心,未必占据更大的视觉区域,未必更醒目。第十一条第 2 款其实建立的是一个"法律事实",即专利设计中区别于现有设计的设计特征更能影响其整体视觉效果。它要求一般消费者以"现有设计"为背景,观察被诉侵权设计和专利设计,并将专利设计中的现有设计特征从专利保护范围予以去除,只观察专利设计区别于现有设计的设计特征。这是一种"三向比较检验法"(被诉侵权设计、专利设计和现有设计三者比较),区别于发明专利和实用新型专利的"双向比较检验法"(被诉侵权产品与专利技术二者之间的比较)。尽管权利人应当承担专利侵权的举证责任,这一规则要求被告提供对自己有利的现有设计,以便消减被诉侵权设计与专利设计之间的相同和近似。但是,现有设计并没有用于否定外观设计专利的效力,而是用于"整体观察,综合判断"的侵权判定。①

值得注意的是,第十一条第 2 款的上述法律规则并没有对被告所提出的现有设计进行任何限制。如前所述,"一般消费者"的知识水平和认知能力受到限制,他对涉案专利申请日之前相同种类或者相近种类产品的外观设计及其常用设计手法具有"常识性的了解"。然而,被告所提出的现有设计很可能超出其"常识性的了解"。可见,第十一条第 2 款规定的"三向比较侵权检验法"与第十一条第 1 款所示的"双向比较侵权检验法"不同。相比于后者,前者允许一般消费者具有更加广阔的知识水平和认知能力。

此外,《最高人民法院关于审理侵犯专利权纠纷案件应用法律若干问题的解释》(2009)第十一条还规定,产品正常使用时容易被直接观察到的部位相对于其他部位,对整体视觉效果更具有影响力。② 相应地,对整体视觉效果不产生影响的产品的材料、内部结构等特征,在侵权判断中应当不予考虑。③ 此外,判断被诉侵权设计是否与专利设计相同或者近似,还应当不考虑"主要由技术功能决定的设计特征"。④

二、现有设计抗辩

针对外观设计专利,《专利法》(2008)第六十二条规定了"现有设计抗辩":

---

① See Egyptian Goddesss v. Swisa, 543 F. 3d 665 (Fed. Cir. 2008)(en banc).

② 《最高人民法院关于审理侵犯专利权纠纷案件应用法律若干问题的解释》(2009)第十一条第 2 款。

③④ 《最高人民法院关于审理侵犯专利权纠纷案件应用法律若干问题的解释》(2009)第十一条第 1 款。

"在专利侵权纠纷中，被控侵权人有证据证明其实施的……设计属于现有技术或者现有设计的，不构成侵犯专利权。"《最高人民法院关于审理侵犯专利权纠纷案件应用法律若干问题的解释》(2009)第十四条第 2 款进一步规定："被诉侵权设计与一个现有设计相同或者无实质性差异的，人民法院应当认定被诉侵权人实施的设计属于专利法第六十二条规定的现有设计。"

但是，现有设计抗辩并不意味着被诉侵权设计与一项现有设计的双向比较。在"普利司通株式会社与浙江杭廷顿公牛橡胶有限公司等侵犯专利权纠纷提审案"①中，最高人民法院指出，判断被控侵权人的现有设计抗辩是否成立，当然首先应将被控侵权产品的设计与一项现有设计相对比，确定两者是否相同或者无实质性差异。如果被控侵权产品的设计与一个现有设计"相同"，则可以直接确定被控侵权人所实施的设计属于现有设计，不落入涉案外观设计专利保护范围。但是，如果被控侵权产品的设计与现有设计"并非相同"，则应进一步判断两者是否无实质性差异。此时，应当"以现有设计为坐标，将被控侵权产品设计、现有设计和外观设计专利三者分别进行对比，然后作出综合判断"。最高人民法院认为，实质性差异的判断是相对的，如果仅仅简单地进行被控侵权产品设计与现有设计的两者对比，可能会忽视两者之间的差异以及这些差异对两者整体视觉效果的影响，从而导致错误判断，出现被控侵权产品设计与现有设计和外观设计专利三者都相近似的情况。最高人民法院认为，在被控侵权产品设计与现有设计并非相同的情况下，"既要注意被控侵权产品设计与现有设计的异同以及对整体视觉效果的影响，又要注意外观设计专利与现有设计的区别及其对整体视觉效果的影响力，考虑被控侵权产品的设计是否利用了外观设计专利与现有设计的区别点，在此基础上对被控侵权产品设计与现有设计是否无实质性差异作出判断"。最高人民法院最终裁判，被控侵权产品的设计与现有设计并不相同的情况下，仅对两者进行对比即作出现有设计抗辩成立的结论，属于法律适用错误。

不难发现，最高人民法院认为，通常情况下，现有设计抗辩也应遵循外观设计侵权判定所采用的"三向"比较检验法。其实，"三向比较侵权检验法"已经涵括了现有设计抗辩。"三向比较侵权检验法"并没有对被告提出的现有设计进行限制，而现有设计抗辩反而要求被告所提出的现有设计与被诉侵权设计具有相对紧密的关系。

---

①　最高人民法院民事判决书〔2010〕民提字第 189 号。

现有设计抗辩与外观设计专利权评价报告制度之间,存在潜在的冲突。《专利法》(2008)第六十一条规定,专利侵权纠纷涉及外观设计专利的,人民法院或者管理专利工作的部门可以要求专利权人或者利害关系人出具由国务院专利行政部门对相关外观设计进行检索、分析和评价后作出的专利权评价报告,作为审理、处理专利侵权纠纷的证据。如本章第一节"现有设计抗辩"部分所述,专利局出具"专利权评价报告"实际等于对相关外观设计专利进行实质审查。这一制度主要目的是帮助人民法院和管理专利工作部门决定是否中止相关法律程序。然而,这一制度建立的基础是,处理外观设计专利侵权的人民法院因为职权限制,不得依照现有设计判断是否成立外观设计专利侵权。然而,无论是现有设计抗辩,还是"三向比较侵权检验法",都准许人民法院以现有设计为背景,考察是否构成外观设计专利侵权。外观设计专利权评价报告制度因此显得有点多余。

第四节　专利共同侵权

将共同侵权制度引入专利法,具有正当性:可以给予专利权有效的保护。发明专利和实用新型专利的字面侵权,以及外观设计专利侵权规则,都是针对单人独自实施侵权行为的情况。它们时常不足以给予专利权有效的保护。侵权行为实施人有时并不是真正应该承担责任的主体,有时对其发动诉讼没有现实可行性。例如,某人引诱他人侵犯专利权时,侵权行为人可能数目众多,分别起诉行为人不仅成本高昂,难以有效遏制侵权行为,而且他们还未必具有赔偿侵权损失的能力。

然而,共同侵权制度绝对地适用于专利侵权,却可能直接威胁专利制度的健康运行。专利权虽然属于民事权利,但是专利制度依照功利主义而设,服务于专利法激励创新,以促进市场竞争为宗旨。特别地,专利保护范围具有公示性。专利的保护范围根据权利要求记载的全部技术特征或者外观设计专利图片或照片所示产品外观设计为准。市场竞争者可依据专利权公示范围,采用绕开设计(design around),合法地规避侵权。这正是专利制度的重要目的,鼓励非专利产品与专利产品之间的竞争。[①] 然而,共同侵权制度意味着共同侵权人的行为即便没有落入专利的保护范围(例如,行为人只是实施权利要求的部分

---

① State Indus. Inc. v. A.O. Smith Corp., 751 F.2d 1226, 1236 (Fed. Cir. 1985)

技术特征),其行为也可依照共同侵权制度而承担法律责任。共同侵权制度扩大了专利的保护范围应配置相应的侵权警示机制。当今市场经济,你中有我,我中有你,市场经济运行依赖于广泛而深入的"分工合作"。如果不清晰界定共同侵权责任的范围,会使得市场主体对侵权与否有明确的法律预期,共同侵权制度给予自由商贸活动增加的成本可能超过其给专利权人带来的利益,威胁依照功利主义建构的专利制度的内部平衡。

共同侵权制度引入专利法,就应当带上枷锁跳舞,服务于专利制度基于功利主义的制度设计。并不是越强的专利保护越有利于社会整体利益。为此,传统共同侵权制度的主观过错和侵权行为两方面,必须与专利保护范围——权利要求的全部技术特征——建立合理的法律联系,才能有利于专利制度的健康运行,而不至于成为吞噬专利制度的"恶性肿瘤"。所以,专利共同侵权制度应当在有效保护专利权人利益与维护专利保护范围公示效力所代表的市场自由之间,达成利益平衡。

本书拟根据《中华人民共和国侵权责任法》(以下简称《侵权责任法》)[①]规定的民事共同侵权类型,对专利共同侵权制度进行系统讨论。我国《专利法》并没有特别规定专利共同侵权。然而,《侵权责任法》第二条明确规定该法适用于专利权。表面上看,《侵权责任法》规定的共同侵权责任都应该适用于专利共同侵权:(1) 二人以上共同实施侵权行为,造成他人损害的,应当承担连带责任;[②] (2) 教唆、帮助他人实施侵权行为的,应当与行为人承担连带责任;[③](3) 二人以上分别实施侵权行为造成同一损害,每个人的侵权行为都足以造成全部损害的,行为人承担连带责任;[④](4) 二人以上分别实施侵权行为造成同一损害,能够确定责任大小的各自承担相应的责任,难以确定责任大小的平均承担赔偿责任。[⑤] 如果将它们适用到《专利法》,第一项可以称为"多人共同实施专利侵权";由于教唆和帮助性质不尽相同,第二项更适合分成"帮助他人实施专利侵权"和"引诱他人实施专利侵权";后两项性质类似,可以统称为"无意思联络的数人实施专利侵权"。下文将对它们一一进行讨论。

---

① 《中华人民共和国侵权责任法》由第十一届全国人民代表大会常务委员会第十二次会议于2009年12月26日通过,自2010年7月1日起施行。

② 《中华人民共和国侵权责任法》(2009)第八条。

③ 《中华人民共和国侵权责任法》(2009)第九条。

④ 《中华人民共和国侵权责任法》(2009)第十一条。

⑤ 《中华人民共和国侵权责任法》(2009)第十二条。

在继续以下讨论之前,有必要说明的是,"共同侵权"(joint liability)不同于"间接侵权"(indirect liability)。"间接侵权"属于美国普通法的概念,区别于"直接侵权"(direct liability)。直接侵权要求行为人的行为单独构成专利侵权。间接侵权成立以直接侵权成立为前提条件,而且间接侵权行为人必须具有主观过错。我国司法实践曾经采用"间接侵权"的法律概念,认为"间接侵权是指行为人实施的行为并不构成直接侵犯他人专利权,但却故意诱导、怂恿、教唆别人实施他人专利,发生直接的侵权行为,行为人在主观上有诱导或唆使别人侵犯他人专利权的故意,客观上为别人直接侵权行为的发生提供了必要的条件。"①但是,经过十多年的司法实践,"间接侵权"的这个舶来品正在被放弃:②一方面,它与我国侵权法存在冲突;另一方面,共同侵权制度具有充分的解释力,比间接侵权制度更能有效地解决多人共谋的专利侵权问题。③ 我国目前采用"共同侵权",其成立并不以"直接侵权"成立为要件。

还需要注意的是,我国的共同侵权制度也不同于美国专利法下的"共同实施侵权"(joint infringemnt)。它也是一种严格责任,不过问行为人的主观过错,但要求行为人至少实施权利要求的部分技术特征。④ 然而,如后文所述,共同侵权要求主观过错,但是并不必然要求共同侵权人实施权利要求的部分技术特征。

一、无意思联络的多人专利侵权

如果多个侵权行为人之间没有意思联络,则不应根据《侵权责任法》(2009)第十一条和第十二条追究专利侵权责任。专利权不同于一般的人身权和财产权。普通民事权利以个人权利(indivdual rights)为中心,其共同侵权制度力图全面救济被侵害的个人权利。"无意思联络的数人侵权"即是为此目的而设。根据此法则,数个行为人事先既没有共同的意思联络,也没有共同过失,只是由于行为的客观联系而共同造成同一个损害结果,他们就得为共同损害承担连带责任或平均责任。

---

① 《北京市高级人民法院关于专利侵权判定若干问题的意见(试行)》(京高法发〔2001〕229号)第35条。

② 《北京市高级人民法院关于专利侵权判定若干问题的意见》(征求意见稿)(2011年4月)已经不再使用"间接侵权"的术语。

③ See Reza Dokhanchy, Cooperative infringement:I get by (infringement laws) with a little help from my friends, 26 Berkeley Technology Law Journal 135 (2011).

④ See BMC Resources, Inc. v. Paymentech, L. P. , 498 F. 3d 1373, 1381 (Fed. Cir. 2007).

　　然而,专利制度是为社会公共利益而创设,建构于功利主义的基础之上。专利保护最终目的是社会公共利益最大化,而不是专利权个人利益最大化。"无意思联络的数人侵权"难以适用于专利侵权。多个无意思联络的独立市场主体同时侵权同一个专利权,并不是罕见的事情。它们的行为各自构成专利侵权,其侵权行为加总起来,可能切实损害专利权人的市场份额和收益或者许可收入。但是,必须注意到,专利保护范围具有内在的不确定性,专利侵权属于严格责任。对于发明和实用新型专利而言,所谓"实施侵权行为"即要求构成字面侵权或者等同侵权;对于外观设计专利而言,即要求相同或近似产品上使用相同或近似设计。侵权行为人是否具备主观过错,在所不论。而且,授权专利的效力并不恒定,时常被宣告无效;专利保护范围并非精确界定,权利要求解释和相同近似设计认定都受制于裁判者的不同主观认识。行为人往往试图绕开专利,自己也认为绕开了,但是事后却可能被人民法院根据权利要求解释或等同原则认定构成侵权。如依照《侵权责任法》第十一条要求他们对专利权人遭受侵权的总体损害承担连带责任,依照该法第十二条要求他们对专利权人遭受侵权的总体损害平均承担,则多为不妥。虽然这样可以确保专利权人的损害得到充分救济,但是,这样将导致过度遏制。须知,专利法本身鼓励绕开设计,促进市场竞争。过度遏制伴随严重的消费者利益沉没。为此,专利法应该严格遵守个人责任,即个人为自己的行为负责。既然各个行为人没有意思联络,各自行为又都分别构成专利侵权,就应该要求专利权人对各个行为主体主张损害赔偿,证明各个行为主体与其遭受侵权赔偿的因果关系,而不是简单地套用无意思联络的数人侵权的民法制度。

二、多人共同实施专利侵权

　　"共同实施侵权"是指"二人以上共同实施侵权行为,造成他人损害"。共同行为人因此应当承担连带责任。[①] 根据《北京市高级人民法院关于专利侵权判定若干问题的意见》(征求意见稿),"两个以上行为人相互分工协作,共同完成实施他人专利产品或者专利方法",属于"共同实施专利侵权行为"。[②]

　　共同实施专利侵权行为意味着各个共同侵权行为人都应是专利法意义上的"行为人",其行为应当针对权利要求的部分技术特征(或者外观设计产品的

---

① 《中华人民共和国侵权责任法》(2009)第八条。
② 《北京市高级人民法院关于专利侵权判定若干问题的意见》(征求意见稿)(2011 年 4 月)第 112 条。

设计特征)。如果单一行为人的行为已经实施所有技术特征(等同技术特征),他人只是为其提供额外的条件(比如,为销售侵权产品提供仓储,将侵权产品作为零部件生产另一产品并出售),虽然也构成共同侵权,①但是却是基于普通的民事法律规则,并不涉及专利法的特殊问题,故不属于本书所讨论的范围。为此,对于组合发明而言,"分工协作"的多个行为人应分别生产各个组成部件(因而各自不构成侵权),然后组合成最终产品,或者使第三人组成最终产品,从而实现侵权目的。对于方法专利而言,"分工协作"应意味着各自行为人实施方法专利的部分步骤,但是,其加总起来却实施了全部专利方法步骤。

这使得共同实施专利侵权行为区别于后文将要讨论的帮助侵权和引诱侵权。后两种侵权类型中,帮助人和引诱人本身并不实际地实施权利要求的特定技术特征,其帮助或引诱的对象才是专利侵权的直接行为人。

对于共同实施专利侵权而言,最重要的是明确界定共同侵权行为人的行为连结方式和意思连结方式。以方法专利为例,其权利要求通常包含多个步骤。假设多个行为主体拆分方法权利要求的全部步骤,各自只实施部分步骤,以避免构成字面侵权。共同实施侵权判定需要回答以下的基本法律问题:多个行为主体分别实施方法权利要求的部分步骤,在何种情况下,他们构成专利侵权并须要共同承担法律责任? 对此,无论是《侵权责任法》的"共同实施",还是《北京市高级人民法院关于专利侵权判定若干问题的意见》(征求意见稿)的"分工协作",都显得粗糙而模糊。

依照行为主体在共同实施侵权过程中的分工协作方式,可以将共同实施专利侵权划分为两种情况:"单方主导型"和"多方共谋型"。以下分别讨论。

(一) 单方主导型

"单方主导型"是指共同实施专利侵权的一方行为人居于主导地位,与其他行为人之间存在代理与被代理的关系,或者因为两者存在紧密的协议关系,以至于次要行为人的行为可以归因于主导行为人。可见,单方主导即意味着次要行为人没有意志和行为自由,成为主导方实施权利要求部分技术特征的工具。

比如,在涉及网络文件传输的方法专利纠纷中,运营商往往给用户清晰的指示,要求用户完成整个专利方法的部分步骤,而自己完成余下的步骤。是否可以由此得出:网络运营商是侵权行为的"主谋",应该承担侵权责任呢? 2010 年美

①　《北京市高级人民法院关于专利侵权判定若干问题的意见》(征求意见稿)(2011 年 4 月)第 113 条。

国联邦巡回上诉法院的 Akamai Technologies，Inc. v. Limelight Networks，Inc.案给予了否定的答案。[1]

在该案中，诉争专利是一个方法发明，用于解决网站访问量多而导致文件传输不畅的技术问题。根据现有互联网技术，网站本质上是超文本文件的集合体，按照 HMTL 格式进行编辑和组织，并且具有独一无二的网络地址 URL（例如 http://www.pku.edu.cn/education/）。一个完整的网络地址包括协议（http://）、域名（www.pku.edu.cn）和路径（/education）组成。网页内置各种文件，包括图片、多媒体等等对象文件（object）。这些对象并不是以整体的方式出现在网页上，而是表现为超级链接，并具有独立的网络地址，指向其实际保存的位置。现有技术下，它们通常是在内容服务提供者同一域名下相关电脑之上。用户通过浏览器，获得网络 IP 地址后，即发出访问请求，通过内容服务提供者获取网页以及网页内置对象文件。如果网站访问量大时，网页内置文件常常出现传输障碍。

为解决这一问题，诉争专利技术特别建立"内容传输网络系统"（Content Delivery Network），设置专门的电脑，分布于特设的地理区域，由其存储并向用户提供网页内置对象文件。除了现有技术的方法步骤，专利方法要求修改内置对象的路径，以便将用户请求指向"内容传输网络系统"存储对象文件的地址。

在本案中，原被告是直接竞争者，都提供 CDN 服务。有趣的是，被告并没有实施方法专利的全部步骤。被告提供服务时，并不自行对客户网页内置对象文件的网络地址进行修改。但是，被告详细告知客户如何修改内置对象文件的网络地址，以便将用户请求指向 CDN 存储的相关文件。从整个文件传输服务来看，被告所完成的步骤加上其客户完成的步骤，包含了诉争权利要求的所有步骤。

美国联邦巡回上诉法院认为，当事人即使没有实施方法专利的全部步骤，也可以构成侵权，当且仅当他"控制或指挥"（control or direction test）整个过程以至于专利方法的每一个步骤都可以归因于他。[2] 主谋不应当豁免于法律责任，行为人不能简单地通过委托协议让他人实施方法专利的部分步骤而避免专利侵权。[3] 法院进一步认为，如果被诉侵权人和他人之间有代理关系（agency），

---

[1] 629 F.3d 1311 (Fed. Cir. 2010).

[2] See id (There is no joint infringement unless "one party exercises 'control or direction' over the entire process such that every step is attributable to the controlling party.").

[3] See id, at 1317.

或者他人因合同而有义务实施方法专利的步骤，则可以满足上述条件，构成侵权。所谓"代理关系"即意味着被代理人和代理人之间具有忠诚关系（fiduciary relationship），被代理人和代理人达成意思一致，由代理人代表自己行为并接受自己的控制。①

对于本案而言，法院认为，被告与其客户之间，没有代理关系；客户也没有合同义务，实施方法专利中修改内置对象文件 URL 的步骤。尽管被告告知了客户如何修改文件 URL 以便网络用户可以通过 CDN 方式获取文件，但还是由客户决定哪些文件需要通过 CDN 方式提供，并进而修改其 URL。客户并没有接受被告的控制，也没有合同义务实施 URL 修改步骤。所以，法院认为，不能因为被告告知其客户实施专利方法的某些步骤，就得出其客户的行为可以归因于被告，得出被告与其客户共同实施侵权。

法院之所以采取如此严格的法律标准，拒绝给予专利权人救济，根本的目的在于，维持专利权利要求的公示作用。专利权人是权利要求的撰写人，其应该预见到其专利技术的侵权使用方式，并使用恰当的语言撰写权利要求，对其加以覆盖。专利权一旦授予，专利保护范围即确定。竞争者有权信赖权利要求公示的保护范围，绕开其权利要求。

（二）多方共谋型

"多方共谋型"是指多人共谋，通过分工协作共同实施权利要求的全部技术特征，从而侵权专利权。为此，行为人共谋时应该明知特定专利，并根据专利权利要求的技术特征进行分工协作，实现侵权目的。如果多人通过协议进行分工合作时并不知道特定的专利权，也没有侵犯它获利的主观意图，即便其行为加总的效果客观上实施了权利要求的所有技术特征（包括等同技术特征），也不应认定为共同实施专利侵权。专利的保护范围通过权利要求和外观设计专利图片或照片公示。如果仅根据多个行为人行为加总效果判定共同侵权，不探查行为人是否知道特定的专利，专利公示的保护范围将不能为社会公众提供合理的预期。而且，现代市场经济中的市场主体分工合作紧密，过低的主观过错要求将使得市场主体动辄得咎，无法预见自己行为的法律后果。

其实，后文将讨论的帮助实施侵权和引诱实施侵权都要求帮助人和引诱人明确知道特定的专利，并且知道所帮助或引诱的行为将侵犯该专利。对于共同侵权而言，共同实施侵权、帮助实施侵权和引诱实施侵权，并没有本质差别，应

---

① See id. See also Restatement (Second) of Agency § 220.

对三者实行同样的主观过错标准。为此,"多方共谋型"共同实施侵权要求行为人共谋时知道特定专利,并且意图通过分工协作实施专利权利要求的技术特征,非法获得利益。

三、帮助他人实施专利侵权

《侵权责任法》(2009)第九条规定,"帮助他人实施侵权行为的,应当与行为人承担连带责任"。因此,帮助侵权要求他人实施的行为构成"侵权行为"。在专利法的语境下,这意味着他人的行为让发明创造得以运行起效,即满足字面侵权或等同侵权的条件,或者满足侵犯外观设计专利的条件,该他人行为是否属于专利侵权行为不予追究或者不视为专利侵权的情况,在所不论。[①] 原因很简单,虽然该他人行为"单个地"发生对专利权人利益影响未达到实质性程度,但是,帮助他人实施侵权行为者使此类行为"规模化地"发生,会直接影响权利人的正当利益。如果专利权可以如此简单的被绕开,专利制度无法保证给予创新者足够的激励。

帮助他人实施专利侵权行为同时意味着帮助人并不实际实施专利侵权。其行为具有帮助的作用,但是不指向权利要求的技术特征。否则,帮助他人实施专利侵权就不能与上述共同实施专利侵权区分。

《侵权责任法》(2009)第九条所谓"帮助",只是明确了帮助人的行为对他人实施侵权行为的客观作用。显然,并不是所有对侵权行为具有帮助性的行为都构成帮助侵权。只有为实施侵权行为提供必要的帮助,才构成帮助他人实施专利侵权。"销售侵权专用品",构成帮助他人实施专利侵权。例如,《美国专利法》第271条c款对专利帮助侵权的规定更为明确。任何人具备下列条件,构成帮助侵权:行为人在美国境内许诺销售或销售,或者向美国进口专利机器、专利产品或专利组装物的部件,或者专利组合物的成分,或者实施专利方法的原材料或器具,其构成发明创造的实质部分,并且行为人知道其为侵犯上述专利的使用行为而特别制造或者特别改变,且其不属于通常商品、具有实质性的非

[①] 《北京市高级人民法院关于专利侵权判定若干问题的意见》(征求意见稿)(2011年4月)第115条:"发生下列依法对该专利侵权行为不予追究或者不视为专利侵权的情况,也可以直接追究制造、销售实施他人专利产品的专用部件,或者方法专利的中间产品的行为人的侵权责任:(1)该行为属于专利法第69条所述的不视为专利侵权的行为;(2)该行为属于个人非营利目的的制造、使用专利产品或者使用专利方法的行为。"

同时参见,《北京市高级人民法院关于专利侵权判定若干问题的意见(试行)》(京高法发〔2001〕229号)第79条。此规定和上述规定几乎完全相同。

侵权用途。① 我国司法实践也采类似的做法。②

　　然而，引起争议的是，销售人是否应当知道所谓"专用品"（non-staple article)所用于的特定专利？还是说只要事后发现侵犯某一专利（比如收到侵权起诉状），专用品销售人也可以构成帮助实施专利侵权？我国司法实践中，法官常通过各种途径证实行为人知道销售的专用品将被用于侵犯特定的专利。为此，人民法院诉诸被告的产品说明书，③对产品的宣传，④原告发给被告的专利文献和警告函等。⑤ 但是，也有人民法院通过认定专用品，直接推定被告知道专用品将用于侵犯特定的专利产品或方法。⑥ 司法实践对此并没有形成共识。

　　但是1964年在 Aro Mfg. Co. v. Convertible Top Replacement Co 案中，美国联邦最高法院以五对四的多数意见认为，《美国专利法》第271条c款要求行为人知道使用专用品的产品已经受到专利保护并将被侵犯。⑦ 换言之，此条要求行为人知道买受人购买专用品将侵犯特定的专利。

　　之所以帮助实施专利侵权有如此严格主观过错要求，目的还是维护专利保护范围的公示效力，借助严格的主观过错条件，为公众树立明确的帮助侵权行为界限，降低防范帮助专利侵权的社会成本。"专用品"本身并没有申请专利，也就本身不应享受专利保护。制造、销售、进口专用品的行为本身并不当然侵

---

① See 36 USC 271 (c) ("Whoever offers to sell or sells within the United States or imports into the United States a component of a patented machine, manufacture, combination, or composition, or a material or apparatus for use in practicing a patented process, constituting a material part of the invention, knowing the same to be especially made or especially adapted for use in an infringement of such patent, and not a staple article or commodity of commerce suitable for substantial noninfringing use, shall be liable as a contributory infringer.")

② 《北京市高级人民法院关于专利侵权判定若干问题的意见》（征求意见稿）(2011年4月）第114条规定："对于一项产品专利而言，一行为人向另一行为人提供、出售或者进口专门用于制造该专利产品的原料或者零部件；对一项方法专利而言，一行为人向另一行为人提供、出售或者进口专门用于该专利方法的材料、器件或者专用设备的，上述行为人构成共同侵权。"所谓"专用品"是指仅可用于实施他人产品的关键部件，或者方法专利的中间产品，构成实施他人专利技术（产品或方法）的一部分，并无其他用途。

③ 吕学忠、萧朝兴诉上海航空测控技术研究所、上海长江服装机械厂，上海市第一中级人民法院〔2003〕沪一中民五(知)初字第212号。

④ 诺瓦提斯公司诉重庆新原兴药业有限公司，重庆市第一人民法院〔2008〕渝一中民初字第133号。

⑤ 广州金鹏实业有限公司诉杨士英，陕西省西安市中级人民法院〔2006〕西民四初字第019号。

⑥ 兰州铁路局科学技术研究所诉北京跃特环保设备厂，北京市第一中级人民法院〔1998〕一中知初字第47号。

⑦ See Aro Mfg. Co. v. Convertible Top Replacement Co., 377 U. S. 476(1964). 2011年，在Global-Tech v. SEB 案中，美国联邦最高院通过八比一多数判决，再次肯定了此判例的效力. 参见Global-Tech Appliances, Inc. v. SEB S. A., No. 10-6, 2011 WL 2119109 (May 31, 2011), available at: www. supremecourt. gov/opinions/10pdf/10-6. pdf

犯使用专用品的专利产品或专利方法。专利权人已经可以起诉直接实施侵权行为人而获得救济。而且,专利权人可以通过通知专用品销售人相关情况,使其明知专用品将用于侵犯自己的专利,从而遏制进一步的销售。可见,严格的主观条件要求并不会实质性地削弱帮助侵权规则对专利保护的效力。降低主观过错条件将导致过度遏制。

如果行为人销售"非专用品",将难以构成帮助专利侵权。对于具有实质性非侵权用途的商品而言,当销售人有特定的意图和特定行为(specific intent and action to induce infringement)引诱他人实施专利侵权时,[①]他方可能构成下一部分所要讨论的引诱他人实施专利侵权。不能因为被告知道某些购买者可能将"非专用品"(staple article)用于专利侵权,就简单推定被告有意引诱他人实施专利侵权。

四、引诱他人实施专利侵权

《侵权责任法》(2009)第九条规定:"教唆……他人实施侵权行为的,应当与行为人承担连带责任"。司法实践将"教唆"理解为"诱导、怂恿、教唆"。[②] 然而,学理更倾向使用"引诱专利侵权"(inducement infringement)。可能原因在于,"教唆"一词为我国刑法共同犯罪制度和理论广泛被采用。"教唆犯"含有他人产生犯罪意图的含义。但是,"引诱专利侵权"只是关注引诱行为实施人的主观状态和被引诱人的实际行为是否侵犯专利权,而并不关注被引诱人是否产生"侵犯专利权的意图"。[③]

类似于"帮助侵权",引诱侵权也意味着引诱人从事引诱行为,而被引诱人直接实施专利侵权行为。前者的行为不针对任何特定权利要求中的特定技术特征,而后者的行为落入专利保护范围之内。

《侵权责任法》所定义的"引诱侵权",最大的问题是没有明确界定引诱人的主观过错状态。该条只是规定"教唆他人实施侵权行为"。这可能有两种合理的解释:(1)引诱侵权要求引诱人应当知道其诱导的行为将侵犯特定专利,方才构成引诱他人实施专利侵权;(2)只要引诱人诱导他人行为,并且该行为客观

---

① See Warner-Lambert Co. v. Apotex Corp., 316 F. 3d 1348, 1364 (Fed. Cir. 2003).

② 《北京市高级人民法院关于专利侵权判定若干问题的意见(试行)》(京高法发〔2001〕229号)第35条。同时参见《北京市高级人民法院关于专利侵权判定若干问题的意见》(征求意见稿)(2011年4月)第111条。

③ See Warner-Lambert Co. v. Apotex Corp., 316 F. 3d 1348, 1364 (Fed. Cir. 2003).

上构成侵权,即构成引诱实施专利侵权。北京高级人民法院发布的指导性意见对此也没有予以明确。实际上,《美国专利法》第 271 条 b 款规定的引诱侵权,[①]也存在类似的法律问题。[②]

2011 年美国联邦最高法院提审 Global-Tech Appliances, Inc. v. SEB S. A 案时认为,第 271 条 b 款规定"引诱专利侵权"(inducement infringement)和同条 c 款的"帮助专利侵权"(contributory infringement)应当适用同等的主观过错标准。《美国专利法》第 271 条 b 款规定"引诱专利侵权"和同条 c 款的"帮助专利侵权",1952 年前的判例法统称为"帮助侵权"。引诱行为只是用于证明帮助的证据。[③] 此处的"帮助"包括教唆和促成之意(abeting and aiding)。美国1952 年专利法修订,将原来的帮助侵权一分为二,第 c 款专门针对销售专用品的帮助侵权,而 b 款用于涵括其他的帮助侵权。由于它们具有相同的判例法渊源,故应该适用同等的主观过错标准。

为此,根据 1964 年 Aro Mfg. Co. v. Convertible Top Replacement Co. 案,美国联邦最高法院认为,引诱人应当知道诱导的行为构成专利侵权。[④] 这一标准意味着引诱人真实地知道诱导的行为构成专利侵权。仅仅知道某一专利存在,并不意味知道特定行为侵犯该专利权。专利权并不是法律效力稳定的权利,诸多专利被宣告无效。不同人对权利要求理解可能差别很大,专利保护范围可能事先无法精确的确定。行为人可能真实地认为专利应当无效(比如,委托过律师进行法律评估),抑或认为自己的产品或方法已经成功绕开专利的保护范围。但是,事后法院裁判时才发现,这都属于错误认知。如此,并不应认定行为人知道诱导的行为构成权利侵权,[⑤]故意引诱他人侵犯特定专利权。

"知道"是一种严格的主观过错概念,与刑法对"知道"的要求类似,不同于"应知"(should have known)。如果对帮助专利侵权和引诱专利侵权的主观过错要求过低,则可能导致不合理的法律责任。19 世纪末,在 TubularRivet & Stud Co. v. O'Brien 案中,法官对专利帮助侵权过低的主观过错就进行过强烈的抨击。"某种程度上,只要侵权人吃饱了饭去侵权,就存在帮助侵权。但是,

---

① See 36 USC 271 (c) ("Whoever actively induces infringement of a patent shall be liable as an infringer".)

② See Global-Tech Appliances, Inc. v. SEB S. A., No. 10－6, 2011 WL 2119109 (May 31, 2011).

③ See Id. See also Mark Lemley, Inducing Patent Infringement, 39 U. C. D. L. Rev. 225, 227 (2005).

④ See Global-Tech Appliances, Inc. v. SEB S. A., No. 10－6, 2011 WL 2119109 (May 31, 2011).

⑤ See Mark Lemley, Inducing Patent Infringement, 39 U. C. D. L. Rev. 225, 227 (2005)

说侵权人的厨师是帮助侵权人,却难以成立。即便厨师知道主人要从事侵权行为,她也很可能不应构成侵权。此外,没有比金钱更能帮助他人。那么,借给侵权人钱,是否应该成为共同侵权人? 而且,如果没有房屋,侵权人就不可能制造侵权产品,侵犯各种专利。房主租赁房屋给侵权人,是否因此也成为共同侵权人?"①

在 Global-Tech Appliances, Inc. v. SEB S. A 案中,美国联邦最高法院认为,如果行为人"故意漠视"(willful blindness),可以满足引诱专利侵权的主观过错要求。"故意漠视"是美国刑法的概念。它是指行为人知道犯罪行为具有高度盖然性,但是故意选择回避,不采取行动。它不同于"轻率"(reckless),其行为人知道犯罪行为发生可能性比较大,但是此风险未经证实;更不同于"过失"(negligence),其行为人应当知道,但实际不知道。

具体到本案,原告发明了一种隔热良好的高性能煎锅。被告的香港子公司在美国境外购买了原告的专利产品(没有标有美国专利标记),并抄袭了所有实质性的技术特征。该香港子公司委托一个专利律师,委托他对其仿制的煎锅进行侵权风险分析,但未透露其仿制他人产品的事实。但是,该专利律师未检索到原告的专利,认为向美国销售仿制煎锅不会侵权。于是,该子公司大规模向美国多家公司出售仿制锅。权利人起诉被告构成引诱侵权,企图从根本上阻止被告在美国的销售行为。

本案中,美国联邦最高法院认为,香港子公司主观上构成"故意漠视"。法院认为,该公司曾对相关市场作出调研,知道原告产品属于创新产品,具有良好的市场销路,并且抄袭了原告产品的实质性特征。但是,公司 P 选择在美国境外购买原告出口的产品,明知此种产品不会标有美国专利。其委托专利律师进行侵权分析时,又故意隐瞒仿制原告产品的事实。可以推测得知,其委托专利律师进行侵权分析只是一个"幌子",并没有真实回避侵犯他人专利权的意图。故此,美国联邦最高法院认定,构成引诱专利侵权。

第五节　滥用专利权

我国《专利法》并没有规定"滥用专利权"。但是,我国司法实践承认"滥用专利权"。例如,北京市高级人民法院颁布实施的《专利侵权判定若干问题的意

---

① See Tubular Rivet & Stud Co. v. O'Brien, 93 F. 200, 202 - 03 (C.C.D. Mass. 1898).

见(试行)》(京高法发〔2001〕229号)(以下简称《专利侵权指导意见》)规定有"滥用专利权抗辩"。

从学理上来说,滥用专利权包括三种典型的形态:(1)行使不正当手段获得之专利权;(2)超越法定授权范围行使专利权;(3)无合理根据的专利侵权诉讼。前两种滥用行为可以构成侵权抗辩,而最后一种滥用行为以专利权人败诉为条件,是追究专利权人法律责任的根据。值得一提的是,它们与反垄断法都存在关联。以下对这三种行为进行一一阐释和分析。

一、行使不正当手段获得之专利权

《专利侵权指导意见》将"行使不当手段获得之专利权"作为侵权抗辩理由之一。其第90条规定:"被告以原告恶意获得专利权,并滥用专利权进行侵权诉讼的,应当提供相关的证据。恶意获得专利权,是指将明知不应当获得专利保护的发明创造,故意采取规避法律或者不正当手段获得了专利权,其目的在于获得不正当利益或制止他人的正当实施行为。"[①]

然而,将"恶意获得专利权"限定于"明知不应当获得专利保护的发明创造",势必引发滥用专利权抗辩与专利无效宣告程序的冲突。被告如果不经过专利无效宣告程序,如何证明原告的专利为"不应当获得专利保护的发明创造"? 如果被告依据通过法律程序宣告专利无效,又何必依据这一抗辩主张自己不构成侵权? 此时,对被告而言,唯一有意义的是,利用此规定主张原告滥用专利权,获得了不正当利益,或者不正当地侵害了自身利益,请求法院对原告进行民事制裁或者索要损害赔偿。

这一冲突可以通过将《专利侵权指导意见》第90条的法律要件锁定于"不正当手段获得之专利"。于此,可以借鉴美国专利法的"获得专利行为不正当抗辩"(inequitable conduct doctrine)(简称"不正当行为抗辩")。根据美国专利法,任何与专利申请和审查相关的个人(以下简称"利益相关人"),[②]都对美国专利商标局负有诚实信用的义务,包括向美国专利商标局披露个人已知并实质

---

① 《北京高级人民法院关于专利侵权判定若干问题的意见》(修订征求意见稿)第91条延续了2001年《北京高级人民法院关于专利侵权判定若干问题的意见》的第90条,并规定以下情形可以认定为恶意:(1)以国家标准、行业标准等技术标准申请专利并予以实施的;(2)以某一地区广为制造或使用的产品,且专利权人在有条件知晓该制造或使用的情况下申请专利并实施的。

② 这些利益相关人包括发明人、专利代理人、实质性准备并申请专利的人以及与发明人、专利受让人、有义务转让专利申请权人相关的个人。

性影响专利性评价的信息。根据美国专利商标局颁布实施的《专利法实施细则》第56条，①专利申请利益相关人应当注意以下信息：（1）外国专利局检索报告引用的现有技术；（2）专利申请人认为与在审权利要求最接近的信息。如果此类信息未曾记载于专利申请文档之中，而又满足以下条件，则对专利性评价具有"实质性"（material）影响：①该信息自身或者合并其他信息，可以初步证明权利要求不具有专利性（patentability）；②该信息与专利申请人的主张不一致，包括专利申请人认为权利要求具有专利性的主张，还包括其反驳专利局无专利性的主张。如果违反此诚实信用义务，美国法院将认定专利权人不正当地获得了专利权，拒绝支持权利人对他人的侵权主张，不给予其法律救济。值得注意的是，法院适用"不当行为抗辩"，并不需要考察涉诉专利是否符合专利授权条件，法院只关心专利申请人是否隐瞒事实，违反了对美国专利局的诚实信用义务，违背了专利制度的公共秩序和公共利益。因此，适用此法则的结果是被告豁免于侵权，涉诉专利并不因此而被宣告无效。

我国专利法已经有"不正当行为抗辩"的胚芽。《专利法》（2008）第三十六条要求发明专利申请人向专利局披露信息与美国专利商标局的《专利法实施细则》大抵相似。该条规定："发明专利的申请人请求实质审查的时候，应当提交在申请日前与其发明有关的参考资料。发明专利已经在外国提出过申请的，国务院专利行政部门可以要求申请人在指定期限内提交该国为审查其申请进行检索的资料或者审查结果的资料；无正当理由逾期不提交的，该申请即被视为撤回。"对于违反此条规定，隐瞒或者误导专利局的不正当行为，应该承担何种法律责任，我国专利法并没有明文规定。由于《专利法实施细则》第六十五条对"专利无效宣告请求的理由"具有严格限制，并未包括"不正当手段获得专利"，它不得作为宣告专利无效的理由。

然而，法律上应当承认专利申请人对专利局的诚实信用义务，以便维护专利申请和审查的公共秩序。将《专利侵权指导意见》所规定的"专利权滥用"改造为美国专利法下的"行为不当抗辩"，具有相当坚实的法律基础。首先，不当获得的权利本身存在瑕疵，其行使本身应当受到限制。其次，未规定"不当获得专利权"的法律后果，本身就是我国专利法的漏洞。我国《商标法》第四十一条第1款规定，以"欺骗手段或者其他不正当手段"获得商标注册的，由商标局撤销该注册商标；其他单位或者个人可以请求商标评审委员会裁定撤销该注册商

---

① 37 C.F.R. § 1.56.

标。然而，我国专利法却无相应规范，使得《专利法》(2008)第三十六条的效力大打折扣，不利于高效地审查专利和维护公共利益。最后，《专利侵权指导意见》第36条主要针对实用新型专利权滥用，因为实用新型专利授权无须实质审查。但是，2008年修订专利法后，如果当事人明知某一地区广为制造或使用的产品而将之申请实用新型专利，并借此打击竞争对手，根据现行专利法，被告可以根据《专利法》第六十二条主张"现有技术抗辩"，也可以向国家知识产权局专利复审委员会提出专利无效宣告请求。可见，《专利侵权指导意见》第36条的历史任务应当转为维护专利申请审查程序的诚信秩序，肯定不正当获得之专利不应当得到司法救济。

最后，行使不正当手段获得之专利，如果满足反垄断法的相关条件，应当承担相应的反垄断法律责任，不得以享有专利权而享受豁免。1965年，Walker Process Equipment, Inc. v. Food Machinery & Chemical Corp. 案中，美国联邦最高法院指出："从其本性来说，专利权就负有公共利益：一般法律原则是反对垄断，市场应该自由开放；由于专利权对社会经济的深远影响，公共利益要求专利垄断权不得经过欺诈或者其他不正当的行为获得，并且专利垄断权应当限定于法律规定的范围之内。如果专利权通过欺诈或者不正当手段获得，则专利权人不得享受反垄断法的例外。"①简而言之，利用不正当手段获得的专利进行诉讼，专利权人其实在市场竞争之外，通过非法手段谋取垄断地位。如果满足反垄断法的法律条件，此种行为须要承担法律责任，不因享有知识产权的合法排他权而豁免。

二、超越法定授权范围行使专利权

长期以来，专利权被认为是一种合法垄断权，假定专利即可带来市场支配地位。经验主义的普通法系因此认为，如果专利权人超出授权行使专利权，则构成"专利权逾行"(patent misuse)法院不应支持。基于衡平法"不洁之手"(unclean hand)的法律规则，无论被告是否属于专利权逾行的受害者，法院都不应支持权利人的侵权诉讼请求，而应拒绝给予其侵权法律救济。

1942年美国联邦最高法院在 Morton Salt Co. v. G. S. Suppiger Co.②案

---

① See Walker Process Equipment, Inc. v. Food Machinery & Chemical Corp. , 382 U. S. 172 (1965).

② 314 U. S. 488 (1942).

（以下简称"莫顿盐业公司案"）中确立了"专利权逾行"的法律原则。在该案中，莫顿盐业（Morton Salt）公司出租一种盐块加注机，它对该机器享有专利权。作为租赁此种机器的条件，它要求大约两百个承租人必须从其全资子公司购买该机器使用的盐块，但是盐块本身并不享有专利权。此种盐块具有特定的构型，方便专利机器使用。被告生产并销售侵权机器，被认定构成侵权。但是，美国联邦最高法院认为，此种情况下法院支持莫顿盐业公司的侵权诉讼请求就将违背授予专利特权的公共政策。美国宪法第 1 条 8 款授权国会"为促进科技进步，授予发明人和作者，对其发明和作品有限时间的排他权"[①]。这一公共政策禁止利用专利攫取专利局没有授予的排他权利。本案中，莫顿盐业利用自己的专利垄断（patent monopoly）限制盐块这一非专利产品的自由竞争，而这并不在专利授权范围内。由于维持和扩大此种对非专利产品的垄断在相当程度上依赖于专利权的效力，因此，如果法院支持专利权人的侵权主张等于支持权利人此种超越法定授权的行为，帮助权利人挫败专利制度的根本目的。所以，美国联邦最高法院认为，即便被告不是原告莫顿盐业滥用专利权的受害人，被告也可以专利权逾行作为侵权抗辩，法院因此不应当支持专利权人的侵权诉讼请求，包括直接侵权诉讼侵权和间接侵权诉讼请求。[②]

　　"专利权逾行"抗辩边界不清楚，过于宽泛，与美国专利间接侵权制度相冲突。为此，1952 年《美国专利法》修订，国会对其进行了限制，增加了美国专利法第 271 条 d 款（1）—（3）。[③] 该款规定：任何专利权人如果有权获得专利侵权救济或者专利帮助侵权救济，则不应当因为从事以下行为而被拒绝给予救济，或者被认定为专利权逾行，或者非法扩大专利权：（1）如果某一行为由他人未经许可从事则构成帮助侵权，他从事此类行为谋利；（2）如果某一行为由他人未经许可从事则构成帮助侵权，他许可或者授权他人从事此类行为；（3）针对侵权或者帮助侵权行为，通过司法程序行使专利权。

　　1988 年美国修改专利法，国会进一步限制专利权逾行法则，并通过 271 条

---

　　① See Article I, Section 8, Clause 8 of the United States Constitution: "To promote the Progress of Science and useful Arts, by securing for limited Times to Authors and Inventors the exclusive Right to their respective Writings and Discoveries".

　　② 根据此前的判例，如果专利许可人要求被许可人实施专利发明时使用专利权提供的材料，他就不得禁止帮助侵权人向被许可人提供类似的材料，用于类似的用途。See Motion Picture Patents Co. v. Universal Film Mfg. Co., 243 U. S. 502 (1917).

　　③ 在 1980 年 Dawson Chem. Co. v. Rohm & Haas Co. 案中，美国联邦最高法院认为，美国专利法第 271 条 d 款的作用是限制专利权逾行规则的适用。See 448 U. S. 176 (1980).

d 款(4)—(5),将这一法则限制到权利人具有市场支配地位的特殊情况之下。根据这一规定,以下行为不构成专利权逾行,法院不得以此作为拒绝专利权人侵权救济的理由:专利权人拒绝许可或者行使专利权;或专利权人许可任何专利权或出售专利产品时,要求被许可人获得另一专利的许可授权,或者购买另外一个单独的产品,除非根据个案情况,专利权人在该专利或该专利产品的相关市场上具有市场支配力。特别的,美国专利法第 271 条 d 款(5)要求"专利权人在该专利或该专利产品的相关市场上具有市场支配力",这是利用反垄断法的规范将传统上认为构成专利权误行的经典行为——"捆绑"(tying)——限制缩窄到一个非常有限的范围内。2006 年,在 Ill. Tool Works Inc. v. Indep. Ink,Inc. 案中,美国联邦最高法院明确指出,271 条 d 款(4)—(5)的目的是限制专利权逾行法则,并指出,不得由专利权推定具有市场支配地位。①

"专利权逾行"是一个不断被限制的专利侵权抗辩规则。2010 年,美国联邦巡回上诉法院在 Princo Corp. v. ITC 案中,②通过全席审判指出:专利权逾行是针对专利侵权主张的积极抗辩(affirmative defense),是一个美国国会力图限制适用范围的法律规则。只有当专利权人从事特定的行为,不法扩大专利授权的效力范围,并具有反竞争效果("impermissibly broaden[ing] the 'physical or temporal scope' of the patent grant with anticompetitive effect."),才可能构成专利权逾行(patent misuse)。要构成专利权误行,被指控的不法行为需要和被侵犯的专利权相关联(connection),也即不法行为须借助诉争专利的权利效力(leverage)来实现,否则不能构成专利权逾行,被告也就不能要求法院拒绝支持权利人的侵权救济请求。③

"专利权逾行"法则在美国受到众多批评。一种代表性的观点认为,专利权误行法则是一个不理性的法则,应该予以废除,主要有以下三大理由:其一,它对权利人的惩罚与其行为造成的损害之间没有联系;其二,它对权利人的惩罚和反垄断法律责任重合,导致过度遏制;其三,它使得与专利权逾行不相关的第三人获得"天上掉馅饼"的不当利益,以至于不当地鼓励侵权行为。④ 这些批评直接导致了美国判例法不断地限制适用此法律规则。

---

① 547 U. S. 28(2006).

② See Princo Corp. v. ITC,616 F. 3d 1318 (Fed. Cir. 2010) (en banc).

③ See Princo Corp. v. ITC,616 F. 3d 1318 (Fed. Cir. 2010) (en banc).

④ See Mark Lemley,The Economic Irrationality of the Patent Misuse Doctrine,78 Cal. L. Rev. 1599 (1990).

最后,值得一提的是,专利权逾行是独立的侵权抗辩,与专利权人是否应当承担反垄断法律责任没有直接关系。在 Princo Corp. v. ITC 案中,飞利浦公司基于 337 条款,主张台湾地区巨擘公司侵犯专利权。巨擘抗辩飞利浦专利权逾行(patent misuse),主张飞利浦许可的专利池中包含有来自索尼公司的非核心专利(non-essential patent),不是实施"橙色版"(Orange Book)CD-R/RW 技术标准所必需的。巨擘进一步主张,通过把这一非核心专利纳入专利池许可,飞利浦和索尼协议压制替代技术的发展,构成专利权逾行。飞利浦申请全席审判请求时,主张即便它与索尼之间确有此限制竞争的横向协议,企图通过纳入索尼的专利来压制竞争性技术的发展,此行为也不构成滥用涉诉专利权,巨擘不能借此免于专利侵权责任。美国联邦巡回上诉法院全席审判支持了飞利浦的法律主张。法院认为,由于巨擘所主张的飞利浦实施的不法行为所涉及的是索尼所有的专利,而与飞利浦主张的被侵犯的专利权无关,因此,飞利浦的行为不可能构成专利权逾行。而且,法院还明确指出:飞利浦与索尼之间的横向协议是否限制竞争属于反托拉斯诉讼需要考察的问题,不属于本案专利侵权诉讼所需要审查的范围。

三、无合理根据的专利权侵权诉讼

无合理根据而起诉他人侵犯专利权,构成虚假诉讼,应承担法律责任。由于我国实用新型专利和外观设计专利不经过实质审查,容易出现故意利用现有技术或现有设计申请专利,而后利用诉讼或其他法律程序打击竞争对手的现象。在 2008 年《专利法》第三次修订之前,由于没有现有技术和现有设计抗辩,被告处于相当被动的处境。因而,被告常主张原告利用明知无效的专利权进行诉讼,构成专利权滥用。例如,在翁卫定诉永康市保利金属制品有限公司侵犯外观设计专利权纠纷案中,被告主张:"被控侵权产品使用的是自由公知技术,来源于 ZL03364805.0 号外观设计专利,该专利已因未缴费而终止,属自由公知技术……原告利用我国对外观设计专利不进行实质审查的制度,将自由公知技术再次申请专利,并起诉被告明显属滥用专利权的行为。"[①]《最高人民法院关于充分发挥知识产权审判职能作用推动社会主义文化大发展大繁荣和促进经济自主协调发展若干问题的意见》(2011 年 12 月 16 日印发法发〔2011〕18 号)更明确指出:"对于明知其专利权属于现有技术或者现有设计,仍然恶意向正当实

---

① 浙江省金华市中级人民法院民事判决书〔2009〕浙金知初字第 176 号。

施者及其交易对象滥发侵权警告或者滥用诉权,构成侵权的,可以视情支持受害人的损害赔偿请求。"

利用明显无效的专利进行诉讼,可以构成专利权滥用行为,这为众多发达国家法律禁止。例如,日本专利制度和我国专利制度类似,只有专利局才可以宣告授权专利无效。但是,2000 年 4 月 11 日,日本最高法院在 Kilby 案中判决认为:即使专利无效宣告尚未生效,审理专利侵权的法院也可以就专利是否存在明显的无效理由进行判断。如果经审理认定专利存在应予无效的明显理由,除非特殊情况,基于该专利权请求停止侵权、赔偿损失等都属于权利滥用,法院不应支持。否则,将给予专利权人不正当的利益,而给实施该发明的人带来不正当的损害,违背公平原则。① 英国《专利法》(1977)第 70 条更是直接规定:如果任何人明知或者应知道其专利无效而通过报纸、广告以专利侵权之诉威胁他人,受害者可以要求法院宣告其行为不法,责令停止侵害行为,并赔偿其威胁行为所致损害。

即便专利有效,恶意诉讼也应受到惩戒。在《美国专利法》下,如果专利权人基于主观恶意,提起客观上没有根据的诉讼(objectively baseless),情节恶劣的(exceptional case),法院可判处败诉专利权人承担胜诉被告的律师费用。② 例如,在 2011 年 *Eon-Net LP v. Flagstar Bancorp* 案中,③专利权人采取激烈的诉讼行为,向 100 家企业发出警告函,威胁进行专利侵权之诉,并提出快速而低价的和解的邀约邀请。在本案中,被告为进行诉讼,花费了 60 万美元,而专利权人所要求的和解费用仅为 2.5 万~7.5 万美元。两相比较,并结合案件其他事实,美国联邦巡回上诉法院全席审判后认为,由于专利案件复杂而费用昂贵,本案专利权人借机恶意利用诉讼程序,向被告勒索和解费。法院最终认定,专利权人发起的诉讼客观上没有根据,并存在主观恶意,应当向作为胜诉方的被告赔偿其律师费用。

这种恶意提起"客观上没有根据的诉讼"(objectively baseless litigation)的行为直接干扰他人生产经营活动,即便是知识产权人依据其合法垄断权提起,

---

① 参见梁熙艳:《权利之限:侵权审理法院能否直接裁决专利权的有效性》,《知识产权》2005 年第 4 期,第 62 页。

② See Brooks Furniture Mfg., Inc. v. Dutailer Int'l, Inc., 393 F. 3d 1378, 1381 (Fed. Cir. 2005) (sanctions under § 285 may be imposed against the patentee only if both (1) the patentee brought the litigation in bad faith; and (2) the litigation is objectively baseless).

③ See Eon-Net LP v. Flagstar Bancorp, 653 F. 3d 1314 (Fed. Cir. 2011).

也不能享受反垄断豁免。1961年,在 Eastern Railroad Presidents Conference v. Noerr Motor Freight, Inc. 案,[①]美国联邦最高法院指出,合法的政府行为不属于《谢尔曼法案》规制的范围,通过正当途径影响法律颁布和执行因此享受反托拉斯法豁免。任何人联合起来,游说国会或者行政机构采取措施限制或排除竞争,不在反托拉斯法禁止范围之内。但是,如果行为表面上指向政府行为,但是实际上掩盖干扰市场其他竞争者的非法目的,则不在此豁免之内。这即是著名的"Noerr-Pennington 法则",其基本原理是保护言论自由的政治权利。

此法则也适用于知识产权诉讼,权利人得享有行使知识产权的自由。但是,以合法手段掩盖非法目的除外。在 1993 年 Professional Real Estate Investors, Inc. v. Columbia Pictures Industries, Inc. 案中,美国联邦最高法院明确指出:如果法律诉讼客观上没有根据——即任何理性的诉讼人不能理性地期待在案件实体问题上胜诉(no reasonable litigant could realistically expect success on the merits),[②]而主观上具有恶意(subjective bad faith),利用诉讼作为幌子直接干扰市场竞争者的合法经营活动,则不得依据 Noerr-Pennington 法则享受豁免。[③] 如果诉讼依据知识产权提起,在满足反托拉斯法的条件下,亦得承担反托拉斯的法律责任,不因为知识产权授予合法排他权而豁免。[④]

第六节 确认不侵犯专利权之诉

确认不侵犯专利权之诉的制度目的是澄清不明的法律状态。如果专利权人对他人主张侵权而怠于行使权利,可使得他人持续处于侵权诉讼威胁的不利益之中。为此,《最高人民法院关于审理侵犯专利权纠纷案件应用法律若干问题的解释》(2009)(法释〔2009〕21 号)第十八条规定:"权利人向他人发出侵犯专利权的警告,被警告人或者利害关系人经书面催告权利人行使诉权,自权利人收到该书面催告之日起一个月内或者自书面催告发出之日起二个月内,权利人

---

① 365 U. S. 127 (1961).

② 如果起诉人能够证明案件存在"合理根据"(probable cause),则可否定"客观上没有根据"。"合理根据"是指极有可能确实的根据,其可信度大于怀疑而小于确切无误。参见《元照英美法词典》(2003)第 1097 页。

③ See Professional Real Estate Investors, Inc. v. Columbia Pictures Industries, Inc. , 508 U. S. 49, 62 (1993).

④ See Professional Real Estate Investors, Inc. v. Columbia Pictures Industries, Inc. , 508 U. S. 49, 62 (1993).

不撤回警告也不提起诉讼,被警告人或者利害关系人向人民法院提起请求确认其行为不侵犯专利权的诉讼的,人民法院应当受理。"

一、存在实际纠纷

确认不侵犯专利权之诉的发动,需要满足民事诉讼法的条件。首先,当事人双方必须存在"实际纠纷"。法律诉讼的目的是解决纠纷,没有纠纷也就必要进行法律诉讼。我国《民事诉讼法》(2012)第一百一十九条规定,起诉的必要条件之一是,"原告是与本案有直接利害关系的公民、法人和其他组织"。有实际纠纷,才有"利害关系"。最高人民法院也明确指出,确认不侵犯专利权是一种特殊的"专利侵权纠纷"。[1] 根据上述第十八条的规定,"纠纷"起于权利人向他人发出"侵犯专利权的警告"。要构成"侵犯专利权的警告",必然要求专利权人向他人主张专利权,明确自己是权利主体,提供权利的依据,并提供相关的侵权事实。如果权利人所寄信函的内容仅仅是提出许可的要约,或者是告知专利存在,或者是出于调查专利侵权者的目的而进行相关的询问,而没有诉诸法律程序来寻求侵权救济的意思表示,则难以构成"警告"。[2] 而如果警告接受人承认自己侵权,则也无所谓"纠纷"。

如果权利人没有向特定人发送侵权警告,是否应该准许提起确认不侵权之诉?在当事人之间存在实际纠纷之时,理论上应该准予。最高人民法院在2009年4月21日公布的《关于当前经济形势下知识产权审判服务大局若干问题的意见》中明确规定,"正在实施或者准备实施投资建厂等经营活动的当事人,受到知识产权权利人以其他方式实施的有关侵犯专利权等的警告或威胁,主动请求该权利人确认其行为不构成侵权,且以合理的方式提供了确认所需的资料和信息,该权利人在合理期限内未作答复或者拒绝确认的,也可以提起确认不侵权诉讼。"当事人受到侵权警告和威胁,主动请求专利权人确认不侵权,即是否认侵权,权利人和其威胁或警告之人存在实际争议。而且,如果权利人拒绝行使权利,正在实施或者准备实施投资建厂等经营活动的当事人就可能因为停工而遭受损失。可见,没有正式的侵权警告书,不等于没有实际纠纷。司法解释第十八条并没有排除其他条件下,法院可以受理确认不侵权之诉。在司法实践

---

① 《最高人民法院关于本田技研工业株式会社与石家庄双环汽车股份有限公司、北京旭阳恒兴经贸有限公司专利纠纷案件指定管辖的通知》(〔2004〕民三他字第4号)即明确指出:"确认不侵犯专利权诉讼属于侵权类纠纷……"

② 张广良:《确认不侵权之诉及其完善》,《人民司法》2008年第11期,第97页。

中,权利人在报纸上发表"严正申明",对一定地区内不特定的生产经营者提出警告,当事人提供详尽材料要求权利人确认不侵权遭到拒绝后,人民法院应根据民事诉讼法规定受理其提出的确认不侵权之诉。[1]

如果当事人请求权利人确认不侵权,权利人不予答复或拒绝,当事人是否可以提起确认不侵权之诉呢?最高人民法院有关司法解释草案曾提出,正在或者准备制造某种产品或者使用某种方法的人,请求专利权人确认其行为不构成或者不会构成专利侵权,并且以合理的方式提供了确认所需的技术资料和信息,但专利权人在合理期限内未作答复或者拒绝确认不侵犯其专利权,可以允许确认不侵权之诉。[2] 然而,依据民事诉讼程序原理,当事人和权利人之间并没有发生争议。当事人其实将权利人当作自己的"律师",在请求"法律意见"。然而,专利权人并没有义务提供法律咨询。当事人如果还没有实际从事侵权活动,人民法院受理并作出判决就不妥,会有就假设纠纷提供法律咨询意见之嫌。"纠纷应当是具体而明确的,影响利益不同当事人之间的法律关系,法院可以通过判决给予特定的法律救济,而不是针对假设的事实给予法律咨询意见。"[3]由于上述规定缺乏民事诉讼法和专利法基础,最高人民法院最终没有将其列入司法解释。

然而,基于法律的特别规定,当事人要求专利权人对拟实施的技术方案确认不侵权,权利人拒绝或拖延不作为的,法院应受理当事人提出的确认不侵权之诉。例如,《药品注册管理办法》第十九条规定:"对他人已获得中国专利权的药品,申请人可以在该药品专利期届满前两年内提出注册申请。"除此之外,如果存在专利权利瑕疵,药监局将拒绝注册。为此,第十八条规定:"申请人应当对其申请注册的药物或者使用的处方、工艺、用途等,提供申请人或者他人在中国的专利及其权属状态的说明;他人在中国存在专利的,申请人应当提交对他人的专利不构成侵权的声明。对申请人提交的说明或者声明,药品监督管理部门应当在行政机关网站予以公示。"显然,权利人对申请注册人的声明可能不予认同,可以随时向国家食品药品监督管理总局提出注册药品受到有效专利的保护,要求不予注册,或者撤销注册。对于申请注册人来说,这一法律的不确定性

---

[1] 王寅新诉广州市兆鹰五金有限公司确认不侵犯专利权纠纷案,浙江省金华市中级人民法院民事判决书〔2008〕金中民三初字第 165 号;浙江省高级人民法院〔2009〕浙知终字第 2 号。

[2] 最高人民法院《关于审理专利侵权纠纷若干问题的规定》(司法解释草稿,2003 年会议讨论稿)第 62 条。

[3] See Aetna Life Ins. Co. v. Haworth, 300 U. S. 227 (1937).

严重地干扰其生产经营活动。既然要求申请注册人声明不侵犯他人专利权,就应该允许其根据申请材料,请求专利权人确认不侵权,尽管其还未实际从事任何专利侵权行为。[①]

其实,对于这一情况,发达国家专利法都有特殊规定。例如,《美国专利法》第271条e款2项规定,向美国食品药监局提出药品注册申请,其针对的药品受专利保护,或者其用途受专利保护,此行为构成专利侵权。《英国专利法》(1977)第71条也有明文规定:"如果当事人就其实施的行为或者拟实施的行为给出全面的细节描述,并书面请求权利人承认其行为不构成侵权,而专利权人拒绝承认不侵权,则当事人可以请求法院或者专利局行政长官宣告其行为或拟实施的行为不构成侵权。"仿制药商经常利用这一法律程序,清除注册申请程序中的专利风险。

最后,一个颇让人挠头的问题是,被许可人履行专利许可合同期间,认为自己行为不构成侵权,又不希望终止许可合同而冒侵权的法律风险,是否应允许其请求法院确认其不侵犯专利权?表面上,专利权人和被许可人之间没有实际纠纷,因为被许可人获得许可,即不可能遭受权利人侵权诉讼。但是,在 MedImmune, Inc. v. Genentech, Inc. 案中,美国联邦最高法院认为,法律不要求被许可让人终止许可合同或者违反许可合同,才可以提出确认之诉。[②] 其实,在这种情况下,应当认为专利权和被许可人之间就许可合同本身就存在"实际争议"。

二、迟误行使诉权

我国法律要求,当专利权人迟误行使诉权时,当事人才可以提起确认不侵权之诉。具体来说,《最高人民法院关于审理侵犯专利权纠纷案件应用法律若干问题的解释》(2009)第十八条要求当事人(被警告人或利害关系人)收到侵权警告后,首先书面催告权利人行使诉权。自权利人收到该书面催告之日起一个月内或者自书面催告发出之日起二个月内,权利人不撤回警告也不提起诉讼,其请求确认不侵权的诉讼请求才应当被受理。

对于此期限的合理性,一种典型的观点认为,之所以要求经过上述时间,目的是为了限制法院可能受理的确认不侵权之诉的数量,避免司法资源的浪费,

---

① 值得注意的是,申请注册药品的行为不属于《专利法》(2008)第十一条禁止的行为。

② See MedImmune, Inc. v. Genentech, Inc., 549 U.S. 118 (2007).

防止确认不侵权之诉涌向法院。① 然而,这一观点没有说服力。只有当专利权人和当事人之间发生实际纠纷时,才可能产生确认不侵权之诉。由于存在实际纠纷,即便当事人不提起这种诉讼,将来也很可能发生专利侵权诉讼。换言之,实际纠纷才是决定确认不侵权诉讼应当法院受理的直接原因。权利人如果没有合理根据而发出警告函,挑起不应该的纠纷,才可能导致确认不侵权之诉畸形增长。然而,此种行为本身对权利人不利,因为等于将诉讼主动权让渡给他人——被警告人往往可以因此而选择对自己有利的管辖法院进行确认不侵权之诉。此外,这种行为可能构成本书上一节讨论的"专利权滥用",让行为人受到民事制裁。

　　而且,"自权利人收到该书面催告之日起一个月内或者自书面催告发出之日起二个月内"的时间要求,对当事人不尽合理,特别是对正在实施或者准备实施投资建厂等经营活动的当事人。他们急迫地需要清除法律的不确定性。由于普通民事案件的审限一般是六个月,上述等待期间在个案中可能过长。

　　权利人发出侵犯专利权的警告,给受警告人形成法律阴霾,受警告人具有正当的权利,尽快消除这一不利益。对于受警告人提出确认不侵权之诉而使自己成为被告,专利权人不应该感到意外。毕竟,一个理性的专利权人发出专利侵权警告之时,应该尽到审慎义务,不应不合理地干扰他人的生产经营活动。他没有权利要求发出警告后额外的宽限期,以供其提起诉讼,或者采取其他法律行动。为此,美国《确认之诉法案》(Declaratory Judgment Act)规定:除法律特别规定外,对于辖区内任何存在实际争议的案件,任何联邦法院都可以对任何利害关系人之间的权利和其他法律关系进行宣告确认,无论当事人是否寻求其他类型的法律救济。② 也就是说,只要存在实际争议,就可以提起确认之诉,确认不侵犯专利权之诉也不例外。

　　然而,《最高人民法院关于审理侵犯专利权纠纷案件应用法律若干问题的解释》(2009)第十八条法律上不是确认不侵犯专利权的充分必要条件,其并禁止法院根据《民事诉讼法》案件受理的一般规则而受理此类诉讼请求。2002 年《最高人民法院关于苏州龙宝生物工程实业公司与苏州朗力福保健品有限公司请求确认不侵犯专利权纠纷案的批复》即指出:"依据《中华人民共和国民事诉

---

① 张广良:《确认不侵权之诉及其完善》,《人民司法》2008 年第 11 期,第 97 页。

② See 28 U. S. C. §2201(a) ("In a case of actual controversy within its jurisdiction … any court of the United States … may declare the rights and other legal relations of any interested party seeking such declaration, whether or not further relief is or could be sought.")

讼法》第一百〇八条和第一百一十一条的规定,对于符合条件的起诉人民法院应当受理。"据此,最高人民法院认为,如果当事人请求确认不侵犯专利权满足以下条件,人民法院仍可以受理:(1)与案件有利害关系;(2)有明确的被告;(3)有具体的诉讼请求和事实、理由;(4)属于人民法院受理民事诉讼的范围和受诉人民法院管辖。

第十章　专利侵权的法律救济

专利权是私权,民事诉讼是专利侵权的主要救济程序。我国特设专利侵权纠纷的行政处理和调解程序,并授予海关对专利侵权嫌疑货物采取边境措施,它们对司法救济具有补充作用。尽管侵犯他人专利权只涉及民事责任,但是假冒他人专利,情节严重的,可以构成犯罪。

第一节　诉讼管辖

管辖分为级别管辖和地域管辖。专利纠纷的级别管辖和地域管辖区别于普通民事纠纷的民事诉讼程序,最高人民法院通过司法解释和司法文件对其予以特别规范。

一、级别管辖

专利纠纷案件一般不由基层人民法院管辖。根据《最高人民法院关于审理专利纠纷案件适用法律问题的若干规定》(法释〔2001〕21 号)规定,专利纠纷第一审案件,一般由各省、自治区、直辖市人民政府所在地的中级人民法院和最高人民法院指定的中级人民法院管辖。[①] 截至 2010 年 12 月底,具有专利案件管辖权的中级人民法院分别为 76 个。[②] 但是,并非所有的专利案件都一定由中级人民法院管辖。最高人民法院已经开始根据需要和法院的审判能力,指定基层法院审理部分专利纠纷案件。2009 年,最高人民法院批复同意义乌市人民法院作为试点法院,审理辖区内诉讼标的额 500 万元以下的实用新型和外观设计专利纠纷案件。2011 年,最高人民法院又指定北京海淀区人民法院作为试点法院,一审管辖辖区内诉讼标的额在 500 万元以下实用新型专利和外观设计专利纠纷案件,以及诉讼标的额在 500 万元以上 1000 万元以下且当事人住所地均在北京地区的一审实用新型专利和外观设计专利纠纷案件。2012 年 4 月,最高人民法

---

① 《最高人民法院关于审理专利纠纷案件适用法律问题的若干规定》(法释〔2001〕21 号)第二条。
② 参见《中国法院知识产权司法保护状况(2010 年)》(法〔2011〕154 号)。

院又指定上海市黄浦区人民法院、广东省广州市天河区人民法院、江苏省南京市鼓楼区人民法院、浙江省杭州市西湖区人民法院为知识产权审判基层示范法院。

具体确定级别管辖时,还需要参考诉讼标的额和案件特性。根据《最高人民法院关于调整地方各级人民法院管辖第一审知识产权民事案件标准的通知》(法发〔2010〕5 号),高级人民法院管辖诉讼标的额在 2 亿元以上的第一审知识产权民事案件,以及诉讼标的额在 1 亿元以上且当事人一方住所地不在其辖区或者涉外、涉港澳台的第一审知识产权民事案件。此诉讼标的额标准以下的第一审知识产权民事案件,一般均由中级人民法院管辖。但是,经最高人民法院指定具有一般知识产权民事案件管辖权的基层人民法院,可以管辖诉讼标的额在 500 万元以下的第一审一般知识产权民事案件,以及诉讼标的额在 500 万元以上 1000 万元以下且当事人住所地均在其所属高级或中级人民法院辖区的第一审一般知识产权民事案件,而具体标准由有关高级人民法院自行确定并报最高人民法院批准。但是,对重大疑难、新类型和在适用法律上有普遍意义的知识产权民事案件,可以依照《民事诉讼法》(2012)第三十八条的规定,由上级人民法院自行决定由其审理,或者根据下级人民法院报请决定由其审理。这些规定适用于专利纠纷案件。

我国目前正在推进知识产权"三审合一",即在人民法院内单设知识产权审判庭,统一审理辖区内的所有知识产权民事、刑事和行政案件。截至 2015 年 11 月底,全国已有 6 个高级人民法院、95 个中级人民法院和 104 个基层人民法院开展了相关试点。

二、地域管辖

(一) 侵犯专利权之诉

对于专利侵权诉讼而言,常是多个法院具有地域管辖。因侵犯专利权行为提起的诉讼,依据民事诉讼的一般原则,即《民事诉讼法》(2012)第二十八条,"因侵权行为提起的诉讼,由侵权行为地或者被告住所地人民法院管辖"[1]。专利侵权行为地包括侵权行为实施地和侵权结果地。专利侵权行为实施呈现多样化,包括被控产品的制造、使用、许诺销售、销售、进口等行为的实施地;被控专利方法使用行为的实施地,依照该专利方法直接获得的产品的使用、许诺销

---

[1] 《中华人民共和国民事诉讼法》(2012)第二十八条;《最高人民法院关于审理专利纠纷案件适用法律问题的若干规定》(2001)第五条。

售、销售、进口等行为的实施地；被控侵犯外观设计专利产品的制造、销售、进口等行为的实施地；假冒他人专利的行为实施地。侵权结果地是指侵权实施行为的结果发生地。

对于专利侵权诉讼而言，具有地域管辖权的法院如此多样，过分有利于权利人，而对被告相对不利，可致个案诉讼程序对原被告的诉讼权益分配不够公平正当。我国《民事诉讼法》遵循"原告就被告"的一般原则，主要是为了方便调查、核实证据，有利于采取财产保全和先予执行措施，以及原告胜诉后的判决执行。此外，原告就被告的原则还有利于防止原告滥用诉权，不正当地将被告卷入异地诉讼，不公平地让被告承担诉讼成本。专利法在被告地之外还允许权利人于侵权行为地进行侵权诉讼，唯一正当的法律基础是方便调查取证。对于侵权行为实施地而言，被告可以事先预计未来诉讼的发生地，要求其到该地进行诉讼，还可以说公平正当。但是，对于侵权结果地而言，被告常常事先无法预计。被告将涉诉商品投入流通，通常就失去对商品流通去向的控制。这也正是市场货物自由流通的需要。如果仅仅以涉诉产品出现的地域确定地域管辖，被告可能不正当地被拉入异地消耗性的诉讼之中。对于原告和被告而言，该地未必方便原被告进行诉讼，或者方便证据收集、查明事实，也未必有利于执行判决。这与民事诉讼的正当程序（due process）要求有相当的差距。

《最高人民法院关于审理专利纠纷案件适用法律问题的若干规定》（2001）对上述问题只给出了部分应对。其第六条规定，原告仅对侵权产品制造者提起诉讼，未起诉销售者，侵权产品制造地与销售地不一致的，制造地人民法院有管辖权。这其实是否定了侵权结果地（即销售地）人民法院的管辖权。但是，该条又同时规定，以制造者与销售者为共同被告起诉的，销售地人民法院有管辖权。这一规定又使得前一规定可以非常容易地被规避。这说明，简单地适用侵权行为地和侵权结果地作为确定地域管辖的标准，不足以保证侵权诉讼程序的公平性和正当性。[1]

（二）确认不侵权之诉

与专利侵权之诉相对，我国还承认确认不侵害专利权之诉，其地域管辖也适用《民事诉讼法》（2012）第二十八条。最高人民法院《民事案件案由规定》（2011 年修订）[2]将确认不侵害知识产权纠纷列为第十四部分"知识产权权属、

[1] TRIPS 协议第 41 条要求专利权行使程序对当事人公平而正当（fair and equitable）。

[2] 2007 年 10 月 29 日最高人民法院审判委员会第 1438 次会议通过，根据 2011 年 2 月 18 日《最高人民法院关于修改〈民事案件案由规定〉的决定》（法〔2011〕41 号）第一次修正。

侵权纠纷"之一。《最高人民法院关于审理侵犯专利权纠纷案件应用法律若干问题的解释》(2009)第十八条特别规定确认不侵害专利权之诉:"权利人向他人发出侵犯专利权的警告,被警告人或者利害关系人经书面催告权利人行使诉权,自权利人收到该书面催告之日起一个月内或者自书面催告发出之日起二个月内,权利人不撤回警告也不提起诉讼,被警告人或者利害关系人向人民法院提起请求确认其行为不侵犯专利权的诉讼的,人民法院应当受理。"其实,早在2004年《最高人民法院关于本田技研工业株式会社与石家庄双环汽车股份有限公司、北京旭阳恒兴经贸有限公司专利纠纷案件指定管辖的通知》(〔2004〕民三他字第 4 号)即明确指出:"确认不侵犯专利权诉讼属于侵权类纠纷,应当依照《民事诉讼法》(1991)第二十九条的规定确定地域管辖。"

然而,这值得商榷。确认不侵害专利权之诉不能简单地理解为"专利侵权纠纷",其地域管辖也就不能简单地适用专利侵权诉讼的地域管辖规则,即"被告地或侵权行为地"。对于确认不侵害专利权之诉,专利权利人是被告,而诉讼起因源于原告主张被告通过诉讼威胁(警告函)非法地限制原告自由使用非专利侵权产品。[①] 此诉讼请求是希望法院通过裁判消除不确定的法律状态。对于专利侵权之诉,管辖法院是基于其管辖地域范围内发生了"未经专利权人许可,制造、使用、销售、许诺销售或进口专利产品",或者"使用专利方法"等侵权行为。但是,对于确认不侵害专利权之诉,管辖法院的地域管辖权只能基于"专利权人行使专利权的行为"。

由此,必然的结果是,"被告地或侵权行为地"都不应该作为确认专利不侵权之诉的地域管辖标准,而应根据"原告地"或"原告请求确认行为不侵权之地",才符合正当程序的法律要求。首先,确认不侵害专利权之诉针对的是专利权人行使专利的行为。被告专利权人未提起专利侵权诉讼,也无就所谓"侵权行为地"。此时,只有原告主张其不侵害专利权的行为地。以原告请求确认其行为不侵权的行为地的法院行使管辖,既方便收集证据,查明事实,又符合原告和被告对诉讼地的预期,具有正当性。

其次,专利权人向原告发出侵权警告函,本应该及时行使权利,但是却怠于行使权利,致使原告遭受不利益。此时仍旧要求原告就被告(专利权人),异地进行诉讼,等于让其遭受二次骚扰和不利益。对于原告而言,未免过于不公,对

---

① See Red Wing Shoe Co., Inc. v. Hockerson-Halberstadt, Inc., 148 F. 3d 1355, 1360 (Fed. Cir. 1998).

于被告专利权人而言,可能鼓励其滥发警告函,威胁诉讼却不及时地行使诉权。而且,专利权人如此行使专利权时,对被警告人或其利益相关人提起确认不侵权之诉应该具有预见性,其经过催告或者合理时间内不提起诉讼,将其置于原告住所地法院管辖之下,并无明显不公平之处。因此,应当准许由原告地有权法院管辖确认不侵害专利权之诉。

确认不侵害专利权之诉与专利侵权之诉,如果涉及同一事实,则需要必要的协调。这两种诉讼是独立的诉讼。"一方当事人提起的确认不侵犯专利权诉讼不因对方当事人另行提起专利侵权诉讼而被吸收。"①但是,此种情况下,它们可能涉及相同的事实。为了避免就同一事实的案件为不同法院重复审判,应该移送管辖,进行合并审理。一般情况下,后立案的法院,应该将案件移送先立案的法院。《最高人民法院关于在经济审判工作中严格执行〈中华人民共和国民事诉讼法〉的若干规定》第二条规定:"当事人基于同一法律关系或者同一法律事实而发生纠纷,以不同诉讼请求分别向有管辖权的不同法院起诉的,后立案的法院在得知有关法院先立案的情况后,应当在七日内裁定将案件移送先立案的法院合并审理。"如果法院之间出现管辖争议,根据《民事诉讼法》第三十七条第2款,应由争议双方协商解决;协商解决不了,则应报请它们的共同上级人民法院指定管辖。

第二节　诉讼时效

诉讼时效制度的目的是维护诉讼程序的正当性和公平性。诉讼时效制度可以督促权利人在得知侵权行为发生后,积极地行使权利。如果权利人迟迟不行使权利,其懈怠可能使被控侵权人处于不利的诉讼地位。时间流逝,证据流散或毁损,证人死亡或者记忆模糊,被告可能难以寻觅对自己有利的证据和证人。而且,权利人迟迟不行使权利,可能是采取"放水养鱼"的策略,等待被告培育出成熟的市场后,通过诉讼毫无风险地截获市场利益。而被告可能无意侵权,只是因为专利保护范围内在的不确定性而落入其中。权利人如果及早行使权利,其完全可以选择非侵权技术。

在我国,诉讼时效届满,权利人失去的只是胜诉权。更确切来说,我国诉讼

---

① 《最高人民法院关于本田技研工业株式会社与石家庄双环汽车股份有限公司、北京旭阳恒兴经贸有限公司专利纠纷案件指定管辖的通知》(〔2004〕民三他字第4号)。

时效制度承认的是"当事人可以对债权请求权提出诉讼时效抗辩"。① 当事人未提出诉讼时效抗辩,人民法院不对诉讼时效问题进行释明,也不主动适用诉讼时效的规定进行裁判。② 诉讼时效届满,起诉权和实体权利并没有消灭。超过诉讼时效期间,权利人仍可以提起诉讼;而且,当事人自愿履行,不受诉讼时效限制。③

专利侵权的诉讼时效和普通民事权利侵害的诉讼时效相同,都为两年,自专利权人或者利害关系人得知或者应当得知侵权行为之日起计算。④ 但是,两年时间须得以权利有效授予为条件。例如,针对临时保护期间适当使用费的诉讼,"专利权人于专利权授予之日前即已得知或者应当得知的,自专利权授予之日起计算"。⑤

"得知"是指实际知道,而"应当得知"是推定知道(constructive knowledge),即理性人在同等条件下应当知道。"应当得知"其实要求权利人对自己的专利权进行禁卫(policing),就如同巡逻保护自己的领地一样。权利人是否应当得知侵权行为,需要根据个案具体案情进行认定。一般来说,应用专利相似技术的产品的销售、促销、宣传或公开使用活动,或者被告公开地描述潜在侵权活动,都可以作为证据,用于认定权利人应负担调查侵权事实并积极行使权利的义务。⑥

施加专利权人禁卫自己权利的义务,具有一定的正当性。一个理性的专利权人,出于获得侵权损害赔偿和阻止他人侵权活动的动机,应该紧随其领域的活动。而且,相对于潜在的侵权行为人,专利权人更清楚专利的保护范围,更容易知道侵权行为的发生之处。⑦ 为此,专利权人侦查侵权行为的成本远低于其竞争者规避侵权的成本,因为后者需要检索产品各个方面的专利信息,方才可以确保不侵权。⑧ 但是,很多时候,专利仅仅涉及产品的部件,而此部件未必是广告宣传的焦点,也未必是顾客购买产品的实质性原因。然而,权利要求的目的即是公示专利的保护范围,以便公众可以调整行为,防止侵权。过分地要求

---

① 《最高人民法院关于审理民事案件适用诉讼时效制度若干问题的规定》(法释〔2008〕11号)第一条。
② 《最高人民法院关于审理民事案件适用诉讼时效制度若干问题的规定》(法释〔2008〕11号)第三条。
③ 《中华人民共和国民法通则》(1986)第一百三十八条。
④ 《中华人民共和国专利法》(2008)第六十二条第1款;《民法通则》第一百三十五条。
⑤ 《中华人民共和国专利法》(2008)第六十二条第2款。
⑥ See Hall v. Aqua Queen Mfg., Inc., 93 F. 3d 1548, 1553 (Fed. Cir. 1996).
⑦ See Wanlass v. General Electric Co., 148 F. 3d 1334 (Fed. Cir. 1998).
⑧ See id.

专利权人禁卫自己权利,可能促使权利人为行使权利而过分投资。[1]

"得知"和"应当得知"的对象应包括侵权行为和侵权行为主体。《专利法》(2008)第六十二条第 1 款仅要求得知"侵权行为"。但是,如果只知道侵权行为,而不知道侵权行为主体,权利人将无法针对行为人主张权利。例如,权利人发现市场上出现侵权产品,但可能一时不能确定隐秘的侵权产品制造人。此时即开始计算诉讼时效,对专利权人未免不公,对隐秘侵权行为人过于宽容。而且,对债务人不确定的债权,《最高人民法院关于审理民事案件适用诉讼时效制度若干问题的规定》(法释〔2008〕11 号)认为,诉讼时效应当从债权人知道或应当知道债务人时开始计算。典型的例如无因管理之债和不当得利之债。[2] 所以,《专利法》(2008)第六十二条第 1 款所谓的"侵权行为"应当扩张解释为"侵权行为和侵权行为人"。

专利侵权诉讼时效的法律效果应只适用于"损害赔偿",与我国现行民法规则类似。有学者曾认为,"《专利法》规定的'侵犯专利权的诉讼时效'应当理解为并非仅指请求赔偿因侵权而产生的损失,而同时也包括请求停止侵权行为和提出其他因侵权而产生的要求的权利在内。"[3]然而,因专利权人怠于行使权利而否定其权利,颇值得商榷。首先,专利保护范围具有内在的不确定性。虽然权利要求具有公示性,但是,权利要求的保护范围因解释者不同而常常不同。而且,侵权产品很少简单地抄袭专利技术和专利外观。竞争者往往试图绕开专利技术。其是否构成等同侵权或者外观设计专利侵权,须法院事后裁判才能确定。很多时候,专利的效力都未必确定,比如,实用新型专利和外观设计专利。专利权的以上特性制约了专利权人对"侵权行为"认识的准确性,以及由此主动积极行使权利的果断性。其次,权利人两年时间不作为,不足以认为"权利人躺在权利上睡觉"。在美国衡平法原则"权利人懈怠行使权利"(laches)之下,权利人知道或应当知道侵权行为"六年"不积极行使权利,才推定其未在合理时间行使权利。此种情况下,只有当被告证明自己因为时间流逝遭受证据损害(evidence injury)和经济损害(economic injury)(例如,由于权利人未积极行使权利,致使丧失投资和使用不侵权产品的机会,遭受经济损失)时,法院才剥夺

---

[1] See Wanlass v. General Electric Co., 148 F. 3d 1334,1343(Fed. Cir. 1998)(Judge Rader dissenting).

[2] 《最高人民法院关于审理民事案件适用诉讼时效制度若干问题的规定》(法释〔2008〕11 号)第八条和第九条。

[3] 汤宗舜:《专利法》,法律出版社 2009 年版,第 248 页。

权利人获得诉前损害赔偿的权利。① 可见,权利人只是在短短两年时间内未采取行动,不足以推定其躺在权利上睡觉,更不足以否定其专利权的排他效力。最后,停止侵权行为属于物权上的救济,而损害赔偿属于债权法上的救济。故要求停止侵权行为这种具有"物上请求权"性质的请求不应受到诉讼时效的限制。② 为此,《最高人民法院关于审理专利纠纷案件适用法律问题的若干规定》(2001)第二十三条规定,权利人超过二年起诉的,如果侵权行为在起诉时仍在继续,在该项专利权有效期内,人民法院应当判决被告停止侵权行为。

另一方面,我国《专利法》(2008)所规定的诉讼时效又区别于《民法通则》规定的诉讼时效制度。专利诉讼时效更类似于侵权损害赔偿时效限制。对于持续进行的侵权行为,上述第二十三条同时规定"侵权损害赔偿数额应当自权利人向人民法院起诉之日起向前推算二年计算"。由于专利权人只对与侵权行为存在因果关系的损害才能享受损害赔偿,此规定应该理解为:权利人只能要求从起诉之日起向前推算两年内侵权行为所致的损害。从起诉之日起向前推算两年之外的侵权行为,由于已经超过诉讼时效,不得再对其进行主张损害赔偿。这近似于《美国专利法》第 286 条对损害赔偿的时效限制:"对于起诉之日六年前的任何侵权行为,不得主张法律救济"。③

第三节　诉前临时措施

所谓"临时措施"(provisional measures)是指,权利人发动诉讼之际正遭遇紧急情况,为此诉请法院采取临时法律救措施,以避免紧急情况对其造成难以弥补的损害,包括经济损害和证据损害。临时措施包括三种:诉前财产保全、诉前临时禁令和诉前证据保全。诉前财产保全主要是为了防止被告诉讼期间恶意处分或转移财产,自损赔偿权利人损害的财产的能力。诉前临时禁令主要是为了防止正在发生或即将发生的侵权行为对权利人造成难以弥补的损害;而诉前证据保全主要是为了防止证据灭失或者以后难以取得而造成的证据损害,威胁权利人胜诉的机会。

---

① See A. C. Aukerman Co. v. R. L. Chaides Construction Co. , 960 F. 2d 1020 (Fed. Cir. 1992) (en banc).

② 国家知识产权局条法司:《新专利法详解》,知识产权出版社 2001 年版,第 322 页。

③ 35 U. S. C. Section 286 ("no recovery shall be had for any infringement committed more than six years prior to the filing of the complaint").

TRIPS 协议第五十条,要求成员国授权司法机关采取及时而有效的临时措施(prompt and effective provisional measures):(1)防止发生知识产权侵权,特别是防止侵权货物(包括通过海关的进口货物)进入商业流通渠道;(2)保存侵权相关的证据。我国《民事诉讼法》(1991)并没有规定相关制度。为加入世界贸易组织,我国 2000 年修订《专利法》时,特别增加第六十一条,规定了诉前临时禁令和诉前财产保全制度。对于诉前财产保全制度,我国《民事诉讼法》(2007)第九十三条至九十六条已有详细规定。为此,2008 年《专利法》第三次修订时,基于当时《民事诉讼法》规定的诉前财产保全制度的基本范式和《最高人民法院关于对诉前停止侵犯专利权行为适用法律问题的若干规定》(法释〔2001〕20 号)(以下简称《诉前禁令的司法解释》)的规定,对《专利法》(2000)进行了修订,新增六十六条,较为详细地规定了诉前临时禁令制度。由于《民事诉讼法》(2007)第七十四条规定的诉前证据保全制度过于概括,《专利法》(2008)第六十七条对其进行了细化。2012 年《民事诉讼法》修订,对这些制度进行完善。以下于诉前财产保全、诉前临时禁令和诉前证据保全三种临时措施进行讨论。

一、诉前财产保全

根据《民事诉讼法》(2012)第一百〇一条第 1 款:"利害关系人因情况紧急,不立即申请保全将会使其合法权益受到难以弥补的损害的,可以在起诉前或申请仲裁前向被保全财产所在地、被申请人住所在或者对案件有管辖权的人民法院申请采取保全措施。"此即财产保全制度,旨在确保权利人胜诉后可以获得充分的救济,不至于因为诉讼期间被告状况变化而遭受难以弥补的损害。区别于诉讼程序之中的财产保全制度,诉前财产保全发动于诉讼之前,并要求证明存在会使利害关系人遭受难以弥补之损害的"紧急情况"。

诉前财产保全属于"单方程序"(ex parte procedure)。也就是说,人民法院进行此程序时,无须争议涉及的各方当事人出席,无须听取各方当事人意见。由于诉前财产保全限定于"紧急情况",其程序进行非常迅速。人民法院接受财产保全申请后,必须在 48 小时内作出裁定;裁定采取财产保全措施的,应当立即执行。[1] 人民法院采取财产保全措施,无须听取被申请人的意见,作出决定也无须通知被申请人。人民法院冻结财产后,才有义务立即通知被冻结财产的人。[2] 当事人对

---

[1] 《中华人民共和国民事诉讼法》(2012)第一百〇一条第 2 款。

[2] 《中华人民共和国民事诉讼法》(2012)第一百〇三条。

财产保全裁定不服,不可以提起上诉,只能申请复议一次。① 但是,复议期间不停止裁定的执行。② 复议如果发现裁定不当,人民法院可以修改或撤销财产保全令。但是,复议程序并不要求法院采取审判程序,兼听当事人各方意见。财产保全令效力一般持续到人民法院终审判决。可见,诉前财产保全制度是一个典型的单方程序。

为防止权利人滥用诉前财产权保全制度,《民事诉讼法》(2012)提供了制衡机制,以保护被申请人的正当权益。首先,申请诉前财产保全必须提供担保;不提供担保,人民法院可以径直驳回申请。③ 由于诉讼尚未进行,法官对案件事实未能清楚了解,强制担保有利于防止错误申请给被申请人造成不可弥补的损害,也有利于防止权利人滥用程序。其次,申请人须要及时行使权利,避免持续的财产保全和未决法律状态给被申请人造成损害。如果申请人在人民法院采取保全措施后 30 日内不起诉,人民法院应当解除财产保全。④ 再次,被告可以通过提供反担保,要求人民法院解除财产保全令,⑤ 从而在维护请求人权益的同时,兼顾被申请人对被保全财产的利益。最后,如果申请有错误,申请人应当赔偿被申请人因财产保全所遭受的损失。⑥

虽然《专利法》(2008)未曾针对专利纠纷规定诉前财产保全制度,但是《民事诉讼法》(2012)自然适用于专利民事纠纷案件。

二、诉前临时禁令

我国《民事诉讼法》(2012)规定有行为保全,但并没有明文规定"诉前临时禁令"。《专利法》(2008)第六十六条特别规定:"专利权人或者利害关系人有证据证明他人正在实施或者即将实施侵犯专利权的行为,如不及时制止将会使其合法权益受到难以弥补的损害的,可以在起诉前向人民法院申请采取责令停止有关行为的措施。"据此签发的停止侵权令,发生于诉讼开始之前,持续到人民法院判决为止,区别于人民法院最终判决的停止侵权令,故称"诉前临时禁令"(preliminary injunction),简称"诉前禁令"。区别于诉讼终了,人民法院判决侵

---

① 《中华人民共和国民事诉讼法》(2012)第一百〇八条。
② 《中华人民共和国民事诉讼法》(2012)第一百〇八条。
③ 《中华人民共和国民事诉讼法》(2012)第一百〇七条。
④ 《中华人民共和国民事诉讼法》(2012)第一百〇一条第 3 款。
⑤ 《中华人民共和国民事诉讼法》(2012)第一百〇四条。
⑥ 《中华人民共和国民事诉讼法》(2012)第一百〇五条。

权成立,责令被告停止侵权的"永久禁令"(permanent injunction),诉前临时禁令要求权利人证明存在"紧急情况",即证明如不及时制止他人正在实施或者即将实施侵犯专利权的行为,其合法权益会受到难以弥补的损害。

我国《专利法》(2000)第六十一条曾经合并规定诉前禁令和诉前财产保全制度。《专利法》(2008)第六十六条对诉前禁令的规定,几乎照搬了《民事诉讼法》对诉前财产保全制度的规定。

具体来说,《专利法》(2008)第六十六条规定的诉前禁令请求程序也是"单方程序"(ex parte procedure)。法院进行此程序时,无须各方当事人出席,无须听取各方当事人意见。其所针对的也是"紧急情况",程序进行和诉前财产保全同样迅速。专利权人或者利害关系人提出诉前禁令请求后,法院应当自接受申请之时起48小时内作出裁定;有特殊情况需要延长的,可以延长48小时。于此期间内,法院可以传唤单方或双方当事人进行询问。[①] 但是,法院也可以不传唤被申请人,而且并不因此而违反法律。法院如果裁定责令停止有关行为,则立即执行裁定,[②]但是最迟于裁定执行后五日内应当通知被请求人。[③] 停止侵犯专利权行为裁定的效力,一般应维持到终审法律文书生效时止。[④] 如果被请求人对裁定不服,被请求人不可对裁定进行上诉,[⑤]只可自收到裁定起十日以内作出法院申请复议一次。[⑥] 如果复议发现原裁定错误,法院可以修改、撤销原裁定。但是,复议期间不停止裁定的执行。[⑦] 此复议程序,也不是当事人均要出席的审判程序。总之,诉前禁令属于单方程序,其裁定作出不受被告意见的左右。

"偏听则暗,兼听则明。"以单方程序出现的诉前禁令请求程序,属于"未审先判",是以剥夺被请求人听审请求权(the right to be heard)为代价,给予专利权人以迅捷的特别救济。此程序属于民事知识产权执法程序。根据 TRIPS 协

---

① 《最高人民法院关于对诉前停止侵犯专利权行为适用法律问题的若干规定》(法释〔2001〕20 号)第九条。

② 《中华人民共和国专利法》(2008)第六十六条第 3 款。

③ 《最高人民法院关于对诉前停止侵犯专利权行为适用法律问题的若干规定》(法释〔2001〕20 号)第九条第 3 款。

④ 《最高人民法院关于对诉前停止侵犯专利权行为适用法律问题的若干规定》(法释〔2001〕20 号)第十四条。

⑤ 《中华人民共和国民事诉讼法》第一百五十四条规定,只有以下三种裁定可以上诉:(一)不予受理;(二)对管辖权有异议的;(三)驳回起诉。

⑥ 《最高人民法院关于对诉前停止侵犯专利权行为适用法律问题的若干规定》(法释〔2001〕20 号)第十条。

⑦ 《中华人民共和国专利法》(2008)第六十六条第 3 款。

议要求,应当对原被告公平而正当(fair and equitable)。^① 对专利权人的救济也应当符合比例原则,即不应超过必要限度,不合理地限制对方当事人的自由。诉前禁令的签发须符合严格的条件。实际上,发达国家只在非常特殊的案件中,才签发诉前禁令。^②

我国人民法院曾乐于签发诉前禁令。据统计,2005 年 10 月前,全国人民法院共受理知识产权诉讼禁令申请 300 件,支持 176 件,驳回 23 件,申请人撤回申请 98 件,实际支持率为 88.89%。然而,专利制度的内在属性决定了诉前禁令应该只有特殊情况下才可以采取。《专利法》(2008)第六十六条对申请诉前禁令进行了相当严格限制,整体类似于"诉前财产保全",即包括实体条件,也包括程序条件。实体上,专利权人或其利害关系人(以下统称"权利人")提出诉前禁令申请,须提供证据证明"紧急情况"。对应到专利制度,权利人须要同时证明以下两个条件:(1)他人正在实施或者即将实施侵犯专利权的行为;(2)如不及时制止将会使其合法权益受到难以弥补的损害(irreparable harm)。这两个条件通常难以同时满足。

对于第一项条件而言,权利人需要提供证据证明自己真实而有效的专利权正在或即将被他人侵犯。为此,专利权人应当提交证明其专利权真实有效的文件,包括专利证书、权利要求书、说明书、专利年费缴纳凭证。由于实用新型专利未经过实质审查,人民法院还要求实用新型专利权利人提交国家知识产权局出具的检索报告,^③或者《专利法》(2008)第六十一条第 2 款规定的"专利权评价报告"。利害关系人还需提供有关许可合同或专利权人授权书。^④ 为证明侵权行为的事实,请求人需要提供包括被控侵权产品以及专利技术与被控侵权产品技术特征对比材料等。^⑤

---

① See Art. 41 (2) TRIPS Agreement ("Procedures concerning the enforcement of intellectual property rights shall be fair and equitable").

② See Joseph Straus, Reversal of the burden of proof, the principle of 'fair and equitable procedures' and preliminary injunctions under the TRIPS Agreement, The Journal of World Intellectual Property 2000, Vol. 3,, No. 6,, pp. 815 - 820.

③ 《最高人民法院关于对诉前停止侵犯专利权行为适用法律问题的若干规定》(法释〔2001〕20 号)第四条。

④ 根据《最高人民法院关于对诉前停止侵犯专利权行为适用法律问题的若干规定》(法释〔2001〕20 号)第一条第 2 款,可以提出诉前禁令申请的利害关系人,包括专利实施许可合同的被许可人、专利财产权利的合法继承人等。专利实施许可合同被许可人中,独占实施许可合同的被许可人可以单独向人民法院提出申请;排他实施许可合同的被许可人在专利权人不申请的情况下,可以提出申请。

⑤ 《最高人民法院关于对诉前停止侵犯专利权行为适用法律问题的若干规定》(法释〔2001〕20 号)第四条。

　　但是,这些证据材料常常难以让法官有充分的信心认定他人正在实施或准备实施侵权行为。前一章已经讨论过,专利保护范围具有内在的不确定性。为判定侵权存在,需要对权利要求进行解释。这是一项复杂的法律工作。既受制于证据,也受制于法官的主观认识。要求法官在短短的 48 小时内,根据专利权人或其利害关系人提供的有限证据,即对技术可能高度复杂的权利要求作出正确的权利要求解释,未免太不现实。美国联邦巡回上诉法院的司法实践已经表明,其对超过 50% 的下级法院的权利要求解释进行了重新解释;同一诉讼程序中,法官前后得出不同的解释,并不是稀罕事——因为法官对专利相关技术和权利要求的认识,会随着时间流逝逐渐深入。再有,对于等同侵权而言,我国目前通常采用鉴定的方式。换言之,一个负责任的法官在短短 48 小时内,不可能基于他人正在或即将实施等同侵权而裁定诉前禁令——此决定只能是没有根据的猜测。正是由于认定专利侵权的复杂性,发达国家通常拒绝签发诉前禁令。

　　最高人民法院对上述问题已经有一定程度的把握。在《最高人民法院关于美国伊莱利利公司与常州华生制药有限公司专利侵权纠纷案件指定管辖的通知》(〔2003〕民三他字第 9 号)中,最高人民法院指出:"采取诉前责令停止有关行为的措施涉及双方当事人重大经济利益,既要积极又要慎重,要重点判断被申请人构成侵权的可能性。特别是在专利侵权案件中,如果被申请人的行为不构成字面侵权,其行为还需要经进一步审理比较复杂的技术对比才能作出判定时,不宜裁定采取有关措施;在被申请人依法已经另案提出确认不侵权诉讼或者已就涉案专利提出无效宣告请求的情况下,也要对被申请人主张的事实和理由进行审查,慎重裁定采取有关措施。"然而,最高人民法院却低估了权利要求解释的不确定性,过于简单地认为"字面侵权"容易准确判断。

　　即便专利权人证明了他人正在实施或即将实施专利侵权行为,权利人可能因此而受到损害,但这还不足以让法院颁发诉前禁令。请求人还需要提供证据证明第二项条件,即侵权行为如果不及时制止,可能使其遭受难以弥补的损害。[①] 正当程序(due process)要求人民法院应当充分听取被告的理由,才可以采取对被告有实质性影响的法律措施。禁令可能对被请求人的商事活动产生重大影响,甚至造成难以弥补的损害。故只有当不签发诉前禁令可能致使权利人遭受难以弥补之损害,才有签发此令的必要。然而,根据专利侵权行为并不

---

　　① 《中华人民共和国专利法》(2008)第六十六条第 1 款。

能推定得出"难以弥补的损害"。① 损害赔偿(包括诉前财产保全)通常足以弥补侵权行为给专利权利人造成的损害。极少数情况,例如,因为被告在本国没有持续的商业活动,权利人胜诉后可能无法得到充分的赔偿,从而遭受难以弥补的损害。但是,法院仍旧可以采用财产保全等对被告商事活动影响较小的措施,而不必使用诉前禁令。所以,第二项条件也是相当难以满足的。

除开这原告需要证明的两项条件,法院签发禁令还需要考虑一个消极条件,即是否损害公共利益。尽管《诉前禁令的司法解释》并未明确规定签发临时禁令需要考虑的条件,但是,其第十一条规定了法院审议当事人复议申请的四个方面,包括"责令被申请人停止有关行为是否损害社会公共利益"。既然涉及公共利益,法院当依职权直接审查。通常,这并不构成问题。只有当社会生活对侵权行为具有依赖,如果执行诉前禁令执行,市场没有替代品或者无法及时提供替代品时,可能导致社会生活混乱,才可能损害社会公共利益。市场越是开放和发达,竞争越是充分和有效,法官援引公共利益拒绝签发临时禁令的可能性越小。有损公众利益的例子,比如:责令侵权人停止销售公众急需的专利药品;停止使用公共通信设施或者交通系统等。

为防止诉前禁令滥用,《专利法》(2008)第六十六条同时规定类似"诉前财产保全"的三项程序性限制条件:(1)申请人提出诉前禁令申请时,应当提供担保;不提供担保的,驳回申请;(2)申请有错误的,申请人应当赔偿被申请人因停止有关行为所遭受的损失;(3)申请人自人民法院采取责令停止有关行为的措施之日起15日内不起诉的,人民法院应当解除该措施。

具体来说,所谓"担保",其数额不仅应足以赔偿被请求人因诉前禁令的损

---

① 美国联邦巡回上诉法院曾经认为,侵权成立即可以推定权利人遭受不可弥补的损害,因此可以直接适用永久禁令措施。See Amazon. com, Inc. v. Barnesandnoble. com, 239 F. 3d 1343 (Fed. Cir. 2001) ("Irreparable harm is presumed when a clear showing of patent validity and infringement has been made. ... This presumption derives in part from the finite term of the patent grant, for patent expiration is not suspended during litigation, and the passage of time can work irremediable harm.")美国联邦最高法院明确废弃了此法律规则,认为难以弥补之损害,不得推定,专利权人须提供证据证明。See eBay Inc. v. MercExchange, L. L. C. , 547 U. S. 388, 392 - 94 (2006).

在我国,"对不可弥补的损失的理解,大量作出禁令的案件法官都存在如下推定:凡申请人的权利受到侵害的事实得以证明或申请人已就有效的权利受到侵害的事实具备胜诉的可能性,给申请人造成无法挽回的损害即得以推定。也有的法院将不可弥补的损害视为非金钱可弥补的损害,如果被申请人正在实施或即将实施的行为给申请人造成的损害可以金钱计算,并可以金钱赔偿方法补救,一般不认为具有不可弥补的损害。如果申请人证明被申请人的行为构成对其非财产性利益的损害,如对名誉、商誉等构成不利,则难以弥补的损害即得以证明。"(胡充寒:《我国知识产权诉前禁令制度的现实考察及正当性构建》,《法学》2011年第10期)

失,而且应足以防止权利人滥用诉前禁令。① 然而,"诉前禁令的司法解释"只是考虑到前者,而未充分考虑后者。根据该司法解释,担保范围应当考虑责令停止有关行为所涉及产品的销售收入,以及合理的仓储、保管等费用;被申请人停止有关行为可能造成的损失,以及人员工资等合理费用支出等。② 执行诉前禁令过程中,如果被申请人可能因此而造成更大损失时,人民法院可以责令申请人追加相应的担保;如果不追加,则解除禁令。③

所谓"申请错误",即事后证明专利无效或者不构成侵权。由于诉前禁令是"裁定",即便此裁定已经执行完毕,根据《专利法》(2008)第四十七条,专利宣告无效决定仍具有追溯力,④被请求人仍可以获得赔偿。第三次专利法修订之前,在"申请再审人安吉县雪强竹木制品有限公司与被申请人许赞有其他侵权纠纷案"中,⑤最高人民法院就曾指出,专利权只具有相对的稳定性,专利权人应当知晓申请临时措施的内在风险,承担因错误申请致他人合法利益损害的赔偿责任。当然,如果权利人不起诉,也属于"申请错误",应当赔偿相应的损失。⑥ 为此,被申请人可以向有管辖权的人民法院起诉请求申请人赔偿,也可以在专利权人或者利害关系人提起的专利权侵权诉讼中提出损害赔偿的请求,人民法院可以一并处理。⑦

然而,《专利法》(2008)第六十六条对申请诉前程序的实体条件和程序条件是否符合比例原则、是否足以保护被告的正当权益、是否足以防止滥用,值得研究和讨论。此第六十六条实际上照搬了 TRIPS 协议第五十条。例如,其实体条件直接来源于 TRIPS 协议第五十条第 2 款,其规定"司法机关于适当情况下,应当有权采取单方临时措施,特别是当任何迟延可能使权利人受到难以弥补之损害时"。⑧

---

① See UNCTAD-ICTSD, Resource Book on TRIPS and Development, at 605.

② 《最高人民法院关于对诉前停止侵犯专利权行为适用法律问题的若干规定》(法释〔2001〕20 号)第六条。

③ 《最高人民法院关于对诉前停止侵犯专利权行为适用法律问题的若干规定》(法释〔2001〕20 号)第七条。

④ 参见《中华人民共和国专利法》(2008)第四十七条。

⑤ 申请再审人安吉县雪强竹木制品有限公司与被申请人许赞有其他侵权纠纷案,最高人民法院民事裁定书〔2008〕民申字第 762 号。

⑥ 《最高人民法院关于对诉前停止侵犯专利权行为适用法律问题的若干规定》(法释〔2001〕20 号)第十三条。

⑦ 同前注。

⑧ Art. 51(2)TRIPS Agreement ("The judicial authorities shall have the authority to adopt provisional measures *inaudita altera parte* where appropriate, in particular where any delay is likely to cause irreparable harm to the right holder...").

然而，TRIPS 协议第五十条的规定，只是要求成员国授权法院采取临时措施的职权，规定临时措施须达到的效果，并未明确规定采取临时措施应当满足的充分条件。[1] 如此，值得研究的问题是，第六十六条规定的两项条件是否构成签发诉前禁令的充分条件。为获得诉前禁令，美国法院要求权利人证明以下四项条件：（1）根据案件事实，原告可能获取胜诉；（2）如果不签发诉前禁令，原告可能遭受难以弥补之损害；（3）权衡不签发诉前禁令对原告损害和签发禁令对被告损害，基于公平原则的考虑有利于原告；（4）签发诉前禁令符合公共利益。[2] 加拿大法院签发诉前禁令前，主要权衡对原被告的影响（balance of convenience）、专利剩余的保护期间、专利权效力的稳定性。如果被告承诺报告自己的收益情况，并且可以履行最终判决，法院通常将拒绝签发诉前禁令。[3] 这些发达国家都充分考虑到签发禁令对被告自由贸易活动的深刻影响。但是，我国《专利法》（2008）只考虑被告的行为是否构成侵权以及不签发诉前禁令对原告的影响。尽管《诉前禁令的司法解释》第十一条要求人民法院复议诉前禁令裁定时，还要考虑"责令被申请人停止有关行为是否损害社会公共利益"，但是，诉前禁令对被告的影响却始终未进入法院须要考虑的范围之内。上述司法解释背离"诉前财产保全"，规定"停止侵犯专利权行为裁定所采取的措施，不因被申请人提出反担保而解除"[4]，即便反担保客观上可以使权利人得到充分救济，不至于遭受难以弥补的损害。我国现有制度下，被请求人没有任何办法阻止诉前禁令，即便它将对自己产生难以弥补的损害，即便原告因诉前禁令所获得的利益小于被告因诉前禁令遭受的损失。

此外，我国目前的制度框架决定了诉前禁令处于某种失控的状态。诉前禁令属于裁定，依法不可以上诉。当事人不服，也只能请求作出裁定的人民法院进行复议。如此一来，上级人民法院实际不可能对下级人民法院采取临时禁令措施进行司法监督，也不可能通过上诉审统一诉前禁令的法律适用。

三、诉前证据保全

《民事诉讼法》（2012）第八十一条第 2 款规定："因情况紧急，在证据可能灭

---

[1]　See UNCTAD-ICTSD, Resource Book on TRIPS and Development，at 601.
[2]　See Winter v. Natural Resources Defense Council，555 U. S. 7 (2008).
[3]　See Interim relief: A worldwide survey, Managing Intellectual Property, November 1997, p. 36
[4]　《最高人民法院关于对诉前停止侵犯专利权行为适用法律问题的若干规定》（法释〔2001〕20 号）第八条。

失或者以后难以取得的情况下,利害关系人可以在提起诉讼或申请仲裁前向证据所在地、被申请人住所地或对案件有管辖权的人民法院申请保全证据。"

然而,此条过于概括,《专利法》(2008)第六十七条参照"诉前财产保全",针对专利侵权诉讼,较为细致地规定了"诉前证据保全"。此制度具有以下特定:第一,诉前证据保全必须基于"紧急情况",即"证据可能灭失或者以后难以取得"。第二,诉前证据保全措施依专利权人或利害关系人请求,经人民法院裁定而采取。这充分体现了专利权属于私权,专利侵权诉讼遵循当事人自愿的原则。但是,第六十七条也没有排除法院可以依照职权主动保存的可能性。第三,诉前证据保全也属于单方程序。人民法院应当自接受申请之时起 48 小时内作出裁定;裁定采取保全措施的,应当立即执行。第四,根据案情,人民法院可以(但是并非必须)责令申请人提供担保;如果申请人不提供担保,人民法院驳回其申请。此担保主要是为了保证被申请人获得错误申请可能导致的损害赔偿。然而,证据保全令通常不涉及重大财产,故无须强制性要求提供担保。再者,由于证据对于诉讼的关键作用,不同于"诉前财产保全",被申请人提供反担保不能解除证据保全令。第五,证据保全后,申请人应当及时行使权利,提起诉讼。如果申请人从人民法院采取保全措施之日起 15 日内不起诉,人民法院应当解除该措施。第六,对于诉前证据保全措施,当事人不服,既不能提起上诉,也不能提出复议请求。相对于诉前财产保全和诉前禁令而言,诉前证据保全裁定发生错误的可能性较小。例如,法官不需要判断是否存在侵权。而且,诉前财产保全令和诉前禁令都有"先予执行"的内容,存在"未审先判"的程序问题,诉前证据保全令则无此顾虑。它一般也不关系被请求人的重大权益,通常也不会对被请求人造成难以弥补的损害。故不设置救济程序,并无明显不当。

最后,需要明确的是,以上三种临时措施——诉前财产保全、诉前临时禁令和诉前证据保全——可以合并采取。人民法院执行诉前禁令时,可以经当事人的申请,同时进行证据保全和财产保全。[1]

第四节　诉讼程序中止

专利侵权诉讼中,被告往往以涉诉专利权无效作为抗辩。由此,法院面临

---

[1] 《最高人民法院关于对诉前停止侵犯专利权行为适用法律问题的若干规定》(法释〔2001〕20 号)第十六条。

两难处境。一方面,由于专利有效是所有侵权成立判决的法律基础,法院理应中止诉讼,以防判决与专利无效宣告程序的决定相左。另一方面,专利无效宣告程序可能颇为漫长,中止侵权诉讼程序,可能导致权利人无法获得及时的救济。

对此,我国司法主要根据专利的类型采取不同的处理。根据《最高人民法院关于审理专利纠纷案件适用法律问题的若干规定》(法释〔2001〕21号),人民法院受理的侵犯实用新型、外观设计专利权纠纷案件,如果被告在答辩期间内请求宣告该项专利权无效,法院应当中止诉讼。但是,具备下列情形之一,可以不中止诉讼:(1)原告出具的检索报告未发现导致实用新型专利丧失新颖性、创造性的技术文献的;(2)被告提供的证据足以证明其使用的技术已经公知的;(3)被告请求宣告该项专利权无效所提供的证据或者依据的理由明显不充分的;(4)人民法院认为不应当中止诉讼的其他情形。但是,人民法院受理的侵犯发明专利权纠纷案件或者经专利复审委员会审查维持专利权的侵犯实用新型、外观设计专利权纠纷案件,如果被告在答辩期间内请求宣告该项专利权无效,人民法院可以不中止诉讼。

对于专利复审委员会作出宣告专利无效的决定,专利权人不服而提起诉讼时,人民法院是否应当中止侵权诉讼,曾经有不同的观点。在对江苏省高级人民法院《关于当宣告专利权无效或者维持专利权的决定已被提起行政诉讼时相关的专利侵权案件是否应当中止审理问题的请示》的批复(2003年4月15日〔2002〕民三他字第8号)中,最高人民法院曾经认为,人民法院在审理侵犯专利权民事案件过程中,当事人不服专利复审委员会有关宣告专利权无效或者维持专利权的决定,在法定期间内依法向人民法院提起行政诉讼的,该侵犯专利权民事案件可以不中止诉讼。但是,根据现有证据材料,受理该侵犯专利权民事案件的人民法院认为继续审理与相关专利行政案件的判决结果可能发生冲突的,经当事人书面申请,也可以中止诉讼。然而,在"深圳万虹科技发展有限公司与深圳市平治东方科技发展有限公司、新诺亚舟科技(深圳)有限公司、创新诺亚舟电子(深圳)有限公司侵犯实用新型专利权纠纷一案"中,①最高人民法院认为,《专利法》第四十七条第1款规定"宣告无效的专利权视为自始即不存在"所指"宣告无效的专利权"应当是指专利复审委员会作出的发生法律效力的无效宣告请求审查决定所宣告无效的专利权。涉案专利虽然被专利复审委员会

---

① 最高人民法院民事裁定书〔2009〕民申字第1573号。

无效宣告请求审查决定宣告全部无效,但专利权人已经针对该决定在法定期限内提起行政诉讼,北京市第一中级人民法院对此已经立案受理,该决定尚未发生法律效力。在此情况下,专利权人向专利侵权诉讼的二审人民法院申请中止审理,二审人民法院以涉案专利已经被无效宣告请求审查决定宣告全部无效为由直接判决驳回再审申请人的全部诉讼请求,属于适用法律错误。最高人民法院因此支持专利权人,指令二审人民法院再审。可见,对于处于行政诉讼或者上诉审查的无效宣告请求审查决定,最高人民法院认为不得作为判决专利侵权不成立的依据。

然而,专利的类型本身并不一定反映专利效力的法律稳定性。例如,申请人同日就同一发明创造同时申请发明专利和实用新型专利。两者说明书公开同样的技术内容,但申请人常常让实用新型权利要求的保护范围小于发明专利的权利要求的保护范围,前者效力的稳定性明显高于后者。可见,以专利类型作为是否中止侵权诉讼的首要标准,可能致使法律适用僵硬不合理。

理论上,法院应当根据专利无效宣告请求获得支持的可能性,个案考虑是否应该中止诉讼程序,而不是采取机械划一的规则。其实,问题集中在未经过实质审查的实用新型专利和外观设计专利。最为直接且合理的出路是允许被告提出"专利权无效抗辩"。法官即可以于个案中审查实用新型专利和外观设计专利的效力,并基于此判决个案是否构成侵权,而不对专利权全国范围内的效力作出判决。在我国现有制度下,实用新型专利和外观设计专利和发明专利别无二致,权利人的付出和其获得的法律保护不成比例。首先,实用新型专利和外观设计专利无须经过实质审查,登记就可以获得授权;其次,授权后,二者所交付的专利年费明显低于发明专利,但是,法律保护强度却和发明专利一样。不承认实用新型专利和外观设计专利具有推定有效的法律保护,允许被告对其提出"专利权无效抗辩",这种区别具有正当性。德国实用新型专利制度即采用此种制度安排。

然而,《专利法》(2008)采取了另外一种方式,纠正前述僵硬的司法解释。《专利法》(2008)第六十一条第 2 款,规定了针对整个实用新型专利或者外观设计专利是否满足专利授权条件的"专利权评价报告",人民法院可以将之作为证据,作为处理专利侵权纠纷的依据。尽管《最高人民法院关于审理专利纠纷案件适用法律问题的若干规定》(〔2001〕21 号)要求实用新型专利权利人提起诉讼时,出具专利局制作的检索报告,但是,检索报告并不足以让法官充分衡量诉争专利的权利状态。"专利评价报告"制度似乎是一种进步。下文将对其进行详细讨论。

第五节　诉讼证据规则

专利侵权诉讼属于民事诉讼,遵循民事诉讼的一般证据规则。但是,基于专利侵权诉讼的特别情况,我国《专利法》(2008)第六十一条第 1 款对于新产品制造方法专利适用举证责任倒置;对实用新型专利和外观设计专利侵权纠纷,其第 2 款特别规定"专利权评价报告"可以作为处理纠纷的"证据"。对于这两项特别制度,以下分别进行讨论。

一、"新产品制造方法"的特殊举证

专利侵权诉讼遵守一般的民事证据规则,即"谁主张,谁举证"。为此,主张他人生产方法侵犯自己的专利方法,应当证明被控方法包含专利方法的所有步骤。然而,生产车间并不是公共场所。法律保护生产秘密和商业秘密。权利人往往不能合法地进入涉嫌方法专利侵权实施的现场,获取被告实际使用方法专利的直接证据。如果产品的生产地位于别国,原告取证就更加困难。方法专利保护延及依照方法专利直接获得的产品,这一延伸保护事实上可能难以兑现。

TRIPS 协议对于方法专利权人的这一特殊处境予以了特别考虑。其第三十四条规定:"司法机关应当有权责令被告证明其取得相同产品的方法不同于权利人主张的专利方法;所以,WTO 成员应当至少规定下述情况之一,任何未经专利权人许可制造的相同产品,而无相反证明,则应当视为经专利方法获得(deemed to having been obtained by the product):(1) 专利方法所得产品是新产品;(2) 如果存在实质性的可能,被告生产的相同产品生产自专利方法,而专利权人通过合理努力无法证明被告实际使用了专利方法。"TRIPS 协议允许 WTO 成员任选其一。同时,TRIPS 协议要求,如果被告提供了相反的证明,其正当的生产秘密和商业秘密应当予以保护。这些法律条件的中心目的是确保专利侵权诉讼中,原被告得到公平而正当地对待,保证专利权得到正当的保护。

为履行 TRIPS 协议,我国《专利法》(2008)第六十一条规定:"专利侵权纠纷涉及新产品制造方法的发明专利的,制造同样产品的单位或者个人应当提供其产品制造方法不同于专利方法的证明。"此即所谓的"新产品"举证责任倒置原则。

然而,这一举证责任倒置并不意味着被告应当证明自己不侵犯专利权。专利权人仍然需要承担证明侵权成立的证明责任。权利人需要首先"证明依照专利方法制造的产品属于新产品,并且被诉侵权人制造的产品与依照专利方法制造的产品属于同样的产品"①,被告才有责任举出证据证明自己采用的生产方法不同于专利方法,以便摆脱侵权责任。

对于何谓"新产品",我国司法实践并没有形成共识。"新"的标准并没有统一,尽管参照时间都是"申请日"。一些意见认为,应当根据是否"生产出"作为判断标准,例如,北京市高级人民法院 2001 年关于《专利侵权判定若干问题的意见(试行)》(京高法发〔2001〕229 号)第 122 条规定:"'新产品'是指在国内第一次'生产出'的产品,该产品与专利申请日之前已有的同类产品相比,在产品的组分、结构或者其质量、性能、功能方面有明显区别。"一些意见又认为,应当依据是否出现在国内市场作为判断标准。例如,国家知识产权局条法司编撰的《新专利法详解》(2001)指出新产品的"新"不同于《专利法》所规定的"新颖性",只要所涉及的产品在专利申请日之前是"本国市场上未曾见过的",就可以认为是新产品。② 还有一些观点认为,应当以是否"公开出现过"为判断标准,例如,2008 年 10 月最高人民法院司法答复认为"新产品"是指专利申请日之前在国内外未公开出现过的,与已有产品不相同也不等同的产品。③

2009 年《最高人民法院关于审理侵犯专利权纠纷案件应用法律若干问题的解释》(法释〔2009〕21 号)对于"新产品"予以了明确。其第十七条规定:"产品或者制造产品的技术方案在专利申请日以前为国内外公众所知的,人民法院应当认定该产品不属于专利法第六十一条第 1 款规定的新产品。"根据这一规定,"新产品"不是指"产品"是否新,而是指"技术方案"是否新,是否在申请日前为公众所知。这一法律界定明显不同于上述诸多定义。产品的技术方案是否为公众所知,与产品是否实际生产出来,是否投入市场,是不同的法律概念。例如,新药生产销售须要经过国家药监局的批准,但是其技术方案为公众所知的时间远早于其实际生产和出现在市场的时间。

但是,上述司法解释只是定义了"什么不是新产品",而并没有正面定义"什么是新产品"。于是,2011 年北京市高级人民法院起草的《专利侵权判定若干问题的意见》(征求意见稿)第 110 条将 2001 年《专利侵权判定若干问题的意见(试行)》关于"新产品"的规定直接嫁接到《最高人民法院关于审理侵犯专利权

---

① 张喜田与欧意公司等专利侵权纠纷案,最高人民法院民事判决书〔2009〕民提字第 84 号。
② 国家知识产权局条法司:《新专利法详解》,知识产权出版社 2001 年版,第 298 页。
③ 国家知识产权局条法司:《新专利法详解》,知识产权出版社 2001 年版,第 298 页。

纠纷案件应用法律若干问题的解释》第十七条的规定之上，使得"新产品"的法律概念更加不确定。

由于上述司法解释的开放性，最高人民法院得以在 2010 年张喜田与欧意公司等专利侵权纠纷提审案中，导演了"新产品"的革命。最高人民法院指出，"认定一项方法专利是否属于新产品制造方法专利时，应当以依照该专利方法直接获得的产品为依据"，而"依照专利方法直接获得的产品"是指"使用专利方法获得的原始产品，而不包括对该原始产品作进一步处理后获得的后续产品"。① 但是，TRIPS 协议并没有要求专利方法"直接"获得的产品构成新产品，才适用举证责任倒置。其第三十四条第 1 款（a）项规定"专利方法所得产品是新产品"（the product obtained by the patented process is new），区别于 TRIPS 协议第二十八条专利方法延伸保护到该专利方法直接获得的产品（product obtained directly by the patented process）。而且，《专利法》（2008）第六十一条也只是规定"专利侵权纠纷涉及新产品"，并没有要求诉争专利直接获得的产品必须构成新产品。可见，"张喜田提审案"的判决意见大大限制了"新产品"举证责任倒置的适用范围，有违 TRIPS 协议之虞。

被告是否制造"同样的产品"的法律标准和认定"新产品"的法律标准相关。如果须要凭依照专利方法生产的原始产品来认定是否构成"新产品"，则依照专利方法生产的原始产品也应当成为被告是否制造同样产品的比对标杆。然而，侵权人从来不会愚蠢到生产一模一样的产品。他总可以增加修饰步骤，使得自己的产品与依专利方法制造的原始产品表面上不同。根据《最高人民法院关于审理侵犯专利权纠纷案件应用法律若干问题的解释》（法释〔2009〕21 号）第十三条，被告的这一行为属于"使用"依照该专利方法直接获得的产品，不再满足《专利法》（2008）第六十一条举证责任倒置的法律条件。这很值得商榷。

当专利方法制造的"新产品"不是最终产品，而是"中间产物"时，要求原告证明被告生产过程中产生了相同的"中间产物"以满足"同样产品"这一条件，很多情况下等同于要求原告进入被告生产现场去获取"中间产物"的证据。然而，正是为了避免此种不合理也不现实的取证要求，《专利法》（2008）第六十一条才设置了举证责任倒置制度。而且，如果使用专利方法后，通过"使用"依照专利方法直接获得的产品——经过几个无关紧要的工艺步骤"修饰"一下——就可以免于举证责任倒置的法律风险，第六十一条就形同虚设。

---

① 　最高人民法院民事判决书〔2009〕民提字第 84 号。

　　"新产品"的法律要求核心是解决方法专利侵权纠纷的证据问题,其本质上等同于证明"存在实质性的可能,被告生产的相同产品得自专利方法"。专利制度下的"产品"概念实际是指一组特定的技术特征。[①] "新产品"也就应依据技术特征才能予以界定,认定被告是否制造新产品的"同样产品"也就应当考虑界定"新产品"的那些技术特征。由于这些技术特征"新",因而对于其形成的生产方法就具有相当的证明力。诚然,产品经过后续的处理肯定发生变化,"原始产品"必然不再"原始"。但是,产品的特定技术特征却可保持不变,证明被告是否使用原告专利方法的证据力量——"直接性"——也就可以保持不变。

　　所以,"新产品"和"同样的产品"的法律解释,一方面应围绕举证责任倒置的立法本意,即让法官有足够的确信认定被告实际未经许可使用了原告的方法专利;另一方面还应符合民事诉讼程序的公平合理基本原则。

　　最后,方法专利侵权纠纷中,即便原告不能证明"新产品"和侵权嫌疑人生产的是"同样的产品",应允许法院依照具体案情,合理地分配举证责任。[②] TRIPS 协议第四十三条第 1 款规定:"如果当一方当事人已经举出其合理可得证据,充分支持其诉讼主张,并具体指明可证实自己主张但处于对方当事人控制之下的证据,则法院应当有权责令对方当事人提供这一证据。如果涉及保密信息的,法院应予以保护。"而我国证据法也有类似规定。《最高人民法院关于民事诉讼证据的若干规定》(2001)第七条规定:"在法律没有具体规定,依本规定及其他司法解释无法确定举证责任承担时,人民法院可以根据公平原则和诚实信用原则,综合当事人举证能力等因素确定举证责任的承担。"《最高人民法院关于充分发挥知识产权审判职能作用推动社会主义文化大发展大繁荣和促进经济自主协调发展若干问题的意见》(2011 年 12 月 16 日印发法发〔2011〕18号)也指出:"使用专利方法获得的产品不属于新产品,专利权人能够证明被诉侵权人制造了同样产品,经合理努力仍无法证明被诉侵权人确实使用了该专利方法,但根据案件具体情况,结合已知事实以及日常生活经验,能够认定该同样产品经由专利方法制造的可能性很大的,可以根据民事诉讼证据司法解释有关

---

　　① 　参见国家知识产权局条法司:《新专利法详解》,知识产权出版社 2001 年版,第 62 页("专利产品就是具有一项专利的某项权利要求所记载的全部技术特征的产品")。

　　② 　参见 1998 年 7 月 20 日最高人民法院《关于全国部分法院知识产权审判工作座谈会纪要》(简称《纪要》)中指出:"人民法院对于当事人的某些主张,应当根据法律并从实际情况出发,实行'举证责任倒置'的原则,即一方对于自己的主张,由于证据被对方掌握而无法以合法手段收集证据时,人民法院应当要求对方当事人举证。例如,在方法专利和技术秘密侵权诉讼中的被告,应当提供其使用的方法的证据,被告拒不提供证据的,人民法院可以根据查明的案件事实,认定被告是否构成侵权。"

规定,不再要求专利权人提供进一步的证据,而由被诉侵权人提供其制造方法不同于专利方法的证据。"

二、专利权评价报告

"专利权评价报告"是《专利法》第三次修改的新增制度。《专利法》(2008)第六十一条第2款规定:"专利侵权纠纷涉及实用新型专利或者外观设计专利的,人民法院或者管理专利工作的部门可以要求专利权人或者利害关系人出具由国务院专利行政部门对相关实用新型或者外观设计进行检索、分析和评价后作出的专利权评价报告,作为审理、处理专利侵权纠纷的证据。"

本质上来说,"专利权评价报告"是实用新型专利或外观设计专利的准实质审查报告。根据《专利审查指南》(2010),"专利权评价报告"对实用新型专利和外观设计专利进行全面的效力评估,[①]不局限于诉争的权利要求;并且实行"一项实用新型专利(外观设计专利),一项公开的权威评估"的制度。《专利法实施细则》(2010)第五十七条明确规定:"对同一项实用新型或者外观设计专利权,有多个请求人请求作出专利权评价报告的,国务院专利行政部门仅作出一份专利权评价报告。任何单位或者个人可以查阅或者复制该专利权评价报告。"

然而,"专利权评价报告"不是专利局的"决定",不可申请专利复审委员会复审,也不得对此提出行政复议或者行政诉讼。

"专利权评价报告"主要用于人民法院或者管理专利工作的部门确定是否需要中止相关程序。[②] 然而,这一制度的实际运行,可能与立法者初衷相左。TRIPS协议要求专利救济程序对原被告都应该公平正当,而且不应该不必要的复杂和昂贵。不幸的是,专利权评价报告可能让程序复杂和不经济,同时又损害诉讼程序对权利人和侵权嫌疑人的公平性和正当性。一方面,如果"专利评价报告"否定诉争专利的效力,人民法院完全可能依据此报告,判决不构成侵权,即个案中认定已经授权的实用新型专利和外观设计专利不具有可执行性。这等于在个案中宣告此专利无效,但却未经过专利复审委员会的专利无效宣告程序。而且,在每一个侵权诉讼了人民法院都可能作出这样的判决。但是,专利权人却无从挑战"专利权评价报告"。另一方面,它也可能使侵权嫌疑人遭受不公平和不正当的"待遇"。如果"专利评价报告"认定特定实用新型或外观设

---

① 《专利审查指南》(2010)第499-500页。

② 《专利审查指南》(2010)第496页。

计专利有效,则人民法院可以径直依此裁判构成侵权,并且执行侵权判决,即便被告提出专利无效宣告请求。借此评估报告,人民法院完全可以不中止侵权诉讼程序。如此,被告继续专利无效宣告已经没有意义,因为即便他可以获得胜利,宣告诉争专利无效,但依然不可回天。虽然宣告无效的专利自始无效,但是,却不可溯及已经执行的侵权判决。[①]　可见,专利权评价报告也可以危害被告的正当程序权利。之所以如此,根源在于被告缺乏挑战"专利权评价报告"的程序权利。

最重要的是,"专利权评价报告"还可能让我国的专利制度更加复杂,而法律确定性更差。在原有制度下,法律不确定性在于,人民法院的侵权诉讼判决可能与专利复审委员会对专利效力的判断相左。在现有制度下,人民法院的侵权诉讼判决可能与专利复审委员会对专利效力的判断相左,而且专利权评价报告与专利复审委员会对专利效力的判断也可能冲突,而前者并不受专利复审委员会的审查。再有,我国《专利法》(2008)又引入"现有技术抗辩"。此抗辩本身又和专利的效力存在千丝万缕的联系。如此一来,"专利权评价报告"可能让我国专利制度的法律更复杂,法律确定性却更差,让专利权人和侵权嫌疑人更难预测其运行。对于商事活动而言,不确定的法律规则甚至比一个相对坏的规则,更具有破坏效应。"专利权评价报告"的实际效果,亟须实证调查的支持。

三、知识产权司法鉴定

专利侵权诉讼不可避免地遇到专业技术,而且往往是新技术。然而,法官往往缺乏针对性的技术背景,或者根本没有技术背景。为克服专利纠纷审理中的技术问题,妥善处理专业技术事实认定,《最高人民法院关于全面加强知识产权审判工作为建设创新型国家提供司法保障的意见》(2007 年 1 月 11 日印发法发〔2007〕1 号)指出:"注重发挥人民陪审员、专家证人、专家咨询、技术鉴定在解决知识产权审判专业技术事实认定难题中的作用。注意把具有专业技术特长和一定法律知识、普遍公认的专家,通过所在城市的基层法院推荐、提请任命为人民陪审员;支持当事人聘请具有专门知识的人员作为诉讼辅助人员出庭就案件的专门性问题进行说明,不受举证时限的限制;复杂、疑难知识产权案件,可以向相关领域的技术和法律专家咨询;对于采取其他方式仍难以作出认定的专

---

① 《中华人民共和国专利法》(2008)第四十七条。

业技术事实问题,可以委托进行技术鉴定。"①

　　知识产权司法鉴定,概括地说,就是指"知识产权诉讼过程中,为查明案件事实,鉴定人运用科学技术或者专门知识对诉讼涉及的有关知识产权问题进行鉴别和判断并提供鉴定意见的活动"。② 相比于法医类鉴定、物证类鉴定和声像资料鉴定,我国知识产权鉴定起步晚,可以追溯到 20 世纪 90 年代中期。2000年 11 月,司法部印发《司法鉴定执业分类规定(试行)》(司发通〔2000〕159 号),知识产权司法鉴定始列为十三类司法鉴定事项之一。根据这一规定,对于专利侵权而言,"知识产权司法鉴定"是"根据技术专家对本领域公知技术及相关专业技术的了解,并运用必要的检测、化验、分析手段,对被侵权的技术和相关技术的特征是否相同或者等同进行认定……"。本质上,专利侵权诉讼中的知识产权司法鉴定属于"技术鉴定"。

　　我国的司法鉴定机构实行登记管理制。2005 年 10 月 1 日开始施行的《全国人大常委会关于司法鉴定管理问题的决定》(以下简称《司法鉴定管理决定》),结束了人民法院"自鉴自审"的时代。司法鉴定机构开始实行登记管理制度,由司法部主管。然而,《司法鉴定管理决定》第二条只明确规定法医类鉴定、物证类鉴定和声像资料鉴定的机构须要登记。知识产权司法鉴定属于该条的兜底规定,即"根据诉讼需要由国务院司法行政部门、最高人民法院、最高人民检察院确定的其他应当对鉴定人和鉴定机构实行登记管理的鉴定事项"。到目前为止,我国法律对知识产权司法鉴定机构的登记管理没有明确规定。一些地方,例如北京,由高级人民法院负责管理辖区人民法院的知识产权委托司法鉴定工作,设置知识产权鉴定机构应具备的条件,依照申请进行审查,确定合格机构的名册,供当事人自由选择。③

　　我国实行人民法院委托性司法鉴定。知识产权司法鉴定一般由当事人申请并经人民法院同意;人民法院如果认为确有必要,也可以决定鉴定。④ 无论是哪一种情况,均由人民法院进行委托,并明确委托鉴定的具体内容。⑤ 绝大多数情况,知识产权司法鉴定由审理法院委托;特殊案件中,下级人民法院也可以报

① 对专家陪审员制度,早在 1991 年,最高人民法院答复北京市高级人民法院时曾经指出:"人民法院在审理第一审专利案件时,可以根据该案件所涉及的技术领域,聘请有关技术专家担任陪审员。"最高人民法院法经函〔1991〕64 号。
② 《北京市高级人民法院关于知识产权司法鉴定若干问题的规定》(试行)(2005)。
③ 参见《北京市高级人民法院关于知识产权司法鉴定若干问题的规定》(试行)(2005)。
④ 《北京市高级人民法院关于知识产权司法鉴定若干问题的规定》(试行)(2005)第七条第 1 款。
⑤ 《北京市高级人民法院关于知识产权司法鉴定若干问题的规定》(试行)(2005)第七条第 2 款。

· 310 ·

请上级人民法院委托。

但是,知识产权司法鉴定机构的选定由当事人自主从知识产权鉴定机构名册中决定。人民法院只向当事人明确选择知识产权司法鉴定机构的原则和办法,不得干涉选择过程。为保障当事人意思自由,防止程序滥用,需要遵守特别的法律程序。具体来说,根据《北京市高级人民法院关于知识产权司法鉴定若干问题的规定》(试行)(2005),如果当事人能够达成一致,则委托当事人协商一致的机构进行司法鉴定。如果当事人选择不一致,人民法院将允许当事人在名册内各选择二至三家机构,如有一家机构重合,则委托之。如有多家机构重合,或者没有重合,则由审理人民法院根据委托司法鉴定的内容,在相应专业的司法鉴定机构内,采取各案分别委托、公开抽签的方式确定。如果当事人一方放弃选择,或经传票传唤不到,或在人民法院指定期限内无正当理由未予答复,则由另一方当事人单方选择后由人民法院确定。如果双方当事人均表示放弃选择,则由人民法院提出建议,经双方当事人同意后确定。

委托鉴定的具体内容由人民法院决定。司法鉴定只应当针对案件事实争议,提供鉴定意见。鉴定人不是法官,鉴定也不是诉讼程序,委托鉴定的具体内容就不应包含法律问题。然而,在我国知识产权司法鉴定实践中,事实判断和法律判断常被混淆。法官因此得以摆脱审判风险,逃避上诉人民法院司法审查。当事人因此丧失了实质性的诉讼权利。

对于专利侵权纠纷,很多委托鉴定的内容居然是:"某被控产品是否侵犯了某专利";"某被控实物是否落入了某专利权利要求1的保护范围";"被控产品技术特征A是否与专利B相应技术特征构成等同"。甚至于司法判决书都常混淆事实判断和法律判断。例如,在"宁波市东方机芯总厂诉江阴金铃五金制品有限公司专利权纠纷案"中,金铃公司申诉时称判断"是否属于等同替代"应属于人民法院职权范围,不应通过技术鉴定加以确定。但是,最高人民法院提审意见认为:"等同替代或者称为等同物替代,应属于技术事实问题,即权利要求中的必要技术特征与被控侵权产品的相应技术特征相比,在技术手段、功能和效果方面基本相同;二者相互替代对于本领域普通技术人员来说,无须创造性劳动即能实现。人民法院在认定二者是否属于等同物替换时,有时需要借助本领域专业技术人员的判断。等同物替换并非都构成专利侵权……"[1]既然承认等同物替换需要从"本领域普通技术人员"的角度来判断,知识产权司法鉴定又

---

① 最高人民法院〔2001〕民三提字第1号。

都是"专家"鉴定,其鉴定意见的价值必然大打折扣。本领域普通技术人员是一个法律概念。这一抽象判断主体的知识水平和认知能力,需要通过双方当事人举证证明,方可采信确立。知识产权鉴定机构的专家显然不适宜作这样的判断。

对于这种混淆,人民法院应该承担全部责任。人民法院委托知识产权司法鉴定时,不应概括性授权,放弃审判权,而应该明确具体的鉴定内容,区分事实问题和法律问题,"事前"给予鉴定机构充分明确的法律指示。所谓事实问题(matter of fact)是指需要证据证明的既往事实;所谓法律问题(matter of law)是指法律解释和法律适用。然而,事实问题和法律问题时常不能截然分开。比如,被控技术是否落入专利的保护范围,首先要求对权利要求进行解释,然后才可能判断被控技术是否落入专利的保护范围。为此,人民法院首先应该进行诉讼程序,听取当事人双方的意见陈述,适当地解释权利要求,确定专利保护范围。然后据此拟定法律指示,以技术专家理解的方式,解释相关的法律问题——如同美国法官给予陪审团具体指示(instruction)一样,将其作为委托司法鉴定的具体内容的组成部分。人民法院委托鉴定的具体内容以及相关法律指引,属于法律适用,如果不恰当,将直接而实质性地影响诉讼的最终结果。它们应当被写入判决书。当事人不服,可以就此提起上诉,要求上级人民法院进行司法审查。

这一解决方案同时表明,不应通过将法律专家引入知识产权司法鉴定来解决有关的法律问题。鉴于专利法问题往往是法律问题和技术问题交融的实际情况,不少人认为,应针对个案采取同时聘请相应专业技术专家与熟悉掌握相关知识产权法律的法律专家参与鉴定;[①]甚至有意见认为,从事知识产权鉴定事务必须吸收法律专家参加,以保证鉴定符合法律要求,适应诉讼的需要。[②] 然而,引入法律专家只能导致司法鉴定不再是"事实"鉴定,而是"法律"鉴定——一种变相剥夺当事人诉讼程序权利的形式。

这一解决方案同时还说明,司法鉴定程序应该保持独立,不应开放让当事人参与。一种代表性的意见认为,应该允许司法鉴定"听证"制度,以便当事人可以陈述自己的意见。[③] 在富泰宏精密工业有限公司和鸿富锦精密工业有限公司(富士康集团旗下公司)诉比亚迪股份有限公司涉嫌剽窃商业秘密案件(以下

---

① 朱玉玲:《对知识产权诉讼中司法鉴定问题的思考》,《前沿》2007 年第 7 期。

② 霍宪丹:《加强司法鉴定管理完善知识产权鉴定制度》,《科技与法律》2008 年第 3 期。

③ 徐宇波:《试谈将听证制度引入司法鉴定》,《中国司法鉴定》2008 年第 S2 期,第 14 页;江波,张金平:《知识产权司法鉴定相关问题研究》,《科技与法律》2009 年第 5 期,第 85 页。

简称"富—比商业秘密纠纷案")中,由于当事人对技术问题有争议,深圳市中级人民法院对当事人的申请依法报请最高人民法院,最高人民法院委托北京九州世初知识产权司法鉴定中心进行鉴定。2007 年 11 月,鉴定中心在北京举行了司法鉴定听证会。本案属于影响重大的高敏感纠纷,所以才有最高人民法院委托司法鉴定,以及司法鉴定的听证会。然而,鉴定就应该只针对"事实"。知识产权司法鉴定如果涉及法律问题,法律问题应当通过诉讼程序解决,由人民法院形成司法意见后,以鉴定人员可以理解的形式,拟定成法律指示,让鉴定机构执行。该司法意见应当作为判决书的组成部分,从而接受上诉人民法院的司法审查。知识产权司法鉴定采取听证制度,将有不当取代人民法院诉讼程序的嫌疑。事实上,知识产权司法鉴定的听证内容以及听证决定都属于诉讼外程序,处于半失控的状态,专利侵权纠纷第一审法院的上诉人民法院将难以对其进行司法审查。很明显,广东省高级人民法院无法对"富—比商业秘密纠纷案"的司法鉴定听证进行司法审查。

最后,鉴定结论属于《民事诉讼法》(2012)第六十三条规定的一种"证据","应当在法庭上出示,并由当事人互相质证"[1]。鉴定人应当出庭接受双方当事人的质证。对于鉴定意见,人民法院主要审查其形式。[2] 人民法院对鉴定结论的实质内容应只进行有限审查。[3] 道理很简单,法官不是技术专家,无法从专业角度"全面地"审查鉴定结论。根据《最高人民法院关于民事诉讼证据的若干规定》第二十七条,只有当鉴定结论"明显依据不足"时,才构成应当重新鉴定的实质性缺陷。就鉴定结论的依据是否充足,参考《美国联邦证据规则》专家证言的要求,应至少包括以下几个方面:(1) 鉴定人是否具备相应的资格,包括知识、技巧、经验、训练和教育;(2) 鉴定结论是否基于充分的事实或数据;(3) 鉴定结论是否基于可信的科学技术原理和方法;(4) 鉴定人是否可信地结合案件事实,适用了科学技术原理和方法。[4] 如鉴定结论依据不足,则人民法院不应当采信。如鉴定意见存在严重的程序瑕疵或实质性瑕疵,人民法院应当委托重新鉴定。

---

[1] 《中华人民共和国民事诉讼法》(2012)第六十八条。

[2] 《最高人民法院关于民事诉讼证据的若干规定》(法释〔2001〕33 号)第二十九条:"审判人员对鉴定人出具的鉴定书,应当审查是否具有下列内容:(一)委托人姓名或者名称、委托鉴定的内容;(二)委托鉴定的材料;(三)鉴定的依据及使用的科学技术手段;(四)对鉴定过程的说明;(五)明确的鉴定结论;(六)对鉴定人鉴定资格的说明;(七)鉴定人员及鉴定机构签名盖章。"

[3] 人民法院对鉴定结论的审查,典型案例可以参考"宁波市东方机芯总厂诉江阴金铃五金制品有限公司专利权纠纷案",最高人民法院〔2001〕民三提字第 1 号。

[4] See U. S. Federal Rule of Evidence, Rule 702 Testimony by Expert Witnesses.

第六节　停止侵权责任

一项没有救济的权利,就不是一项真正的权利(there is no right without remedy)。专利权作为一种排他权(exclusive right),受到侵犯后,最为重要的救济是"停止侵权"(cease-and-desist order),其次是损害赔偿(damages)。法院终审判决被告行为侵犯专利权后,依原告请求可责令被告停止侵权。由于此禁止令签发于诉讼完成之时,通常又称为"永久禁令"(permanent injunction),与诉前禁令相对。本节首先讨论"停止侵权",下一节讨论"损害赔偿"。

一、概述

我国《专利法》(2008)没有专门的条款规定停止侵权令。但是,《专利法》(2008)第十一条明确地规定,专利权授予后,"除本法另有规定的以外,任何单位或者个人未经专利权人许可,都不得实施其专利"。其第六十条还规定"管理专利工作的部门处理时,认定侵权行为成立的,可以责令侵权人立即停止侵权行为。"虽然停止侵权又称"永久禁令",但是,"永久"并不代表"永远",而只表明"一段稳定而持续的时间",即专利保护有效期终止之前。

停止侵权令的范围不仅仅是停止侵权,而且还防止即将发生的侵权行为,对侵权行为人的生产经营活动具有深远影响。对于停止侵权令的效力范围,法律并没有明文规定。但是,国家知识产权局发布的《专利行政执法办法》(2011)对其有界定,可以作为参考。[①] 对于侵犯产品专利而言,"停止侵权"意味着立即停止侵权制造行为、停止侵权销售行为、停止许诺销售行为和停止进口行为;销毁制造侵权产品的专用设备、模具,不得销售、使用尚未售出的侵权产品或者以任何其他形式将其投放市场;如果尚未售出侵权产品难以保存,侵权人须销毁侵权产品;如果侵权产品尚未入境,处理决定通知可移送有关海关执行。[②] 对于侵犯专利方法,或者侵权利用依专利方法直接获得的产品,停止侵权令的效力范围,与上述范围类似。[③] 无论是销毁制造侵权产品的专用设备、模具(或者实施专利方法的专用设备、模具),还是移送有关决定给海关以阻止侵权产品入

---

① 《专利行政执法办法》(国家知识产权局令第 60 号)2010 年 12 月 29 日公布,自 2011 年 2 月 1 日起施行。

② 《专利行政执法办法》(2011)第四十一条。

③ 同前注。

境,都表明停止侵权令具有"预防"侵权的作用。有学者指出,"被告无论是在原告起诉前还是在诉讼过程中虽主动停止了被控侵权行为,但只要该行为有再次发生或继续之虞,经原告请求,人民法院便应判令被告停止侵害"[①]。总之,停止侵权令的威力很强,直接涉及侵权行为人的生产流水线和产品流通渠道。

二、停止侵权的适用条件

我国《专利法》自制定以来,一直遵循一个基本的法律规则:停止侵权是侵犯专利权的必然结果。只要证明侵权成立,人民法院即应当签发永久禁令。《专利法》(2008)第十一条的上述规定,并没有对签发永久禁令附加任何其他条件。

这一绝对化的法律规则,对于中国改革开放初建的专利制度,加强专利保护而言,具有重要作用。它意味着,一旦构成侵权,人民法院就没有任何自由裁量权,必须签发永久禁令,除非构成法定的豁免,或者经过强制许可。这意味着,如果禁令可能损害公共利益,例如,停止侵权要求停止运行移动通信网络、公共交通系统、公共输电系统、共同卫生系统、造成严重环境污染等,[②]只能基于公共利益,通过国家知识产权局获得强制许可程序。

但是,专利制度并不是为最大化私人利益而设,私人利益保护只是增加社会福利的手段,而不是最终目的。从理性的角度出发,永久禁令并不是救济专利侵权,实现社会整体利益最大化的有效手段。实际上,很多时候,永久禁令只会导致社会浪费。例如,在用立交桥侵犯专利权,责令撤除或者改建,有损公共利益,而专利权人并不因为撤除或者改建而获得经济利益,也不因为不撤除或者改建就遭受难以弥补的损害。

实际上,TRIPS 协议第 44 条仅仅要求成员国法律授权法院可以命令当事人停止侵权,但没有具体规定法院签发永久禁令所须满足的法律条件。WTO成员专利法无须遵循侵权成立即须停止侵权的僵化规则。例如,《美国专利法》第 283 条规定,法院得根据衡平规则,按照其认为合理的条件,签发禁令以防止

---

① 张广良:《知识产权侵权民事救济》,法律出版社 2003 年版,第 47—48 页。
② 例如,美国法院曾经拒绝签发禁令,因为禁令将迫使市政当局将污水直接排入密歇根湖。See Milwaukee v. Activated Sludge, 69 F. 2d 577 (7th Cir. 1934), *cert.* denied, 293 U. S. 576 (1934). 再如,美国第二巡回上诉法院拒绝签发永久禁令,禁止铁路公司使用一铁路刹车装置专利,因为这一装置已经广泛使用,停止侵权会严重影响公众利益,而且,此种救济无助于实现权利人利益。See Nernery v. New York, 83 F. 2d 409, 411 (2d Cir. 1936).

侵犯专利权的行为。这一法律规定授权法院根据具体案情,灵活决定是否签发永久禁令。为让法院签发永久禁令,根据美国衡平法规则,权利人需要证明以下四项条件:(1)已经遭受不可弥补的损害;(2)法律规定的救济,例如金钱赔偿,不足以补偿其损害;(3)权衡原被告双方就永久禁令的影响,是否值得签发永久禁令;(4)永久禁令不会损害公共利益。2005年前,美国联邦巡回上诉法院曾经认为,只要专利权有效,判决构成侵权,一般都应签发永久禁令,除非特殊情况。[①] 但是,美国联邦最高法院提审 eBay, Inc v. MercExchange, LLC 案,明确指出,专利法领域并不特殊,永久禁令签发的衡平法四要素检验仍应当遵守。[②]

可见,美国法律认为,专利权设置并不是为个人利益,永久禁令的救济并不是纯粹的私人救济。永久禁令乃社会公器,原告损害需要根据其具体性质、法律规定的补偿程度、永久禁令对被告利益的伤害程度以及对社会公共利益的影响,综合考虑,才能决定。这符合专利制度的基本思想——功利主义。

不签发永久禁令并不等于强制许可(compulsory license)诉争专利,不等于低价许可,更不等于免费许可——法院可以签发"持续许可费支付令"(on-going royalty order)。2007年,美国联邦巡回上诉法院通过 Paice LLC v. Toyota Motor Corp. 全席审判案,明确指出:如果法官认定不应当采取永久禁令,法官应让原被告就未来使用专利技术,协商许可费;如果协商不成,法官即应介入,根据持续侵权的具体案情,确定一个"合理许可费"(reasonable royalty),签发"持续许可费支付令",[③]要求侵权人支付专利保护期间内使用专利技术的费用。

"持续许可费支付令"不同于"强制许可"。联邦巡回上诉法院指出,强制许可是指"任何人"满足法定条件,得依国会授权使用强制许可的专利技术;而"持续许可费支付令"只是针对特定的被告,其他人无权要求法院许可其依照同等或类似条件,使用相关专利。

"持续许可费支付令"的费率一般以原被告合意为准,法院准许后即具有强制执行力。如果双方未能达成合意,则由法官确定"合理许可费"。此费率是由法官根据"侵权"事实确定,不同于强制许可中有权机关根据强制许可法定理由

---

① See MercExchange, LLC v. eBay, Inc. 401 F. 3d 1323, 1338 - 39 (Fed. Cir. 2005)

② See eBay Inc. v. MercExchange, L. L. C. 547 U. S. 388 (2006).

③ See Paice LLC v. Toyota Motor Corp. et al 504 F. 3d 1293 (Fed. Cir. 2007) (en banc); Shatterproof Glass Corp. v. Libbey-Owens Ford Co. , 758 F. 2d 613, 628 (Fed. Cir. 1985).

和强制许可的目的所确定的补偿性费用。"持续许可费支付令"作为一种侵权救济，更需要考虑专利权人利益，并且根据 TRIPS 协议的要求，应该对侵权行为具有遏制性(deterrent)。所以，持续许可费支付令的费率不是低价，更不是免费。

相比之下，我国《专利法》将专利权作为个人财产予以倾力维护。虽然我国设置有专利强制许可制度，公共利益是获得强制许可的法定理由之一，但是这种单独设置的强制许可制度，不足以保护公共利益。一方面，强制许可制度已经被政治化和敏感化，通常是备而不用；另一方面，为公共利益的强制许可，只能国务院主管部门提出并且申请强制许可，并可能为人民法院判决中止执行。此外，强制许可制度还不能纠正救济偏失，导致社会利益亏损：永久禁令给予原告的利益可能远小于给被告造成的损害。

最高人民法院早就意识到上述问题，但是却未能够找到解决的方案。在技术标准包含专利技术的案件中，最高人民法院曾经指出："……专利权人参与了标准的制定或者经其同意，将专利纳入国家、行业或者地方标准的，视为专利权人许可他人在实施标准的同时实施该专利，他人的有关实施行为不属于专利法第十一条所规定的侵犯专利权的行为。专利权人可以要求实施人支付一定的使用费，但支付的数额应明显低于正常的许可使用费……"[①]这一司法意见的核心是，实施标准而侵犯专利权，是否需要停止侵权；如果可以不停止侵权，应该支付何种水平的许可费。由于我国专利法刻板地遵循侵权即必须停止侵权的法律规则，此司法意见强硬地采取"视为专利权人许可他人在实施标准的同时实施该专利"。一方面，这一推定没有允许推翻的条件；另一方面，基于此推定的许可，又要求专利权人低价许可，这使得参加各类技术标准制定的企业人人自危。这一司法答复最终被迫撤回。

其实，最高人民法院不需要作出如此宽泛的答复。个案之中，实施技术标准而侵犯专利权，未必损害公共利益，特别是涉诉标准为推荐性标准的时候。而且，权衡原被告就签发禁令与否受到的影响，可能得出有利于原告的结论。最为重要的是，继续侵权使用专利技术，合理的许可费不应该是低价许可。当时，合理许可费的具体费率可以考虑技术标准制定过程中权利人的行为，技术标准的特性，技术标准实施对社会生活的影响，等等。

---

① 最高人民法院关于朝阳兴诺公司按照建设部颁发的行业标准《复合载体夯扩桩设计规程》设计、施工而实施标准中专利的行为是否构成侵犯专利权问题的函(〔2008〕民三他字第 4 号)。

总之,一方面,永久禁令拒签应当局限于少数情况,否则将严重削弱专利权保护,剥夺专利权人的交易自由;另一方面,刻板地适用永久禁令,遵循侵权必禁止的简单私权保护逻辑,不考虑永久禁令执行对被告和社会的效果,可能导致救济无助于社会整体利益的矛盾局面。

三、拒不执行和加重处罚

为维护司法的尊严,重复侵权、违反法院签发的永久禁令,应该受到法律的制裁。《专利法》(2008)并没有规定对侵权人重复侵权加重处罚。但是,《专利行政执法办法》(2010)针对"相同类型的侵权行为"有特别规定。根据其第十八条,"管理专利工作的部门或者人民法院作出认定侵权成立并责令侵权人立即停止侵权行为的处理决定或者判决之后,被请求人就同一专利权再次作出相同类型的侵权行为,专利权人或者利害关系人请求处理的,管理专利工作的部门可以直接作出责令立即停止侵权行为的处理决定。"我国地方出台的专利保护和促进条例,视多次"相同类型的侵权行为"为"拒不执行",进行加重处罚。例如,《汕头市专利保护和促进条例》第四十一条:"侵权人对同一专利权两次以上实施相同类型的侵权行为的,由管理专利工作的部门没收并销毁侵权物品,没收违法所得,并处违法所得三倍以下的罚款"。而我国《刑法》第三百一十三条还规定有"拒不执行判决罪"。

但是,"重复侵权"不应当和"二次侵权"混淆。被告被判处停止侵权,其有权修改侵权产品或者改变侵权方法,从而避免重复侵权。专利法鼓励绕开设计(design around),[①]鼓励非专利产品与专利产品之间的竞争。然而,努力绕开,并不等于实际绕开。重新设计的产品或方法,即便经过专业律师和权威人士鉴定为不侵权,仍旧可能事后为人民法院裁判构成字面侵权或者等同侵权。这属于再次侵权,而不属于重复侵权,因为被告并没有蔑视法院判决,拒不执行。

可见,不能简单地以同一被告多次侵犯同一专利而认定"重复侵权",并借此简化程序,或者据此加重处罚。那么,应该如何区分"重复侵权"和"二次侵权"? 我国法律没有规定,司法实践缺乏典型案例。我们可以从太平洋西岸的美国法律得到重要的法律启示。首先,被告的主观意图是否构成判断重复侵权的决定性因素。在 Additive Controls & Measurement Sys., Inc. v. Flowdata, Inc.案中,美国联邦最高法院曾经指出,藐视民事判决罚则(civil contempt)的

---

① State Indus. Inc. v. A.O. Smith Corp., 751 F. 2d 1226, 1236 (Fed. Cir. 1985)

目的是救济当事人，被告从事判决禁止的行为的意图无关紧要。① 换言之，是否构成重复侵权，是一个客观判断。尽管如此，被告的主观过错仍旧是考察处罚的重要因素。②

其次，对于如何判断"重复侵权"，美国联邦巡回上诉法院 2011 年在 Tivo v. Echostar 案的全席审判中，③确立了"虚假差别检验法"（colorable difference test）：如果被诉产品与原认定侵权产品之间只存在似是而非的差别，则构成重复侵权，藐视民事判决。虽然这意味着比较被诉产品和原侵权产品，但是并不是任意地、毫无目的比较它们两者。相反，虚假差别检验法要求聚焦认定原控产品侵权案的技术特征，以及新控侵权产品的新修技术特征；具体来说，就是再现于原侵权产品的权利要求包含的技术特征。④ 如果被告修改或者去除了这类技术特征，法院须要考察此种修改是否显著（significant）。

差别是否显著，美国联邦巡回上诉法院类推适用"非显而易见性"，即显而易见的修改是无显著性的修改。法院认为，新控产品与原控产品是否差别显著，取决于产品的性质和有关现有技术。如果新控产品只是使用现有技术的现成技术特征，或者它们的组合，对于修改发生时的本领域普通技术人员而言是显而易见的（obvious），则两者的差别不具有显著性。⑤ 如果两者差别显著，则无须考察新控产品是否侵犯专利权，则不应成立"藐视判决"。

如果新控产品与原控产品不存在显著差别，法院还须判断新控产品是否侵犯专利权，才能确定是否存在重复侵权。出于公平起见，原侵权诉讼采用的权利要求解释继续有效。由于藐视判决是严重的不当行为，原告须要承担"明确且令人信服的说服责任"，证明新控产品与原控产品不存在显著差别，且新控产品也构成侵权。⑥

由此反观《专利行政执法办法》规定的"就同一专利权再次作出相同类型的侵权行为"，不难发现诸多法律问题。关于"相同类型的侵权行为"，国家知识产

① 154 F. 3d 1345, 1353 (Fed. Cir. 1998) ("Since the purpose [of civil contempt] is remedial, it matters not with what intent the defendant did the prohibited act. ... An act does not cease to be a violation of a law and of a decree merely because it may have been done innocently.") (Citing McComb v. Jacksonville Paper Co., 336 U. S. 187, 191 (1949)).
② TiVo Inc. v. EchoStar Corp., 646 F. 3d 869, 882 (Fed. Cir. 2011) (en banc).
③ See id.
④ See id, at 882.
⑤ See id, at 883.
⑥ See id.

权局的这一办法以及地方专利保护和促进条例,都未进行准确界定,很容易混淆重复侵权和二次侵权。根据《专利行政执行办法》,构成"相同类型的侵权行为",则可以"直接"责令停止侵权,不再需要经过该办法所规定的行政程序。只有当侵权产品或侵权方法没有发生改变,只是实施行为(例如制造、销售、许诺销售等等)发生改变,或者实施行为的空间或者实施行为主体发生改变,不涉及被控产品或者方法是否侵权时,此种程序捷径才有正当性。只要被告修改原认定为侵权的产品或方法,就应当经过正当程序,采用正当的法律标准,确定被告是重复侵权还是二次侵权。如果被告对原侵权产品进行"显著修改",即便修改后的产品或者方法再度构成侵权,也不应因此而认定拒不执行法院判决或者主管机关处理决定,故不应当因此而加重处罚。

第七节　侵权赔偿责任

除停止侵权责任外,专利侵权人通常还需承担赔偿责任。根据《专利法》(2008)第六十五条,侵犯专利权的赔偿数额有四种计算方法:(1) 权利人因被侵权所受到的实际损失(简称"实际损失");(2) 侵权人因侵权所获得的利益(简称"侵权得利");(3) 专利许可使用费的合理倍数;(4) 法院根据专利权的类型、侵权行为的性质和情节等因素,确定给予一万元以上一百万元以下的赔偿(简称"酌定赔偿")。

这一法条糅合了四种法律性质不尽相同的赔偿责任方式。为方便起见,下文将对它们一一进行讨论。但是,首先需要明确的一个基本的法律问题:专利侵权的赔偿责任是过错责任,还是无过错责任?

一、主观过错

专利侵权行为——无论是字面侵权,还是等同侵权——并不要求行为人具有主观过错。而且,《专利法》(2008)第十一条明确规定,专利授权后,"除本法另有规定的以外,任何单位或者个人未经专利权人许可,都不得实施其专利……"。此条文,从专利法制定以来,从未修改过。我国学者因此认为,专利侵权应当遵守无过错原则,构成《民法通则》第一〇六条的例外。[1] 而且,对于赔偿责任,人民法院判决书通常不直接讨论被告的主观过错,而是直接计算赔

---

[1]　汤宗舜:《专利法》,法律出版社 2009 年版,第 232 页。

偿数额。①

以上法律观点值得商榷。首先,《专利法》(2008)第十一条并未直接规定专利侵权的"赔偿责任"。《侵权责任法》(2007)第六条明确规定"行为人因过错侵害他人民事权益,应当承担侵权责任"。无论是无过错责任,还是推定过错,都需要法律明确规定。② 但是,《专利法》(2008)并没有规定专利侵权赔偿责任属于无过错责任。其次,通过规定"合法来源"赔偿免责,我国《专利法》暗示,如果侵权行为人证明自己没有主观过错,则可免除赔偿责任。③ 再有,专利共同侵权通常要求行为人具有主观过错。最后,也是非常重要的,主观过错是损害赔偿责任的一般原则。只有当被告具有主观过错,他才应该对自己的过错行为负责。主观过错的法律要求因此为个人划定了自由行为的范围,使之不会动辄得咎,可以理性地安排个人生活。所以,合理的解释是,我国专利制度认为,专利授权公告使所有人得知专利权之存在。行为人侵犯专利权,法律上即推定具有过错。只是此种推定过错还未明文规定。

不同于我国《专利法》,发达国家专利法明确要求被告具有"主观过错",使能要求其承担责任,并特别规定"主观过错推定"。例如,《英国专利法》(1977)实行主观过错推定原则。其第 62 条更是明确规定,如果被告能够证明在侵权行为发生之日,自己不知道也没有合理理由知道被侵犯专利存在,即可免除赔偿责任。但是,如果专利权人在产品上印制专利权号,并表明产品受到专利保护,则可以推定被告有合理理由知道被侵犯专利的存在。《美国专利法》的做法类似。其第 287 条规定,如果专利权人没有在产品或其包装上按照法律规定标注专利号,则不得主张任何赔偿责任,除非权利人证明被告经实际通知自己行为构成侵权而继续侵权。对此,权利人只能对被告得到实际通知后的侵权行为主张赔偿责任。

不同的主观过错推定规则意味着社会需要付出的避免侵权的成本不同。市场竞争以产品为基础。除非产品受到知识产权保护,自由竞争即意味着产品可以被自由地模仿。最低成本生产出同样产品的市场竞争者就应该获得最大的利润回报。专利权人通过正确地标注专利号和专利保护标识,其竞争者可以借此低成本地判断自己是否有侵权之虞。竞争者可以方便获得相关专利的信

---

① 例如,最高人民法院民事判决书〔2007〕民三终字第 3 号。

② 《中华人民共和国侵权责任法》(2007)第六条第 2 款。

③ 《中华人民共和国专利法》(2008)第七十条规定:"为生产经营目的使用、许诺销售或者销售不知道是未经专利权人许可而制造并售出的专利侵权产品,能证明该产品合法来源的,不承担赔偿责任。"

息,进而采取避免侵权的措施,包括开发研究规避特定专利的技术,或者采用非侵权技术,从而及时调整生产经营活动,避免侵权诉讼。相反,如果以授权公告作为推定过错的基础,市场竞争者生产经营特定产品前,须要对所有授权专利进行检索,逐一检验,方才能初步判断自己的产品是否有侵权之虞。显然,我国专利制度不尽合理,运行成本相对更高。

二、实际损失

对于实际损害赔偿责任,《最高人民法院关于审理专利纠纷案件适用法律问题的若干规定》(法释〔2001〕21 号)第二十条第 1 款规定:"权利人因被侵权所受到的损失可以根据专利权人的专利产品因侵权所造成销售量减少的总数乘以每件专利产品的合理利润所得之积计算。权利人销售量减少的总数难以确定的,侵权产品在市场上销售的总数乘以每件专利产品的合理利润所得之积可以视为权利人因被侵权所受到的损失。"如果产品的利润率难以准确计算,法院可酌定一个合理的利润率来计算;如果当事人能够证明存在一个真实合理的按照产品件数计算的专利许可使用费时,法院也可根据按件计费标准乘以产品数量所得之积计算赔偿额。① 此时,法院还可以考虑当事人的主观过错程度。②

实际损失的赔偿责任根源于侵权责任法的一般原理:侵犯他人权益,应该承担损害赔偿责任,"填平"受害人的损失。为此,受害人一般需要证明以下四个要件:(1) 主观过错;(2) 侵权行为;(3) 损害事实;(4) 损害事实与侵权行为之间存在因果关系。

对于专利侵权而言,"实际损失"的赔偿责任关键在于"因果关系"。如果说"主观过错"是赔偿责任的可责性基础的话,"因果关系"就是构建"填平性"赔偿的基础。未覆盖侵权行为所致全部损害的赔偿,不能给予权利人充分的补偿;而超出侵权行为所致损害的赔偿,则属于惩罚。

因果关系包括事实因果关系和法律因果关系。所谓事实因果关系是指侵权行为事实上导致了损害事实。为此,通常须要回答以下的问题:"倘若没有侵权行为,是否会发生损害事实",此即所谓的"若非检验法"(but-for test)。根据这一检验法,只要侵权行为是损害事实的必要条件,即便不是充分条件,侵权行

---

① 参见华纪平、合肥安迪华进出口有限公司与上海斯博汀贸易有限公司、如东县丰利机械厂有限公司、南通天龙塑业有限公司侵犯专利权纠纷一案,最高人民法院民事判决书〔2007〕民三终字第 3 号。

② 参见华纪平、合肥安迪华进出口有限公司与上海斯博汀贸易有限公司、如东县丰利机械厂有限公司、南通天龙塑业有限公司侵犯专利权纠纷一案,最高人民法院民事判决书〔2007〕民三终字第 3 号。

为和损害事实之间也存在事实上的因果关系。但是,行为人并不应对自己行为导致的所有后果负责。只有当侵权行为构成损害事实的"近因"(proximate cause)时,其在法律上才需要承担赔偿责任。法律因果关系的目的是为了限制赔偿责任。[①] 行为后果与侵权行为之间的因果关系链条过长时,对此后果要求行为人承担责任,有失公允。例如,专利侵权导致发明人心脏病发,或者专利持有公司股价暴跌,都属于因果关系太远。过于严苛的法律责任,只会让公众过度投资于风险规避,妨碍社会整体的进步。所以,法律因果关系的认定,必定基于个案事实,综合考虑逻辑、常识、正义、政策等因素。[②]

如果专利权人请求侵权人赔偿自己遭受的实际损失,也必须证明事实因果关系和法律因果关系。结合《最高人民法院关于审理专利纠纷案件适用法律问题的若干规定》第二十条的规定,下文对这两种因果关系分别进行讨论。

(一) 事实因果

损害事实与侵权行为必须存在事实因果关系,才可以获得损失赔偿。权利人因为侵权而遭受的利润损失主要来源于两个方面:其一,权利人因侵权而销售减少,遭受损失利润(lost profit due to lost sale);其二,权利人因侵权而被迫降低售价,遭受利润损失(lost profit due to price erosion)。这两者相互关联。例如,权利人应对侵权产品销售而降价,但是,降价却可以促进销售,从而抵消降价所致利润损失。尽管如此,为方便讨论,下文首先考虑销售量减少所致利润损失,而后讨论销售价格降低所致利润损失。

对于销售量减少所致利润损失而言,权利人应当证明,若非(but for)侵权行为,其有可能实现的合理交易量以及相应的利润。根据《最高人民法院关于审理专利纠纷案件适用法律问题的若干规定》第二十条第 1 款,如果权利人销售量减少数量难以确定,可以侵权产品的销售数量代替。但是,这两者并没有必然的关系。侵权行为人少销售一件侵权产品,并不意味着专利权人一定可以多卖一件专利产品。首先,市场未必有足够的需求;其次,专利产品可能存在一个或多个非侵权替代品,消费者可以选择和购买;最后,专利权人可能没有满足市场需求的能力。

---

① See Holmes v. Securities Investor Protection Corp. , 503 U. S. 258 (1992).

② See 1 Street, Foundations of Legal Liability 110 (1906) (quoted in W. Page Keeton et al. , Prosser & Keeton on the Law of Torts § 42, at 279 (5th ed. 1984) (the question of legal compensability is one "to be determined on the facts of each case upon mixed considerations of logic, common sense, justice, policy and precedent. ")

那么,如何才能准确地判断侵权所致权利人销售量的减少程度,确立两者之间的因果关系呢? 这要求构建一个侵权行为不曾发生的假想市场,①借此预测专利权人可以获得的利润。构建一个假想市场,并不等于凭空猜想,而是要求提供证据,从经济学上证明这个市场的性质,以及如果不发生侵权,这个市场将产生的结果。只有当权利人和侵权人在这样一个市场存在竞争关系,权利人才可能因为侵权行为而遭受损失。

简单地说,构建假想市场就是根据专利产品的特性、用途及价格等因素,从消费者的角度界定一组可以替代专利产品的非侵权产品,从而确定专利产品的相关市场(relevant market)。② 如果某一产品与专利产品在价格或者性质上相差很大,则必须从此相关市场中予以排除。③ 比方说,如果专利产品属于高端产品,而侵权产品属于低端产品。如果没有发生侵权,购买低端侵权产品的消费者通常未必购买高端的专利产品,而更可能购买相近价格的替代产品。④ 无论非侵权替代品是否在侵权行为发生期间实际生产,抑或是否实际上市,都不改变其作为非侵权替代品对上述假想市场的经济影响,只要侵权行为发生时市场上存在现成(available)的非侵权替代品,⑤就会使得侵权人可以无障碍地进入相关市场,与权利人合法地进行市场竞争。对于一个理性的侵权人而言,如果不经营侵权产品,它通常不会选择退出相关市场。非侵权替代品存在,这说明专利并不构成进入相关市场的壁垒。如果不侵权,行为人可以供应非侵权替代品,仍可以正当地保有侵权产品的市场份额和销售,它们并不当然应该属于权利人。

只有当权利人经营的产品与侵权人经营的产品在同一个市场上进行竞争,侵权才可能导致权利人销售量减少,损失利润。如果不存在市场可接受的非侵权替代产品,损失利润的赔偿责任可以通过传统的"DAMP 检验法"得到确立,即满足以下四项条件:(1) 市场对专利产品的需求(Demand for the patented product);(2) 市场上没有可接受的非侵权替代产品 (Absence of acceptable

---

① See Grain Processing Corp. v. American Maize-Products Co., 185 F. 3d 1341, 1350 (Fed. Cir. 1999) (The "but for" inquiry therefore requires a reconstruction of the market, as it would have developed absent the infringing product, to determine what the patentee 'would ... have made'").

② See Micro Chemical, Inc. v. Lextron, Inc., 318 F. 3d 1119, 1124 (Fed. Cir. 2003).

③ See Crystal Semiconductor Corp. v. TriTech Microelecs. Int'l, Inc., 246 F. 3d 1336, 1356 (Fed. Cir. 2001).

④ See BIC Leisure Products, Inc. v. Windsurfing Intern., Inc., 1 F. 3d 1214 (Fed. Cir. 1993).

⑤ See Grain Processing Corp. v. American Maize-Products Co., 185 F. 3d 1341 (Fed. Cir. 1999). "available"是指"现成可得"。侵权行为人投资开发,获得绕开专利技术的替代解决方案,不应被认为是现成可得的技术。See Micro Chemical, Inc. v. Lextron, Inc., 318 F. 3d 1119 (Fed. Cir. 2003).

non-infringing substitute)；(3) 权利人具有满足市场需求的制造能力和市场营销能力（Manufacturing and marketing capability to exploit the demand）；(4) 权利人本会实现的利润数额（Profit the patentee would have made）。[1] DAMP 检验法第一因素和第二因素都假设专利权人供应的产品与侵权行为供应的产品之间相互可以替换，实质上相同。[2] 第二因素所谓"可接受的非侵权替代品"要求其价格和特征不得与专利产品存在显著地区别。[3] 所以，DAMP 检验法可以证明以下因果关系：若非侵权行为，专利权人本可以实现侵权行为人的销售和相应的利润。

倘若相关市场存在第三方提供的非侵权替代产品，只要考虑侵权产品所占相关市场的份额，DAMP 检验法仍可变通地适用。假设市场上存在侵权产品 A，第三方产品 B 和专利权人的产品 C。这些产品价格相当，满足 DAMP 检验法第一项和第二项的要求，从需求的角度来看，可以相互替换。进一步假设 A、B、C 三种产品各自享有 33％的市场份额。倘若不发生侵权，A 所占据市场份额将在专利权人和第三方之间按比例分配。因此，专利权人可以获得的利润损失的赔偿额应按侵权销售量的 50％来计算。[4] 当然，侵权人可以提供证据证明，这一相关市场具有独特的性质，使得权利人不可能按照市场份额获得侵权销售量。例如，消费者转换供应商需要付出高额成本而不会转向侵权产品 A。

侵权不仅可能导致权利人销售量减少，而且，可能迫使权利人降价以维持市场销售和市场份额，从而导致价格降低所致的利润损失。侵权行为人由于不承担专利权人的研发成本，本身具有成本优势，常常以低价渗透市场，对权利人经营的产品形成强大的竞争压力。多数情况下，权利人常因此而面临艰难的抉择，市场需求具有弹性，倘若其不降价销售，损失的将不仅仅是利润，而是自己的市场份额和市场地位。

但是，权利人降价销售未必都可归因于侵权，而不源自于其他市场作用，例

---

① See Panduit Corp. v. Stahlin Bros. FibreWorks, Inc. , 575 F. 2d 1152, 1156 (6th Cir. 1978). 但是，Panduit 的四要素并不是构成"若非"事实因果关系的必要条件。这四个要件都聚焦于专利产品之上，实际上是专利产品的利润损失。然而，专利侵权也可能导致权利人非专利产品销售的利润损失。See Rite-Hite Corp. v. Kelley Co. , Inc. , 56 F. 3d 1538, 1548 (Fed. Cir. 1995) (en banc).

② See BIC Leisure Products, Inc. v. Windsurfing Intern. , Inc. , 1 F. 3d 1214, 1218 – 1219 (Fed. Cir. 1993).

③ See Kaufman Co. v. Lantech, Inc. , 926 F. 2d 1136, 1142 (Fed. Cir. 1991).

④ See Martin J. Adelman, Randall R. Rader & Cordon P. Klancnik, Patent Law in a Nutshell, Thomson/West, 2008, at 409.

如更先进的生产工艺、市场偏好的转变等等。为请求降价所致利润损失——即以权利人主张的价格作为利润损失的计算基准——权利人应当证明,"若非"侵权,则可以较高的价格销售其产品。这也需要构建一个侵权行为未曾发生的假想市场,界定前述类似的相关市场。然而,通常情况下,需求具有弹性,高价会让销售减少。所以,权利人需要根据相关市场的特性,提供可信的经济分析证明其主张价格水平之下的销售量。①

（二）法律因果

证明事实因果之后,权利人还应当证明损害属于法律上的可赔偿范围。事实上的因果关系意味着,权利人受诉争专利保护的产品,只要其销售减少与侵权行为之间存在"若非"的因果关系,都可能属于侵权行为的赔偿责任范围。此种赔偿责任应当受到法律限制。1995 年,美国联邦巡回上诉法院在 Rite-Hite Corp. v. Kelley Co., Inc. 案中,通过全席审判认为,事实因果关系所确定的赔偿责任须要受到法律因果关系的限制。根据"近因"要求,专利侵权赔偿责任应限于"客观合理的预见范围"(objective, reasonable foresee ability):如果相关市场的竞争者能够预见,或者应该预见,侵权行为的特定损害,除非存在具有说服力的理由,这一损害在法律上属于可以赔偿的范围。② 本案中,原告生产 MDL-55 型和 ADL-100 型车辆制动器。MDL-55 型车辆制动器受到诉争专利保护;ADL-100 型车辆制动器不受诉争专利保护。被告设计生产的车辆制动器在市场上与 ADL-100 型车辆制动器直接竞争,并且为法院认定侵犯诉争专利。原告要求被告赔偿 ADL-100 型车辆制动器销售减少的损失。地方法院审查后认为,"若非"(but-for)被告侵权,原告本会多销售 80 套 MDL-55 型制动器,多销售 3243 套 ADL-100 制动器。联邦巡回上诉法院认为,被告生产直接与 ADL-100 型制动器竞争的侵权产品,此行为对原告的损害客观上可以被合理地预见,所以,尽管 ADL-100 型制动器不受诉争专利保护,其销售量减少的损失,

① See Crystal Semiconductor Corp. v. TriTech Microelecs. Int'l, Inc., 246 F. 3d 1336, 1357 (Fed. Cir. 2001)

② Rite-Hite Corp. v. Kelley Co., Inc., 56 F. 3d 1538, 1546 (Fed. Cir. 1995) (en banc) ("We believe that under § 284 of the patent statute, the balance between full compensation, which is the meaning that the Supreme Court has attributed to the statute, and the reasonable limits of liability encompassed by general principles of law can best be viewed in terms of reasonable, objective foreseeability. If a particular injury was or should have been reasonably foreseeable by an infringing competitor in the relevant market, broadly defined, that injury is generally compensable absent a persuasive reason to the contrary.").

仍属于赔偿责任的范围。

然而,所谓"客观合理的预见范围"并不是一个清楚明了的法律标准。其本身只是"近因"要求的体现,必然要求综合地权衡法律和政策各方面因素,是一个复杂的法律判断。其中一个具有决定意义的因素是专利技术是否具有"市场价值"。如果专利只保护整个产品的某些特征,而非全部特征,或者只保护产品的某个零部件,而不是整个产品,市场竞争者生产"整个产品",客观也可以预见到其侵权行为对权利人的损害是对整个产品销售利润的损害。然而,此时以专利产品整体的市场价值(entire market value)作为侵权赔偿责任计算的基础,对侵权人可能有失公允。如果将赔偿责任局限于专利零部件,又可能导致对专利权人不公。专利技术特征或专利零部件的价值不仅在于其独立价值,更在于其与其他技术特征或零部件相互配合所产生的价值。为此,美国联邦最高法院曾指出,"专利权人在每一个案件中必须提供可信的证据(而非猜测)证明,侵权所得或权利人损害之中,哪些属于专利保护的技术特征,哪些属于非专利保护的技术特征";或者"提供可信的证据(而不是猜测)证明,作为商品销售的整个产品的价值应公平正当地归因(properly and legally attributable to patented features)于专利保护的技术特征"。[①] 美国联邦巡回上诉法院更是明确地指出:权利人如果希望依照被控产品的整体市场价值要求损害赔偿,则必须证明专利保护的技术特征是市场需求的基础,或者证明因为专利保护的技术特征而使得其他零部件产生实质性的价值。[②] 但是,在具体个案中,这些法律标准仍旧具有非常大的不确定性。

总之,确定专利赔偿责任范围要求"近因",而此法律因果关系必定关注个案具体事实,需要根据专利制度的背景,综合考虑逻辑、常识、正义、政策等多方面的因素。

三、侵权得利

"侵权得利"实质上是指侵权行为人因侵权所得利润。《最高人民法院关于

---

① See Garretson v. Clark, 111 U. S. 120, 121 (1884).

② The entire market value rule allows a patentee to assess damages based on the entire market value of the accused product only where the patented feature creates the "basis for customer demand" or "substantially create[s] the value of the component parts."See Lucent Techs., Inc. v. Gateway, Inc., 580 F. 3d 1301, 1336 (Fed. Cir. 2009); see also Rite-Hite Corp. v. Kelley Co., 56 F. 3d 1538, 1549 - 50 (Fed. Cir. 1995).

审理专利纠纷案件适用法律问题的若干规定》（法释〔2001〕21 号）第二十条第 2 款规定："侵权人因侵权所获得的利益可以根据该侵权产品在市场上销售的总数乘以每件侵权产品的合理利润所得之积计算。侵权人因侵权所获得的利益一般按照侵权人的营业利润计算，对于完全以侵权为业的侵权人，可以按照销售利润计算。"如果产品的利润率难以准确计算，人民法院可酌定一个合理的利润率来计算；如果当事人能够证明存在一个真实合理的按照产品件数计算的专利许可使用费时，人民法院也可根据按件计费标准乘以侵权产品数量所得之积计算赔偿额。① 为此，人民法院还可以考虑当事人的主观过错程度。②

　　第三次《专利法》修订后，最高人民法院明确指出，应当对侵权产品市场整体价值进行分摊。《最高人民法院关于审理侵犯专利权纠纷案件应用法律若干问题的解释》（法释〔2009〕21 号）第十六条第 1 款规定："人民法院依据专利法第六十五条第一款的规定确定侵权人因侵权所获得的利益，应当限于侵权人因侵犯专利权行为所获得的利益；因其他权利所产生的利益，应当合理扣除。"特别地，同条第 2 款和第 3 款分别规定："侵犯发明、实用新型专利权的产品系另一产品的零部件的，人民法院应当根据该零部件本身的价值及其在实现成品利润中的作用等因素合理确定赔偿数额"；"侵犯外观设计专利权的产品为包装物的，人民法院应当按照包装物本身的价值及其在实现被包装产品利润中的作用等因素合理确定赔偿数额"。

　　从法律性质上来说，"侵权得利"的赔偿责任截然不同于"实际损失"的赔偿责任。实际损失的赔偿责任旨在填平权利人所遭受的侵权损害；而侵权得利的赔偿责任不关注权利人的损害，只关注违法所得，可能具有惩罚性。相比于权利人，侵权行为人时常具有更高的市场效率，可以利用专利技术取得相较于权利人更高的市场回报。其所得利益可能远大于权利人之损失，而两者之间没有任何因果关系。

　　"侵权得利"（restitution or disgorgement of profits）起源于物权，也适用知识产权。并不是所有利用他人思想、发现或信息的获利行为，都属于损害权利人的不当得利。对于思想、发现和信息而言，除开知识产权保护，人们可以自由利用，并不因为获得利益而需要补偿知识产权人。只有当行为人侵犯他人知识

---

　　① 参见华纪平、合肥安迪华进出口有限公司与上海斯博汀贸易有限公司、如东县丰利机械厂有限公司、南通天龙塑业有限公司侵犯专利权纠纷一案，最高人民法院民事判决书〔2007〕民三终字第 3 号。

　　② 参见华纪平、合肥安迪华进出口有限公司与上海斯博汀贸易有限公司、如东县丰利机械厂有限公司、南通天龙塑业有限公司侵犯专利权纠纷一案，最高人民法院民事判决书〔2007〕民三终字第 3 号。

产权而获得侵权利益,才可能需要返还侵权得利。《美国版权法》第504条b款即规定,"版权人有权获得因侵权所遭受的实际损失,以及侵权人因侵权所得利润,但限于该利润未曾作为实际损失计算之部分。就证明侵权人的利润,版权人应当只需证明侵权人的整体收入,侵权人应当证明可以扣除的费用,以及归因于其他因素而应扣除的利润要素"①。之所以允许权利人超过其损失而获得侵权得利的赔偿,目的是为了迫使潜在的侵权人直接与版权人进行谈判,使其不得绕开版权许可的市场机制,强迫版权人通过诉讼获得补偿。尽管侵权得利的赔偿责任可能导致权利人通过诉讼获得"意外之财"(windfall),但是这可能本应该属于版权人许可之所得,如果侵权人一开始就寻求许可的话。②

　　然而,《美国专利法》1946年修订之时,明确禁止发明专利权利人请求"返还侵权得利"的赔偿责任(account for profits),③而只允许权利人要求侵权人承担实际损失,或者专利权使用价值的赔偿责任(liability for use value),即合理许可费(reasonable royalty)。返还侵权得利不是罚没侵权行为所涉的所有利润,而是限于"因侵权所得利润"。但是,往往是花费巨大的时间和成本都难以证明"因侵权所得利润"。其首先需要证明所得利润和侵权行为之间具有因果关系,不仅具有事实因果关系(but-if),而且具有法律因果关系,即所得利润应当是侵权行为的"近果"(proximate consequence)。④ 为此,法院不仅要考虑决定对双方当事人而言是否正义,还需要考虑所采判例规则可能对第三人产生的

---

① 17 U.S.C. §504 (b) ("The copyright owner is entitled to re-cover the actual damages suffered by him or her as a result of the infringement, and any profits of the infringer that are attributable to the infringement and are not taken into account in computing the actual damages. In establishing the infringer's profits, the copyright owner is required to present proof only of the infringer's gross revenue, and the infringer is required to prove his or her deductible expenses and the elements of profit attributable to factors other than the copyrighted work. ").

　　这一法条表面上让人匪夷所思。实际损失和侵权得利本质上具有不同的目的:实际损失是补偿权利人损失;而侵权得利是防止侵权人不正当地从违法行为获得利益。权利人如何可能同时获得两者。对此,美国众议院立法报告明确指出,如果侵权得利只是代表权利人的损失,则不应当同时判处实际损失和侵权得利,因为两者本质上相同。可见,《美国版权法》第504条所规定的赔偿责任是指,当实际损失包括权利人的利润损失时,判处侵权所得应当扣除权利人利润损失。参见4-14 Nimmer on Copyright §14.01.

② See 4-14 Nimmer on Copyright §14.01; see also Montgomery v. Noga, 168 F. 3d 1282, 1220 (11th Cir. 1999).

③ See Aro Manufacturing Co. v. Convertible Top Replacement Co., 377 U.S. 476, 505 (1964). See also 7 CHISUM, supra note 13, §20.02[4] [b].

　　但是,对于外观设计专利,《美国专利法》允许返还侵权得利。

④ See Restatement (Third) of Restitution & Unjust Enrichment §51 (2011), f. Causation and remoteness.

激励影响。① 其次,需要对被告的利润进行分摊。如果被告的经营活动复杂,侵权活动只是其中的一部分,第一步需要确定整个生产经营活动中与侵权行为相关的范围;而后确定企业一般管理费用中与侵权活动相关的部分。② 第二步比第一步更为复杂,而且普通会计记账不能提供任何帮助。侵权行为人的利润并不单纯来自于侵权行为,还来自于合法行为。法院需要确定侵权行为所生之利润。③ 法院还需考虑被告哪些利润部分应该准许扣除。④ 可以想见,如果被控产品复杂,涉及众多零部件,而专利权只覆盖其中一个零部件,除非权利人证明应该基于整个产品的全部市场价值计算,否则,法院要正确分摊被告利润,得到"因侵权所得利润",即专利技术对被控产品利润的贡献,将是十分艰难的法律工作,其法律不确定性非常之大。⑤ 1946 年,《美国专利法》修订时,美国国会最终选择放弃这一成本巨大的法律救济手段。

但是,《美国专利法》保留了"合理许可费"(reasonable royalty)的赔偿责任。这本质上属于返还得利的赔偿责任(restitution)。⑥ 但是,所谓的"合理许可费",并不是专利权人实际许可他人使用专利的费率,而是假想"侵权发生之日",专利权人愿意许可,而侵权人征求愿意许可,两者可能达成的许可费,即"假想许可谈判检验法"(hypothetic negotiation)。 由此,法院便不再需要进行前述艰难的分摊利润,确定"因侵权所得利润"的工作。

假想本不存在的许可谈判,同样具有挑战性。一种典型的做法是参考相同或类似专利在相同或类似行业中的许可实践,并充分考虑诉争专利技术的特点,及其对专利权人和其市场竞争的价值。对此,美国 Georgia-Pacific Corp. v. U. S. Plywood Corp. 案给出了评估"合理许可费"的经典考虑因素:(1) 专利权人就诉争专利实际收取的许可费,可以证明"既定许可费标准"(established royalty);(2) 被许可人使用与诉争专利具有可比性的专利实际支付的许可费;(3) 许可的性质和范围,比如排他许可(exclusive license)还是普通许可(non-

---

① See Restatement (Third) of Restitution & Unjust Enrichment § 51 (2011), f. Causation and remoteness.

② See Restatement (Third) of Restitution & Unjust Enrichment § 51 (2011), g. Apportionment.

③ See Restatement (Third) of Restitution & Unjust Enrichment § 51 (2011), g. Apportionment.

④ See Restatement (Third) of Restitution & Unjust Enrichment § 51 (2011), h. Deductions and credits.

⑤ See Restatement (Third) of Restitution & Unjust Enrichment § 51 (2011), Burden of proof; risk of uncertainty.

⑥ See Restatement (Third) of Restitution & Unjust Enrichment § 42 (2011), f. Liability for use value.

exclusive license),产品销售地域或对象的限制;(4) 专利许可人为维持市场地位的既定措施和营销方案中的许可政策,例如拒绝许可,或者为维持市场地位而设计的特殊许可条件;(5) 许可人和被许可人之间的商业关系,比如两者是否为同一地域市场上的同业竞争者,或者许可人是发明人,而被许可人是专利发明的推广应用人;(6) 专利产品销售对被许可人其他产品销售的促进效果,专利发明拉动许可人非专利产品销售而带给许可人的经济价值及以上附生或伴随销售量的范围;(7) 专利的有效保护期间和专利许可的时间;(8) 专利产品的实际赢利能力,其商业上的成功程度以及已经取得的市场接受程度;(9) 相对于产生类似效果的先前技术,专利产品的效用和优势;(10) 专利发明的性质,许可人利用专利技术生产之产品的特点,专利发明给使用人带来的益处;(11) 侵权者实施专利发明的范围和程度,以及证明此种实施价值的相关证据;(12) 给定行业或其类似行业中,实施专利发明或其类似发明所支付的许可费占利润或销售价格的通常可接受比例;(13) 可实现利润中应归功于专利发明的比例,区别于非专利要素、工艺流程、商业风险或侵权行为人添加的技术特征或技术改进等对可实现利润的贡献;(14) 适格专家就许可费的专家证言;(15) 假设许可人(专利权人)和被许可人(侵权者)在侵权开始之时,理性而自愿地希望达成一个许可协议,双方可能会接受的许可费。换言之,被许可人精明能干,计划寻求专利许可,制售专利产品以盈利。当其愿意支付的许可费为同样精明的专利许可人接受,并且能够保证其获得合理利润时,两者即可达成上述假想的许可协议。这十五大因素并不是相互排斥,彼此之间具有重叠部分,或者相互抵消。① 但是,其核心是寻找一个具有可比性的许可协议,并且根据个案特殊情况,对其进行修正。

无论如何,专利权人不能依据一个与假想许可谈判相去甚远的许可协议来要求"合理许可费"。② 美国专利法历史上曾经广泛采用"25%"的经验规则,即被许可人实施他人知识产权时,一般应支付期待利润的 25%。③ 2011 年,美国联邦巡回上诉法院判决这一经验规则不符合法律,背离上述确定"合理许可费"的一般原则。④

---

① See Lucent Techs., Inc. v. Gateway, Inc., 580 F. 3d 1301, 1335 (Fed. Cir. 2009).

② See id, at 1327.

③ See Robert Goldscheider, John Jarosz and Carla Mulhern, Use Of The 25 Per Cent Rule in Valuing IP, 37 les Nouvelles 123, 123 (Dec. 2002).

④ See Uniloc USA, Inc. v. Microsoft Corp., 632 F. 3d 1292 (Fed. Cir. 2011).

合理许可费的赔偿责任常常遭受批评,认为其不足以遏制侵权。就此赔偿责任来看,行为人侵权而承担的赔偿责任与其事先征求权利人许可所付许可费相当,行为人何来寻求事先许可的积极性? 但是,关键的是,专利权人可以获得永久禁令,使侵权人的生产经营投资沉没。如果专利保护期限还相当长,选择侵权而不进行事先许可,对于市场竞争者来说,是相当昂贵的。而且,考虑"合理许可费"时,法院完全可以考虑侵权行为人实际并不是一个真正的"自愿的被许可人"(willing licensee)。[①] 法院还可以考虑如何将专利权人恢复到其不受侵权损害之时的条件之下。[②] 实践中,合理许可费未必意味着低许可费。[③]

四、许可费的合理倍数

《专利法》(2008)第六十五条第 1 款规定"权利人的损失或者侵权人获得的利益难以确定的,参照该专利许可使用费的倍数合理确定"。对于如何"参照",根据《最高人民法院关于审理专利纠纷案件适用法律问题的若干规定》(法释〔2001〕21 号)第二十一条,"法院可以根据专利权的类别、侵权人侵权的性质和情节、专利许可使用费的数额、该专利许可的性质、范围、时间等因素,参照该专利许可使用费的 1 至 3 倍合理确定赔偿数额"。

这一法律规则制造的问题,比其解决的问题还多。首先,"难以确定"不应作为参考许可费的法律标准。无论是请求实际损失的赔偿责任,还是请求侵权得利的赔偿责任,权利人都应该承担举证责任,并在其证明范围内获得赔偿。如果其无法完成举证责任,即"难以确定",则就其难以确定的部分,不应给予赔偿。实际中,不少人民法院支持这种做法,认为"原告对其的损失额或被告的获利额没有提供证据,而直接以许可费作为赔偿的依据"不应支持。[④] 但是,也有人民法院持不同的观点:如果权利人选择参照专利许可使用费确定赔偿数额,则人民法院没有必要查清侵权人生产、销售被控侵权产品的数量。[⑤]

[①] See Panduit Corp. v. Stahlin Bros. FibreWorks, Inc., 575 F. 2d 1152,1156 (6th Cir. 1978).

[②] See Fromson v. Western Litho Plate & Supply Co., 853 F. 2d 1568, 1575 – 1576 (Fed. Cir. 1988).

[③] See Panduit Corp. v. Stahlin Bros. FibreWorks, Inc., 575 F. 2d 1152,1156 (6th Cir. 1978).

[④] 东莞市黄江威德树脂工艺品厂诉珠海市香洲区东奇电器厂专利侵权纠纷案,广东省珠海市中级人民法院民事判决书〔2002〕珠法知初字第 09 号。同时参见谢奇诉长沙鼎力置业有限公司侵犯实用新型专利权纠纷案,湖南省长沙中级人民法院民事判决书〔2009〕长中民三初字第 0101 号。

[⑤] 上海恒昊玻璃技术有限公司诉岳阳经济技术开发区春光玻璃有限公司专利侵权纠纷案,湖南省高级人民法院民事判决书〔2005〕湘高法民三终字第 58 号。

其次,无论是《专利法》还是司法解释,都未能明确参照许可费倍数合理确定赔偿责任的法律性质,究竟是属于实际损失赔偿的填平性质,还是带有返还侵权得利的惩罚性质。显然,《专利法》(2008)第六十五条规定的"该专利许可使用费"并不是前述"假想许可谈判"的合理许可费,而是指专利权人实际许可所收取的许可费。所参照的并不是"许可费",而是"许可费的倍数"(1—3倍),似乎表明此种赔偿责任更可能是惩罚性,而非填平性质。然而,惩罚赔偿的法律基础和正当性却又未予以明确。例如,《专利法》和司法解释都未明确,故意或者重复侵权是否属于应当施加3倍许可费的赔偿责任。在法律性质未予以明确的情况下,人民法院如何考虑专利权的类别、侵权人侵权的性质和情节、专利许可使用费的数额、该专利许可的性质、范围、时间等因素,就不得而知了。

再有,无论是实际损失的赔偿责任,还是侵权得利的赔偿责任,都要求与侵权行为存在因果关系。参照许可费的倍数合理确定,可能导致赔偿责任与侵权行为之间缺乏必要的因果关系,赔偿责任与侵权行为之间缺乏比例关系。我国法院明显感觉到许可费合理倍数可能导致不公平,而要求许可合同备案或者实际履行。对于实际履行的要求,在梁景照诉杨有洪专利纠纷案中,[①]广东省高级人民法院指出:侵权人承担的侵权责任应与其侵权行为给专利权人造成的损失相适应。"专利实施许可合同签订后,合同实际履行的事实是人民法院选择参照许可使用费的合理倍数作为赔偿侵权损失的计算方法的基础。法院在给予专利权人保护和制止侵权的同时,还要防止专利权人假借许可合同的形式虚列许可使用费蓄意提高索赔金额的情形。"[②]类似的,如果许可合同没有备案,法院常认为"不宜参照专利许可费的合理倍数进行赔偿"[③]。《专利实施许可合同备案管理办法》(2001)第8条曾经规定:"经过备案的专利合同的许可性质、范围、时间、许可使用费的数额等,可以作为人民法院、管理专利工作的部门进行调解或确定侵权纠纷赔偿数额时的参照。"《最高人民法院关于当前经济形势下知识产权审判服务大局若干问题的意见》(2009年4月21日印发法发〔2009〕23号)更明确指出:"注意参照许可费计算赔偿时的可比性,充分考虑正常许可与侵权

---

① 广东省高级人民法院民事判决书〔2003〕粤高法民三终字第16号。

② 同前注。同时参见上海恒昊玻璃技术有限公司与福州某玻璃有限公司专利侵权纠纷案,福建省福州中级人民法院民事判决书〔2005〕榕民初字第419号。

③ 谢奇诉长沙鼎力置业有限公司侵犯实用新型专利权纠纷案,湖南省长沙中级人民法院民事判决书〔2009〕长中民三初字第0101号。同时参见冷泰山、南县泰山塑料制品厂诉段传国、周民乐专利侵权纠纷案,湖南省长沙中级人民法院民事判决书〔2007〕长中民三初字第0366号。

实施在实施方式、时间和规模等方面的区别。"然而,附加的这些条件,并没有实质上触及如何让许可费的合理倍数与侵权行为相适应的根本问题。我国出台的部门规章也开始意识到这一问题。例如,新实行的《专利实施许可合同备案办法》(2011)第十九条只是规定,"经备案的专利实施许可合同的种类、期限、许可使用费计算方法或者数额等,可以作为管理专利工作的部门对侵权赔偿数额进行调解的参照",而不再认为可以作为人民法院计算侵权赔偿责任的参照。

最后,按照《专利法》(2008)第六十五条的规定,许可费的合理倍数是"必须参照"的损失赔偿责任计算方式,区别于法定赔偿。《最高人民法院关于审理专利纠纷案件适用法律问题的若干规定》(法释〔2001〕21 号)第二十一条将以许可费合理倍数计算赔偿责任与法定赔偿并列,并规定"没有专利许可使用费可以参照或者专利许可使用费明显不合理的",即可适用法定赔偿,而不必参照不合理的专利许可使用费。但是,《专利法》(2008)第六十五条第 1 款将以许可费的合理倍数计算的赔偿责任与实际损失和侵权得利的赔偿责任并列,使之区别于同条第 2 款的"法定赔偿":前者不包括权利人人为制止侵权行为所支付的合理开支;而后者已经包括此项损失。[①] 该条还明确规定,"权利人的损失、侵权人获得的利益和专利许可使用费均难以确定的",才应适用下文讨论的法定赔偿。换言之,现行《专利法》明确要求"必须参照"许可费的倍数来确定赔偿责任。然而,"参照"即表明可以参照,也可以不参照。所以第六十五条存在内部矛盾。

五、法定赔偿

《专利法》(2008)第六十五条第 2 款规定:"权利人的损失、侵权人获得的利益和专利许可使用费均难以确定的,人民法院可以根据专利权的类型、侵权行为的性质和情节等因素,确定给予一万元以上一百万元以下的赔偿。"虽然这其实是人民法院"酌定赔偿",但是,一般称为"法定赔偿"。[②] 其实,《最高人民法院关于审理专利纠纷案件适用法律问题的若干规定》(法释〔2001〕21 号)第二十一条就规定有"法定赔偿":没有专利许可使用费可以参照或者专利许可使用费明显不合理的,人民法院可以根据专利权的类别、侵权人侵权的性质和情节等因素,一般在人民币 5000 元以上 30 万元以下确定赔偿数额,最多不得超过人民

---

① 国家知识产权局条法司:《〈专利法〉第三次修改逐条说明》,《〈专利法〉第三次修改导读》,知识产权出版社 2009 年版,第 85 页。

② 国家知识产权局条法司:《〈专利法〉第三次修改逐条说明》,《〈专利法〉第三次修改导读》,知识产权出版社 2009 年版,第 83 页。

币 50 万元。

法定赔偿的目的是为给专利权人提供最低限度的赔偿:为不能证明实际损失或侵权得利的时候权利人提供一个立法者根据社会经济发展水平确定的数额。一项调查表明,我国人民法院采用法定赔偿的比例相当大。"在所统计的 416 件有赔偿额的判决中,采用'侵权获利'方法的只有 1 件,采用'许可费合理倍数'方法的有 4 件,其余 411 件全部采用法定赔偿方法确定赔偿额,总体使用率为 99%。"[①]

但是,法定赔偿并不意味着权利人不需要举证。相反,人民法院判决的法定赔偿额较高的案件通常都有相当多的证据支持。即使主张采用法定赔偿,原告也应需尽量提供各种有用信息,帮助法官更合理地确定赔偿额。法官在确定赔偿额时,可能考虑的因素包括:涉案专利权的类别、侵权产品的销售价格、侵权情节及性质;被控侵权产品的型号、价格、生产规模、一般市场利润率;批发价格和毛利润、销售产品的方式、加盟销售产品的价格、加盟商的数量及加盟费的多少;专利实施许可费(包括付款证明、发票等证据,以证明该专利实施许可合同已实际履行);被告的主观过错和在专利机关做出《专利侵权纠纷处理决定书》后仍继续侵权的事实;被告网站所宣传的侵权产品出口到多个国家和地区的事实;被告资产负债表、损益表、业绩表以及专利转让费用等因素。[②]

法定赔偿授权人民法院依职权采用,[③]并且给予法官 1 万到 100 万元数额范围之内几乎不受约束的自由裁量权。更为重要的是,《专利法》(2008)第六十五条并未确立赔偿责任应当遵循填平原则,也未确立赔偿责任遵循返还侵权所得原则。这使得相关的法律规则,特别是对事实因果和法律因果的法律要求,不能有效地限制法官的自由裁量权。直接的结果是,法定赔偿所确立的赔偿数额常常过于主观和任意。

例如,海尔电器国际股份有限公司诉青岛澳柯玛集团总公司专利纠纷案中,人民法院酌定赔偿数额时,考虑了以下四项因素:(1)被告是知名的电器生产企业,生产规模和市场占有率较高;(2)被告在其生产的 XQB50-88C 型洗衣

---

① 中国专利代理(香港)有限公司法律部:《专利侵权损害赔偿的理论与实践》,《中国专利与商标》2009 年第 4 期,第 7 页。

② 中国专利代理(香港)有限公司法律部:《专利侵权损害赔偿的理论与实践》,《中国专利与商标》2009 年第 4 期,第 7-8 页。

③ 国家知识产权局条法司:《〈专利法〉第三次修改逐条说明》,载《〈专利法〉第三次修改导读》,知识产权出版社 2009 年版,第 84 页。

335

机中,同时侵犯了原告的三项实用新型专利权;(3)原告为制止侵权行为支付的合理费用;(4)侵权行为发生时,家电行业普遍较低的利润率。[①] 从这四项因素来看,无法确定人民法院是希望按照被告侵权所得计算赔偿数额,还是希望按照权利人实际损失计算赔偿数额,更难以确定这些因素与侵权行为之间的关系。

专利侵权是否应该适用法定赔偿,本身值得商榷。尽管 TRIPS 协议第四十五条规定:"适当情况下,WTO 成员可以授权司法机关责令侵权人支付……预定赔偿数额(pre-established damages),即便侵权人不知道也没有理由知道自己行为侵权。"但是,TRIPS 协议并没有强制 WTO 成员需要对任何类型的知识产权侵权都应当设立"法定赔偿"。实际上,对专利侵权的赔偿责任设置法定赔偿并未成为国际通行的做法。《英国专利法》和《美国专利法》都未规定法定赔偿。而且,知识产权领域的法定赔偿,在发达国家备受争议,认为是一个亟须改革的制度。[②] 我国《专利法》第三次修订特别增设法定赔偿,而又未对司法自由裁量权进行有效的约束,这一制度的远景令人担忧。

六、适用顺序

《专利法》(2008)糅合了四种赔偿责任的计算方式,但是,其适用顺序却远非清楚明了。在此之前,根据《专利法》(2000)第五十七条,权利人可以请求侵权人赔偿实际损失"或"侵权所得。权利人可以在两者之间,选择对自己最有利的赔偿责任计算方式:如果权利人自己能够有效实施专利技术,其遭受的实际损失可能大于侵权人的侵权得利;如果权利人自己不实施专利技术,或者实施的效率不及侵权人,其遭受的实际损失可能远小于侵权人的侵权得利。当两者都难以确定时,人民法院可以参考专利许可使用费的倍数(一般为一倍至三倍),合理地确定。[③] 如果没有专利许可使用费可以参照,或者专利许可使用费明显不合理时,人民法院可以根据专利权的类别、侵权人侵权的性质和情节等因素,酌定赔偿数额。[④]

---

① 海尔电器国际股份有限公司诉青岛澳柯玛集团总公司,山东省青岛市中级人民法院民事判决书〔2003〕青民三初字第 695 号。

② See Pamela Samuelson and Tara Wheatland, "Statutory Damages in Copyright Law: A Remedy in Need of Reform" 51 William and Mary Law Review 439 (2009).

③ 《专利法》(2000)第六十条;《最高人民法院关于审理专利纠纷案件适用法律问题的若干规定》(法释〔2001〕21 号)第二十一条。

④ 《最高人民法院关于审理专利纠纷案件适用法律问题的若干规定》(法释〔2001〕21 号)第二十一条。

第三次《专利法》修订彻底改变了上述适用顺序。从《专利法》(2008)第六十五条的字面意思来看，如前所述，法定赔偿是最后的选择。在此之前，首先应采用实际损失。当实际损失"难以确定"时，"可以"适用侵权得利的赔偿责任。所谓"可以"，同时意味着"可以不"；两者之间的法律标准却无从得知。当实际损失"或者"侵权得利难以确定的，则参照许可费的倍数，合理地确定。以上的适用顺序关系，可以用图 21 简略地表示：

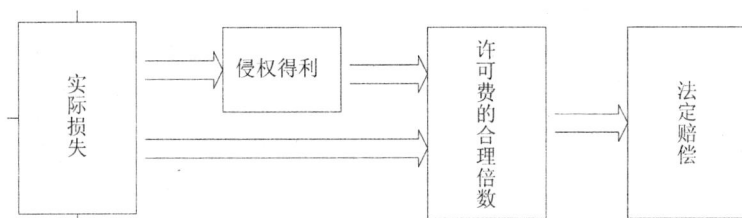

图 21

那么，第三次《专利法》修订以后，权利人是否有权选择对自己最有利的赔偿计算方式？一种代表性的观点认为："按照民事侵权赔偿的一般原理，应当首先以权利人受到的损失作为确定赔偿额的依据；只有当实际损失难以确定的情况下，才应当按照侵权所得确定赔偿额。"[①]然而，"难以确定"却并不代表任何实体法律条件；它只是说明权利人未能完成举证责任。未完成举证责任，按理应该丧失请求相应损失赔偿的权利。上述观点似乎假设，侵权所得可以作为一种"替代"实际损失的证明方式：侵权人之所得，即是权利人之所失。这种朴素简单的思想，或许可以适用物权关系，但是，却不适用于专利侵权。专利权人的实际损失，以及侵权人的侵权得利，更大程度上取决于相关市场的竞争状况，两者之间并没有必然的联系。按照朴素物权的原理来确定两者的适用顺序，非常不妥。此外，承认侵权所得可以作为赔偿责任的发达国家，通常赋予权利人选择赔偿责任方式的自由。例如，《英国专利法》第 61 条即许可权利人获得侵权损害之赔偿或者侵权人因侵权获得利润之赔偿。

七、制止侵权的合理开支

《专利法》(2008)的一大特色是明确规定，制止侵权的合理开支是侵权赔偿

---

①　国家知识产权局条法司:《〈专利法〉第三次修改逐条说明》,《〈专利法〉第三次修改导读》,知识产权出版社 2009 年版,第 83 页。

责任的组成部分。《最高人民法院关于审理专利纠纷案件适用法律问题的若干规定》(法释〔2001〕21 号)只是将其作为可选性赔偿范围,其第二十二条规定:"人民法院根据权利人的请求以及具体案情,可以将权利人因调查、制止侵权所支付的合理费用计算在赔偿数额范围之内。"但是,《专利法》(2008)第六十五条将其作为强制性要求,其明文规定"赔偿数额还应当包括权利人为制止侵权行为所支付的合理开支"。

制止侵权行为的费用通常包括律师费、公证费、申请海关边境措施费用等等。但是,并非所有制止侵权而发生费用都属于可赔偿的范围。只有"合理"的制止侵权的费用,才可以赔偿。被告可以对费用发生的合理性进行异议,要求原告解释说明其"合理性"。例如,购买一般的食品和饮料等,属于有关调查人员在开展调查活动时为维持一般人身体所需的正常开支,属于合理范围;但是,交通违章罚款和购买香烟、口香糖的开支,就明显不合理。① 再如,申请海关扣留提供的担保金,并不能当然作为当事人的损失予以计算,只有权利人支付的有关侵权货物仓储、保管和处置等费用可以计入其为制止侵权行为所支付的合理开支而获得赔偿。② 对于律师费,《最高人民法院关于全面加强知识产权审判工作为建设创新型国家提供司法保障的意见》(2007 年 1 月 11 日印发法发〔2007〕1 号)特别指出:"应当根据当事人的请求,综合考虑其必要性、全部诉讼请求的支持程度、请求赔偿额和实际判赔额的比例等因素合理确定,并计入赔偿范围。"

在证据方面,人民法院并不要求制止侵权行为所支付的合理开支必须要有票据一一予以证实。人民法院可以根据案件具体情况,在有票据证明的合理开支数额的基础上,考虑其他确实可能发生的支出因素,在原告主张的合理开支赔偿数额内,综合确定合理开支赔偿额。③

然而,诉讼费不属于"制止侵权的合理开支"。根据《诉讼费用交纳办法》(国务院令第 481 号)④第二十九条规定:"诉讼费用由败诉方负担,胜诉方自愿

---

① 参见华纪平、合肥安迪华进出口有限公司与上海斯博汀贸易有限公司、如东县丰利机械厂有限公司、南通天龙塑业有限公司侵犯专利权纠纷上诉,最高人民法院民事判决书〔2007〕民三终字第 3 号。

② 参见华纪平、合肥安迪华进出口有限公司与上海斯博汀贸易有限公司、如东县丰利机械厂有限公司、南通天龙塑业有限公司侵犯专利权纠纷一案,最高人民法院民事判决书〔2007〕民三终字第 3 号。

③ 参见华纪平、合肥安迪华进出口有限公司与上海斯博汀贸易有限公司、如东县丰利机械厂有限公司、南通天龙塑业有限公司侵犯专利权纠纷一案,最高人民法院民事判决书〔2007〕民三终字第 3 号。

④ 《诉讼费用交纳办法》于 2006 年 12 月 8 日国务院第 159 次常务会议通过,现予公布,自 2007 年 4 月 1 日起施行。

承担的除外。部分胜诉、部分败诉的,人民法院根据案件的具体情况决定当事人各自负担的诉讼费用数额。共同诉讼当事人败诉的,人民法院根据其对诉讼标的的利害关系,决定当事人各自负担的诉讼费用数额。"在专利侵权案件中,如果部分胜诉,人民法院不仅要考虑得到支持的比例,还要考虑原告主张的侵权行为本身是否成立,同时还可以考虑原告的其他诉讼请求得到支持的程度以及各自行使诉权的具体情况等因素,确定诉讼费用的承担。[①]

第八节　专利侵权纠纷的行政调处

专利侵权纠纷的司法救济之外,我国特设行政处理和调解制度,授予管理专利工作的部门一定范围的执法权。根据《专利法》(2008)第六十条,如果发生专利侵权纠纷,"专利权人或者利害关系人可以向人民法院起诉,也可以请求管理专利工作的部门处理。管理专利工作的部门处理时,认定侵权行为成立的,可以责令侵权人立即停止侵权行为,当事人不服的,可以自收到处理通知之日起十五日内依照《中华人民共和国行政诉讼法》向人民法院起诉;侵权人期满不起诉又不停止侵权行为的,管理专利工作的部门可以申请人民法院强制执行。进行处理的管理专利工作的部门应当事人的请求,可以就侵犯专利权的赔偿数额进行调解;调解不成的,当事人可以依照《中华人民共和国民事诉讼法》向人民法院起诉。"

专利侵权纠纷的行政调处是对专利侵权纠纷司法救济的补充。以 2010 年为例,全国人民法院一审受理的专利案件为 5785 件,其中大多为专利侵权案件,而同期全国知识产权局系统共受理专利侵权纠纷案件 1095 件,约占前者数量的五分之一。2000 年《专利法》修订时,专利侵权纠纷的行政调处程序曾引起激烈争议。一种代表性的观点认为,专利权属于私权,侵权纠纷属于民事纠纷,行政权力不宜介入。但是,主导性的意见认为,"我国国民的法制意识还不够强,加之建立知识产权保护制度的时间还很短,尊重他人知识产权的意识更是薄弱,侵犯他人知识产权的现象还相当严重。这不仅损害了权利人的利益,同时也影响了国家的正常社会秩序和经济秩序,损害了吸引外资投资和引进技术的法律环境。"所以,专利侵权纠纷的行政调处程序仍旧予以保留。但是,条文

[①] 参见华纪平、合肥安迪华进出口有限公司与上海斯博汀贸易有限公司、如东县丰利机械厂有限公司、南通天龙塑业有限公司侵犯专利权纠纷一案,最高人民法院民事判决书〔2007〕民三终字第 3 号。

表现上将其置于司法救济之后,表明居于次要地位,并限制处理机关的权力:即只可认定侵权和责令停止侵权,但没有权力强制执行停止侵权令;只可调解侵权损失赔偿,而不可责令损失赔偿。尽管如此,专利侵权纠纷的行政处理程序仍旧具有自己的优势。例如,其处理时间较短,一般为 40 天;处理机关具有调查取证的权力;停止侵权令不因为当事人提起诉讼而效力中止。对专利权人来说,这无疑有利于其权行使。《专利法》(2008)继续保留了专利侵权纠纷行政处理和专利侵权损害赔偿调解。以下对这两者分别予以阐释和讨论。

一、行政调处机关及管辖

(一) 管理专利工作的部门

虽然《专利法》(2008)授予"管理专利工作的部门"以处理和调解专利侵权纠纷的权力,但是并未批准设置"管理专利工作的部门"。《专利法》(2008)第三条规定,"省、自治区、直辖市人民政府管理专利工作的部门负责本行政区域内的专利管理工作"。《专利法实施细则》对这一主体进行界定,其第七十九条规定"管理专利工作的部门"是指"由省、自治区、直辖市人民政府以及专利管理工作量大又有实际处理能力的设区的市人民政府设立的管理专利工作的部门"。[①]

"管理专利工作的部门"与我国政府机构级别设置没有一一对应关系。目前,许多市县因实际需要设立了独立的知识产权局。然而,根据目前的法律,其相应级别的政府设置的机构无权处理和调解专利侵权纠纷。但是,管理专利工作的部门可以委托有实际处理能力的市、县级人民政府设立的专利管理部门查处假冒专利行为,调解专利纠纷,监督和指导具体的执法活动,并承担法律责任。[②]

地方政府设立的"管理专利工作的部门"并不是"专利管理部门"。1984 年专利法实施之初,原国家经委、国家科委、劳动人事部、中国专利局曾发布《关于在全国设置专利工作机构的通知》。根据该通知,专利管理机构的设置和规模,由地方政府和各部门自定。所以,地方政府设立管理专利工作的部门因地制宜,具有地方特色:"有的地方叫知识产权局,有的叫专利局,还有的就是科技局。有的地方是政府独立机构,有的则是科技局的二级机构,有的地方是行政机关,而有的则是事业单位。"[③]

---

① 《中华人民共和国专利法实施细则》(2010)第七十九条。

② 《专利行政执法办法》(2010)第六条。

③ 李卓端、张绍春、董欣:《完善我国地方知识产权管理部门行政法制建设的思考》,《知识产权》2005 年第 3 期,第 31 页。

"管理专利工作的部门"对国家知识产权局对没有直接的行政隶属关系,但是,国家知识产权局可以对其处理专利侵权纠纷、查处假冒专利行为、调解专利纠纷进行"业务指导"。[①] 管理专利工作的部门是地方人民政府设立的职能部门,应当对本级人民政府负责,接受本级人民政府的领导。国家知识产权局对管理专利工作的部门的指导,仅限于业务范围,不涉及对管理专利工作的部门人、财、物的管理。所谓的"业务指导"主要包括帮助管理专利工作的部门准确理解有关的法律、法规和国家知识产权局发布的规章,正确认定和处理专利案件,切实依法履行职责。具体的方式包括:专利法律、法规的宣传教育工作;对法律、法规的理解和适用做出解释;对具体专利案件的认定和处理提出指导意见等等。

类似的,省级管理专利工作的部门与设区市级管理专利工作的部门之间,也应属于业务指导的关系。最为重要的原因在于,专利侵权纠纷的行政处理和行政调解本质上糅合了更多的裁判权,而不是简单的行政权。

管理专利工作的部门的职权并不限于处理和调解专利侵权纠纷。除此之外,管理专利工作的部门应当事人请求,可以对下列专利纠纷进行调解:(1)专利申请权和专利权归属纠纷;(2)发明人、设计人资格纠纷;(3)职务发明创造的发明人、设计人的奖励和报酬纠纷;(4)在发明专利申请公布后专利权授予前使用发明而未支付适当费用的纠纷。为此,当事人应当在专利权被授予之后提出此类请求。[②]

(二)行政调处机关的管辖

专利侵权纠纷的行政处理和调解,涉及级别管辖和地域管辖两个方面。其地域管辖类似于专利侵权诉讼。根据《专利法实施细则》(2010),"由被请求人所在地或者侵权行为地的管理专利工作的部门管辖"。[③] 侵权行为地应该包括行为实施地和行为结果发生地。如果两个以上管理专利工作的部门都有管辖权,当事人可以选择其中之一提出请求;如果当事人向两个以上有管辖权的管理专利工作的部门提出请求,则由最先受理的管理专利工作的部门管辖。[④] 如果管理专利工作的部门对管辖权发生争议,则由其共同的上级人民政府管理专利工作的部门指定管辖;无共同上级人民政府管理专利工作的部门的,则由国

---

① 《中华人民共和国专利法实施细则》(2010)第八十条。
② 《中华人民共和国专利法实施细则》(2010)第八十五条。
③ 《中华人民共和国专利法实施细则》(2010)第八十一条第1款。
④ 《中华人民共和国专利法实施细则》(2010)第八十一条第2款。

家知识产权局指定管辖。① 对于重大专利侵权纠纷案件,国家知识产权局在必要时可以组织有关管理专利工作的部门处理;对于涉及两个以上省、自治区、直辖市的重大案件,有关管理专利工作的部门可以报请国家知识产权局协调处理或者查处。②

但是,对于级别管辖,似乎没有明文规定。一个省级行政区划内,可能存在多个设区市级的管理专利工作的部门,一个省级管理工作的部门。由于省级管理专利工作的部门和设区市级管理专利工作部门之间没有行政隶属关系,专利侵权纠纷调处也不应适用行政复议程序,它们之间的管辖权划分应依照当事人选择确定。其实,《专利法实施细则》(2010)第八十一条第 2 款已经承认两者都有管辖权,并明文规定:如果两个以上管理专利工作的部门都有管辖权,当事人可以选择其中之一提出请求;如果当事人向两个以上有管辖权的管理专利工作的部门提出请求,则由最先受理的管理专利工作的部门管辖。③ 如果发生争议,按理应该由省级管理专利工作的部门"指定"。

专利侵权纠纷行政调处的管辖,还应与专利侵权纠纷民事诉讼的管辖相协调。《专利法》(2008)第六十条允许权利人选择行政调处和侵权诉讼,但是,并没有规定两者之间的协调关系。目前尚无清晰的法律规范。这可能导致专利侵权纠纷的行政调处与民事诉讼程序发生冲突。就同一专利、同一事实、权利人可能请求行政调处,而侵权嫌疑人可能提出请求确认不侵权之诉;权利人还可能先提出行政调处请求(比如在侵权行为实施地),而后提起专利侵权诉讼(比如在侵权行为结果地),或者先后顺序相反。此时,应该如何确定管辖关系呢?

《最高人民法院关于审理专利纠纷案件若干问题的解答》(1992)(已废止)曾经规定:当事人一方向专利管理机关请求调处,专利管理机关已经立案并向另一方发出答辩通知书,而另一方拒绝答辩并向人民法院起诉的,只要起诉符合民事诉讼法和最高人民法院的有关规定,人民法院应予受理;如果另一方接到专利管理机关的答辩通知书后作了实质性答辩,在专利管理机关调处过程中又向人民法院起诉的,人民法院不予受理。然而,这意味着,管理专利工作的部门和第一审人民法院可能同时处理同一专利、同一事实的纠纷。当事人如果不

---

① 《中华人民共和国专利法实施细则》(2010)第八十一条第 3 款。

② 《中华人民共和国专利行政执法办法》(2010)第五条。

③ 《中华人民共和国专利法实施细则》(2010)第八十一条第 2 款。

服,受理诉讼请求的人民法院也可能不同。显然,这不妥。

人民法院内部新近提出的一种观点认为,无论先后顺序,都应终止行政调处程序,进行司法诉讼程序。[①] 然而,这并不妥当。我国法律赋予权利人选择的自由,管辖也应该尊重权利人的自主决定。

妥当的做法可能是,原则上由先立案受理的有权机构管辖。《专利行政执法办法》(2010)第八条将"当事人没有就该专利侵权纠纷向人民法院起诉"作为受理必要条件。人民法院宜采取类似的法律规则。实际上,权利人可以通过撤回调处请求(或者撤回诉讼请求)的方式,让先立案受理的机关失去管辖。然而,不应当允许权利人滥用法律程序。如果被告或者被请求人已经提交答辩书,权利人改换侵权纠纷的处理地和机关,就应承担法律责任,赔偿对方当事人由此遭受的损失。

二、专利侵权纠纷的行政处理

(一)处理程序

专利侵权纠纷的行政处理程序不是依职权自主启动,而是依申请进行。此法律程序的中心任务是解决:是否成立侵权行为?如果成立,则责令停止侵权。

具体来说,请求管理专利工作的部门对专利侵权纠纷进行行政处理,权利人或者利害关系人应当提交请求书和证明材料。[②] 证明材料包括主体资格证明材料和专利权有效的证明。[③] 特别地,如果专利侵权纠纷涉及实用新型或者外观设计专利,管理专利工作的部门可以要求请求人出具由国家知识产权局作出的专利权评价报告。[④] 请求书类似于起诉书,主要内容包括双方当事人信息和侵权事实和证据。[⑤]

专利侵权纠纷的行政处理程序,大致类似于民事诉讼程序。管理专利工作的部门应当在收到请求书之日起五个工作日内作出是否立案的决定并通知请求人。不予受理的,其应当说明理由。[⑥] 如果受理,其应指定三名或者三名以上

[①] 北京市第二中级人民法院:《专利行政执法与司法程序的衔接》,《人民司法》2010年第15期,第44页。

[②] 《专利行政执法办法》(2010)第八条。

[③] 《专利行政执法办法》(2010)第九条。

[④] 《专利行政执法办法》(2010)第九条。

[⑤] 《专利行政执法办法》(2010)第十条。

[⑥] 《专利行政执法办法》(2010)第十一条。

单数承办人员处理该专利侵权纠纷。① 自立案之日起五个工作日内,其应当将请求书及其附件的副本送达被请求人,要求被请求人在收到之日起15日内提交答辩书。② 其应在收到答辩书之日起五个工作日内将答辩书副本送达请求人。③ 被请求人逾期不提交答辩书,不影响管理专利工作的部门进行处理。④

对于专利侵权纠纷,管理专利工作的部门可以根据当事人的意愿进行调解。口头审理并非必须,不是依照当事人申请而举行,而是"根据案情需要决定"。如果管理专利工作的部门决定举行口头审理,当事人无正当理由拒不参加的,或者未经允许中途退出的,对请求人按撤回请求处理,对被请求人按缺席处理。⑤

专利侵权纠纷的行政处理过程中,被请求人提出无效宣告请求并被专利复审委员会受理的,可以请求管理专利工作的部门中止处理。⑥ 但是,处理机关具有较大的裁量权。如果处理机关认为被请求人提出的中止理由明显不能成立,则可以不中止处理。⑦

不同于专利侵权民事诉讼程序,处理机关有调查取证权。一方面,当事人因客观原因不能自行收集部分证据的,可以书面请求管理专利工作的部门调查取证;另一方面,管理专利工作的部门可以根据需要依职权调查收集有关证据。⑧ 处理机关调查取证的权力广泛,包括:查阅、复制与案件有关文件;询问当事人和证人;采用测量、拍照、摄像等方式进行现场勘验;甚至要求被调查人现场演示涉嫌侵犯制造方法专利权的方法。⑨

专利侵权纠纷的行政处理程序一般自立案之日起算四个月内结案,这比普通民事诉讼程序的六个月审限要短。如果案件特别复杂,经管理专利工作的部门负责人批准,可以延长,但是延长的期限最多不超过一个月。⑩

如果当事人不愿意调解,或者调解不成功,处理机关将作出处理决定。处理决定的核心内容是:是否成立侵权及其理由和依据。如果认定侵权行为成

---

① 《专利行政执法办法》(2010)第十一条。
② 《专利行政执法办法》(2010)第十二条。
③ 《专利行政执法办法》(2010)第十二条。
④ 《专利行政执法办法》(2010)第十二条。
⑤ 《专利行政执法办法》(2010)第十四条。
⑥ 《中华人民共和国专利法实施细则》(2010)第八十二条第1款。
⑦ 《中华人民共和国专利法实施细则》(2010)第八十二条第2款。
⑧ 《专利行政执法办法》(2010)第三十五条。
⑨ 《专利行政执法办法》(2010)第三十六条。
⑩ 《专利行政执法办法》(2010)第十九条。

立,根据《专利法》(2008)第六十条,处理机关"可以"——而不是"应当"决定责令停止。[1] 一般认为,如果停止侵权将损害社会公共利益,处理机关不应责令停止侵权。如果需要责令停止侵权,处理决定书还会写明责令被请求人立即停止的侵权行为的类型、对象和范围。认定侵权行为不成立的,处理决定将驳回请求。

处理机关作出停止侵权的决定后,即发生效力。即便被请求人向人民法院提起行政诉讼,诉讼期间也不停止决定的执行。[2] 但是,处理机关无权强制执行停止侵权令,而只能申请人民法院强制执行。[3]

(二)申诉程序

对于管理专利工作的部门的处理决定不服,可以请求救济。《专利法》(2008)第六十条规定,"管理专利工作的部门处理时,认定侵权行为成立的,可以责令侵权人立即停止侵权行为,当事人不服的,可以自收到处理通知之日起十五日内依照《中华人民共和国行政诉讼法》向人民法院起诉"。

这一法条规定似乎简洁,但却有诸多需要澄清的法律问题。第一,当事人应该向哪一个人民法院提起行政诉讼?对此,《最高人民法院关于审理专利纠纷案件若干问题的解答》(1992)曾经指出:如果作出处理决定的专利管理机关所在地的中级人民法院对专利案件有管辖权,当事人不服处理决定的,可以向专利管理机关所在地的中级人民法院起诉;如果作出处理决定的专利管理机关所在地的中级人民法院对专利案件无管辖权,当事人不服处理决定的,可以向专利管理机关所属省、自治区、直辖市人民政府所在地的中级人民法院起诉。由于"不服管理专利工作的部门行政决定案件"属于《最高人民法院关于审理专利纠纷案件适用法律问题的若干规定》(法释〔2001〕21号)第一条规定的"专利纠纷",其一审应由各省、自治区、直辖市人民政府所在地的中级人民法院和最高人民法院指定的中级人民法院管辖。所以,上述解答提出的管辖确定方式仍旧适用。

第二,如果管理专利工作的部门认定不构成侵权,或者构成侵权但拒绝责令被请求人停止侵权呢,权利人是否可以提起行政诉讼呢?《专利法》(1992)第六十条曾经规定:"专利管理机关处理的时候,有权责令侵权人停止侵权行为,并

---

① 同时参见《专利行政执法办法》(2010)第十七条。
② 《专利行政执法办法》(2010)第四十二条第1款。
③ 《专利行政执法办法》(2010)第四十二条第2款。

赔偿损失;当事人不服的,可以在收到通知之日起三个月内向人民法院起诉;期满不起诉又不履行的,专利管理机关可以请求人民法院强制执行"。对此,《最高人民法院关于不服专利管理机关对专利申请权纠纷、专利侵权纠纷的处理决定提起诉讼,人民法院应作何种案件受理问题的答复》曾经指出:"专利管理机关依据《中华人民共和国专利法》第六十条的规定,作出责令侵权人停止侵权行为,并赔偿损失的处理决定,若当事人一方或双方对专利管理机关作出的处理决定不服,以专利管理机关为被告提起诉讼的,人民法院应作为行政案件受理。"《最高人民法院关于审理专利纠纷案件适用法律问题的若干规定》(法释〔2001〕21号)第一条明确将"不服管理专利工作的部门行政决定案件"作为受理范围,未只局限于被请求人不服专利侵权纠纷行政处理决定的案件。

第三,不服专利侵权纠纷行政处理决定的行政诉讼,适用《行政诉讼法》,但是,其审理范围是否局限于此处理决定的"合法性"呢?[①]《最高人民法院关于审理专利纠纷案件适用法律问题的若干规定》(法释〔2001〕21号)第二十五条规定:"人民法院受理的侵犯专利权纠纷案件,已经过管理专利工作的部门作出侵权或者不侵权认定的,人民法院仍应当就当事人的诉讼请求进行全面审查。"这也意味着,法院可以审查专利侵权纠纷行政处理决定书的合理性,并直接作出最终决定,而无需将案件发回管理专利工作的部门让其重新作出决定。然而,人民法院行政庭与民事庭(知识产权庭)毕竟是两套系统,法官常常缺乏专利法和技术的专业知识,全面审查专利侵权纠纷存在一定的困难。我国积极推进知识产权审判的"三审合一",有相当的积极意义。这意味着,不服专利侵权纠纷的行政处理决定的行政诉讼请求,将由知识产权庭进行审理。

第四,在不服专利侵权纠纷行政处理决定的行政诉讼中,被告是专利侵权纠纷的处理机关,原告是专利侵权纠纷处理程序的一方当事人,其另一方当事人是否可以参加诉讼,其诉讼地位如何? 显然,他是审判结果的直接利害关系人。根据《行政诉讼法》(2014)第二十九条,他可以申请作为第三人参加诉讼,也可以由人民法院通知其参加诉讼。[②]

最后,当事人不服处理决定,是否可以请求行政复议?《专利法》(2008)第六十条只是规定"可以"依照行政诉讼法向人民法院起诉,但是,却没有排除当

[①] 参见《中华人民共和国行政诉讼法》(2014)第六条:"人民法院审理行政案件,对行政行为是否合法进行审查。"

[②] 《中华人民共和国行政诉讼法》(2014)第二十九条:"同提起诉讼的具体行政行为有利害关系的其他公民、法人或者其他组织,可以作为第三人申请参加诉讼,或者由人民法院通知参加诉讼。"

事人提起行政复议。实践中,有被请求人就专利侵权纠纷处理决定提出行政复议。例如,河南新乡人贺某认为汪某侵犯其专利权,向新乡市知识产权局提出专利侵权纠纷处理请求。2006 年 4 月初,新乡市知识产权局经过调查,认定汪某构成专利侵权,并作出〔2006〕新知纠字第 01 号处理决定书。汪某没有在法定期限 15 日内向人民法院提起行政诉讼。其不服处理决定,向新乡市人民政府法制办提出行政复议请求。新乡市知识产权局主张,专利侵权纠纷是民事纠纷,其处理决定是行政裁决,不属于行政复议的对象。但是,新乡市人民政府法制办仍依据《行政复议法》作出复议决定书,认为按照《行政处罚法》的规定,新乡市知识产权局程序违法,撤销新乡市知识产权局〔2006〕新知纠字第 01 号处理决定。

　　一种代表性的观点认为,专利侵权纠纷行政处理是裁决民事性质的侵权纠纷,对此不服的救济,以行政体制外的救济途径更为理性。不服行政机关对知识产权侵权纠纷所作的行政裁决,当事人只能提起诉讼,而不能提请行政复议。[①] 然而,这一观点过于绝对。《专利法》(2008)第六十条只是规定,当事人不服处理机关侵权行为成立的认定和立即停止侵权令,可以提起行政诉讼。所以,行政诉讼的对象是成立侵权的行政认定以及停止侵权的行政命令。对于专利侵权纠纷行政处理“程序”违法,应允许其提起行政复议,以便于上级机关对管理专利工作的部门的行为进行有效的监督。此外,对于管理专利工作的部门不予受理专利侵权纠纷处理请求的决定,行政复议也应允许,以便给予当事人以合理的救济。

三、专利侵权赔偿的行政调解

（一）调解程序

专利侵权赔偿的行政调解是专利侵权纠纷行政处理的延续。2000 年《专利法》第二次修改以后,管理专利工作的部门不再有权责令侵权人赔偿专利权人,而只能基于双方当事人自愿的原则,进行行政调解。

　　具体来说,专利侵权赔偿的行政调解依申请启动。请求人提出申请时,须要提交有关管理专利工作的部门作出的认定侵权行为成立的处理决定书副

---

① 王志超、孙伟:《专利侵权纠纷行政处理面临的问题与建议》,《济南职业学院学报》2011 年第 4 期,第 22 页。

本。^① 管理专利工作的部门收到调解请求书后,会将请求书副本送达被请求人,并要求其在收到之日起 15 日内提交意见陈述书。^② 只有当被请求人提交意见陈述书并同意进行调解时,管理专利工作的部门才可以立案,组织调解。^③ 如果当事人经调解达成协议,管理专利工作的部门将制作调解协议书,加盖其公章,并由双方当事人签名或者盖章;如果未能达成协议,管理专利工作的部门就将以撤销案件的方式结案。^④

如果调解不成,根据《专利法》(2008)第六十条,权利人可以依照民事诉讼法提起民事诉讼。为此,涉及诉讼时效和管辖两大问题。首先,《专利法》(2008)并没有规定时间期限,其诉讼时效应遵守《民法通则》的诉讼时效规则。

其次,原则上,其地域管辖应与不服专利侵权纠纷的行政处理决定的地域管辖一致。如果当事人没有对认定侵权成立的处理决定提起行政诉讼,该处理决定就将发生法律效力。就侵权赔偿责任的纠纷,应属于《最高人民法院关于审理专利纠纷案件适用法律问题的若干规定》(法释〔2001〕21 号)第一条兜底项规定的"其他专利纠纷案件"。对于此类案件的管辖,未有法律明确规定。由于此类纠纷与专利侵权纠纷的行政处理决定紧密相关,处理机关认定侵权成立的事实和理由对于确定赔偿责任具有重要的法律意义,所以,这两者的地域管辖应该一致。

(二) 调解协议

如果双方经调解达成协议,此协议应该具有何种法律效力呢? 如果一方或双方当事人反悔,对调解协议发生争议,可以起诉另一方当事人,人民法院以民事案件受理和审查。^⑤ 由此产生一个法律问题,双方达成的调解协议应该具有何种法律效力,人民法院应该如何对待它?

对此,我国法律尚未明文规定。理论上,行政调解协议应该与人民调解协议具有相同的法律效力。^⑥ 根据《最高人民法院关于审理涉及人民调解协议的

---

① 《专利行政执法办法》(2010)第二十条。

② 《专利行政执法办法》(2010)第二十一条。

③ 《专利行政执法办法》(2010)第二十二条。

④ 《专利行政执法办法》(2010)第二十四条。

⑤ 《最高人民法院关于审理专利纠纷案件若干问题的解答》(1992)(已废止)第七条;《最高人民法院关于不服专利管理机关对专利申请权纠纷、专利侵权纠纷的处理决定提起诉讼,人民法院应作何种案件受理问题的答复》(1995)。

⑥ 林万泉:《论行政调解的法律效力》,中国法院网:http://old.chinacourt.org/public/detail.php?id=94145.

民事案件的若干规定》(法释〔2002〕29 号)第一条："经人民调解委员会调解达成的、有民事权利义务内容,并由双方当事人签字或者盖章的调解协议,具有民事合同性质。当事人应当按照约定履行自己的义务,不得擅自变更或者解除调解协议。"管理专利工作的部门属于公权机关,其依法调解形成的调解协议书,不仅有双方当事人的签字,还有作为第三方见证的公章。为此,其应至少具有合同的效力。

相应地,行政调解协议的效力不能一概而论,可依据这一司法解释确定。特别是,如果行政调解协议存在以下瑕疵之一,应当无效:(1)损害国家、集体或者第三人利益;(2)以合法形式掩盖非法目的;(3)损害社会公共利益;(4)违反法律、行政法规的强制性规定;(5)管理专利工作的部门强迫调解。①如果侵权赔偿调解协议存在以下瑕疵之一,当事人一方有权请求人民法院变更或者撤销:(1)因重大误解订立的;(2)在订立调解协议时显失公平的;(3)一方以欺诈、胁迫的手段或者乘人之危,使对方在违背真实意思的情况下订立的调解协议,受损害方有权请求人民法院变更或者撤销。②

第九节 专利侵权嫌疑货物的边境措施

当今世界,经济全球化,贸易自由,海关在知识产权保护中扮演着重要的角色。为此,TRIPS 协议第四节对知识产权保护的边境措施,特别予以规定。为促进对外贸易和科技文化交往,我国禁止侵犯知识产权的货物进出口。③海关可以依申请或者依职权,对于侵权嫌疑货物采取扣留措施,不予通关;对于认定侵权成立的货物采取没收措施。虽然海关属于行政机关,对专利侵权货物采取边境措施应属于专利侵权纠纷的行政救济的范畴,但是海关不属于"管理专利工作的部门",也就不适用《专利行政执法办法》。为此,对于海关专利权保护而言,国务院特别颁行《知识产权海关保护条例》,覆盖我国法律、行政法规保护的商标专用权、著作权和与著作权有关的权利以及专利权。④以下仅对海关专利权保护进行讨论。

---

① 《最高人民法院关于审理涉及人民调解协议的民事案件的若干规定》(法释〔2002〕29 号)第五条。
② 《最高人民法院关于审理涉及人民调解协议的民事案件的若干规定》(法释〔2002〕29 号)第六条。
③ 《海关知识产权保护条例》(2010)第三条。
④ 《海关知识产权保护条例》(2010)第二条。

一、专利权保护海关措施的范围

我国目前对专利权提供了较 TRIPS 协议更高的海关保护措施。TRIPS 协议只强制性要求 WTO 成员对"盗版侵权货物"(pirated copyright goods)和"商标假冒货物"(counterfeiting trademark goods)采取边境措施,而且局限于"进口"货物。TRIPS 协议没有强制性要求 WTO 成员对专利侵权货物的进出口采取边境措施。[①] 然而,我国《海关知识产权保护条例》禁止知识产权侵权货物进口和出口,包括专利侵权货物的进出口。

首先,对于专利侵权嫌疑货物是否"适合"采取边境措施,存在比较大的争议。一种代表性的观点认为,边境措施不应及于专利侵权嫌疑货物。[②] TRIPS 协议只所以强制性要求对盗版侵权货物和假冒商标货物采取边境措施,最重要的原因是,这两种形式的侵权可以通过"视觉检查"(visual inspection)货物容易地确定。[③] 然而,一件商品是否实施一项专利技术,无论是字面侵权还是等同侵权,都是抽象复杂的逻辑判断,肉眼观察通常不可能准确的判断。换言之,专利权侵权的事实通常难以证明"明显存在"。所以,对发明专利和实用新型专利侵权嫌疑货物采取边境措施,特别是依职权的边境措施,具有较大的执法风险。

其次,对于应否对有专利侵权嫌疑的"出口"货物,采取边境措施,也存在较大的争议,特别是当货物在其出口目标国不构成知识产权侵权的情况下。[④]《海关知识产权保护条例》(2010)第二条规定,海关对与进出口货物有关并受我国法律保护的知识产权实施保护。所以,如果货物在我国受知识产权保护,但是,在出口目的国不受知识产权保护,海关仍旧可以依权利人申请,采取边境措施。这对于我国加工贸易而言,的确不利。因此,一种代表性的观点认为,对于出口货物,应该根据货物预期将转售或做其他使用的国家的法律或买方营业地所在国家的法律判断是否侵权。[⑤] 其理由是,《联合国货物买卖合同公约》(United Nations Convention on Contracts for the International Sale of Goods)第四十二条第 1 款要求卖方承担工业产权或其他知识产权瑕疵的担保责任,但是限于

---

① TRIPS 协议第 51 条。

② 梅毅之:《关于出口环节海关知识产权保护案例分析》,《科技与法律》2007 年第 2 期,第 25 页。

③ See ICTSD, Resource Book on TRIPS and Development: An authoritative and practical guide to the TRIPS Agreement, p. 610.

④ 马秀山:《"中国制造"出口面临交叉报复》,《中国知识产权报》2002 年 9 月 9 日;周季钢:《深圳判例后患无穷》,《经济》2004 年第 11 期,第 38—44 页。

⑤ 梅毅之:《关于出口环节海关知识产权保护案例分析》,《科技与法律》2007 年第 2 期,第 29 页。

卖方签订合同时知道或应该知道的范围。为此知识产权瑕疵担保义务，所依据的法律是：（1）买受人营业地法律；（2）订立合同时预期货物将在某一国境内转售或做其他使用，则根据该国的法律。[①]

然而，这一观点值得商榷。首先，我国海关只可以执行我国的法律。执行他国法律，超越其权限。当然，我国海关可以基于国际协议，和他国海关进行协作，此是另话。其次，合同具有相对性，而且处于私人意思自治之下。海关无法洞察买卖合同双方所预期的货物转售或使用地。所以，如果对出口货物知识产权保护的边境措施，其依据的法律仍旧应该是我国国内法。

对专利侵权嫌疑货物出口是否应采取边境措施，取决于如何回答以下的法律问题：中国境内制造而只销往国外的货物，是否会损害权利人的正当利益，应该被认定构成侵权？对于专利权而言，权利人有权禁止他人未经许可的制造、销售和许诺销售活动等行为。法律保障权利人基于以上排他权利的正当利益，而没有限制权利人如何利用它们来实现其自身利益最大化。我国法律并没有限制此种利益的地域性，甚至没有强制权利人在中国境内实施专利权。并不因为侵权货物销售到国外就不损害专利权人的利益。如果侵权成立，权利人得要求侵权人赔偿实际损失，包括国内和国际市场上的损失，只要损失与侵权行为之间存在事实因果关系和法律因果关系。个案中，权利人甚至可以证明，如果不签发临时禁令，其将遭受难以弥补的损失。所以，专为出口而制造专利侵权产品的行为与供应国内市场的制售行为一样，都可能损害权利人的正当利益。其实，货物出口国是否给予专利保护只是关系到专利权人损失的大小，并不影响到依据中国法律对专利侵权嫌疑货物出口采取边境措施行为本身的正当性。

最后，需要明确的是，知识产权的边境措施只针对商业规模的货物进出口。对于个人携带或者邮寄进出境的物品，只要在自用、合理数量的范围内，海关无权扣留。[②]

二、专利权保护的海关备案制度

《海关知识产权保护条例》要求知识产权权利人对其权利进行备案，以作为依职权扣留侵权嫌疑货物的前提条件。专利权也不例外。知识产权的海关备案由海关总署负责。专利权人需向海关总署提交备案申请，并提供以下信息：

[①] 《联合国货物买卖合同公约》第四十二条第1款（a）。
[②] 《海关知识产权保护条例实施办法》（2004）第三十一条。

权利人信息(包括权利人名称或者姓名、注册地或者国籍、通信地址、联系人姓名和联系方式);有效专利的证明文件(专利登记簿副本;申请实用新型专利或者外观设计专利备案,应当提交由专利权评价报告);专利权许可状况以及证明文件;专利权人合法行使权利货物的名称、产地、进出境地海关、进出口商、主要特征、价格等;已知侵权货物的制造商、进出口商、进出境地海关、主要特征、价格等。①

权利人申请知识产权的海关备案需要预先向海关总署指定账户交纳备案费用;每件备案申请缴纳备案费人民币 800 元。② 如果在海关总署核准前撤回备案申请或者其备案申请被驳回的,海关总署将退还备案费。知识产权权利人申请备案续展或者变更时,无须再缴纳备案费。③

知识产权海关保护备案自海关总署准予备案之日起生效,有效期为 10年,④但是不超过知识产权的有效保护期间。备案有效期届满前 6 个月,权利人可以申请续展。⑤ 如果备案情况发生改变,例如专利权被宣告无效或者发生转让,原权利人应当自发生改变之日起 30 个工作日内,向海关总署办理备案变更或者注销手续。⑥ 如果权利人怠于更新备案信息,给他人合法进出口或者海关依法履行监管职责造成严重影响的,海关总署可以根据有关利害关系人的申请撤销有关备案,也可以主动撤销有关备案。⑦ 当然,权利人可能还得赔偿由此造成的损失。

三、专利侵权嫌疑货物的海关扣留

对于通关的货物,如果涉嫌专利侵权,海关可依权利人申请(on request),或者依职权(ex officio),予以扣留。以下对这两种法律程序,分别予以讨论。

(一) 依申请扣留

专利权人发现侵权嫌疑货物即将进出口,可以请求海关采取扣留措施。为此,专利权人首先需要提交证据证明拥有有效的专利权。如果该专利已经备

---

① 《海关知识产权保护条例》(2010)第七条;《海关知识产权保护条例实施办法》(2004)第七条。
② 《海关总署关于收取知识产权海关保护备案费的公告》(海关总署公告〔2004〕第 15 号)。同时参见《海关总署关于暂停收取海关知识产权备案费的公告》(海关总署公告〔2015〕第 51 号)。
③ 《海关知识产权保护条例实施办法》(2004)第八条。
④ 《海关知识产权保护条例》(2010)第十条第 1 款。
⑤ 《海关知识产权保护条例》(2010)第十条第 2 款。
⑥ 《海关知识产权保护条例》(2010)第十一条第 1 款。
⑦ 《海关知识产权保护条例》(2010)第十一条第 2 款。

案,申请书应当包括海关备案号。如果该专利没有备案,申请人应该提交专利登记簿副本;如果属于实用新型专利和外观设计专利,还应提交专利权评价报告。

其次,权利人应该提供证据,证明侵权事实"明显存在",即请求海关扣留的货物"即将"进出口并且实施了其专利。[①] 要求侵权事实"明显存在"是为减少执法风险。依申请的扣留措施属于单方程序,程序进展迅速。海关并非知识产权的专业性机构,而扣留措施对货物贸易具有重大影响。只有当侵权事实明显存在时,执法风险可控,此重大措施的收益和成本才可能匹配。此外,只有当侵权嫌疑货物即将进出口,海关才有必要介入。否则,权利人应该通过诉讼程序解决纠纷,以便当事人双方的权益得到正当保护。海关可以协助有关司法措施。

最后,权利人还应当在海关规定的期限内向海关提供相当于货物价值的"担保"。[②] 此担保将用于赔偿可能因申请不当给收货人、发货人造成的损失,以及支付货物由海关扣留后的仓储、保管和处置等费用。[③] 当然,提供担保的法律要求也有利于防止权利人滥用边境措施。[④]

符合以上条件,海关应当扣留侵权嫌疑货物,并书面通知权利人,将海关扣留凭单送达收货人或发货人。[⑤] 经海关许可,权利人和收发货人可以要求检查侵权嫌疑货物,以便获取证据。但是,不得损害当事人的商业秘密。[⑥]

海关扣留侵权嫌疑货物后,《海关知识产权保护条例》(2010)并没有赋予收发货人以听证和陈述相反意见的权利。但是,如果收货人或者发货人认为其进出口货物未侵犯专利权,可以在向海关提供货物等值的担保金后,请求海关放行其货物,海关应当放行,并书面通知权利人。[⑦] 此担保金可以用于赔偿错误放行而给权利人造成的损失。

权利人应当及时行使权利,向人民法院提起诉讼,申请临时措施,以便持续扣留侵权嫌疑货物。如果收发货人提供担保,权利人未能在合理期限内向人民

---

① 《海关知识产权保护条例》(2010)第十三条第2款;《海关知识产权保护条例实施办法》(2004)第十四条第2款。

② 《海关知识产权保护条例实施办法》(2004)第十五条。

③ 《海关知识产权保护条例》(2010)第十四条。

④ See Art. 53 of TRIPS Agreement.

⑤ 《海关知识产权保护条例》(2010)第十五条;《海关知识产权保护条例实施办法》(2004)第十七条和第十九条。

⑥ 《海关知识产权保护条例》(2010)第六条。

⑦ 《海关知识产权保护条例》(2010)第十九条。

法院起诉,海关将退还担保金。^① 如果海关自扣留侵权嫌疑货物之日起 20 个工作日内,收到人民法院协助扣押有关货物书面通知,海关将协助执行,按照法院诉前禁令继续扣留侵权嫌疑货物;^②如果海关未收到人民法院协助扣押通知,海关应当放行货物。

总体来看,《海关知识产权保护条例》(2010)下的"依申请扣留"是知识产权权利人发动的单方法律程序,权利人因此应为错误扣留致他人损失承担赔偿责任。被申请人除了提供反担保解除扣留之外,缺少与之抗衡的程序权利。相比于 TRIPS 协议,《海关知识产权保护条例》(2010)的制度安排在时间期限和被申请人听证权利两方面,都对知识产权权利人更为有利。TRIPS 协议第五十五条规定:"如果在海关扣留通知送达申请人后 10 个工作日之内,海关当局未得到通知被告之外的当事人已经启动法律程序,以裁决有关实体法律问题,或者得到通知有权机关采取临时措施以延长海关扣留,海关即应当放行被扣货物,只要符合货物进出口放行的其他条件。在适当情况下,上述期限可以延长 10 个工作日。如果已经启动裁判案件实体问题的法律程序,应被告请求应当举行复审,保证被告拥有陈述法律意见的权利,在合理期间之内决定边境措施是否应当修改、撤销或者维持。"然而,《海关知识产权保护条例》一律以 20 天为期限,而且被申请人没有申请复议而陈述相反意见的机会。

然而,并非越强的知识产权保护越符合 TRIPS 协议。TRIPS 协议明文要求 WTO 成员确保知识产权行使程序对权利人和侵权嫌疑人都做到公平正当。^③ 海关扣留和诉前临时禁令都是依权利人申请而采取的单方法律程序,其措施强度相当,^④对被申请人生产经营活动影响重大。TRIPS 协议特别考虑被申请人的利益,要求 WTO 成员保证在这两种情况下,被申请都有受通知的权利,都有机会提出复议(review)请求,有权陈述相反意见,让当局重新考虑是否

---

① 《海关知识产权保护条例》(2010)第十九条。

② 《海关知识产权保护条例实施办法》(2004)第十八条。

需要注意的是,为申请诉前临时禁令,权利人可能还需要补充担保。人民法院确定担保范围时,应当考虑责令停止有关行为所涉及产品的销售收入,以及合理的仓储、保管等费用,被申请人停止有关行为可能造成的损失,以及人员工资等合理费用支出等因素。但是,权利人不必提供现金担保,保证、抵押等形式的担保,只要合理、有效,人民法院都应当准许。参见《最高人民法院关于对诉前停止侵犯专利权行为适用法律问题的若干规定》(法释〔2001〕20 号)第六条。

③ See Art. 41 (2) of TRIPS Agreement.

④ 根据我国法律,海关扣留比诉前临时禁令适用的法律条件宽松。比如,申请海关扣留侵权嫌疑货物,权利人无须证明不扣留将致其遭受难以弥补的损害,海关也无须考虑扣留侵权嫌疑货物是否违背公共利益。

应该采取(或者调整)海关扣留措施或者临时禁令措施。[1] 对于诉前临时禁令,我国《专利法》(2008)第六十六条特别规定,被请求人有提出复议的权利,人民法院应考察签发临时禁令是否符合法律要求。[2] 但是,无论是对依申请的海关扣留,还是依职权调查处理,《海关知识产权保护条例》都没有给予被申请人以复议和陈述相反意见的机会。这是否符合 TRIPS 协议关于正当和公平程序的要求,值得研究。

(二)依职权调查处理

海关根据知识产权备案,对进出口货物进行知识产权监管。具体来说,海关如果发现进出口货物涉及在海关总署备案的知识产权,并且进出口商或者制造商使用有关知识产权的情况未在海关总署备案,可以要求收发货人在规定期限内申报货物的知识产权状况和提交相关证明文件。[3] 收发货人有义务报告货物的知识产权状况。[4] 如果未按照规定向海关如实申报有关知识产权状况,或者未提交合法使用有关知识产权的证明文件的,海关可以对其处五万元以下罚款。[5]

如果收发货人未按照规定申报货物知识产权状况、提交相关证明文件,或者海关有理由认为货物涉嫌侵犯在海关总署备案的知识产权的,海关应当中止放行货物并书面通知知识产权权利人。

接到海关书面通知后,知识产权权利人须要三日内回复,说明有关货物是否侵犯其在海关总署备案的知识产权,是否要求海关予以扣留。[6] 为此,经海关同意,权利人可以查看侵权嫌疑货物。[7] 如果须要扣留,权利人应当向海关提出扣留侵权嫌疑货物的书面申请,并且按照规定提供担保。但是,不同于依申请的海关扣留,此处不要求权利人提供相当于货物价值的担保。[8] 如果权利人不提出申请或者不提供担保,海关将放行货物通关。[9]

不同于依申请的海关扣留,经权利人申请和提供担保,海关采取扣留措施

---

① See Art. 50 (4) and Art. 55 of TRIPS Agreement.

② 《最高人民法院关于对诉前停止侵犯专利权行为适用法律问题的若干规定》(法释〔2001〕20 号)第十一条。

③ 《海关知识产权保护条例实施办法》(2004)第二十一条。

④ 《海关知识产权保护条例》(2010)第五条。

⑤ 《海关行政处罚实施条例》(2004)第二十五条第 2 款。

⑥ 《海关知识产权保护条例实施办法》(2004)第二十二条。

⑦ 《海关知识产权保护条例实施办法》(2004)第二十二条。

⑧ 《海关知识产权保护条例实施办法》(2004)第二十三条。

⑨ 《海关知识产权保护条例实施办法》(2004)第二十五条。

后，海关将依职权对侵权嫌疑货物以及其他有关情况进行"调查"。① "调查"程序如何展开，我国法律和行政规章并未予以详细规定。然而，"调查"一词本身强调行政权力的主动性，被调查对象的被动性。《海关知识产权保护条例实施办法》(2004)只允许十分有限地对当事人处置。如果收发货人与权利人达成协议，向海关提出书面申请并随附相关协议，要求海关解除扣留侵权嫌疑货物的，海关可以终止调查，除非涉及犯罪。②

这一海关调查程序与前述 TRIPS 协议第五十五条的"复议"(review)程序大相径庭。尽管我国法律下被申请人保有接受货物扣留通知的权利，③但是，其以下权利却没有法律保障：陈述相反意见，并要求合理时间内对扣留措施进行重新审查。

海关调查程序启动后，权利人可以静心等候调查结果。如果海关认定构成侵权，权利人无须再启动司法程序，因为海关将"没收"侵权货物，并加以处置。④如果自扣留侵权嫌疑货物之日起 30 个工作日内，海关不能认定货物是否侵犯有关知识产权的，其将在此期限内书面通知权利人和收发货人。⑤ 接到通知后，收发货人向海关提供相当于货物价值的担保后，即可以请求海关放行货物。⑥为让海关继续扣留侵权嫌疑货物，权利人应当根据法律，请求人民法院颁发临时禁令或者财产保全令。⑦ 如果自扣留侵权嫌疑货物之日起 50 个工作日内，海关收到人民法院协助扣押有关货物书面通知，海关将协助执行；否则，海关应当放行货物。⑧ 如果权利人请求海关放行货物，或者权利人未能在合理期限内向人民法院起诉，海关将退还收发货人提供的担保金。⑨

对于决定没收的货物，海关将予以处置，通过以下三种方式：(1) 用于社会公益事业，或者有偿转让给知识产权人；(2) 去除侵权特征后拍卖；(3) 不适宜前两种方式处置的，销毁。⑩ 如果侵权货物属于危险品或者鲜活、易腐、易烂、易

---

① 《海关知识产权保护条例》(2010)第二十条；《海关知识产权保护条例实施办法》(2004)第二十七条。
② 《海关知识产权保护条例实施办法》(2004)第二十七条第 3 款。
③ 《海关知识产权保护条例实施办法》(2004)第二十六条。
④ 《海关知识产权保护条例实施办法》(2004)第三十条和三十三条。
⑤ 《海关知识产权保护条例实施办法》(2004)第二十八条第 1 款。
⑥ 《海关知识产权保护条例实施办法》(2004)第二十八条第 2 款。
⑦ 《海关知识产权保护条例实施办法》(2004)第二十九条第 1 款。
⑧ 《海关知识产权保护条例实施办法》(2004)第二十九条第 2 款。
⑨ 《海关知识产权保护条例》(2010)第十九条。
⑩ 《海关知识产权保护条例》(2010)第二十七条；《海关知识产权保护条例实施办法》(2004)第三十三条。

失效、易变质等不宜长期保存的货物、物品以及所有人申请先行变卖的货物、物品、运输工具,经直属海关关长或者其授权的隶属海关关长批准,可以先行依法变卖,变卖所得价款由海关保存。[①] 否则,知识产权权利人需要按照货物在海关扣留后的实际存储时间支付仓储、保管和处置等费用,包括被申请人提出行政复议或行政诉讼期间的货物相关费用。[②] 在货物处置完毕并结清有关费用后,海关才会向知识产权权利人退还担保金或者解除担保人的担保责任。[③]

除开没收侵权货物,海关可以根据《海关行政处罚实施条例》第二十五条,并处货物价值 30% 以下罚款。构成犯罪的,还将移送有权机关。

（三）损失赔偿责任

海关针对货物采取知识产权保护措施时,货物是否构成侵权尚未经过司法程序,扣留行为可能错误,致使收发货人遭受损失。法律规定期限届满,权利人已经启动司法程序时,错误放行货物通过又可能致使权利人遭受损失。为此,边境措施要求权利人提供担保才可以要求扣留侵权嫌疑货物;如果司法程序已经启动,又要求收发货人提供相当于货物价值的反担保,才放行通关。无论是担保还是反担保,限于"担保金、银行或者非银行金融机构保函"三种形式。[④] 要求担保的目的在于赔偿当事人的损失,以及支付货物仓储、保管等费用。

具体来说,对于知识产权权利人提供的担保金,收发货人需要通过司法程序确定错误申请导致其损失,才有资格获得。但是,海关不会无限期地扣押权利人的担保金。为获得充分赔偿,收发货人可以就知识产权权利人提供的担保向法院申请财产保全,让海关协助执行。如果海关自协助人民法院扣押侵权嫌疑货物或者放行货物之日起 20 个工作日内,未收到法院就知识产权权利人提供的担保采取财产保全措施的协助执行通知,海关应将向知识产权权利人退还担保金或者解除担保人的担保责任。[⑤]

对于收发货人为获得货物放行通关而提供的反担保金,权利人只有通过司法判决认定货物侵权,并且放行导致其损失,才有权要求从其中获得赔偿。为此,权利人应当按照规定向海关提交人民法院受理案件通知书复印件。如果权

---

① 《海关行政处罚实施条例》(2004)第四十七条。
② 《海关知识产权保护条例实施办法》(2004)第三十四条。
③ 《海关知识产权保护条例实施办法》(2004)第三十五条。
④ 《海关知识产权保护条例实施办法》(2004)第三十八条。
⑤ 《海关知识产权保护条例实施办法》(2004)第三十五条。

利人起诉后30个工作日内未向海关提交法院受理案件通知书复印件,海关将退还收发货人的反担保金。[①] 如期提交的,海关将根据人民法院的判决结果处理收发货人提交的反担保金。[②]也就是说,如果人民法院判决侵权成立,则权利人可以从反担保金中获偿。

但是,如果人民法院判决不构成侵权,而收发货人没有对权利人提供的担保金请求财产保全,海关需要退还权利人的担保金和收发货人提供的反担保金。为保护收发货人的正当利益,海关将首先退还收发货人提交的反担保金;在这20个工作日后,海关才向知识产权权利人退还担保金或者解除担保人的担保责任。[③]换言之,收发货人可以充分利用这一段时间,请求财产保全措施,以便获得充分赔偿。(见图22)

四、专利侵权嫌疑货物边境措施的救济

对于当事人不服海关对侵权嫌疑货物所采取的边境措施,《海关知识产权保护条例》(2010)并没有特别规定救济程序。但是,这并不意味着我国法律不提供申诉救济途径。

海关依申请扣留侵权嫌疑货物,属于针对财产的行政强制措施,属于具体行政行为,当事人应该可以对其提出行政复议和行政诉讼。但是,这种扣留行为针对"即将"进出口的侵权嫌疑货物,性质上类似于诉前临时禁令,海关并没有对侵权货物是否侵权进行认定。然而,《专利法》(2008)第六十六条只允许被申请人对诉前临时禁令申请复议一次,不允许其提起上诉;并且复议期间,不影响执行。假如《海关知识产权保护条例》(2010)提供类似的救济,也允许收发货人向采取扣留措施的海关要求复议,似乎没有必要再准许收发货物人再就海关扣留行为提起行政复议或者行政诉讼。收发货物人与权利人之间的民事纠纷可以通过司法途径得到解决。如果错误扣留,权利人申请扣留提供的担保金可以用作赔偿收发货物人遭受的损失。然而,《海关知识产权保护条例》(2010)并没有给予被申请人相应的程序权利,被申请人也可能对海关采取扣留行为的合法性产生质疑。所以,应该允许收发货物人依据《行政复议法》和《行政诉讼法》寻求法律救济。而且,如果海关不正当地拒绝权利人的申请,权利人也应有权对海关的不作为提起行政复议或行政诉讼。

然而,对于海关依职权调查处理而扣留侵权嫌疑货物而言,货物扣留行为

---

①②③ 《海关知识产权保护条例实施办法》(2004)第三十六条。

权利海关备案

申请扣留
提供担保

依职权发现
嫌凝货物

海关扣留

书面通知
权利人

20天内取得法
院临时措施

20天内未取得
法院临时措施

收发货人提
供反担保

申请扣留
提供担保

海关协助

海关放行货物通过

海关扣留
职权调查

30天内
无法认定

30天内认
定不侵权

30天认定
构成侵权

通知
当事人

20天内取得法
院临时措施

20天内未取得
法院临时措施

收发货人提
供反担保

海关协助

海关放行货物通过

决定没收
侵权货物

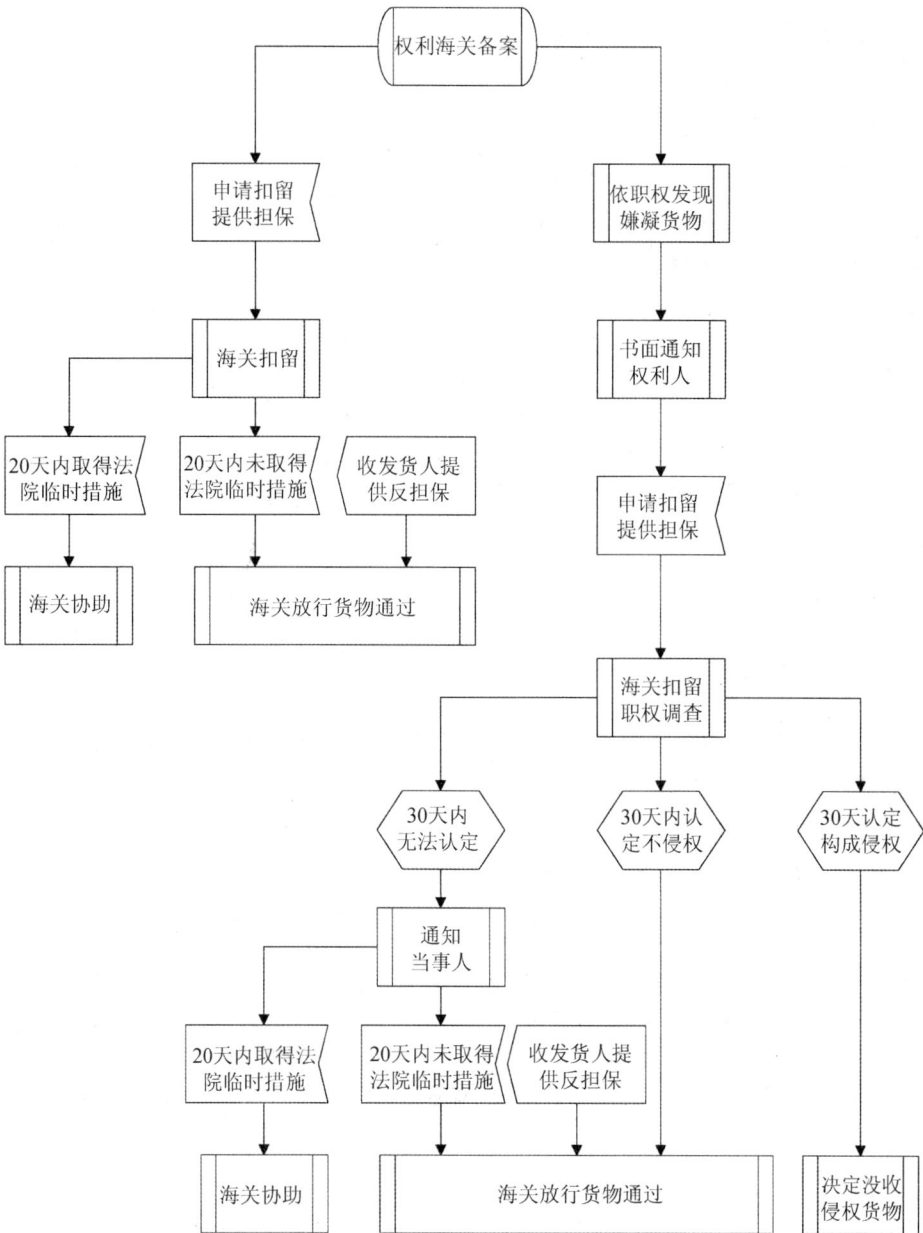

图 22 中国海关知识产权保护措施示意图

并不是一个单独的具体行政行为,而是附属海关对侵权嫌疑货物的调查和相应的侵权认定,故海关扣留行为不可以作为行政复议或者行政诉讼的对象。

实际上,海关依职权调查处理侵犯专利权的嫌疑货物,其性质近似于管理专利工作的部门处理专利侵权纠纷。此时,权利人能够争议的是海关作出的不侵权认定,而收发货物人能够争议的是侵权认定和没收货物的行政决定。根据《行政复议法》第八条规定,"不服行政机关对民事纠纷作出的调解或者其他处理,依法申请仲裁或者向人民法院提起诉讼"。所以,对于海关关于货物是否侵权的决定,当事人无权提出行政复议。当然,如果当事人认为海关违法作出决定,挑战决定作出程序的合法性,当事人应可以请求行政复议。如果当事人希望提起行政诉讼,这应该属于广义的"专利纠纷"。就这类案件的管辖和审理,应该类推适用不服专利侵权纠纷的行政处理决定的行政诉讼。

第十节　假冒他人专利的刑事责任

假冒他人专利与侵犯他人专利没有任何必然的关系。侵犯他人专利只涉及民事责任,而不涉及刑事责任。之所以如此,最为重要的原因是难以确定行为人的主观故意。尽管发明专利和实用新型专利的保护范围由权利要求事前公示,但是,是否构成侵权取决于事后法院对权利要求的解释和对等同技术特征的认定。社会公众即便事前采取绕开设计(design around),都可能事后为法院认定构成侵权。而且,专利权只是推定有效,相当大比例的专利事后被宣告无效。另外非常重要的是,侵犯专利权并不等于危害社会。侵权行为本身可能促进市场竞争。可见,作为工业产权的专利权,不同于有体物权,其侵权(例如偷盗)适合以刑法加以保护。

然而,"假冒他人专利"是故意危害社会公共利益的行为。根据《最高人民法院、最高人民检察院关于办理侵犯知识产权刑事案件具体应用法律若干问题的解释》(2004 年 12 月 8 日),"假冒他人专利"特指以下四种行为:(1)未经许可,在其制造或者销售的产品、产品的包装上标注他人专利号的;(2)未经许可,在广告或者其他宣传材料中使用他人的专利号,使人将所涉及的技术误认为是他人专利技术的;(3)未经许可,在合同中使用他人的专利号,使人将合同涉及的技术误认为是他人专利技术的;(4)伪造或者变造他人的专利证书、专利文件或者专利申请文件的。前两种行为本质上是利用他人专利号进行虚假广告宣传;第三种行为本质上是利用他人专利号进行诈骗,和《刑法》第二百二十四条

"合同诈骗罪"近似。它们三者性质上可归于《刑法》第三章第八节"扰乱市场秩序罪"。而第四种行为本质上类似于《刑法》第二百八十条规定的"伪造、变造国家机关公文、证书",属于《刑法》第六章第一节"扰乱公共秩序罪"。可见,假冒他人专利不同于侵犯他人专利权,其危害的并不是私人财产权,而是市场秩序或公共秩序。

　　假冒他人专利,如果情节严重,可以构成《刑法》第二百一十六条规定的"假冒他人专利罪"。以上司法解释明确以下三种情况为"情节严重":(1)非法经营数额在 20 万元以上或者违法所得数额在 10 万元以上的;(2)给专利权人造成直接经济损失 50 万元以上的;(3)假冒两项以上他人专利,非法经营数额在 10 万元以上或者违法情节严重所得数额在 5 万元以上的。"假冒他人专利罪"可被罪判处 3 年以下有期徒刑或者拘役,并处或者单处罚金。

　　在所有知识产权犯罪中,假冒他人专利罪所占比例最为有限。以 2015 年为例,全国各类商标犯罪判决的案件共计 4280 件,生效判决人数 5811 人;著作权犯罪判决的案件共计 523 件,生效判决人数 547 人;侵犯商业秘密罪判决的案件 47 件,生效判决人数 35 人。但是,假冒他人专利罪判决的案件只有两件,生效判决人数仅三人。[1]

---

① 参见《中国法院知识产权司法保护状况》(2015 年),中国网:http://www.china.com.cn/legal/2016 - 04 - 21/content_38294352.html.